Finance

21 世纪高等学校
金融学系列教材

互联网金融

Internet Finance

◆ 范小云 刘澜飚 袁梦怡 编著

人民邮电出版社

北京

图书在版编目（CIP）数据

互联网金融 / 范小云，刘澜飚，袁梦怡编著. -- 北
京：人民邮电出版社，2016.8（2021.1重印）
21世纪高等学校金融学系列教材
ISBN 978-7-115-42847-9

Ⅰ. ①互… Ⅱ. ①范… ②刘… ③袁… Ⅲ. ①互联网
络—应用—金融—高等学校—教材 Ⅳ. ①F830.49

中国版本图书馆CIP数据核字（2016）第142226号

内 容 提 要

本书循序渐进地对互联网金融相关理论进行了梳理。全书共 10 章，系统地论述了互联网金融的基本概念与原理、基本运营模式、潜在风险与发展趋势及所需的风险管控与相应的监管措施等。本书在附录部分增加了由中国人民银行、中国银行业监督管理委员会、中国证券监督管理委员会、中国保险监督管理委员会、国家互联网信息办公室等权威机构颁布的相关制度条款，以及对美国互联网金融监管经验的介绍，便于读者进行课外学习。

本书将理论与实际高度融合，规范了互联网金融的含义，阐述了互联网金融的基本原理，同时结合国内外最新的典型案例对互联网金融的概况和运营模式进行了细致的分析。每章结尾辅以"思考与练习"，旨在使读者更加熟练地掌握所学内容。

本书可作为高等院校"互联网金融"课程教材，也可供互联网金融从业者或对互联网金融感兴趣的人员参考学习。

- ◆ 编　　著　范小云　刘澜飚　袁梦怡
　　责任编辑　张孟玮
　　责任印制　彭志环
- ◆ 人民邮电出版社出版发行　　北京市丰台区成寿寺路 11 号
　　邮编　100164　电子邮件　315@ptpress.com.cn
　　网址　http://www.ptpress.com.cn
　　固安县铭成印刷有限公司印刷
- ◆ 开本：787×1092　1/16
　　印张：15.5　　　　　　　　　　　2016 年 8 月第 1 版
　　字数：354 千字　　　　　　　2021 年 1 月河北第 9 次印刷

定价：45.00 元

读者服务热线：（010）81055256　印装质量热线：（010）81055316
反盗版热线：（010）81055315

前 言 FOREWORD

20 世纪 90 年代以来，现代互联网信息技术的发展突飞猛进。随着其与传统金融业的不断碰撞与融合，互联网技术被广泛应用于金融领域，许多基于互联网平台的金融业务模式应运而生。互联网金融也凭借着自身低成本、高效率、覆盖广的优势，逐渐渗透到社会生产的各个领域，深刻影响与改变着人们的生活方式。

本书从理论与现实相结合的角度，阐明互联网金融的基本原理，并在此基础上，通过分析国内外的前沿典型案例，对互联网金融的运营模式、风险监管等内容进行详尽阐述，从而形成一套完整的互联网金融教学理论体系。

本书共分为 3 个部分共 10 章。第 1 部分（第 1 章与第 2 章）主要讲解了互联网金融基础，介绍了互联网金融的基本概念与理论原理；第 2 部分（第 3 章～第 9 章）主要讲解了互联网金融业务模式，具体介绍了第三方支付、互联网货币基金、P2P 网络贷款、大数据金融、众筹、信息化金融机构与互联网金融门户等具体互联网金融行业的基本运营模式、风险分析与发展趋势；第 3 部分（第 10 章）主要讲解了互联网金融监管，介绍了互联网金融领域所需的风险管控与相应的监管措施。与此同时，本书还在附录部分增加了美国互联网金融监管经验的介绍，以及由中国人民银行、工业和信息化部、公安部、财政部、国家工商行政管理总局、国务院法制办、中国银行业监督管理委员会、中国证券监督管理委员会、中国保险监督管理委员会、国家互联网信息办公室联合印发的《关于促进互联网金融健康发展的指导意见》，便于读者学习与掌握关于互联网金融的法律法规与政策意见。本书在每章的开始会以一段引文引出本章教学知识点，结尾则用小结形式总结每章所涉及的内容要点，并在最后辅以"思考与练习"帮助读者更加熟练地掌握所学内容。

本书的参考学时为 60～80 学时，建议采用理论与案例相结合的教学模式。各章的参考学时见下面的学时分配表。

学时分配表

项目	课程内容	学时
第 1 章	互联网金融概述	3～4
第 2 章	互联网金融原理	6～8
第 3 章	第三方支付	6～8
第 4 章	互联网货币基金	6～8
第 5 章	P2P 网络贷款	6～8

项目	课程内容	学时
第6章	大数据金融	6～8
第7章	众筹	6～8
第8章	信息化金融结构	6～8
第9章	互联网金融门户	6～8
第10章	互联网金融监管	6～8
机动		3～4
课时总计		60～80

本书由南开大学金融学院范小云教授任主编，刘澜飚、袁梦怡任副主编。参与编写工作的还有朱张元、陈郡诚、陈明玮、张潇、程梦圆、王昱昊、姚金伟、王溢、方兴。南开大学金融学院冯路平、马婉婷、胡心怡、金继成、刘东昂、马姝丽、戚成宽、周远扬和赵琳参与了本书的校对工作，在此深表感谢。

虽然本书在编写中经历多次校对修改，但由于编者水平有限，书中存在缺憾在所难免，恳切希望广大读者批评指正。

编　者

2016 年 6 月

目 录 CONTENTS

第1章 互联网金融概述

近年来，云计算、移动互联网、大数据等现代互联网信息技术日趋成熟，为互联网金融的兴起与迅速发展提供了高效的技术支撑。

本章主要为读者介绍了互联网金融的基本概念、互联网金融的发展沿革及互联网金融对经济社会产生的重大影响。本章的重点在于熟练掌握互联网金融所包含的内容以及相应特征，难点在于了解互联网金融对传统金融领域所造成的冲击与影响。建议本章的教学用时为 3 学时：第一学时详细讲解互联网金融的基本概念，第二学时介绍互联网金融的产生背景及发展历程，第三学时侧重分析互联网金融的作用与影响。

1.1 互联网金融的基本概念

互联网金融是把互联网作为资源，以大数据、云计算为基础的新金融模式。大数据是互联网金融的核心资源，云计算是互联网金融的核心技术。互联网金融第一次把互联网作为金融活动赖以开展的资源平台而不是技术平台，依托云计算等大数据处理技术，形成基于互联网大数据的金融信用体系和数据驱动型金融服务模式，降低信息不对称，深刻影响和改变了传统金融服务理念和业务方式，有效提升了金融资源配置效率。

本节内容主要介绍互联网金融的定义、互联网金融所包含的业务模式及互联网金融的主要特征等内容。

1.1.1 互联网金融的定义

虽然互联网金融的迅猛发展使其成为金融业的热点问题，但其仍然是一个新生的领域，目前在理论界尚未形成非常明确的能够被广泛接受的权威界定。人们对互联网金融定义的认识和理解仍处于不断发展之中，但一般认为，互联网金融是传统金融行业与互联网精神相结合的新兴领域。

从狭义角度来看，资金融通和其他金融服务依托互联网来实现的方式方法可以被称为互联网金融。狭义角度的互联网金融应该界定在与货币的信息化流通相关的层面，即资金的融通无论是通过直接或是间接的方式，只要运用了互联网的技术来实现，就是互联网金融。互联网金融的狭义定义更侧重如何利用互联网技术手段来实现与金融的相互渗透。

从广义角度来看，只要具备互联网精神的金融业态都可以被统称为互联网金融。广义的互联网金融是互联网"开放、平等、协作、共享"的精神与传统金融行业相互渗透形成的新领域，不仅包含了狭义互联网金融对互联网技术和媒介的应用，更加注重互联网精神的精髓在金融领域中的应用，即任何涉及广义金融的互联网应用都可以被称为互联网金融。

本质上，互联网金融是互联网技术精神与金融功能业态的结合体。它是依托大数据和云计算，在互联网平台上形成的开放式、功能化的金融业态及其服务体系，包括但不限于基于网络平台的金融组织体系、金融市场体系、金融产品和服务体系、金融消费者群体及互联网金融监管框架等。

【拓展阅读】互联网金融的含义

到底什么是互联网金融？在其概念诞生之前，"金融业的互联网应用"（即马云所称的"金融互联网"）早已作为传统金融行业的业务创新而问世。金融互联网是依托实体金融机构的线下基础，搭载互联网功能和技术手段，对传统金融领域进行的技术和效率改进，促使金融业务透明度更强、参与度更高、协作性更好、中间成本更低、操作更便捷。目前的大多数电子银行、网上银行业务就属于这一范畴。事实上，网络信息技术在金融领域的应用已经历了两个不同的阶段：第一个阶段是计算机局域网在金融领域的大规模使用，它满足了人们快速、准确地处理金融业务，传递交易信息的需要；第二个阶段是 20 世纪 90 年代末以后互联网在金融业务中被逐步应用，银行、券商、基金公司、保险公司和各类交易所平台借此开发网络业务，金融交易商凭其开展网上交易，金融服务的边界从一个私有域扩展到无限的互联空间。然而，网络信息技术在金融领域的前两次变革中，本质上都只是技术的进步和效率的改进，计算机和网络的使用对于金融没有突破"算盘"和"电话"的范畴。区别于金融互联网应用等技术层面的变革，互联网金融有着完全不同的逻辑起点和商业模式，将掀起信息技术在金融领域的"第三次革命"。

国内关于互联网金融最有代表性的观点有两类。一类认为，在互联网金融模式下，因为有搜索引擎、大数据、社交网络和云计算，市场信息不对称程度非常低，交易双方的资金期限匹配、风险分担等的成本非常低，银行、券商和交易所等中介都不起作用；贷款、股票、债券等的发行和交易及券款支付直接在网上进行，这是充分有效，接近一般均衡定理描述的无金融中介状态。另一类则认为，未来的金融有两大机会：一个是金融互联网，金融行业走向互联网；另一个是互联网金融，纯粹的外行领导，其实很多行业的创新都是外行进来才引发的。金融行业也需要搅局者，更需要那些外行的人进来进行变革。

——引自《互联网金融蓝皮书》

1.1.2　互联网金融的业务模式

本小节主要介绍互联网金融的七种业务模式及其概念，每种业务模式的具体分类、发展情况及相应的监管政策将会在本书的第 3 章至第 9 章为读者做更加细致的解读。在本小节的学习中，读者只需要掌握互联网金融七种业务模式的基本概念，能够对不同业务模式进行区分即可。针对每一种业务模式的深入学习可在后续章节中进行。

互联网金融作为一种新兴的金融模式，其兴起与发展降低了市场的信息不对称程度，通过实现资金供需双方的网络直接对接，大大减少了交易成本。目前互联网金融模式可以分为第三方支付、互联网货币基金、P2P 网络贷款平台、大数据金融、众筹、互联网金融门户及信息化金融机构七大模式。

1．第三方支付

第三方支付（Third-Party Payment）狭义上是指具备一定实力和信誉保障的非银行机构，借助通信、计算机和信息安全技术，采用与各大银行签约的方式，在用户与银行支付结算系统间建立连接的电子支付模式。根据央行 2010 年在《非金融机构支付服务管理办法》中给出的非金融机构支付服务的定义，从广义上讲，第三方支付是指非金融机构作为收、付款人的支付中介所提供的网络支付、预付卡、银行卡收单及中国人民银行确定的其他支付服务。第三方支付已不仅仅局限于最初的互联网支付，而是成为线上线下全面覆盖、应用场景更为丰富的综合支付工具。

第三方支付模式在互联网交易活动中极为重要。网络买家选购后，使用第三方互联网平台提供的账户进行支付，并由第三方通知卖家货款到账、要求发货；买方收货检验并确认后，系统通知第三方向卖家付款，第三方再将款项转至卖家账户。同时，第三方支付还可以承担信用中介和资金监管职责，为无法与银行网关建立接口的小微企业、个体户提供便捷的支付平台，在一定程度上弥补网上银行支付方式对交易双方约束的局限性，间接为真实交易、货物质量和退换要求提供较为可靠的保证，一定程度上减少了互联网交易欺诈事件的发生。同时，银行可以因此扩展业务，节省网关接口的辅设和维护费用。

【案例】支付宝给商业银行带来的影响

支付宝隶属于阿里巴巴，是我国第三方支付平台中最大的一个，可以说是国内网上支付业务的领头羊，带动了国内第三方支付行业的发展，把安全便利的网上购物和网上消费带进了普通老百姓的生活。阿里巴巴于 2003 年 10 月推出了支付宝服务，2004 年 12 月 8 日成立了浙江支付宝网络科技有限公司，同年 12 月 30 日支付宝网站正式上线并独立运营。

虽然支付宝成立至今只短短 13 年，但其敏锐的市场预见力和先进的技术赢得了工行、农行、建行、招行等众多合作伙伴的认同。经过多年的发展，支付宝对整个国内第三方支付市场及商业银行产生了不容忽视的影响。作为国内领先的第三方支付平台，支付宝一直以提供"快速、简单、安全"的在线支付理念为中心。支付宝建立之初，就把"信任"当作其产品和服务的品牌保障，尽自己最大努力去建设更为纯净的互联网环境。正是由于支付宝有其特有的优势，它才能够发展得如此迅速。其优势主要体现在以下几个方面。

（1）产品性能优势：安全、简单、快捷。安全性体现在支付宝提供货到付款、担保交易等服务，确保买卖双方交易资金的安全；支付宝通过实名认证、数字证书和手机动态密码三大"法宝"提升账户安全。简单即操作流程简单，通过提供全套的在线资金结算服务，使得传统业务流程得到简化，交易账单管理体系一目了然。快捷则体现在资金到账即时，加快了资金的周转，支付宝卡通业务更为资金划转提供了便利。

（2）普及性高。目前支付宝已经成为大部分用户进行网上支付的首选，拥有注册用户过亿。支付宝的普及程度和品牌信誉使用户们不需要花费更多时间在支付环节，给用户带来了更多的便利。

（3）买家易用性广。用户既可以通过网银，还可以通过线下的充值网点、移动支付等方式进行充值支付。支付宝的多种充值渠道满足了用户不同的支付需求，这种便利性也促使 46 家网站使用支付宝接口提供支付服务。

（4）商户门槛低。它为众多新商户提供多种入门级产品，按照实际成交后的 3%收费。过亿的支付宝会员有着庞大的消费需求，为商户提供了良好的发展机会。

2．互联网货币基金

互联网货币基金是一种新兴的理财账户、理财服务。用户将资金存入相应账户，即可购买相应的货币基金产品，同时享受诸如收益增值、快速取现、还款购物等附加服务。互联网货币基金是货币基金"T+0"快速赎回业务与互联网有机结合的产物，但其本质上都是货币基金。货币基金主要投资于货币市场上的短期有价证券，包括活期存款、通知存款、一年以内的银行定期存款、银行协议存款、大额可转让存单、银行票据、剩余期限在 397 天之内的债券及期限在一年以内的债券回购等，因此能够满足对资金的低风险和高流动性需求。

互联网货币基金的本质内容主要有两方面。一方面是货币基金的网上销售，即客户可以通过互联网渠道进行购买、申购、赎回和转换基金等一系列投资操作；另一方面，互联网货币基金可以同时为客户提供产品、市场等各种财经信息的咨询服务。

各类互联网货币基金虽然由不同类型的机构发行，但本质上都是货币基金。本书中我们使用按发行机构的主体类型进行分类的方法，将互联网货币基金分为"基金系""银行系""第三方支付系"及"基金代销"四类。具体而言，基金公司发行的互联网货币基金产品称为"基金系"；银行发行的互联网货币基金称为"银行系"；互联网公司、电商平台、移动运营商等机构由于发行"宝宝"类理财产品依靠的是自身的第三方支付平台，所以将它们统一归为"第三方支付系"；基金代销机构发行的互联网货币基金称为"基金代销系"。

3．P2P 网络贷款平台

P2P（Peer-to-Peer Lending），即点对点信贷。P2P 网络贷款是指通过第三方互联网平台进行资金借、贷双方的匹配，网站平台帮助需要借贷的人群寻找到有出借能力并且愿意基于一定条件出借的人群，既帮助了贷款人通过和其他贷款人一起分担一笔借款额度来分散风险，也帮助了借款人在充分比较的信息中选择有吸引力的利率条件。P2P 平台的赢利主要来源于从借款人收取一次性费用及向投资者收取评估和管理费用。P2P 贷款的利率确定或者由放贷人竞标确定或者由平台根据借款人的信誉情况和银行的利率水平提供参考利率来确定。

由于 P2P 网络贷款平台没有准入门槛，也不存在行业标准及相应的监管机构，对 P2P 网络贷款平台尚无严格意义上的概念界定，其运营模式也未完全定型。目前已经存在的模式有两种。一种是纯线上模式，此类模式典型的特点是资金借贷活动完全通过线上进行，不结合线下的审核，通常此类平台采取的审核借款人资质的措施包括通过视频认证、查看银行流水账单、身份认证等；第二种是线上线下结合的模式，此类模式的特点：借款人在线上提交借款申请后，平台通过所在城市的代理商采取入户调查的方式审核借款人的资信、还款能力等情况。从 P2P 的特点来看，其在一定程度上降低了市场信息不对称程度，对利率市场化将起到一定的推动作用。由于其参与门槛低、渠道成本低，因此在一定程度上也拓展了社会的融资渠道。P2P 针对的主要客户群是小微企业及普通个人用户。

4．大数据金融

大数据金融集合海量非结构化数据，通过对其进行实时分析，可以为互联网金融机构提供客户全方位信息，通过分析和挖掘客户的交易和消费信息掌握客户的消费习惯，并准确预测客户行为，使金融机构和金融服务平台在营销和风控方面有的放矢。基于大数据的金融服务平台主要指拥有海量数据的电子商务企业开展的金融服务。大数据的关键是从大量数据中快速获取有用信息的能力，或者是从大数据资产中快速变现的能力，因此，大数据的信息处理往往以云计算为基础。大数据能够通过海量数据的核查和评定，增加风险的可控性和管理力度，及时发现并解决可能出现的风险点，对于风险发生的规律性有精准的把握，将推动金融机构进行更深入、更透彻的数据分析活动。大数据金融模式广泛应用于电商平台，通过对平台用户和供应商进行贷款融资，获得贷款利息及流畅的供应链所带来的企业收益。随着大数据金融的完善，企业将更加注重用户个人的体验，进行个性化金融产品的设计。大数据将推动金融机构创新品牌和服务，做到精细化服务，对客户进行个性定制，利用数据开发新的预测和分析模型，实现对客户消费模式的分析以提高客户的转化率。大数据服务平台的运营模式可以分为两种，即平台模式和供应链金融模式。其中，平台模式细分为银行业、证券业、保险业、信托业、直接投资领域和其他领域。

5．众筹

众筹，顾名思义，即大众筹资或群众筹资，是指通过互联网方式发布筹款项目并用"团购+预购"的形式向网友募集资金。众筹本意是利用互联网传播的特性，让创业企业、艺术家或个人对公众展示他们的创意及项目，争取大家的关注和支持，进而获得所需要的资金援助。众筹平台的运作模式是由需要资金的个人或团队将项目策划交给众筹平台，经过相关审核后，便可以在平台的网站上建立属于自己的页面，用来向公众介绍项目情况。众筹的规则一般来讲有三个：一是每个项目必须设定筹资目标和筹资天数；二是在设定天数内，达到目标金额即成功，发起人即可获得资金，项目筹资失败则已获资金全部退还支持者；三是众筹不是捐款，所有支持者一定要有相应的回报。众筹平台会从募资成功的项目中抽取一定比例的服务费用。

众筹平台通常具有四个基本特征。一是低门槛，众筹不限制发起人的身份、地位、职业、年龄、性别，仅关注项目本身是否具有足够的吸引力；二是多样性，众筹的方向具有多样性，可包括设计、科技、音乐、影视、食品、漫画、出版、游戏、摄影等；三是依靠大众力量，支持者是普通网民，投资者门槛低，积少成多；四是注重创意，众筹具有公益圆梦意义，但发起人的创意（设计图、成品、策划书、视频讲解等）要达到可展示程度，且不可复制。因此，相对于传统的融资方式，众筹更为开放，能否获得资金也不再是由项目的商业价值作为唯一标准。只要是网友喜欢的项目，都可以通过众筹方式获得项目启动的第一笔资金，为很多小本经营者或创作者提供了无限的可能。

6．互联网金融门户

互联网金融门户是指利用互联网进行金融产品的销售及为金融产品销售提供第三方服务的平台。它的核心就是"搜索+比价"的模式，采用金融产品垂直比价的方式，将各家金融机构的产品放在平台上，使用户通过对比挑选合适的金融产品。互联网金融门户多元化创新发展，形成了提供高端理财投资服务和理财产品的第三方理财机构，提供保险产品咨询、比价、购买服务的保险门户网站等。这种模式不存在太多政策风险，因为其平台既不负责金融产品的实际销售，也不承担任何不良的风险，同时资金也完全不通过中间平台。互联网金融门户最大的价值就在于它的渠道价值。互联网金融门户分流了银行业、信托业、保险业的客户，加剧了上述行业的竞争。随着利率市场化的逐步实现，随着互联网金融时代的来临，对于资金的需求方来说，只要能够在一定的时间内，在可接受的成本范围内筹齐资金，具体的钱的来源并不重要。融资方到了科技金融超市时，用户甚至无须逐一浏览商品介绍及详细比较参数和价格，而是可以尽量提出自己的需求，进行反向搜索比较。因此，当科技金融超市这些互联网金融渠道发展到一定阶段，拥有一定的品牌口碑及积累了相当大的流量后，就成为了各大金融机构、小贷、信托、基金的重要渠道，掌握着互联网金融时代的互联网入口，引领金融产品销售的风向标。

7. 信息化金融机构

所谓信息化金融机构，是指通过采用信息技术，对传统运营流程进行改造或重构，实现经营、管理全面电子化的银行、证券和保险等金融机构。金融信息化是金融业的发展趋势之一，而信息化金融机构则是金融创新的产物。从整个金融行业来看，银行的信息化建设一直处于业内领先水平，不仅具有国际领先的金融信息技术平台，建成了由自助银行、电话银行、手机银行和网上银行构成的电子银行立体服务体系，而且以信息化的大手笔——数据集中工程在业内独领风骚。

目前，一些银行也都在自建电商平台。从银行的角度来说，电商的核心价值在于增加用户黏性，积累真实可信的用户数据，从而可以依靠自身数据去发掘用户的需求。从经营模式上来说，传统的银行贷款是流程化、固定化的，从节约成本和风险控制的角度更倾向于针对大型机构进行服务。信息技术可以缓解甚至解决信息不对称的问题，为银行和中小企业直接的合作搭建了平台，增强了金融机构为实体经济服务的职能。但更为重要的是，银行通过建设电商平台，积极打通银行内各部门数据孤岛，形成一个"网银+金融超市+电商"的三位一体的互联网平台，有利于应对互联网金融的浪潮及挑战。

信息化金融机构可以从一个非常直观的角度来理解，就是通过金融机构的信息化，让我们汇款不用跑银行，炒股不用去营业厅，电话或上网可以买保险，虽然这是大家现在已经习以为常的生活了，但这些都是金融机构在互联网技术发展基础上，建立并进行信息化改造之后带来的便利。

1.1.3 互联网金融的主要特征

1. 互联网金融的低成本性

互联网金融模式下，资金供求双方可以通过网络平台自行完成信息甄别、匹配、定价和交易，无传统中介、无交易成本、无垄断利润。一方面，金融机构可以节省开设营业网点的资金投入和运营成本；另一方面，消费者可以在开放透明的平台上快速找到适合自己的金融产品，削弱了信息不对称程度，更省时省力。相对传统金融行业，平台金融初始成本很低，导致业务相同、服务同质的平台层出不穷。经营边际成本极低、开放程度极高、规模经济显著的平台金融具有赢得市场并整合市场的趋势。

2．互联网金融的高效率性

互联网金融业务主要由计算机处理，操作流程完全标准化，建立了一种全新的金融生态环境，客户不需要排队等候，业务处理速度更快，用户体验更好。在便捷性、安全性、高效性、简洁性等若干维度均有最佳客户体验的平台极易保持客户黏性，实现可持续发展。如阿里小贷依托电商积累的信用数据库，经过数据挖掘和分析，引入风险分析和资信调查模型，商户从申请贷款到发放只需要几秒钟，日均可以完成贷款1万笔，成为真正的"信贷工厂"。

3．互联网金融的广覆盖性

互联网金融模式下，客户能够突破时间和地域的约束，在互联网上寻找需要的金融资源，金融服务更直接，客户基础更广泛。此外，"普惠金融"缺失，"草根"金融需求被大型金融机构忽视，金融市场缺乏竞争性金融供给，这也是传统金融体制改革需要不断深化的地方。而互联网金融的客户恰以小微企业为主，覆盖了部分传统金融业的金融服务盲区，有利于提升资源配置效率，促进实体经济发展。作为传统金融中介的替代品，互联网平台实现了资金流、信息流、物流"三流合一"服务，成为客户获取互联网金融服务的入口。带有"开放、平等、协作、分享"精神特质的互联网恰恰拥有普惠金融的资源优势。互联网打破金融行业的高门槛，以灵活性、便捷性和可得性等特征，为传统金融行业的"长尾市场"（中小客户群体和小微资金融通需求）寻求突破方式，大大拓展了金融服务的广度和深度。互联网金融通过为长尾客户群的服务，很容易培养客户黏性。随着规模的扩大，其对传统金融活动造成了强有力冲击。

4．互联网金融高风险性

互联网金融的高风险性主要体现在由于互联网金融体系本身的不完善和由于相应监管体系缺失所造成的风险两方面。首先，由于信用体系尚不完善，以及网络安全隐患等互联网金融本身所具有的特征因素，造成了互联网金融违约成本较低，容易诱发恶意骗贷、卷款跑路等风险问题。其次对互联网金融相应的监管法律法规及相应监管措施的缺失造成了对互联网金融的管理薄弱。互联网金融还没有接入征信系统，也不存在信用信息共享机制，不具备类似银行的风控、合规和清收机制，容易发生各类风险问题。而且互联网金融行业由于其新生性，仍然缺乏准入门槛和行业规范，因此，互联网金融整个行业也面临着诸多政策和法律风险。

1.2　互联网金融的产生与发展

1.2.1　互联网金融的产生基础

1．互联网金融产生的理论基础

（1）声誉理论

声誉是市场经济中缓解信息不对称、规范市场秩序的一种有效制度安排。声誉机制是治理和规范市场经济秩序的重要制度安排，针对现实中存在的因信息不完全造成的金融信用缺失状况，可以建立"某种激励、约束和惩罚"的声誉机制。社会对任何不规范经济行为的治理都有成本，声誉机制是一种比法律成本更低的机制。由政府来治理不规范经济行为所付出的成本比当事人依靠建立声誉进行自我约束所付出的成本更大。建立声誉机制可以使守信用者得到利益激励，不守信用者受到惩罚，因而对于市场经济健康运行具有重要意义。

在互联网金融领域，海量并不断增多的交易数据能够作为反映经济主体声誉的重要证据，同时成为最能反映企业未来收益的真正前瞻性信息。互联网金融活动产生以来，自治的私人秩序、非正式契约及声誉机制在一定程度上能代替公共秩序，帮助人们建立基于信誉的信任。互联网金融活动中，交易产生数据，数据塑造声誉，声誉体现信用。市场主体利用互联网平台交易形成的"大数据"，在重复博弈中评判对方的信用水平，充分运用声誉信息价值和声誉机制促进互联网金融发展。互联网金融则为声誉理论提供大数据资源，建立声誉并发挥作用。

（2）信息经济学

"大数据"是发展互联网金融的核心信息要素。互联网信息具有较大的外部性，信息不对称引起逆向选择和道德风险并导致金融市场抵消和发生风险。网上信息容量巨大、种类繁多，信息噪声也更为显著，信息不完全及不对称状况更为突出。减少互联网金融领域的逆向选择和道德风险，应当充分运用"云计算"技术对包括交易主体信用信息在内的"大数据"进行深度挖掘、分析和整合，建立科学的互联网金融信息评判标准，构造符合自身实际的信息运用模式，在互联网金融活动中形成自身的核心竞争力。

（3）网络经济学

互联网金融活动既能运用互联网活动中的边际效率递增规律使运营效率提高，又能充分利用互联网平台构筑金融活动的"长尾基础"。个体交易主体大量、零散、异质的金融需求难以在现有金融服务模式下被满足。互联网使个体金融服务供需模式得到进一步优化，使资金融通的时间、空间及数量边界得以扩展，从而形成互联网金融的"长尾市场"。

2．互联网金融产生的技术基础

（1）云计算与大数据

互联网技术的发展，尤其是社交网络、移动互联网把人类社会带入了一个庞大的结构化与非结构化数据信息的新时代。传统的 PC 作为日常工作生活中的核心工具，其存储量、计算能力及硬件的损坏，都可能会带来不可避免的麻烦，云计算应运而生。云计算的兴起与大数据的广泛运用息息相关，正是因为数据量的爆炸式增长，才引起了这样一种新兴的计算模式的产生。在互联网金融中，云计算和大数据结合的模式能够获取大量的客户资信数据和交易数据，使得互联网金融的交易成本和摩擦成本都大幅下降。大数据必须有云计算作为基础架构，并通过云计算的平台进行分析、预测，才能让决策更为精准，释放出更多数据的隐藏价值。

（2）移动互联网

随着宽带无线接入技术和移动终端技术的快速发展，随时随地乃至在移动过程中都能方便地从互联网获取信息和服务，成为人们迫切追求的目标，移动互联网应运而生并迅猛发展。移动互联网让互联网进入新的产业周期。互联网的接入终端形态发生变化，并成为产业的基本要素。不仅如此，基于移动互联网技术，互联网金融的支付方式也发生了巨大改变——以移动支付为基础，个人或企业可以通过移动终端进行货币支付、费用缴纳等活动。从这个角度看，移动支付是整合了移动终端、互联网、供求双方和金融机构的全新支付方式，利用移动通信技术让企业和个人能够随时随地进行交易。

3．互联网金融发展的动力基础

互联网金融是互联网时代金融发展的必要产物，是金融创新的重要趋势。从金融发展历史来看，金融创新是推动金融发展的重要动力。特别是从 20 世纪 90 年代开始，随着经济全球化进程的加快、各国金融管制的放松，以及信息技术的高速发展，金融创新大量涌现，推动了金融业的快速发展。进入 21 世纪，互联网及相关技术的普及和深化应用为金融创新带来了更为巨大的空间。互联网金融的兴起及蓬勃发展的原因，除了信息技术的高速发展，更重要的是，当前互联网金融发展具备了强劲的创新动力。

1.2.2　国外互联网金融的发展现状

在金融业较为发达的欧美等国家，互联网金融理念广为普及，传统银行的网络化程度较为完善，以 P2P 借贷、纯网络银行、众筹模式、第三方支付为代表的新兴网络金融行业在规模上也有较大发展。尽管如此，新兴互联网金融对传统金融行业的影响还较为有限，并未产生颠覆性冲击。在亚洲一些金融业欠发达地区，由于创新意识及监管法规欠缺，其目前尚处于模仿欧美互联网金融发展模式阶段。

1．美国的互联网金融发展现状

（1）互联网银行

当今美国互联网银行的发展主要存在三种模式：其一为纯网络银行发展模式，也称虚拟银行，是完全基于互联网发展起来的电子银行；其二为依附于传统银行的发展模式，包括传统银行向网络银行延伸式发展的模式、并购模式和目标聚集模式；其三为依附于非银行机构的发展模式。随着互联网银行在美国逐渐发展完善，其在传统银行业务的基础上增加了多种渠道，客户群以年轻、高收入阶层为主，越来越多提供单一金融服务的互联网银行开始崭露头角。尽管发展迅速，但互联网银行仍存在一些无法忽视的障碍，如美国纯网上银行所吸收的存款出路狭窄，一般仅为买进一些以按揭抵押贷款为基础的证券类产品，或者直接拆借给银行，并不具备和传统商业银行竞争的实力。

（2）网络证券

互联网证券主要是证券公司利用互联网等通信技术，为投资者提供证券交易的实时报价、各类与投资者相关的金融和市场行情分析等服务，并通过互联网帮助投资者进行网上的开户、委托、交易、交割和清算等证券交易的全过程。网络证券与传统证券交易业务程序基本相同，但实现交易的手段不同。

美国是最早开展网络证券交易的国家，也是网络证券交易经纪业最为发达的国家。美国网络证券交易始于 20 世纪 90 年代初，当时主要向机构投资者实时提供行情。1995 年，嘉信（Charles Schwab）公司成立专门的电子商务公司从事互联网经纪业务，成为第一家开展证券电子商务的经纪商。1996 年，电子贸易（E·TRADE）公司成立，美国无传统经营场所的新型经纪公司诞生。1996 年 4 月，Yahoo 公司上市，引发相当一批证券经纪商开始重视并涉足证券电子商务。1999 年，美林证券开始为投资者提供网络证券交易服务，标志着美国传统证券经纪商的交易方式发生根本性转变，美国网络证券交易快速发展。到 2010 年，所有证券投资者都通过网络进行证券交易。21 世纪以来，随着美国新经济和网络热的消退，美国证券市场步入全面调整时期，市场交易额大大减少。网络证券交易经纪商的新客户数量也随之急剧减少，交易额逐步下降。

（3）网络保险

美国互联网保险业经过 20 多年发展，已形成一套较为成熟的发展模式。目前，美国的网络保险业在全球业务量最大、涉及范围最广、客户数量最多而且技术水平最高。几乎所有的保险公司都建立了自己的网站，在网站上为客户提供全面的保险市场和保险产品信息，并可以针对客户独特需要进行保险方案内容设计，运用信息技术提供人性化产品购买流程。其在网络服务内容上，涉及信息咨询、询价谈判、交易、解决争议、赔付等；在保险品种上，包括健康、医疗人寿、汽车、财险等。

美国互联网保险业务主要包括代理模式和网上直销模式，这两种模式都是独立网络公司通过与保险公司进行一定范围的合作。而二者也有一些区别：代理模式主要是通过和保险公司形成紧密合作关系，实现网络保险交易并获得规模经济效益，优点在于其庞大的网络辐射能力可以获得大批潜在客户；相比之下，网上直销模式更有助于提升企业的形象效益，能够帮助保险公司开拓新的营销渠道和客户服务方式。

（4）P2P 借贷模式

P2P 借贷模式，即依靠互联网技术力量和信用评估技术，为投资者和借款人建立直接借贷的中介服务模式，现已发展成为互联网金融不可忽视的重要领域。在过去 10 年间，Web 2.0 的兴起为实现 P2P 借贷创造了可能性。2008 年全球金融危机爆发迫使传统金融机构收缩信贷，客观上为 P2P 借贷模式快速发展提供了重要契机。P2P 借贷模式能有效地将借贷双方置于同一平台，既为投资者提供潜在投资机会，获取高于传统储蓄工具的收益，又为借款人提供获得贷款新渠道，拓宽资金来源，因此深受社会关注。在美国，P2P 模式自 2005 年诞生以来，营利性和非营利性 P2P 平台在互联网金融市场上共存，为世界各地的个人和团体提供商业或公益贷款。营利性 P2P 平台以 Prosper 公司和 Lending Club 公司为代表，非营利性 P2P 平台以 Kiva 公司为代表。

【补充案例】
Lending Club 公司

（5）众筹融资模式

众筹融资（Crowd Funding）是通过互联网为各类创业投资者与创业者实现资金融通的融资模式。2009 年，美国的一家创业众筹网站 Kickstarter 用捐赠资助或是预购产品的形式为中小企业或者小微企业在线募集资金，开启了大众化的融资方式。此后，众筹模式呈爆发式增长，成功募资的项目和募资额屡创新高。调查数据显示，2012 年北美地区众筹平台募资总额为 16 亿美元，较 2011 年增长 105%；以 IndieGoGo、Kickstarter 两大众筹平台为代表的美国众筹融资占据全球众筹融资的主要份额。从单笔募资额看，2013 年 5 月，创意手表项目

Pebble Watch 是近年来 Kickstarter 众筹融资最为成功的案例之一，其在发布 28 小时内筹得 100 万美元，1 个月时间内得到近 7 万人的支持，筹得 1 000 万美元。Coolest 冷冻箱项目则在 2014 年打破 Pebble Watch 的融资纪录，拿下 Kickstarter 众筹融资第一的桂冠。

（6）第三方支付

1998 年 12 月建立的贝宝（PayPal）网络服务商是目前全球最大的网上支付公司，总部位于美国加利福尼亚州圣荷西市。PayPal 使个人或企业通过电子邮件，安全、简便、快捷地实现在线付款和收款，避免邮寄支票或汇款等传统支付方式的不便因素。1999 年底，PayPal 创建货币市场基金，将在线支付和金融业务结合起来，基金由 PayPal 自身的资产管理公司通过连接基金的方式交由巴克莱及其之后的贝莱德的母账户管理。PayPal 用户只需简单地进行设置，存放在 PayPal 支付账户中不计利息的余额就会自动转入货币市场基金，从而获得利息收益。

2006 年 4 月，PayPal 正式进入移动支付领域，并于同年 10 月收购 VerSign 支付网关，使 PayPal 用户可通过手机在任何时间、任何地点进行移动支付。除 PayPal 外，美国还有三个较大的支付平台，分别是 Google 旗下的 Google Wallet、重点开发移动支付的电信公司联合体 ISIS 及零售商联盟 MCS。

2．欧洲的互联网金融发展现状

（1）互联网银行

目前，欧洲网上银行普及率不及美国。欧洲网上银行由早期的自助银行发展而来，业务相对比较发达。挪威、冰岛、芬兰、荷兰、瑞典、丹麦等北欧国家的互联网用户网上银行使用率远高于其他欧洲国家；爱尔兰、西班牙、波兰、捷克、葡萄牙、意大利、希腊等国家的网上银行使用率则低于欧盟平均水平；从整体及欧盟均值角度来看，欧洲网上银行使用率逐年上升，但在 2010 年之后增速逐渐放缓。

（2）互联网资本市场

德意志交易所集团是世界领先的交易所，为投资者、金融机构和公司提供进入全球金融市场的通道，其业务覆盖了包括现货及期货交易、交易后结算、托管、市场信息提供、电子交易平台在内的全部有价证券的交易链。其他平台与服务提供商包括：法兰克福证券交易所、全球交易量最大的平台之一——Xetra、运营衍生品交易的欧洲期货交易所 Eurex、后交易提供商明讯银行 Clearstream、主营网上交易的新型券商 X-Trade Brokers（XTB）集团等。

（3）网络保险

在欧洲，网络保险发展速度非常迅猛。1996 年，全球最大保险集团之一的法国安盛在德国试行网上直销。目前，安盛公司经营寿险、个人财产和意外伤害险、企业财产和意外伤害险、再保险等多项保险业务，占其业务总额的 74%，拥有约 1 亿客户。2013 年上半年，安盛向投保人支付 147 亿欧元的保险金。尽管安盛将包括网络保险在内的多渠道销售与服务作为其经营战略，但也承认互联网仅是一种销售渠道或信息公告方式，不具有更多意义。在 2013 年的公司介绍中，安盛指出传统销售渠道更多地提供了公司高附加值的个性化服务，而互联网和直接销售渠道更适合如个人车辆保险等更为简单和标准化的保险产品。

对于欧洲其他国家，意大利 RAS 保险公司建立了一个网络保险销售服务系统，在网上提供最新报价、信息咨询和网上投保服务；世界第二大再保险公司——瑞士再保险公司宣布，网上保险帮助该公司每年节约 7.5 亿瑞士法郎；英国保险组织劳合社为适应网络经济新客户要求，改变了 300 多年的传统程序，推出全新的互动性货物运输和仓储保险计划，以实现网上销售目标。

（4）P2P 借贷平台

英国的 Zopa 公司和德国的 Smava 公司是欧洲目前影响最大的两个 P2P 平台，但业务侧重与模式略有不同。其中，Zopa 是世界上第一家 P2P 网站，2005 年创建于英国，通过向借贷双方收取佣金赢利。而 Smava 的特点在于通过将具有相同信用等级的贷款项目分组，组内违约导致的本金损失将等比例分摊给组中所有投资者，此类制度鼓励放款人承担更多的风险。

（5）众筹融资

截至 2012 年年末，欧洲众筹融资市场约占全球市场规模的 1/3。欧洲市场约 50% 的众筹活动属于报酬类，捐助类与权益类各占不足 25%，剩余份额属于借贷类。其中德国众筹发展较快，其最大的五家众筹平台在 2013 年前共促成融资约 200 万欧元，规模是 2011 年的 4 倍。德国众筹市场初具规模，但业内认为平台间的合并不可避免，原因是德国众筹融资只向本土居民、企业开放，市场过窄导致平台佣金下降，同时也应看到对众筹融资需求的增加。

1.2.3 国内互联网金融的发展现状

1．传统金融业务网络化的发展现状

互联网给传统金融机构造成了新的冲击，传统金融机构纷纷设立电商部门，建设电商网站来销售金融产品：银行广泛通过互联网开展品牌宣传、产品推广、客户服务；保险公司进行网络直销；证券公司推广网上营业厅；基金公司进行网上直销。目前，网络营销已经成为金融机构必不可少的营销方式，从早期的初级应用发展到全面利用互联网技术，通过优化整合内部业务流程及网络销售渠道，建立基于互联网技术的核心竞争优势。

（1）商业银行网络化

我国银行业的互联网金融创新已有不短的历史。股份制商业银行率先敏锐地认识到互联网带来的发展机会和拓展空间。早在 1997 年，招商银行率先推出我国第一家网上银行，目前已经拥有包括网上企业银行、网上个人银行、网上支付系统、网上证券系统等系列网站在内的网上银行产品。作为国内首家经批准开展个人网上银行业务的商业银行，招商银行在互联网领域的战略定位、营销手段、产品创新和服务等方面都进行了效果显著的创新。

尽管大型商业银行凭借其客户规模优势保持着市场份额领先的地位，但在应对互联网的冲击时，它们行动相对迟缓，其互联网业务增速要低于创新型中小银行。从实践中来看，中小银行在产品与服务创新方面速度更快，反应更加灵敏，市场份额不断提高，一方面蚕食大银行传统客户市场，另一方面又不断扩大新增客户市场。

整体上，银行业的互联网业务规模仍远大于支付宝等非银行机构。2011 年，我国网上银行市场交易额超过 800 万亿元，接近支付宝交易额的 1 万倍。但从细分领域看，在新兴的互联网金融领域，如个人电子商务支付领域，网上银行的发展速度要慢于第三方支付，客户占有率也要低于支付宝。

（2）证券业网络化

由于券商不同业务的门槛不一，对应的监管要求也不一样，互联网金融对证券业的影响程度及时间先后有所不同。同质化、低技术含量、低利润率、监管者有意放开的业务会率先受到冲击，而对知识、技术、资本及风控要求高的业务则可能在互联网金融向更高层次发展之后受到影响。经纪业务和资产管理大众市场首当其冲，股权众筹也可能演变成网络首次公开募股 IPO。

大型券商业务结构更加多元化，对传统业务依赖度更低，即使一些通道类业务受到冲击，对整体的影响也并不大。大型券商拥有雄厚的资本实力、强大的人才储备和较高的品牌美誉度，是参与互联网金融创新的坚实基础。大型券商在争取互联网合作资源、引入第三方产品等方面也比小型券商更具优势。少数中型券商借助互联网金融实现"弯道超车"也不无机会。

（3）保险业网络化

近年来，保险企业在渠道发展方面面临严峻挑战。经纪公司、银行、4S 店等专业和兼业代理存在的成本较高、营销员增长乏力、代理人产能受限、过度营销广受诟病等问题促使保险企业加大互联网、电话等新渠道的开发力度。从 2009 年至今，保险业电子商务年均复合增长率超过 100%。人保、国寿、平安、太保等保险公司均已开展互联网业务。据统计，截至 2012 年年底，60 家财产险公司及超过 50 家寿险公司中，16 家财险公司、23 家寿险公司已开设互联网销售业务，分别占总数的 33.82% 和 26.67%。

早在 2002 年 10 月，中国人保电子商务平台（e-PICC）就正式上线。用户不仅可以通过 e-PICC 投保中国人保的车险、家财险、货运险等保险产品，还可以享受保单验真、保费试算、理赔状态查询、咨询投诉报案、风险评估、保单批改、保险箱等一系列实时服务。2012 年，其增加包括电销、网销等在内的新渠道业务，保费收入超过 300 亿元。中国人寿于 2012 年 6 月推出新版互联网电子平台，服务范围涵盖寿险、财险、企业年金等。综合平安直销车险的官网日均访问量超过 20 万人次，日均保费收入超过千万元。平安网销平台创新实践移动客户端平台，首家推出车险 iPhone 客户端投保应用。平安网销支付平台已建立快速与外部合作直通的标准接口及模式，与淘宝、拍拍、网易、汽车之家、苏宁易购等电子商务网站开展合作，推出纯数据接口的简易报价及获取客户信息功能。

2．非传统金融机构互联网业务模式发展现状

互联网金融实质上是将互联网技术应用到金融服务，用互联网理念改变金融服务方式的一种变革。融资与支付是金融服务的主要组成部分，非传统金融机构的互联网金融运营模式主要体现为以第三方支付为代表的互联网金融支付模式，以及以 P2P、众筹为代表的互联网金融融资模式。下面用数据直观地向读者介绍这两种非传统金融机构的互联网金融运营模式在我国的发展现状。

（1）第三方支付

自 2005 年网络支付在我国正式起步以来，第三方支付已取得了长足的发展。2012 年，我国第三方支付市场规模超过 10 万亿元。截至 2013 年 6 月，我国网民规模达 5.91 亿户，互联网普及率为 44.1%。网络购物、网上支付和网上银行的互联网用户分别达到 2.71 亿户、2.44

亿户和 2.41 亿户，分别占用户总数的 45.9%、41.3%和 40.8%。其中，支付机构互联网支付业务快速增长，移动支付业务处于蓄力发展阶段。从地区分布上来看，第三方支付企业已覆盖 28 个省市，其中上海市 53 家，北京市 47 家，广东省 21 家，江苏省 15 家，浙江省 14 家，这 5 个省市第三方支付企业数量占总数的 2/3。

2012 年 1 月，中国人民银行发布了《关于中国支付体系发展（2011—2015 年）的指导意见》，指出我国支付体系发展前景广阔，要抓住第三方支付建设面临的历史机遇。同年 3 月，工业和信息化部发布了《电子商务"十二五"发展规划》，规划提出：到 2015 年，电子商务交易额实现翻两番，突破 18 万亿元，企业间电子商务交易规模超过 15 万亿元，网络零售交易额突破 3 万亿元。第三方支付既是电子商务发展的重要基础，也是互联网金融服务的主要模式之一，需要在支付技术和业务模式创新、支付业务规则和风险控制措施、电子支付标准建设、产业发展规划、市场有序竞争及支付机构规范运作和行业自律、保护客户资金安全和合法权益等方面不断改进。总而言之，第三方支付产业的发展速度远超经济发展速度，而且第三方支付产业仍处于市场扩张期。不过，随着金融机构加入行业竞争，第三方支付产业已经从迅速发展阶段进入规范发展阶段。

（2）P2P 借贷

P2P 借贷的特点一是 P2P 借贷双方参与的广泛性，借贷双方呈散点网络状的多对多形式，且针对特定主题；二是交易条件具有灵活性和高效性，极大地满足了借贷双方的多样化需求。此外，P2P 借贷平台省去了烦琐的层层审核模式。在信用合格的情况下，手续简单直接。在该模式中，存在一个重要的中介服务者——P2P 借贷平台。平台主要为 P2P 借贷的双方提供信息流通交互、信息价值确认和其他促成交易完成的服务，但不作为借贷资金的债权债务方。

P2P 借贷是指个体对个体之间通过互联网实现资金的融通。国内 P2P 借贷平台最早出现于 2006 年。据统计，国内 P2P 平台从 2009 年的 9 家增长到 2013 年的 132 家，其中影响较大的约有 20 家。截至 2015 年 6 月，我国 P2P 网贷平台累计达 2 723 家，其中在运营平台为 1 987 家。

（3）众筹模式

众筹模式的特点在于使社交网络与"多数人资助少数人"的募资方式相互交叉，并带有利用互联网资助圆梦的色彩。由于较低的准入门槛和广泛的融资渠道，众筹模式在我国深受青睐，国内众筹平台大致分为凭证式、会籍式、天使式 3 类。由于在我国众筹的回报方式可以是实物，也可以是非实物，但不能涉及资金或股权，所以其融资规模和发展方式仍受制约。

我国的众筹模式远未成熟，和国外的发展水平相差较大，主要是因为缺乏支持这种融资模式的制度环境。这种弱关系下的融资活动在信任机制、权利保障和退出机制上存在着许多现实问题。投资主体的多元化、零散化可能导致众多投资者之间的利益无法协调一致，影响到筹资者项目的运营进程。这就需要对众筹参与者实行资格限定，确保只有满足一定要求的投资者才能对具体运营项目进行投资。此外，众筹参与群体之间的信任关系也需要强化，如果参与群体价值观比较相近，将有利于固化利益纽带，实现众筹目的。由于知识产权缺乏制度保障，一旦进入众筹平台，项目创意可能被竞争对手抄袭，所以优质项目大多不愿选择众筹模式筹资。众筹网站只能吸引一些刚刚起步的创业者，项目的质量较低，投资周期也不固定，相对而言是个较为漫长的过程，退出机制更是没有固定范式。基于种种原因，我国众筹平台上的项目在数量、质量、筹资金额、用户规模方面还处于较低水平，无法形成规模效应，在金融市场上的影响力有待进一步提高。

1.2.4　国内外互联网金融发展情况总体对比

互联网与金融的结合源于欧美发达国家。20 世纪 90 年代互联网技术的高速发展也渗入了金融业，欧美的金融企业开始广泛利用现代信息技术开展金融业务。进入 21 世纪，伴随着金融创新，大量新型的互联网金融企业逐渐出现并取得了较大发展。从互联网金融的实现模式来看，欧美发达国家的互联网金融可以用四个模式概括：新型的互联网融资模式（如 P2P、众筹等）、互联网服务方式（如第三方支付、移动支付等）、虚拟货币（如比特币和"脸谱"网站提供的虚拟货币等）和互联网在传统金融业的应用。但与我国蓬勃发展的互联网金融相比，发达国家并未出现互联网金融对传统金融模式的颠覆，实际上，互联网金融对欧美发达国家传统融资体系和金融服务方式的冲击并不大。

从传统金融业和互联网金融的关系来看，互联网金融虽然对传统金融业造成了一定冲击，但传统金融业的地位并未被撼动。伴随着传统金融业广泛应用互联网技术，传统业务的信息化水平大大提高，网上银行、移动支付、手机银行等业务近几年发展较为迅速。从新兴的互联网金融业务看，首先是互联网融资业务，虽然 P2P 最早出现在英国并在美国得到了更大的发展，但并没有像在我国这样，在短时间内涌现了大量的 P2P 公司，同时又有大量的平台退出市场；在互联网支付等领域，根据相关研究，移动支付及第三方支付确实将会弱化传统支付体系的功能，但要达到取代传统支付体系的程度估计需要很长时间。

中外互联网金融发展的差异源于金融环境的差异。我国存在大量的金融需求得不到满足，这为互联网金融的快速发展提供了最大的动力。与我国的金融体系不同，欧美发达国家有一个完善的、多层次的金融体系。以银行业为例，美国有将近 8 000 家银行，既有全国性的大银行，如花旗银行、美国银行、摩根大通银行等，也有大量的地区性银行、社区银行、信用社等。由于社会信用体系完善，利率市场化程度高，这些机构能够按照市场规则对存贷款客户展开激烈竞争。绝大部分个人或者企业的金融需求，都会在相应的价格上被相关金融机构满足。

与美国相反，我国的金融业以国有或国有控股企业为主，在利率未完全市场化的情况下，银行的市场压力较小，享有政府赋予的特权及相关的垄断利益，倾向于为大型国有经济主体提供融资。此外，我国信用体系尚有很多不完善、不规范的地方。在这种情况下，相当一部分企业（尤其是小微企业）和个人的金融需求得不到满足，成为一个很大的市场空白点，他们对金融服务和资金的需求成为推动互联网金融在我国快速发展和不断创新的基础。

在这样的背景下，金融与互联网在我国的结合将比在美国的结合发展得更快、更好。以我国的余额宝和美国的 PayPal 为例，1999 年 11 月，PayPal 创建了货币市场基金，将在线支付和金融业务结合起来，推出了美国版"余额宝"产品即 PayPal 基金。由于 PayPal 基金具有操作方便、进入门槛低、实时汇报等特点以及当时良好的利率政策环境，该产品发展迅猛，其规模在 2007 年达到巅峰。但在金融危机后，美国货币市场基金数量减少，PayPal 用户在基金账户里的资金不断下降。2011 年 6 月，PayPal 宣布关闭其管理的货币市场基金。美国版"余额宝"退出市场的根本原因在于美国金融市场是高度开放的，管制程度非常低，利率实现了市场化，金融市场特别是价格信息传递无迟滞、对等及时，对金融创新要求较高，套利空间很小。阿里巴巴在 2013 年推出的余额宝与 PayPal 的基金产品有很多相似点，但我国的余额宝与 PayPal 基金有一个本质区别，即基金诞生的基础不同。阿里巴巴余额宝诞生的基础是支付宝，支付宝的基础是天猫和淘宝等电商购物平台。支付宝、天猫、淘宝上的 5 亿客户基础是余额宝赖以生存的根基。余额宝使阿里平台上的客户购物、增利两不耽误。这样的客户群体比美国版"余额宝"单纯以增利为目的的客户群体要稳定得多。因此，我国内地的互联网新金融立在了世界潮头。

1.3 互联网金融对传统金融的影响

1.3.1 改变传统金融机构的营业结构和运营模式

互联网金融改变了传统金融机构的营业结构。互联网金融的出现，重新定义了金融机构和客户之间的关系，任何客户都可以通过互联网随时加入到网络中来，成为互联网金融的一员，这就自然改变了原来柜台交易办理业务的结构。同时，互联网金融不需要大量的分支机构，营业机构已被虚拟的网络世界和计算机所取代，金融机构不再有规模上的大小之分，互联网金融机构无时不在、无处不在，建立了一种全新的金融生态环境。

互联网金融改变了传统金融机构的经营运行模式。互联网金融的出现大大缩短了人们在时间和空间上的距离，改变了传统金融机构在服务时空上的限制和经营方式，可以为用户提供全天候、全方位的实时服务，在任何时间、任何地点以任何方式向客户提供服务。互联网金融在为客户提供传统金融业务的同时，还可以不断增加新的金融业务，特别是可向客户提供一对一的个性化、差异化的服务。

1.3.2 冲击传统的金融理论

互联网金融的产生和发展，必将对传统的货币银行理论带来众多的影响。电子货币的出现，以及逐渐由有限法偿货币转化为无限法偿货币，都会对传统的货币概念、货币制度以及货币职能等产生冲击，同时对货币供给理论也带来较大影响。另外，互联网金融对商业银行的规模经济，以及中央银行货币发行等也将带来不小的影响。在互联网金融的背景下，规模经济已不再是商业银行提高效益和竞争力的唯一手段，中央银行原有的货币发行的垄断地位也日益受到挑战。

1.3.3 对传统金融监管提出挑战

互联网金融导致了不同金融机构之间、金融机构与非金融机构之间的界限趋于模糊，金融业务综合化的发展趋势不断加强，这就使得传统的按业务标准将金融业划分为银行业、证券业、保险业等的做法已经失去实际意义。因此，传统的"分业经营、分业监管"制度将被"全能经营、混业监管"制度所取代，金融监管体制将由机构监管型向功能监管型转换。互联网金融的高科技性，在为互联网金融机构不断进行业务创新和为客户提供全方位金融服务的同时，也有利于金融机构通过技术手段来规避金融监管，这就大大增加了金融监管的难度。另外，面对层出不穷的互联网金融创新，传统金融监管法规的有效性已大打折扣，应用于互联网金融发展的金融监管法规体系尚待建立与完善，再加上金融监管的滞后性，使得金融监管部门对金融机构的监管遇到了严峻的挑战。

本章小结

本章主要介绍了互联网金融的基本概念、互联网金融的发展沿革以及互联网金融对经济社会产生的重大影响。目前对于互联网金融的定义在理论界尚未形成非常明确的能够被广泛接受的权威界定，但一般认为互联网金融是传统金融行业与互联网精神相结合的新兴领域。

目前互联网金融具有七大业务模式：①第三方支付（Third-Party Payment）；②互联网货币基金；③P2P网络贷款平台；④大数据金融；⑤众筹；⑥互联网金融门户；⑦信息化金融机构。在互联网金融模式下，资金供求双方可以通过网络平台自行完成信息甄别、匹配、定价和交易，无传统中介、无交易成本、无垄断利润，具有低成本性。并且，互联网金融业务主要由计算机处理，操作流程完全标准化，建立了一种全新的金融生态环境，具有高效率性，实现可持续发展。同时，互联网金融模式能够让客户突破时间和地域约束，使金融服务更为直接，客户基础更为广泛，形成了互联网金融的广覆盖性。

互联网金融的诞生是由理论基础、技术基础和动力基础作为支撑，在美国和欧洲率先兴起发展，影响了我国传统金融业务的网络化和非传统金融机构互联网模式的发展情况。经过对于国内外互联网金融发展情况的对比，我们可以观察到中外互联网金融发展的差异来源于金融环境的差异，互联网金融对于欧美发达国家传统金融冲击并不大；而我国金融与互联网的结合发展得更快更好，使我国互联网新金融立在了世界潮头。

互联网金融对传统金融的影响改变了传统金融机构的营业结构和经营运行的模式，冲击着传统的金融理论，也对传统的金融监管提出了挑战。

思考与练习

1. 判断题

（1）目前在理论界对互联网金融的定义已经有了明确的界定。 （　　）

（2）互联网金融的广义定义是"只要具备互联网精神的金融业态都可以被统称为互联网金融"。 （　　）

2. 单项选择题

（1）下列四个选项中，（　　）是互联网金融的狭义定义。

　　A. 资金融通和其他金融服务依托互联网来实现的方式方法可以被称为互联网金融

B. 只要具备互联网精神的金融业态都可以被统称为互联网金融

C. 互联网金融是互联网"开放、平等、协作、共享"的精神与传统金融行业相互渗透形成的新领域

D. 指具备一定实力和信誉保障的非银行机构，借助通信、计算机和信息安全技术，采用与各大银行签约的方式，在用户与银行支付结算系统间建立连接的电子支付模式

（2）下列四个选项中，（　　　　）不是互联网金融发展的技术基础。

A. 云计算　　　　　　B. 大数据　　　　　　C. 移动互联网　　　　　　D. 金融创新

3．简答题

（1）请简要回答互联网金融的七大业务模式。

（2）请简要回答互联网金融产生的理论基础。

4．论述题

（1）请以案例分析的形式，用代表性实例阐述我国第三方支付行业近年来的发展状况。

（2）请分析我国互联网金融业存在的相关风险，以及如何进行监管管控。

第2章　互联网金融原理

本章主要从微观、中观和宏观三个角度分析互联网金融运作的基本原理与经济学逻辑。从理论角度解析互联网金融的产生带来的行业变革与创新。第一部分从微观层面上探讨互联网金融存在的金融学背景，利用金融功能理论和金融创新理论两个工具，从金融经济学和信息经济学两个角度阐述互联网金融在经济体系中的作用，如何对传统金融中介机构进行变革，以及怎样体现金融创新的内在要求和逻辑。第二部分从中观层面探讨分析互联网金融的产业结构、行业内的竞争以及资源配置特点。第三部分主要从经济发展、收入分配、货币政策、国际金融中心建设以及比特币对国际货币体系的影响五个方面分析互联网金融的宏观影响。

读者需要重点掌握金融中介在间接金融中的运转方式与功能，这是互联网金融迅速发展的基础。此外，互联网金融创新的内在逻辑及影响也是重点内容，尤其要掌握教材中提到的几种金融创新理论；产业结构与竞争方式的改变同样要重点掌握。互联网金融的宏观影响是本章难点。

本部分是全书的重点内容，以讲授为主，共计 6 个学时。建议学生大量阅读相关资料文献，结合教材中给出的案例与课外拓展进行相关思考。

2.1　微观层面

微观层面的互联网金融原理主要包括互联网金融功能理论、金融创新理论和支付理论。互联网金融是近几年兴起的新型金融业态，是金融创新的引领者，在本质上它仍具有金融中介的特征。因此我们在研究互联网金融发展路径时，对金融创新活动的理解必不可少。随着互联网金融投融资规模的不断扩大，支付体系与互联网金融的联系日益紧密，在线的虚拟支付体系与传统的线下支付体系的区别也就成了人们日益关注的一个热点问题。

2.1.1　金融功能理论与互联网金融

1. 金融市场基本功能

金融市场最基本的功能是融通资金。资金盈余者需要为闲置资金找到获利途径，资金需求者迫切地想得到资金。金融市场就在资金盈余者和资金需求者之间充当桥梁的角色。一个经济体的金融市场在这种融通活动中实现了资源的跨时间、跨空间转移与配置。良好的金融市场对于实体经济的健康运转必不可少。简言之，金融市场使资金从缺乏投资机会或者投资机会收益率低的个体转移到富于投资机会或者拥有高收益投资机会的个体，提高了资金的使用效率。不仅如此，金融市场还增进了消费者福利。消费者可以根据自身偏好，合理地将收入流进行跨期转移，最大化自己的跨期消费效用，比如年轻时进行借入，年老后借出。

我们在初级经济学课程中了解到，市场上的供求行为可以通过供求曲线进行刻画。产品卖方对价格的反应形成供给曲线，产品买方对价格的反应形成需求曲线。两条曲线的交点确定了均衡价格和均衡数量。金融市场是资金交易的市场，同样由资金供需双方组成，资金的价格就是利率。但是金融市场与普通的产品市场有一个重要的区别。金融市场的供给者将资金给予需求者，换取需求者未来偿还资金的承诺。给定不确定性的存在以及不完善的远期市场，使这种跨期交易存在内生的风险。资金需求者可能由于资金运用不当在未来无法履行承诺，使得资金供给者遭受损失。因此关于资金需求者自身资信与资金用途方面的信息变得至关重要。由此看来，金融市场的另一个主要功能就是分散风险、传递信息。比如，资金盈余者可以选择多个渠道进行分散投资，也可以根据利率判断市场对于资金的需求程度。

总的来说，一个经济体的金融市场为实体经济集中和分配资金，实现资源跨时间、跨空间、跨行业转移。它还能为参与者分散风险、传递信息，提供流动性。此外，金融市场还充当经济体支付系统角色，方便商品与货物的交易。

互联网金融是一个经济体虚拟的金融市场，同样具有现实金融市场的基本功能。P2P网络贷款本质上是一种互联网上个人对个人的借贷模式，它的基本思想就是通过网络将资金供需双方连接起来形成债权债务关系，创造一个线上的资金供求市场，这一模式的出现使得个人对个人借贷这一人类最早的金融模式焕发出新的活力。众筹是通过借助网络平台，将资金盈余方分散、小额的资金汇聚起来，支持资金需求方的一项活动、一种理念或者一个项目；它使得生产者在成本发生之前就能获得未来消费者的资金，从而拥有了创业基础。这体现了互联网金融动员储蓄、融通资金、优化资源配置的作用。我们常说的互联网金融门户，它利用了互联网为客户提供金融产品和金融服务信息，与此同时汇聚、搜索、比较各类金融产品，帮助客户做出决策。大数据金融则依托于海量、非结构化的数据，通过互联网、云计算等信息化方式对数据进行专业化的挖掘和分析。这体现了互联网金融搜集、处理信息的作用。第三方支付通过在客户、第三方支付公司和银行之间建立连接、帮助客户快速实现货币支付、资金结算等功能。信息化金融机构则将传统的线下业务搬到线上，对传统的支付结算、金融产品买卖等业务进行互联网改造和重构，使客户方便快捷享受金融服务。这体现了互联网金融充当支付系统、提供流动性的作用。

【拓展阅读】金融系统的功能

富兰克林·艾伦（Franklin Allen）和道格拉斯·盖尔（Douglas Gale）（2001）在《金融系统的对比》一文中对金融系统的功能做了以下总结。

"金融系统对于现代经济体的资源配置至关重要。它们将家庭储蓄引导至企业并在不同企业之间分配资金；它们使家庭能够平滑跨期消费，使企业能够平滑跨期支出；并且它们允许家庭和企业分担风险。在发达经济体中，这些功能尤为常见，尽管金融系统的实现形式多种多样。"

——参见 Franklin Allen 和 Douglas Gale《比较金融系统》（*Comparing Financial Systems*）

2. 间接金融与金融中介的功能

根据借贷双方是否直接接触资金，借贷活动可划分为直接金融和间接金融。直接金融背景下，资金需求者直接从金融市场中获得资金，无需第三方的服务。资金需求者通过向资金供给者提供证券募集资金。证券是借款人未来收入或资产的收益权凭证，它既可以通过拍卖，也可以通过公开发行出售给投资者。证券交易所、投资银行等金融机构只是起到促进交易的作用，不涉及投融资活动中资产形态变化或是债权债务关系的生成。在间接金融背景下，资金供求双方通过金融中介实现资金的转移。金融中介以较低利率从资金供给方借得资金，然后再将这些资金以较高利率放贷给资金需求方，从而形成资金供给方—金融中介和金融中介—资金需求方双重债权债务关系。图2.1概括了这两种融资方式的不同之处。需要注意的是，这里和下文提到的"金融中介"特指银行类的金融中介。广义上来说，金融中介泛指金融系统中提供金融服务、方便金融交易的机构，但在间接融资活动中扮演中间人角色的银行类金融中介必须满足下面三个条件。

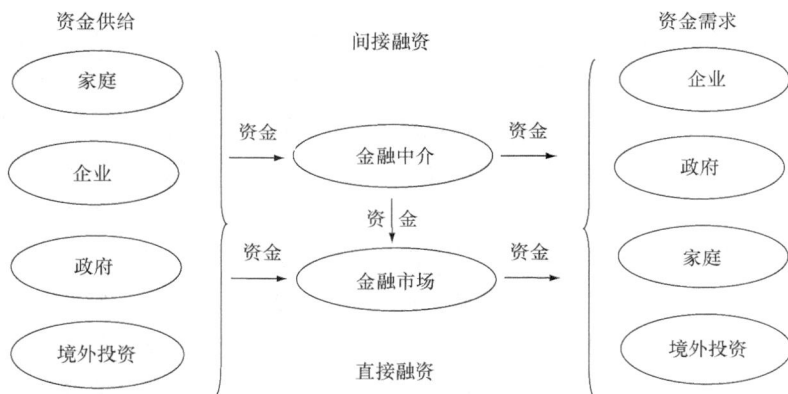

图2.1　直接融资与间接融资

（1）它们从一个群体中借入资金，向另一个群体贷出资金。

（2）借入群体和贷出群体足够大，群体内差异性明显。

（3）它向借入群体和贷出群体发放的收益凭证有不同的支付规定。

间接融资是实现资金转移的最基本最主要的途径。事实上，根据迈耶（Mayer）等人的研究，在企业的所有外源融资中，银行或其他储蓄机构的借贷占了很大比重。这是因为金融中介的存在显著改善了借贷过程的效率，降低了资金转移的成本与风险。以下我们从交易费用、风险分担和信息不对称三个角度说明金融中介在金融体系中的重要作用。

（1）金融中介机构能降低交易费用

交易费用是指为了进行金融交易造成的资源损耗，它源于金融市场自身的摩擦与不完善。设想你是一个资金供给者，想为拥有的闲置资金找到生利途径。如果没有金融中介，你就得亲自在金融市场上寻找资金需求者，并且需求者对资金的需求可能并不恰好等于你拥有的闲置资金，所借期限也可能和你想贷放的期限不一致。这样的搜寻匹配过程不仅成本高昂，而且很容易因交易对手不匹配导致交易失败。即使贷款人找到了数额、期限都相匹配的借款人，为了保护资金安全，借贷双方需要签订具有法律效力的借贷合约。这些烦琐的交易流程花费许多时间和资金，超过了资金的投资收益，从而使资金供给者放弃贷出闲置资金。因此，在没有金融中介参与的情况下，许多潜在的金融交易无法实施，经济系统的资源使用效率低下。

金融中介机构的存在能够显著地降低交易费用。一方面，金融机构中的从业人员具有降低费用的专业知识和技能；另一方面，它在吸收与发放资金时具备规模经济效应。金融中介将大量资金供给者的资金聚集起来，然后根据期限、数额需求将资金贷放给资金需求者。资金供给者只需和金融中介做交易，无需自己寻找交易对手。同样，资金需求方也无需自己寻找资金供给方，只要与资金供给方的代表——金融中介交易即可。由于金融中介吸收了大量差异化的资金，需求方在选择期限、数额时更为灵活，并且很多标准化的合同只需一次设定便可适用于大量的同质交易，这样当借贷资金数额上升时，单位资金的交易费用就会显著下降。此外，金融中介还能为当事人提供方便商品买卖的流动性服务。消费者可以直接从金融中介的账户上划拨资金进行价款的支付和结算。

（2）金融中介能分担投资者风险

风险是投资者在资金运用过程中必须考虑的一个因素。金融中介存在的一个重要原因就在于它能帮助投资者降低资金风险暴露。金融中介风险分担主要有两条实现途径：资产转换和分散化投资。资产转换是指金融中介通过出售低风险资产获得资金，投资于高风险资产。交易费用的下降使得金融机构能以低成本分担风险，并凭借不同风险特征资产的收益率差额获利。通过资产转换，高风险资产就能转变为投资者易于接受的低风险资产。分散化投资是指金融中介将聚集的资金投资于低相关性资产。由于经济体固有的系统性风险和单个资产的非系统性风险，若将资金投资于一种资产，其投资收益常常不能保证，如果借走资金的商人经营不善，你的本金就难以收回。个体投资者受限于资金规模，无法将资金进行分散化的投资，许多个体投资者由于厌恶风险不愿意进行投资，金融中介则将零散资金聚集起来形成一个大资金池，使分散化投资成为可能。

（3）金融中介能减轻信息不对称问题

在金融市场中，交易的一方常常因缺乏关于另一方的足够信息而无法做出决策，这种情况称为信息不对称。金融市场中，资金供给者不知道借款人的信用记录、职业背景、偿还意愿与能力，以及资金的用途、风险大小。资金需求者拥有资金供给者未知的私人信息，这使得交易效率低下，或资金供给方因担心风险而拒绝交易。根据信息不对称发生的时间，我们把信息不对称细分为逆向选择和道德风险。

交易发生之前产生的信息不对称问题称为逆向选择。逆向选择是指金融市场中风险越大的借款人越是积极地寻求贷款。这使得大多数信贷资金被信用记录差的借款人占有。贷款人出于资金安全的考虑退出资金借贷市场，使许多信用良好的借款人得不到资金。若资金供给者决定贷出闲置资金时，并不知道借款人的资信状况，但资金供给者了解到信用水平越低的借款人越是积极地寻求借款，他很可能不会贷出资金。

在交易发生之后产生的信息不对称问题称为道德风险问题。道德风险问题是指借款人在获得资金之后有动机从事一些对贷款人不利的活动。借款人可能违背最初的资金运用计划，进行高风险投资以获取高收益，或者大量借款增加偿付风险。借款人能获得额外风险中的额外收益，投资损失却由贷款人承担。贷款人由于担心借款人无法定期偿还而拒绝供给资金。

金融中介的存在能减轻信息不对称问题。贷款人可以将资金贷放给金融中介，金融中介再将小额资金汇集起来发放贷款或者购买证券。与个体投资者相比，金融中介具有更大的信息优势。一方面，在借款人递交符合要求的申请材料后，金融中介可以利用专业知识识别信用记录不良的借款人，减轻逆向选择的影响；另一方面在贷款发放之后，金融中介可以凭借自身的影响力和经验，可以监督资金的使用情况，确保借款人有能力偿还本息。

充分理解金融中介存在的必要性以及功能对于揭示互联网金融背后的经济学逻辑至关重要。本质上说，互联网金融是依托互联网来实现资金的融通。在虚拟金融市场上，互联网将资金供需双方连接起来，使资源得到优化配置。和现实中的金融市场类似，第三方机构对于提高交易效率，降低交易风险和信息不对称至关重要。在现实金融市场中，我们将这类第三方机构称为金融中介；在互联网金融领域，我们称其为平台，绝大部分的在线金融交易都是通过平台完成的。第三方支付依托于拉卡拉、支付宝等第三方电子支付平台进行贷款的收付；P2P 网贷依托于 Zopa、人人贷、陆金所等 P2P 网络借贷平台进行资金转移；众筹依托于 Kickstarter、众筹网等众筹平台完成资金的汇聚；大数据金融通过电子商务平台搜集与分析用户的信用数据；互联网金融门户支付平台建立资讯平台或者垂直搜索平台，将金融服务提供者的信息发布在平台上。互联网金融平台同样具有金融中介降低交易费用，分担投资者风险及减轻信息不对称问题等功能，这些功能正是互联网金融能够在短时间内迅速发展的根本原因。

【拓展阅读】互联网金融平台的功能

以 P2P 纯平台模式的代表拍拍贷为例，互联网金融平台具有很多优势。拍拍贷的成立基于我国民间大量存在的小额投融资需求，可使借贷双方在平台上直接接触达成借贷关系。首先，贷款者将其贷出资金充值到平台的虚拟账户中，平台对出借人进行信用审核并给予评级；其次，经过审核的借款人填写借款信息，平台将其信息列入借款列表并挂在网站页面上；最后，贷款者浏览借款列表并进行评标，由平台进行信息撮合并且确定最后有交易资格的贷款人，至此借贷交易达成。在这一过程中，拍拍贷为交易双方提供平台和标准化的交易规则，供需双方可方便快捷地找到自己的交易对象，降低了交易费用。平台通过列表形式展示借款人信息，使得贷款人可以选择多个借款人进行借贷，降低违约风险。拍拍贷还与全国十几家权威的数据中心展开合作，搜集借款者在互联网上的信息，按照其风险控制团队自建的风险模型进行评估，对借款人进行信用评级，减轻借贷过程中的信息不对称问题。

【拓展阅读】互联网金融领军人物谈互联网金融的中介职能

2.1.2 金融创新理论与互联网金融

1. 金融创新的内涵

学界对金融创新的定义大多源于熊·彼特的经济创新概念。在《经济发展理论》一书中，熊·彼特认为，创新是指新的生产要素组合，新的生产函数的建立。因此，金融创新就是金融业中各种要素的重新组合。广义上讲，金融创新指应对不同金融环境的新方法的产生，它也常常代指新型证券的诞生。国际清算银行曾经根据金融创新具有的功能对金融创新进行分类。将金融创新分为风险转移、提升流动性以及为企业注入资金三类。这里我们根据金融创新的不同对象将其分为三类。①体制和机构创新。金融体制和机构创新能对整个金融部门产生影响，它主要包括金融交易方式的转变、新型金融机构的设立、法律和监管体系的创造性设计。比如城市信用社改为城市商业银行，允许民营银行成立，放宽外资银行的市场准入条件等。②过程创新。过程创新指金融服务供给方式上的创新，原有金融产品以新的生产流程或新的手段提供给用户。比如金融互联网的建立使得金融中介业务电子化，在证券买卖过程中运用程序化交易增加效率。③产品创新。产品创新指新型的借贷、存款、保险、租赁或其他金融产品的创造或重新组合。产品创新是为了应对市场需求的转变或提升金融市场运作效率而出现的，它又可细分为股权工具创新、债权工具创新、衍生工具创新和组合金融工具创新等。比如为了规避政府的利率管制而产生的 NOW 账户，为了防范资本市场风险而出现的股指期货，为了防范利率风险产生的利率互换等。

【拓展阅读】金融创新的利弊

多数西方经济学家承认金融创新的有利之处在于以下几点。

（1）金融创新冲破了传统管制篱笆，促进金融市场一体化，推动市场竞争，提高了效率。

（2）企业、家庭和投资者的金融资产选择性加强并得到了较高收益。

（3）金融创新加强了金融资产之间的替代性，降低了融资成本，促进企业通过金融市场融资从而推动经济发展。

（4）金融创新增加了单个企业和金融机构应对风险的能力，例如通过期货、期权等工具的套作买卖，可以有效地回避利率和汇率风险。

但是，金融创新带来的弊端也十分明显。

（1）金融创新加大了金融体系的风险，并有可能导致金融危机。

（2）金融创新使金融管制与货币政策变得十分困难与复杂化，加大了社会管理成本。

（3）那些纯粹为回避管制而产生的金融创新，本身就是社会资源的浪费。

（4）金融创新提供了新的利润机会，助长了金融市场上的投机。社会资源越来越多地停留在金融领域，妨碍了社会经济的健康发展。

——摘自陈岱孙、厉以宁《国际金融学说史》

2．互联网金融带来的金融创新

互联网金融是在信息技术与计算机科学高度发展的环境下，利用互联网从事的金融活动。它本身意味着金融过程的创新。互联网金融的出现带来了新型的金融机构和金融产品。图 2.2 展现了互联网金融带来的创新浪潮。

（1）金融机构创新

互联网金融的诞生使得一些有资质的互联网企业通过申请金融牌照、收购中小金融机构、联合有牌照的金融机构等方式进军金融领域，并探索新的金融机构运行模式。在新的政策背景下，政府已经出台商业银行引入民间资本的相关办法，多家具有互联网背景的企业纷纷申请民资银行牌照。腾讯、阿里巴巴、百度、苏宁云商或者它们控股的公司都在不同领域获得了相关的金融机构准入牌照。这意味着，在不久的将来，互联网企业背景的金融企业会越来越多。

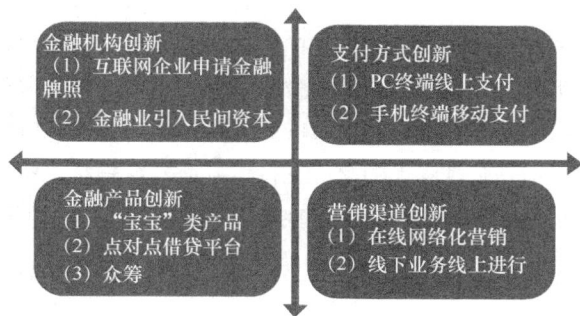

图 2.2 互联网金融引发创新浪潮

（2）支付方式创新

支付方式是合同交易之后发生在交易双方之间的合同价款转移方式。互联网金融的发展带来了新型的价款转移方式。在传统金融业态下，合同的价款由第三方金融机构进行支付清算的情形很少，一般都是以银行信用卡、借记卡支付的形式实现，我们姑且将它称为"线下支付"。互联网金融却在很短的时间内实现了第三方支付的线上转移。线上第三方支付的一般情形是基于互联网的电商平台，利用专门的第三方支付平台完成资金从买家到卖家的转移。我们常说的"支付宝"模式，就是买方选购商品后，使用第三方平台提供的账户进行货款支付，由第三方通知卖家货款到达、进行发货；买方检验物品后，就可以通知第三方付款给卖家，第三方再将款项转至卖家账户。这种模式就是典型的"线上支付"模式。随着移动互联网技术的发展与成熟，在线支付的方式更多地转向了"移动支付"，即用手机终端代替原来的PC 终端作为线上支付通道。这种第三方支付在支付手段上也有新的发展：二维码、条形码、卡片扫描等各种便利移动终端使用的支付手段不断被创造出来。

（3）金融产品创新

互联网金融的发展带来了众多新型金融产品与服务。余额宝类产品的出现推动了在线理财的发展。余额宝实质上是支付宝为客户提供的余额增值服务，是一种在线基金产品。用户在互联网交易中通常保留一部分资金在支付工具以便随时支付，针对这部分资金不能获利的问题，阿里与国内的天弘基金合作，构建在线理财产品销售接口，使得用户在支付宝内的备付金可用于购买基金产品获取收益。这种新型商业模式为闲置资金提供了远超活期存款的收益，拓展了基金公司的营销渠道。此外，P2P 也是互联网金融带来的一种去中介化金融产品。它的最大创新之处在于债权债务关系脱离了银行等传统的融资媒介。同样，众筹也是一种互联网金融创新。众筹利用预订的方式，向不特定的少数人筹集投资数额，以实现借款人自己的创业目的、筹集资金目的。相比于其他传统融资渠道，众筹模式能帮助借款人实现低门槛创业，预知市场需求并同步进行廉价的市场推广。

（4）营销渠道创新

互联网金融推进了营销渠道的变化与创新。这是一种过程创新，集中表现在销售渠道的网络化上。通过互联网平台，以往金融产品的销售方式发生了改变，销售场所进行了时间和空间上的扩展。如今的金融产品市场，已经不局限于大堂销售、上门推销、电视宣传等旧式营销方式。搜索引擎营销等新型推广与宣传方式得到了发展。互联网金融企业可以根据客户的上网浏览记录定向投放相关度最高的金融产品广告。客户和金融企业（包括互联网企业和传统金融机构）可以便捷地达成金融合同。与此同时，营销渠道的拓展吸引了越来越多的互联网金融客户。在互联网金融的受众群体中，年轻人所占比例很大。年轻人拥有很强的融资需求，但是缺少强大的财力支持，互联网金融将这些年轻人聚合形成庞大的金融需求群体。营销渠道创新的另一个表现是以往的线下业务都可以线上进行，即所谓的金融机构信息化。

3. 金融创新的理论基础

金融创新常常被看成是监管的副产品。大多数的金融创新源于规避监管机构的限制。当政府对金融业的某种约束可以合理地予以规避且其预期收入大于成本时，金融创新就会产生。最典型的例子就是 20 世纪 60 年代美国银行业为了规避政府在存款利率和法定存款准备金方面的限制而产生的一系列金融创新，比如欧洲美元、NOW 账户、ATS 账户、商业票据等。当然，如果仅仅将金融创新看作是规避监管的结果未免过于狭隘。金融创新也可能是顺应金融市场需求而产生的。比如计算机技术和通信技术的改善改变了证券市场处理信息的能力，刺激了金融创新的产生。典型的例子有算法交易和高频交易的出现、资产证券化的诞生。此外，资本市场上波动日益加大的金融指标导致了风险规避需求。比如利率的波动幅度的上升造成巨额的资本利得或资本损失，并使投资回报率具有较大的不确定性。在此情况下，可变利率抵押贷款、利率期货、互换等金融产品应运而生。

【拓展阅读】经典金融创新理论

（1）技术推进论。 汉农（T. M. Hannon）和迈克道尔（J. M. McDowell）从技术创新的角度来探索金融创新的动因。他们通过实证研究发现 20 世纪 70 年代美国银行业新技术的采用和扩散与市场结构的变化密切相关，从而认为新技术的采用，特别是计算机、通信技术的发展及其在金融业的广泛应用为金融创新提供了物质和技术上的保证，这是促成金融创新的主要原因。新技术在金融领域的引进和运用促进金融业务创新的例子很多，如信息处理和通信技术的应用，大大减少了时空的限制，加快了资金的调拨速度，降低了成本。

（2）货币促成论。 货币促成论的代表人物米尔顿·弗里德曼（Milton Friedman）认为："前所未有的国际货币体系的特征及其最初的影响，是促使金融创新不断出现并形成要求放松金融市场管理压力的主要原因"。20 世纪 70 年代的通货膨胀和汇率、利率反复无常的波动，是金融创新的重要原因。金融创新是作为抵制通货膨胀和利率波动的产物而出现的。总之，货币方面因素的变化促成了金融创新的出现。例如，20 世纪 70 年代出现的 NOW 账户、浮动利息债券、与物价指数挂钩的公债、外汇期货等对通货膨胀、利率和汇率具有高度敏感性的金融创新工具的产生，便是为了抵制通货膨胀、利率和汇率波动冲击，使人们在不安定因素干扰的情况下获得稳定收益。

（3）**财富增长论**。格林包姆（S. L. Greenbum）和海伍德（C. F. Haywood）是这种理论的代表人物。该理论认为，经济的高度发展所带来的财富的迅速增长是金融创新的主要原因。这两位学者在研究美国金融业的发展历史时，得出财富的增长是决定对金融资产和金融创新需求的主要因素的结论。他们认为科技进步引起财富增加，随着财富的增加，人们规避金融风险的欲望增强，从而对金融资产的需求增加，金融创新也随之产生。

（4）**金融中介论**。该理论主要代表人物是居里（J. Gurly）和肯（E. Shaw）。他们认为金融中介是经济增长过程中的一个必不可少的部分。金融创新是货币赤字单位的融资偏好，是与金融部门提供的服务相匹配的结果，即满足实际部门的需要是金融创新的根源。Shaw 还认为，当旧的融资技术不适应经济增长的需要时，它表现为短期金融资产的实际需求保持不变。因此，必须在相对自由的经济环境中，人们会用新的融资技术对长期融资进行革新。事实上经济增长本身又为长期融资创造了市场机会，而金融创新就是对这种机会做出的反应。在利润激励的趋势下，金融部门不断推出新的金融产品来满足消费者的需求，故金融中介部门是金融创新的主体，在金融创新过程中起着不可替代的作用。

（5）**约束诱导论**。西尔柏（E. J. Silber）是从供给角度来探索金融创新的。他认为金融创新是微观金融组织为了寻求最大化利润，减轻外部对其产生的金融压制而采取的"自卫"行动，是"在努力消除或减轻施加给企业的约束，实现金融工具和金融交易创新"。金融机构之所以发明新的金融工具、交易方式和服务种类、管理方法，其目的在于规避其所面临的种种内部和外部压制。这种金融压制主要来自于两个方面。一是政府的外部金融压制。这种因外部条件的变化而导致的金融创新不仅会降低金融机构的效率，还会增加其机会成本。二是内部强加的压制，如资产的流动性比率、期限管理、核心资产比率。追求利润最大化的金融机构面对内外压制，只有不断进行金融创新，采取"自卫"行动，才能生存。

（6）**规避管制论**。该理论的主要代表人物是 Silber。他认为金融创新主要是由于金融机构为了获取利润而规避政府的管制所引起的。政府对金融机构的管制和由此产生的规避行为，是以政府和微观金融主体之间的博弈方式来进行的。许多形式的管制会限制金融机构的获利机会，因而金融机构会通过金融创新绕开管制。但当这些金融创新危及金融稳定和货币政策目标实现时，金融当局会加强管制。这个过程会进行好多回合，故这是一个动态的自由与管制的博弈过程。随着技术进步，被管制的金融机构的适应能力会逐渐增强，在博弈中的地位和影响力也越来越强，有可能使金融创新向着放松管制的方向进行。

——摘自邵传林《西方金融创新理论演变综述》

4. 以金融创新理论解读互联网金融创新

西方学者对于金融创新的理论研究揭示了金融创新的内在生命力。互联网金融在金融界掀起了一场金融创新浪潮，自 2012 年互联网金融元年以来，不断呈现出蓬勃发展之势。我们可以从互联网金融的内外部条件分析其生命力所在。

（1）信息科学的进步

根据技术推进论，新技术的应用是促成金融创新的主要原因。当今的计算机科技已经可持续地为互联网金融提供强有力的技术支持。技术进步对传统金融模型的变革主要体现在云计算、大数据、移动互联网、电子商务这四位一体上。互联网金融在面对微型客户时所具有的技术优势，传统的商业银行还难以企及。并且，目前互联网行业的发展已经进入到移动互联网阶段。移动互联网技术的发展和运用日益成熟，传统互联网企业都已经开始自觉地运用移动互联网技术和概念拓展新业务和方向。在此情况下，互联网金融的推广和普及有了强大的技术支撑。

（2）国民收入的积累

根据财富增长理论，财富增加使得人们规避风险的愿望增加，要求有新型的金融产品出现。互联网金融在我国成长迅速的经济基础是不断上升的人均收入水平和强劲的投融资需求。我国的宏观经济形势保持着稳定与高速增长势头，收入的逐年累积产生了强劲的消费需求和投资需求。与之相对的是另两个长期存在又不能很好地解决的问题。一是我国民间资本投资渠道不畅，传统的银行存款利率低且固定，理财产品期限长、起售金额大。二是国内个人和小微企业融资难。我国国有商业银行长期垄断金融资源，授信时往往偏好规模大、信誉好的企业或者政府支持的行业。众多个体和小微企业由于无法提供合格的抵押品和信用记录，加上贷款金额小、期限短，资金需求长期得不到满足。因此在这种情况下，互联网金融以其零散化、去中介化的特点成为普惠金融的代表，在个体投融资者中迅速普及。

（3）金融自由化趋势兴起

根据约束诱导论和规避管制论，金融组织有在受到约束情况下寻求规避和"自卫"的内生动力。随着我国市场经济改革不断推进，金融领域的自由化改革日渐深入。政府减轻了原有的金融抑制，促进利率自由化、金融机构准入自由与资本的自由流动。这一系列改革为金融创新提供了良好的政策环境。加之我国长期以来压制资金、劳动力等要素的价格，导致不合理的市场扭曲与资源错配。而互联网金融强调自由化、开放性正好顺应了金融深化的趋势。特别是十八届三中全会以来，我国政府着重强调了行业信息化建设的重要性，指出要加强金融领域的信息化建设为改革助力。发展电子商务也被明确写入了"十二五"发展规划。不难看出，未来的一个时期是我国在线买卖、移动支付、大数据处理等新兴业态发展的黄金时期。在这种情况下，互联网金融创新也有了政策依据。

2.1.3　支付理论与互联网金融

伴随着计算机的发展和互联网的出现，互联网金融支付体系应运而生。互联网金融支付体系相对于传统金融支付体系而言是革命性的，这主要是因为电子支付手段和电子货币的使用。互联网金融带来的新型支付手段包括移动支付和第三方支付，当然还有两者的结合即第三方移动支付。下面简要介绍这些互联网金融支付手段的模式和原理。

1. 移动支付

移动支付是资金债权债务清偿中任何一方通过移动方式接入进行清偿的一种支付方式，是支付方为了购买实物或非实物形式的产品、缴纳费用或接受服务，以手机、掌上电脑（PDA）等移动终端为工具，通过移动通信网络，实现资金的债权债务的清偿的过程。移动支付存在的基础是移动终端的普及和移动互联网的发展，可移动性是其最大的特色。2008 年至

2012 年，移动支付用户规模从不到亿户增长到近三亿户，年均复合增长率超过 30%；移动支付交易规模从不到三百亿增长到超过一千五百亿，年均复合增长率超过 50%。然而，根据 2015 年央行发布的《我国移动支付发展现状、问题及政策建议》，我国现阶段的移动支付产业整体上还处于起步阶段。由此看来，移动支付的潜力很大，后劲很足。我国网民现在的规模大约为 6.5 亿人，其中手机网民有 5.7 亿人，手机支付用户有 2.17 亿人。与网民数相比，移动支付客户潜力有四亿多，手机网民数有三亿多。可以预见的是，未来移动支付客户将会呈现几何式增长。

虽然各种移动支付系统在实施中的表现形式各不相同，但其包含的基本架构却是很统一的。其运营的主要模式有以金融机构为主导的运营模式、以电信运营商为主导的运营模式和以第三方支付服务商为主导的运营模式。

（1）以金融机构为主导的运营模式

提供支付服务的金融机构主要是银行，银行可以独立地提供移动支付服务。手机是支付的媒介，支付信息借助移动运营商的通信网络进行传递，移动运营商不参与运营管理，只负责提供信息通道。用户将手机与银行账户进行绑定，直接通过语音、短信等形式完成支付。货款支付是在消费者和商家的银行账户间进行划转。为了通过银行完成移动支付，用户一般需要安装手机银行。同时为了配合近场支付，可能还需要手机具有近场通信（NFC）功能。图 2.3 给出了以金融机构为主导的移动支付模式示意图。

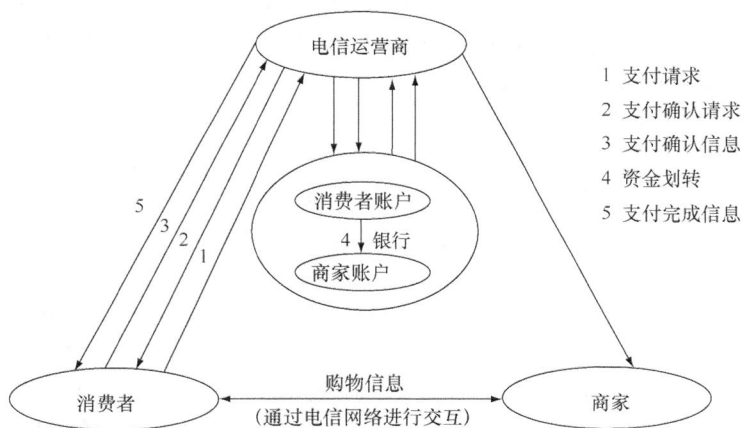

图 2.3　以金融机构为主导的移动支付模式

（2）以电信运营商为主导的运营模式

这种运营模式是以电信运营商代收费业务为主，银行完全不参与其中。在进行移动支付时——如用手机作为支付工具——一般是将话费账户作为支付账户，用户购买电信运营商所发的电子货币来对其话费账户充值，或者直接在话费账户中预存款，当用户采用手机支付形式购买商品或服务时，交易费用就直接从话费账户中扣除。这要求用户将芯片植入 SIM 卡。货款的支付是以电信话费形式进行扣除，最后由商家和电信运营公司进行统一的结算。图 2.4 给出了以电信运营商为主导的移动支付模式示意图。

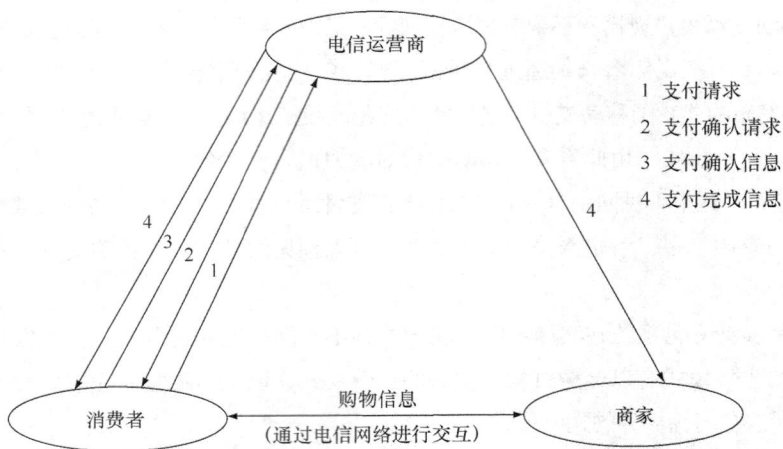

图 2.4　以电信运营商为主导的移动支付模式

（3）以第三方支付服务提供商为主导的运营模式

第三方支付服务提供商在这里是指独立于银行和移动运营商，利用移动通信网络资源和银行的支付结算资源，进行支付的身份认证和支付确认的机构。第三方支付服务提供商在该模式中需要构建移动支付平台，并与银行相连完成支付，同时充当信用中介，为客户提供账号，并且为交易的进行承担部分担保责任。货款通过第三方提供的移动支付账号进行划转。这种方式的移动支付的最大特点是方便快捷，最大限度地满足客户对速度的要求。但是这种支付方式的安全性不及前两种，多数情况下需要引入保险机构。图 2.5 给出了以第三方支付服务提供商为主导的移动支付模式示意图。

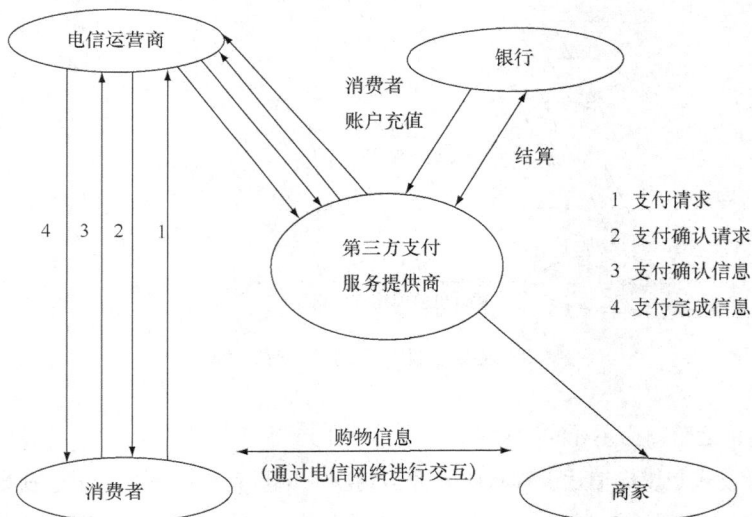

图 2.5　以第三方支付服务提供商为主导的支付模式

2．第三方支付

互联网第三方支付是随着在线交易规模扩大、大型电子商务平台的出现而诞生的在线支付平台。传统的第三方网关支付由于服务种类和网络接口单一，无法对买卖双方的行为进行监督，从而不能适应日益庞大的在线支付规模。第三方支付平台相当于买卖双方的资金托管人，成功解决了在线交易中安全验证与买卖信用的问题，极大地推动了网络贸易的发展。图 2.6 是典型的第三方支付平台——支付宝的流程示意图。

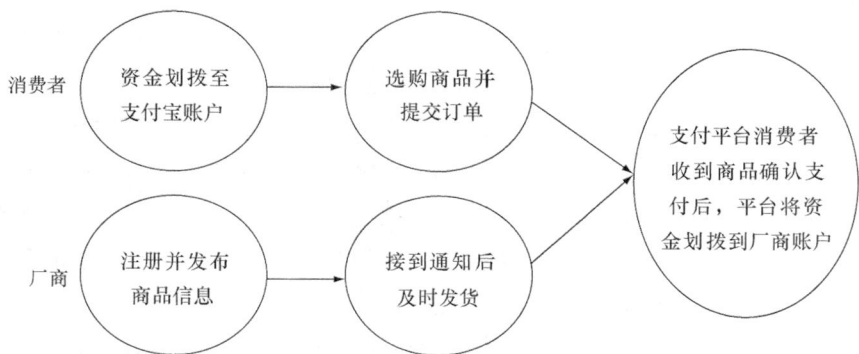

图 2.6　支付宝的支付流程示意图

第三方支付平台一般都与国内外各大银行签约，由具有一定实力和信誉保障的第三方独立机构投资建立交易支持平台。通过独立的第三方平台作为中介，网上交易的商家和消费者之间实现了信用的中转。买卖双方的行为靠改造过的支付流程进行约束，在一定程度上缓解了彼此对双方信用的猜疑，增加网上购物的可信度。第三方支付平台还根据不同用户的需要对界面、功能等进行调整，增加个性化和人性化的特征。总结目前市场上的第三方支付公司的运营模式，我们可以将它们分为三种类型：一类是独立的第三方网关模式，一类是有电子交易平台且具备担保功能的第三方支付网关模式，还有一类是由电子交易平台支持的第三方支付网关模式。本书第 5 章会具体介绍第三方支付的这几种模式。

【拓展阅读】
国外电子支付平台

2.2　中观层面

互联网金融行业的高速发展不仅在微观层面上对我国经济产生了深远的影响，从产业组织理论的中观经济视角分析互联网金融的产业结构、行业内的竞争以及对传统金融产业的替代，可以更为深刻地体现出互联网金融对我国金融环境的影响以及对我国金融体系演进的作用。

2.2.1　互联网金融的产业组织理论基础

从产业的角度看，互联网金融的发展以及其对传统金融行业的影响已经成为学术界的重要命题。互联网金融在西方国家的早期发展阶段，一些学者认为互联网只是实现金融服务与交易的一个新方式，并以此为基础讨论了互联网金融对传统金融业的影响。另一些学者则基于对当时发展形势的分析指出，互联网金融是继传统金融中介和资本市场之后的第三种金融模式。

  随着经济全球化程度的不断加深以及大数据时代的到来，作为当今世界新兴经济体代表的中国近年来也如雨后春笋般涌现出了大批互联网金融机构。对于国内互联网金融的发展，一种观点认为互联网金融是建立在信息革命基础上的网络经济，对传统金融产业和金融理论产生了深刻的影响。互联网金融的本质是更接近于金融市场的一种服务模式，有助于直接融资占比的提高和金融结构的优化。值得肯定的是，互联网金融存在很多不同于传统金融行业的特征的确为经济社会带来了新的机遇和挑战。它不仅仅为传统金融市场的操作创造出新的平台，更深远的意义在于，互联网金融既对传统金融市场结构提出了更高层次的要求，又在管理运作模式上对金融机构运营理念提出了新的挑战。信息技术的新革命为金融创新提供了可能性，仅从技术层面角度分析，互联网金融在大数据时代的背景下对于信息的采集与处理等方面与传统金融行业相比有着较为明显的优势。

  由于互联网自身的系统性、内部信息流的交互性所产生的互联网金融外部经济效应，以及信息网络的发展过程中存在着扩张效应，互联网金融运营商会因此降低其运营成本。新兴互联网融资模式迅猛增长的态势也使得一些学者认为，以互联网为代表的现代信息科技，特别是移动支付、社交网络、搜索引擎及云计算等，将会对人类金融模式产生根本影响：可能出现既不同于商业银行间接融资，也不同于资本市场直接融资的第三种金融模式，即"互联网金融模式"。

2.2.2　互联网金融的产业组织分析

  产业组织分析一方面研究在生产要素投入既定的前提下，为优化资源配置，如何鼓励市场竞争，推动厂商进行技术革新；另一方面研究如何避免过度竞争带来的低效率。

  互联网背景下，各种在线金融企业为争夺信息资源、资金资源和牌照资源而展开激烈竞争。从产业角度来说，互联网金融企业与传统金融企业的最大区别在于前者主要依靠平台进行竞争。互联网金融平台具有以下几个比较显著的特征。一是互联网金融市场具有双边市场特征。P2P借贷平台同时为投资者和融资者提供服务，它充当了一个信息流、资金流的载体，具有中介的性质。通过平台进行资金融通的双方构成了该平台的两边市场。二是互联网金融市场具有显著的外部性特征。网络外部性是指一件商品对于个别消费者的使用价值随该商品使用人数的变化而变化。互联网金融市场表现出较强的自网络外部性和交叉网络外部性，即平台一边的用户效用不仅随平台同一边用户数量的增加而增加，而且随另一边用户数量的增加而增加。这也就是说，互联网金融市场的供需双方会因为对方的数量增加而得到更多的效用。三是多平台接入特征。消费者必须在具有竞争性的厂商中选择一家厂商的商品进行消费。在互联网金融市场中，用户可以选择多个平台的服务。产生这种行为的原因，除了平台所提供服务的不完全替代以外，更多的是由于厂商期望能最大程度地享受平台另一边用户规模带来的利益。这一特性在一定程度上影响该行业中供应商的价格行为及策略性行为。四是用户存在转换成本。消费者在转换互联网金融平台的时候要面临各种心理、实体以及经济性的成本。产品的特殊性可能是造成转移成本的原因。这为互联网金融企业提供了一种保留客户的重要方法，是培养消费者产品忠诚度的有效工具。正是这些特性使得互联网金融市场与传统金融市场存在明显不同。

因此，互联网金融行业不仅拥有金融行业的本质特征，也具有网络信息产业的特点。我们从产业组织理论的视角出发，从市场结构、市场行为和市场绩效三个方面进行理论分析和经验检验，研究技术进步与互联网金融行业市场结构的动态演变，强调产业基本条件对市场结构和市场行为的影响，进而对其市场交易效率均衡做进一步的深入分析和评价。

1．市场结构分析

市场结构是指在特定的市场中各组成要素之间的关系，如企业数量、市场份额、市场规模和竞争关系等。它是反映产业组织竞争性质和垄断程度的基本要素，可以用多种指标进行衡量，如市场集中度、市场进入及退出壁垒、产品差异化、规模经济、成本结构和市场需求增长率等。对于互联网金融行业而言，由于互联网是一个典型的非现场交易方式，可以作为同一个产业进行分析。从长期分析来看其交易方式的优点具有强大的替代传统交易方式形成的趋势，其在整个市场中的交易比例将越来越大。以下主要针对决定市场结构的主要因素进行分析。

（1）集中度指标

集中度在产业组织学中是最基本和最常见的指标，用于度量市场结构，其变化直接反映了市场垄断竞争状况的变化。市场集中度反映了在市场中处于优势地位的企业，其市场份额的大小直接反映出企业在当前市场的垄断程度。通常，市场集中度随市场中卖家数目减少而提高，卖家越少也就越容易形成垄断；同时，由一个非常大的企业和若干个小企业所构成的市场，出现市场垄断的概率大大高于有较多大规模企业所构成的市场。

我国的互联网金融行业中，根据研究机构对于国内第三方支付市场的交易统计数据，支付宝、财付通、中国银联和快钱所占总市场份额约 80%，是典型的紧密寡头结构市场。P2P行业发展迅猛，国内 P2P 平台从最初的不到十家增长到近年来的上百家，是典型的竞争市场结构。对于电子商务行业，天猫的市场份额占据了半壁江山，京东、苏宁占据了余下的主要份额，因此是典型的企业型市场结构。

（2）市场进入壁垒

对我国互联网金融行业而言，市场进入的结构性壁垒主要包括规模经济、资本量、产品服务差异化、绝对费用和经营牌照等，其中主要的壁垒是规模经济和政策性制度。由于在线第三方支付企业提供的是支付服务，无法存储产品，并不能直接参与到中央银行的结算系统。互联网支付方式所使用的最终支付资金仍然是来源于与银行账户所对应的资金，并没有创造新的支付工具。不论是主观意愿还是客观需要，企业都应保持过剩的生产能力，这对于市场的潜在进入者会形成一种威慑。另外，因为在线第三方支付产品的转移成本比较高，对于新进入企业来说，吸引客户开拓市场难度确实非常大，所以也构成了较高的进入壁垒。

（3）规模经济效益

在互联网技术快速发展的背景下，大规模企业不断出现，而整体市场规模却相对缩小，需要把市场因素融入互联网金融的研究中。在经济学理论中，规模障碍系数是对规模经济与市场垄断性关系的有效说明。它定义为企业最低经济规模和市场总规模的比例 $D=MES/Q$，其中 D 为该系数，Q 代表市场总规模，D 取值范围在 0 和 1 之间。最小有效规模 MES 的值越大，则表示该行业越集中，即 D 值比例越接近于 1，产生垄断市场的可能性也就越大。由于包括第三方支付、P2P 以及电商企业在内的互联网金融行业追求无限大的市场规模，则 D 值有大于 1 的可能，则说明该市场垄断程度非常高。根据互联网金融行业的产业特征，由于其边际成本是微小的非增正数，而边际成本总小于平均成本，且两者均递减。若企业生产成本最低满足市场需求而需求曲线和边际成本相交点为产量水平时，企业利润是亏损，由此判定在线互联网金融属于强自然垄断，将无法通过边际成本定价。如果在相同技术水平条件下，通过低价竞争仍无法获得正利润，则该市场的潜在竞争者不愿意进入该产业，进而这种强自然垄断是可持续的。在这种强自然垄断条件下，理论上政府将不需要对互联网金融市场进行管制，而只需要对市场价格进行监督，以防止垄断定价的出现。

（4）产品替代与创新

互联网金融行业究其本质是一种网络服务形式，也是对传统金融服务的升级和延伸。在支付方面，传统支付和第三方支付之间具有部分相互替代的作用。在线第三方支付的普及需要时间累积，如用户支付习惯、网络基础条件和转移成本等都会影响和制约其发展。另外，一些跨产业的替代产品也随着产业融合的趋势而出现。互联网金融作为网络通信技术与金融服务相融合的高科技产业，其相关技术的进步也会迅速体现到产业发展中，创新型的产品和服务也会冲击原有市场的主导企业，抑制其发展的垄断趋势。

2．市场行为分析

在一定市场结构条件下，市场行为是企业在充分考虑市场供求状况及与其他企业关系的基础上，所采取的各种决策行为；或者说是为实现其既定目标而采取的适应市场要求的调整行为。市场行为主要包括企业进行市场竞争和博弈过程中采取的策略和对策，如产品策略、价格策略、促销策略和企业并购等。

（1）产品服务竞争

产品服务竞争是互联网金融行业最为根本的市场竞争，是互联网金融企业可持续发展的关键所在，也是其核心竞争力的重要体现。现阶段，我国互联网金融行业正处于发展起步阶段，市场的运行机制和客户群体行为选择均不成熟。以我国目前包括余额宝在内的互联网金融产品的竞争为例，当前产品服务竞争突出体现在互联网金融创新产品的收益率竞争。在刚性兑付的市场潜规则下，收益率高的创新型互联网金融产品，更受投资者青睐。然而，在市场竞争日益激烈的情况下，单独依靠产品收益率竞争不具有可持续性，一方面，高收益意味着高风险，如果真正实现刚性兑付，互联网金融企业将承担较大风险；另一方面，在市场集中度不高的情况下，高收益项目或者好项目将逐步减少，创新型互联网金融产品的高收益不具有可持续基础。随着财富管理市场的逐步开放及我国金融行业转型的进行，产品服务竞争逐步向服务质量、产品创新以及提高客户满意度和体验方面转变，产品服务差异化竞争趋势日趋明显。

（2）营销渠道竞争

在互联网时代网络营销是金融组织营销系统中的一个重要组成部分。根据市场营销、网络营销、金融营销、电子商务的相关定义，互联网金融营销可以具体描述为：通过非直接物理接触的电子方式，营造网上经营环境，创造并交换客户所需要的金融产品，构建、维护以及发展各个方面关系，从而获取利益的一种营销管理过程。从概念逻辑上看，完整的互联网金融营销含义，包括传统金融产品与服务的网络营销及互联网金融产品与服务的市场营销两个层面的内容，而互联网金融产品与服务的市场营销又包括线上营销和线下营销两个方面。

我国互联网金融的营销现状，从互联网营销主体中的卖方来看，目前国内15家全国性商业银行、绝大多数城市商业银行都建立了独立网站，具备了网络支付、账户信息查询、转账等基本网络银行功能，最新版本的网上银行系统已经可以实现网上汇兑、网上信用证等业务，极大地方便了个人和企业用户。未来，网上银行将成为银行的主渠道，传统银行将全面融入网上银行，甚至不再单独区分网上银行。从第三方市场来看，我国第三方支付业务蓬勃兴起，第三方支付组织从提供简单的资金结算，发展成可连接产业链各环节和行业上下游的多元化资源整合机构。第三方支付组织通过灵活多样的方式为社会提供支付服务，满足了社会公众的支付需求，促进了支付服务市场竞争，逐步成为互联网金融市场的重要参与者。从行业竞争来看，第三方支付机构加速洗牌，市场面临优胜劣汰，各类支付企业根据自身优势，呈现出不同的发展模式，未来将朝着全面型和专业型两个方向发展，专业化分工会越来越明确。

网络营销工具如搜索引擎、电子邮件、网站、网络广告、微博等在互联网金融市场应用都比较广泛。首先，网站在同质化竞争日趋严重的金融市场上成为企业提高顾客忠诚度和满意度的有力武器，是互联网与金融服务的完美结合。相比传统的经营网点而言，网站不但是网上金融的应用渠道，更是企业重要的营销平台。网站作为有效的品牌传播窗口，在金融组织推广自身业务与金融产品的过程中蕴含着重大价值。一个好的品牌塑造效果与宣传力度将有助于提高产品附加值与亲和力，能激发更多潜在客户的消费和投资欲望。其次，金融组织在网络广告投放方面也是非常慷慨，网络广告形式包括展示类广告、搜索排名广告、电子邮件广告、视频广告和文字链接广告等，投入大多集中在门户网站。这表明，国内金融业的传播已经从传统媒介营销的竞争如平面、广播、电视等领域转移到了互联网。

（3）品牌竞争

国际大型金融机构的实践证明，金融品牌是其核心竞争力的重要组成部分，互联网金融产品服务竞争归根到底也是品牌竞争。因而，互联网金融企业能够通过建立财富管理品牌，向市场传达经营理念和愿景、市场定位、企业文化，有利于提高市场影响力，提升机构形象，拉近与客户距离，增强客户忠诚度。目前，我国互联网金融机构已开始着手加强品牌竞争，2013年可以看作是互联网金融行业发展元年，腾讯、京东、阿里巴巴集团等互联网企业相继推出了互联网金融产品，奠定了各自的品牌优势，其他互联网金融企业也在逐步酝酿和跟进中。

（4）企业创新

根据"边际收益递增"理论，互联网金融时代中，企业基于大量信息开展生产经营业务：面对激烈竞争且多变难测的客户需求，以及网络信息技术和网络商务应用的快速发展，企业需要不断调整业务和产品经营方式。从长远角度分析，企业对市场环境认识清晰并能适时调整经营战略和有效开创商务模式，这是企业获得持续性竞争优势的来源。互联网金融的特征决定，市场先进技术的拥有者将占据市场垄断地位。而市场时刻存在威胁及潜在威胁，市场竞争程度也日趋激烈，企业只有通过推陈出新、不断创新才能保持自有竞争优势。通过快速有效的技术创新，市场的高度竞争与高度垄断有机地结合在一起。创新被认为是互联网金融持续快速发展的源泉，互联网金融企业的市场行为围绕着创新机制而展开，具体包括了最新技术应用、开拓新的市场需求、采用各种新方法和新工具、企业组织方式和经营管理创新等。通过这些创新内容的组合，企业能够创造出差异化的产品或服务，从而增强市场竞争优势和减少价格竞争压力。

3. 市场绩效分析

市场绩效反映了在特定市场结构和市场行为条件下的市场运行效果，也称市场运行效率，是企业市场行为对资源配置、技术进步和产业规模经济等方面的实现程度，可用于判断整体市场运行的优劣情况。市场绩效反映了成本、利润、品质及技术进步等方面的经济运行成果。

如果一个企业要覆盖整个市场，单单依靠市场的自身发展，将会是一个漫长的过程，它需要得到外部环境的大力支持。对互联网金融市场的长期绩效进行分析时，一方面要分析最终市场结构的垄断绩效，另一方面要考虑自然垄断的形成过程。

从交易成本角度分析互联网金融市场：当一个企业可以完全满足市场需求，在该产业技术水平下企业数量越多，重复投入建设所浪费的成本就越大，增加了产业整体平均成本，用户所获剩余就越小。

以第三方支付为代表的一类互联网金融行业是一种中介服务活动，它能够节省传统支付交易方式的成本。从节约交易成本的角度出发，当出现交易成本更低的组织方式时，整体市场效益和效率得到提高，则新的交易制度应被采用，由政府通过法律政策保障其实施。对于传统金融模式，金融交易的双方或多方主体面临很高的信息搜寻、借贷方匹配以及信息处理成本等，需要借助专业的金融中介机构来降低上述交易成本，并通过后者进行专业的尽职调查、财务分析、风险汇集和审慎管理来解决信息不对称和分散风险的问题。但互联网等新兴信息技术的出现及发展却使得金融中介机构存在的必要性大大降低。互联网技术的普及、大数据与云计算等信息科技的发展，大大降低了信息的获得、加工与处理的成本，使得金融活动的交易成本与信息不对称的程度都显著下降。因此，专业的金融中介机构的中介功能可以逐渐被互联网等新技术手段所取代，金融交易双方可以绕过传统金融中介机构，直接通过互联网完成如借贷理财等金融交易，从而降低金融交易主体的搜索与匹配成本，如阿里小贷业务。网络对数据的挖掘在一定程度上改变小微业务信息不对称的难题，通过对网络数据的有效链接和利用，阿里巴巴公司开辟出了小微业务的新路径。互联网金融的诞生有效地减少了此类成本。

2.2.3　互联网金融的资源配置特点

互联网金融采用互联网技术和大数据分析方法，解决了传统金融业务面临的交易效率低下、信息不对称问题。另外，在社会信用体系不断完善的背景下，金融脱媒程度加深以后，资金融通效率会提升。因此，互联网金融提高了金融作为资源配置手段的效率。具体来说，互联网金融的资源配置有如下几个特点。

1．资源配置的公平性

公平性应体现在享有社会的各种权利、资源和机会等方方面面，其中也包括平等地获取金融服务供给，平等地享有改善经济条件的机会。现实的境况离这种公平的理想状态相去甚远，金融资源配置的区域性差异明显，金融资源配置主要集中于经济发达地区，落后地区存在严重的金融资源供给不足，金融排斥较为普遍，而金融资源配置的失衡又进一步加剧了落后地区的贫困。孟加拉国经济学家、乡村银行创始人穆罕默德·尤努斯曾说：穷人如此贫穷，并不是因为他们愚蠢或懒惰，而是"因为这个国家的金融机构不能帮助他们扩展他们的经济基础，没有任何正式的金融机构来满足穷人的贷款需要"。

可见，获得公平的金融服务权利，不仅体现为资金需求者获得暂时性的贷款资金使用权，更深层次的社会意义在于，能够帮助弱势群体获得持续发展和参与其他社会竞争的机会和能力，为他们提供尊严、体面地脱贫致富的机会。互联网金融的服务对象侧重于被传统金融机构排斥的低收入群体和小微企业，互联网金融体现出公平正义的人文关怀。

2．参与主体的多样性

首先，融资主体具有多样性。因为金融资源稀缺，亟需资金进行创业的个体或小微商户由于违约风险较高，同时缺乏有效抵押物往往不能享受传统商业银行提供的金融服务。在互联网金融模式下，这种情况得到改变，更多的经济主体能够参与到金融市场，分享经济发展带来的成果。落后地区的贫困个体和小微企业也成为互联网金融关注照顾的对象，互联网金融的资源配置能惠及到这部分受传统金融机构排斥的群体，为他们提供金融服务，融资难、融资贵的问题有望得到缓解。其次，互联网金融的服务主体具有多样性。互联网金融的金融体系包含了很多类型的金融服务提供者，正规的金融组织如银行、券商等可以构建自己的在线金融服务，新兴的在线金融机构如 P2P 平台、众筹平台等同样扮演重要角色。只要金融机构能为用户提供方便快捷的在线金融服务，它们都被纳入国家金融服务体系，享有平等的法律地位。小额信贷、微型金融的地位不再被边缘化。互联网金融的低成本优势也大大提高了金融的普惠程度。再次，金融服务供给方式具有多样性，如本章第二节论述的互联网金融产品创新，众多的新型金融产品使得资金的借贷方式更为灵活多样。

3．资金使用更具效率

互联网金融尊重了金融发展规律，是内生性金融成长的必然结果，交易的发生顺应了金融市场资金需求主体的客观融资需求，其资源配置的效率较传统融资方式要高。金融资源的运用和配置安排本质上是一个信息问题。因此，某种意义上，金融市场是一个信息的生产、传递、扩散和利用的市场。如今借助互联网金融机构获取信息的效率得以大幅提升，再加上获取信息途径的日益多样化，导致信息的获取成本、甄别成本和评估成本大大降低。这极大地减轻了信息的不对称程度，有利于降低各种逆向选择和道德风险发生的概率，提高金融机构的风险定价能力，最终使整个金融业的运行效率都得以提升，社会整体福利水平实现了边际改善。

2.3　宏观层面

互联网金融的发展不仅带来了金融体系的深刻变革，也对我国宏观经济产生了深远影响。在对互联网金融的微观影响和中观影响分析的基础上，本部分内容从经济发展、收入分配、货币政策、国际金融中心建设以及比特币对国际货币体系的影响五个方面分析互联网金融的宏观影响。

2.3.1　互联网金融与经济发展

古典经济学认为，货币的产生降低了交易成本，便利交换。以前物物交换中，因需求和时间双重巧合，存在用于评估商品品质、掌握商品信息的单位交易成本的困难，而金融对宏观经济的影响体现在货币的产生大大降低了交易成本，便利了交换，实现了市场范围扩大和专业化程度的提高。现代经济学理论认为，经济发展需要大量资金推进，而储蓄是提供资金的重要来源之一。金融能促进储蓄和投资的增长，从而为经济发展提供资金支持。金融发展不仅实现了资金的合理流动，也优化了资源配置，提高了资本效率。如今，金融对经济发展的重要性已经被越来越多的学者认可。

互联网金融依托大数据的优势更好地实现了资本的配置，直接促进了经济发展。首先，互联网金融通过对企业各项经营指标的分析，遴选出优质的企业，将资本配置给这些企业，从而完成了优胜劣汰的选择；其次，相比传统金融部门对抵押品的严格要求，互联网金融更加看重项目的社会价值，如 P2P 模式和众筹模式，缓解了信用约束，使得优质项目获得了更多的发展机会；最后，互联网金融公司对融资公司的经营状况可以进行实时监控，如阿里巴巴对线上企业订单流的监控，有利于对融资公司的监督和培育。互联网金融凭借信息技术和大数据优势，更好地履行了金融部门筛选、监督等职能，实现了资本的合理配置，推动了经济发展。

此外，互联网金融的发展削弱了传统金融部门的垄断，促进金融协同发展，从而间接促进了经济发展。互联网金融模式下，资金供求双方不再需要银行或交易所等中介机构的撮合，通过网络平台自行完成信息甄别、匹配、定价和交易，去中介化作用明显，打破了金融体系内部垄断格局。金融发展的利益群体理论指出，金融发展促进了金融部门之间的竞争，损害了在位者的利益，因而在位者会阻碍金融发展。互联网金融的发展与金融开放一样，增加了金融体系的竞争，促进了金融发展。金融体系整体效率的提高将更好地降低市场不完善带来的较高的经济活动成本，加快推动经济的发展。

我国经济经历了 30 多年的高速增长，依靠出口和投资拉动的增长越来越难以持续，未来的增长则主要依靠制度红利的释放，而金融改革将是释放制度红利的重要途径。一般地，我们主要通过两个指标衡量一国的金融发展水平。一是金融相关率，指一定时期内金融活动总量与经济活动总量的比值；二是货币化率即社会的货币化程度，指一定经济范围内通过货币进行商品与服务交换的价值占国民生产总值的比重。就金融相关比率而言，发达国家大概在 2～3 之间。发展中国家由于其金融发展水平还处于较低层次，其金融相关比率数值在 2/3～3/2。国内学者根据我国的货币化比率推算金融相关比率，认为该比率自 1978 年—2011 年由 0.24 上升到 1.8，和发达国家相比仍具有一定差距。互联网金融作为新兴事物，将推动我国金融市场深化改革进程。中小企业融资难、银行暴利等问题将逐渐得到解决。金融的发展将通过更好地配置资本，提高资本的效率等方式促进我国经济的发展。

2.3.2　互联网金融与收入分配

金融发展与收入分配的关系一直是学术界探讨的话题。近年来，越来越多研究着重考察金融发展能否减少贫困、缩小收入分配不平等。一种观点认为，金融发展有利于缩小收入分配不平等。持有这种观点的学者指出，金融获得的不平等是收入差距持续存在的重要原因。在金融发展不完善的条件下，穷人因为缺乏抵押物受到限制，所以放松信贷约束主要使穷人受益，从而有利于缩小贫富差距。而金融中介和金融市场的发展能够消除市场不完善，使得穷人的流动性约束得到缓解。相比之下，富人在任何金融发展水平条件下都有能力集中资源进行投资，他们从放松流动性约束中获益较少。所以说金融发展使穷人受益较多，有助于减少收入分配不平等。

这种使穷人也能获得信贷的内在逻辑与互联网金融的运行基础是一致的。互联网金融削弱了银行部门的垄断，扩展了企业的融资渠道。例如，互联网金融的 P2P 借贷平台爆发式增长，表明越来越多的企业和个人通过互联网金融融资，有效地缓解了银行对这些弱势群体产生的资金约束。据网贷之家的数据显示，2013 年我国 P2P 平台总数量达到近八百家，总成交量超过亿元，贷款存量近 300 亿元。虽然由于发展时间短，规模仍然不能与传统金融相比，但其爆炸式的增长预示着未来互联网金融将对传统金融的借贷业务形成强有力的挑战。金融部门的竞争将降低金融部门的利润，银行暴利的现象将逐步消失，实体部门的利润将上升。实体部门与金融部门相比，吸纳了更多的就业岗位，且金融部门的人员工资一般较高，因而互联网金融最终改变了实体部门和金融部门的收入分配，实体部门的劳动者的收入增加，社会的收入差距水平减小。

互联网金融还扩展了个人的投资渠道，降低了金融部门财富门槛。例如，传统金融部门的理财业务一般规定进入门槛，如交通银行理财产品规定 5 万元的门槛，而互联网理财业务则没有这样的限制。互联网理财将众多小额闲置资金集中起来进行投资，满足了中低收入群体的理财需求。互联网理财产品增长迅猛，以余额宝为例，短短数月的时间内规模就超过 4 000 亿元，与之合作的天弘基金也因此成为国内最大的货币型基金。互联网金融帮助中低收入人群更好地管理自己的财富，获得更多的财产性收入，从而缩小了与富人收入的差距，有利于贫富收入差距的减少。

我国经济高速增长，但居民个人收入的增长明显落后于我国经济增长的速度。在初次分配中，政府和企业分得的多，而个人分得的较少。在个人收入的分布中，财产越来越集中在少数富人手中。国家统计局公布的 2013 年我国的基尼系数接近 0.48，联合国规定基尼系数位于 0.4～0.5 之间表示收入差距较大。贫富差距的拉大意味着社会的不公平，更威胁着社会的稳定。互联网金融扩展了企业的融资渠道，并扩展了个人的投资渠道，从而改变了既有的收入分配格局，有利于我国缩小贫富收入差距。

2.3.3 互联网金融与货币政策

互联网金融的发展强化了我国的"货币脱媒"现象，影响了存款类商业银行的货币创造过程，削弱了企业的融资约束，增强了个人的财富效应。互联网金融对货币政策的货币供给和资产价格渠道的传播将产生深远的影响。

1．互联网金融对货币供给的影响

互联网金融的发展使得大量资金离开了存款类商业银行，改变了存款类商业银行的资产负债结构，这对传统的货币供给途径产生了影响。经典的货币供给理论表明，存款类商业银行通过吸纳存款、放出贷款并实行部分准备金制度来完成货币创造过程，基础货币经过存款类商业银行的货币乘数放大形成货币供给。当金融市场中仅有商业银行吸收存款、发放贷款时，货币供应源单一，对货币供应源调控相对容易。但互联网金融的介入，使诸多新型金融机构突破原来不能吸收揽存的限制。各类在线金融机构可以利用网络平台直接将资金借给资金需求方，获得利息收益。长此以往，这就相当于在央行之外又增加了一笔基础货币，新型互联网金融机构具备了存款派生能力，使货币供应源主体发生改变。可见，互联网金融发展增加了金融市场中的货币供应渠道，削弱央行对货币供应调控的可控性，直接影响着货币政策目标制定的准确性及传导效率。

2．互联网金融对货币需求的影响

电子支付手段发展日趋成熟使得传统的货币需求理论面临挑战。如今，各种互联网金融企业纷纷推出各自的在线支付工具。用户可以非常方便地在线完成支付和结算。现金的使用量大大减少，货币以及货币需求需要重新被定义。因此，互联网金融改变传统货币需求动机，降低货币需求函数稳定性。此外，互联网金融发展创新推出了大量货币性极强的新型金融工具，这些工具不仅满足了金融市场流动性需求和投机性需求，亦明显提高了货币流通速度。

3．互联网金融对货币政策效力的影响

货币政策的内涵包括货币政策的目标选择、所使用的目标工具以及货币政策传导机制。互联网金融不断创新改变了金融市场的经济主体行为，使货币需求和资产结构处于复杂多变的状态。货币政策传导易变、传导时间难以把握、不确定性增强，给货币政策效果判断亦带来困难。我国现阶段的货币政策以数量控制为主。互联网金融的出现使得存款准备金率、信贷总额控制等货币政策工具效力减弱，货币政策应从供应量控制逐步转化为以价格控制为主。

4．互联网金融与金融加速器理论

信息不对称理论和委托代理理论的发展为我们提供了思考金融在经济中的作用的全新视角。正是由于这些市场不完善的存在，金融有了存在的意义。基于信息不对称和委托代理理论发展的金融加速器理论表明，由于信息不对称的存在，金融部门要求公司或个人提供抵押品，即公司或个人的外部融资成本是和他们的资产结构相关的。一个拥有大量资产的公司或

个人的外部融资成本低，而小企业或穷人的外部融资成本则很高。当经济下行时，资产价格下降，企业用于抵押的资产价值下降，外部融资成本增加，进一步恶化了企业的经营状况。货币政策的资产价格渠道主要分为两个阶段：在第一个阶段，货币当局通过调节货币供应量和利率影响资产价格；在第二个阶段，资产价格的变动通过金融加速器等机制影响企业的投资行为，通过财富效应等机制影响个人的消费决策。

互联网金融削弱了信息不对称问题，优质的企业面临的融资约束降低。例如，以阿里巴巴为代表的金融电商掌握了大量企业的经营数据，淘宝商户贷的流程十分简单，即 3 分钟申请、无人工审批和 1 秒到款到账。互联网金融的发展削弱了金融加速器的影响，从这一角度出发，互联网金融削弱了货币政策的资产价格渠道。但另一方面，互联网金融拓展了个人的投资渠道，个人的财产性收入增加，从而资产价格的波动将通过财富效应等机制影响个人的消费决策。从这一角度出发，互联网金融又增强了货币政策的资产价格渠道。图 2.7 展现了货币政策的资产价格渠道。

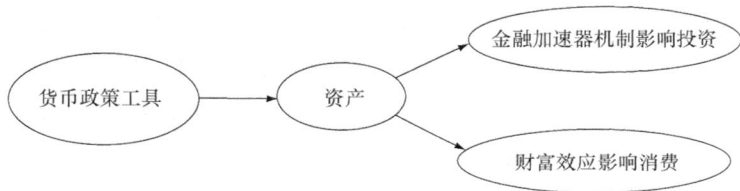

图 2.7 货币政策的资产价格渠道

2.3.4 互联网金融与国际金融中心建设

国际金融中心是全球金融产业的制高点。我国国际金融中心的建设将提升我国在国际货币金融体系中的地位。互联网技术的发展给全球金融体系带来了较为深刻的变革，国际金融中心也变得更加虚拟化、一体化和网络化。那么互联网金融会给我国国际金融中心的建设带来哪些机遇和挑战呢？

早期的金融学文献指出，信息外溢是金融中心的向心力，地方化信息是金融中心的离心力。互联网金融的发展增强了金融中心的信息外溢效应，减弱了地方化信息对金融中心集聚的约束，从而促进了金融中心的形成。国内许多城市明确了建立金融中心的发展规划，上海、天津等地也提出了建立国际金融中心的发展目标，互联网金融为国际金融中心的建立提供了新的机遇。

然而，互联网金融也为国际金融中心的建立带来了新的挑战。互联网金融对传统金融的影响之一就是弱化了金融机构物理空间集聚的必要性。传统金融机构依赖大城市主要是希望通过在人流、资金流密集的地方布点来获取收益。在互联网时代，由于信息获取、业务拓展和风险控制等都可以借助互联网来完成，使得金融机构集聚于商务成本相对较高的大城市如北京、上海的动力就大为降低，而且随着互联网金融业务的拓展，更多的金融交易将通过移动通信"点对点"的方式直接交互实现。西方一些学者基于此提出了"地理无用"的大胆预测，认为信息技术的发展弱化了地理位置的重要性，类似金融中心的地理集聚现象将不再存在。从总体上来看，互联网金融的发展将弱化区位因素的影响，使我国金融市场将受到更多的外部冲击，发达国家的国际金融中心则可能将我国吸纳为其全球战略的一部分。

总之，我们看到互联网金融对我国国际金融中心的建设是一把双刃剑，既增强了金融中心的集聚力，也增强了发达国家国际金融中心对我国金融中心的挑战。在信息技术发展的大背景下，我们只能积极发展互联网金融，在竞争中建立我国的国际金融中心，增强我国在国际货币和金融体系中的话语权。

2.3.5 比特币与国际货币体系

比特币是基于非对称加密和对等网络技术的匿名电子货币，具有去中心化、开源、匿名、无伪钞、无通胀特点，受到了人们热捧。在比特币诞生之前，人们已经构想世界货币，这与当前主权货币充当国际货币的国际货币体系缺陷密切相关。

布雷顿森林体系瓦解后，美元正式成为主要的国际货币，之后黄金逐渐去货币化，美元的地位日益巩固。然而，这样的国际货币体系却饱受诟病。人们希望能够构建世界货币，比如，一些学者提出了扩大特别提款权的构想，但却受到可行性的约束。

在国际金融危机中，美欧等发达经济体经济衰退，其量化宽松的货币政策导致了大量资本流入流出新兴市场和发展中国家，威胁着这些国家经济金融的稳定。在这样的背景下，国际货币体系的外围国家迫切要求改革国际货币体系，投资者担忧美元等金融资产的稳定，转而寻求其他的安全资产。互联网金融的繁荣发展催生了比特币的诞生，由于其超主权、无通胀等特性获得了投资者的青睐。

然而，比特币可能并不会对国际货币体系产生冲击，实际上比特币的生存空间并不大。一些国内学者指出，比特币缺乏信用的保证、价值的确认并不明晰、法律的界定仍然缺失，比特币面临着技术风险、投机风险和庞氏骗局等风险。我国央行并不承认比特币的法律地位，但允许比特币作为普通的商品，普通民众在自担风险的前提下进行自由的买卖。比特币的发展并不会产生较大的实质性影响，但其具有重要的象征性意义，反映了民众对美元资产价值的担忧和外围国家对不对称国际货币体系的不满。

【拓展阅读】比特币的定义与挖掘

比特币是通过开源的算法产生的一套密码编码，是世界上第一个分布式匿名数字货币。比特币使用遍布整个 P2P 网络节点的分布式数据库来管理货币的发行、记录货币的交易和账户余额信息，并使用密码学的设计核查重复消费，保证货币流通各个环节的安全性。

比特币的本质其实就是一堆复杂算法所生成的特解。特解是指方程组所能得到的无限个（比特币是有限个）解中的一组。而每一个特解都能解开方程并且是唯一的。以人民币来比喻的话，比特币就是人民币的序列号，你知道了某张钞票上的序列号，你就等于拥有了这张钞票，可以用该序列号进行消费。而"挖矿"的过程就是通过庞大的计算量不断地去寻求这个方程组的特解的过程。这个方程组被设计成了只有 2 100 万个特解，所以比特币的上限就是 2 100 万。

具体来说，比特币通过公开的复杂算法生成，任何人都可以下载软件制造比特币，但需要极高的计算能力。由于比特币特殊的算法，随着参与制造比特币的人越来越多，对计算能力的要求也在迅速提高。比特币是通过软件制造出来的，这个过程被称为挖掘，因为这种货币供应机制与金银等贵金属货币的供应机制相类似。挖掘软件通过解决"找一个最小的散列值"的特定的数学问题来创建一个版块。目前一个新的版块价值 50 个比特币，而解决这样的问题需要强大的计算能力（反复运行散列算法）。

本章小结

本章主要论述了互联网金融运行的理论基础。微观层面上，我们从金融市场存在的必要性理论出发，运用金融功能理论分析了金融市场在一国实体经济当中的重要作用。由于金融市场中的融资方式可以分为直接金融与间接金融，本章又从间接金融角度论述了银行类金融中介在间接金融当中起到的作用。我们认为，金融中介机构主要有以下三个方面的功能：一是降低金融交易的费用，二是分担投资者风险，三是减轻金融市场的信息不对称。接着，我们运用金融创新理论分析互联网金融的产生给整个金融界带来的变革与创新。

金融创新就是指金融业中各种要素的重新组合。我们将金融创新分为三类：金融体制与机构创新、金融过程创新以及金融产品创新。互联网金融的诞生与发展主要引起了四个方面的金融创新：金融机构的创新、支付方式的创新、金融产品的创新以及营销渠道的创新。金融创新有强大的理论基础作为支撑。纵观金融创新的研究历史，许多理论试图解释金融创新背后的推动力量。比较出名的理论包括 T. M. Hannon 和 J. M. McDowell 的技术推进论，Milton Friedman 的货币促成论，S. L. Greenbum 和 C. F. Haywood 的财富增长论，J. Gurly 和 E. Shaw 的金融中介论等。根据这些理论，我们分析了互联网金融在短时间内成长迅速的原因。信息科学的进步、国民收入的积累、金融自由化趋势的兴起促使互联网金融具有旺盛的生命力。

伴随着计算机的发展和互联网的出现，互联网金融支付体系应运而生。我们分析了支付与互联网金融的联系。互联网金融带来的新型支付手段包括移动支付和第三方支付。移动支付是资金债权债务清偿中任何一方通过移动方式接入进行清偿的一种支付方式，它可以分为以金融机构为主导的运营模式、以电信运营商为主导的运营模式和以第三方支付服务提供商为主导的运营模式三类。与此同时，互联网第三方支付是随着在线交易规模扩大、大型电子商务平台的出现而诞生的在线支付平台。它同样具有三种类型：独立的第三方网关模式、有电子交易平台且具备担保功能的第三方支付网关模式以及电子交易平台支持的第三方支付网关模式。

中观层面上，我们主要从产业组织理论的视角分析互联网金融的产业结构、行业内的竞争以及对传统金融产业的替代。我们认为，互联网金融的产生有着自身的产业组织理论基础。从产业组织理论角度出发，由于互联网自身的系统性、内部信息流的交互性所产生的互联网金融的外部经济效应，以及信息网络的发展过程中存在着扩张效应，互联网金融运营商会因此降低其运营成本。通过对互联网金融进行产业组织分析，我们认为，集中度、市场进入壁垒、规模经济效益以及产品替代与创新已成为决定市场结构的主要因素。

宏观层面上，互联网金融的发展不仅带来了金融体系的深刻变革，也对我国宏观经济产生了深远影响。我们在互联网金融的微观影响和中观影响分析的基础上，主要从经济发展、收入分配、货币政策、国际金融中心建设以及比特币对国际货币体系的影响五个方面分析互联网金融的宏观影响。

思考与练习

1．判断题

（1）互联网金融在本质上具有金融中介的特征。 （ ）

（2）金融市场的最基本功能是资源配置。 （ ）

（3）在间接金融背景下，证券交易所、投资银行等金融机构只是起到促进交易的作用，不涉及投融资活动中资产形态变化或是债权债务关系的生成。 （ ）

（4）货币促成论认为：前所未有的国际货币体系的特征及其最初的影响，是促使金融创新不断出现并形成要求放松金融市场管理压力的主要原因。 （ ）

（5）从产业角度来说，互联网金融企业与传统金融企业的最大区别在于前者主要依靠平台进行竞争。 （ ）

2．多项选择题

（1）金融中介在金融体系中的作用是（ ）。

    A．金融中介机构能降低交易费用　　　　B．金融中介能分担投资者风险

    C．金融中介能消除信息不对称问题　　　D．金融中介能减轻信息不对称问题

（2）根据金融创新的不同对象可以将其分为（ ）。

    A．体制和机构创新　　B．过程创新　　　C．结构创新　　　　D．产品创新

（3）互联网金融带来的新型支付手段包括（ ）。

    A．移动支付　　　　　B．第三方支付　　　C．第三方移动支付　D．电信支付

（4）互联网金融的资源配置的特点：（ ）。

    A．信息的不对称性　　　　　　　　　　B．资源配置的公平性

    C．参与主体的多样性　　　　　　　　　D．资金使用更具效率

3．简答题

（1）金融市场的基本功能有哪些？为什说互联网金融是一国虚拟的金融市场？

（2）直接融资与间接融资有何区别？金融中介在间接融资中起到怎样的作用？

（3）什么是金融创新？它可以分为哪几类？

（4）互联网金融在哪些方面体现了金融创新的本质？它给金融业带来了怎样的变革？

（5）列举经典的金融创新理论并试用这些理论解释互联网金融创新的诞生。

（6）互联网金融主要依靠何种手段实现资金的转移与清算？在线支付有什么特点？

（7）互联网金融进行信息处理的技术基础是什么？主要过程有哪些？

4．论述题

（1）试论述互联网金融机构与银行、储蓄机构的共同点。

（2）试述典型的第三方支付流程。

（3）你认为互联网金融提高资源配置的效率了吗？试说明原因。

第 3 章　第三方支付

在互联网金融的多种经营模式中，第三方支付是发展最早、始终处于最为基础和核心位置的重要业务。第三方支付不仅可以解决贸易结算中货物流与资金流不同步所带来的信用风险问题，也因其成本低廉、快捷高效而在线上以及线下贸易结算中得到广泛应用，并对银行、证券等传统金融行业形成全方位渗透甚至颠覆。第三方支付对于互联网金融的战略意义，在于第三方支付业务是互联网金融的入口，可以为其他互联网金融业务带来客户及其账户信息，为其他业务提供广阔的营销和发展平台；在于第三方支付拥有资金流、货物流、信息流三重属性，可以为 P2P、小额贷款、供应链金融等业务提供重要的征信信息、资金供给及资金需求，为 O2O 闭环提供应用场景及拓展思路。

本章我们将从第三方支付的定义和原理出发，探究其运营方式和盈利方式，并分析其存在的风险；通过对国内外多家第三方支付企业的商业案例进行剖析，探究不同的第三方支付机构的商业模式的异同；通过对第三方支付的发展历史和现状的分析，探究第三方支付与互联网金融、第三方支付与传统金融的关系，以及其兴起与发展的可能路径与必然逻辑。

3.1　概述

3.1.1　第三方支付概况

从狭义上讲，第三方支付（Third Party Payment）是指具备一定实力和信誉保障的非银行机构，借助通信、计算机和信息安全技术，与各大银行签约，在用户与银行支付结算系统间建立连接的电子支付模式。在第三方支付机构或平台参与的交易当中，买方选购商品之后，使用第三方平台提供账户来进行货款支付，并由第三方通知卖家货款到达和进行发货；买方检验物品之后，就可以通知第三方付款给卖家，第三方再将款项转至卖家。

第三方支付作为互联网金融体系中最基础的经营模式，在我国已经有十余年的发展历史。1999 年，易趣网、当当网相继成立。为了适应网上支付的需求，我国第一家第三方支付公司——首信易支付诞生，但它实现的仅仅是指令传递功能，把用户的支付需求告知银行，转接到银行的网上支付页面。这一阶段，网络购物还处于萌芽状态，发展缓慢，其主要原因在于支付形式单一、买卖双方互不信任。此后，为扩大规模、吸引更多网购人群，2003 年 10 月，淘宝设立支付宝业务部，开始推行"担保交易"。2004 年 12 月，支付宝正式独立上线运营，标志着阿里巴巴电子商务圈中的信息流、资金流和物流开始明晰。2005 年，腾讯成立支付公司"财付通"。随后，全球最大的支付公司 PayPal 高调进入中国。同年，马云在瑞士达沃斯世界经济论坛上首次提出第三方支付平台概念。

随着现代网络技术的发展和企业信息化进程的推进，第三方支付开始向传统行业渗透，以拓展其支付结算市场，第三方支付工具从单纯的网购走向了更宽广的领域。2009 年，我国互联网支付的市场规模达到 5 766 亿元人民币，各类规模的企业总数达 300 多家。但此时，整个支付行业的监管尚处于空白，信用卡非法套现、挪用沉淀资金等现象严重扰乱了市场秩序。2010 年，央行颁布《非金融机构支付服务管理办法》，确定了通过申请、审核、发放支付牌照的方式，将网络支付、预付卡的发行与受理、银行卡收单等非金融机构支付服务纳入国家的监管体系之下，并规定从 2011 年 9 月起，未取得第三方支付牌照的非金融机构将被禁止继续从事支付业务。截至 2014 年 10 月，央行已经分七批陆续发放了 269 张第三方支付牌照。自此，第三方支付行业实现了从量变到质变的突破，日渐成为互联网金融行业发展的一种重要形态。

纵观其发展历程，第三方支付行业可以划分为三个发展阶段。第一阶段是网关支付模式，即第三方支付机构以中介的形式分别连接到商家和银行，帮助商家和消费者在网络交易支付过程中跳转到各家银行的网络系统接口。在该模式下，第三方支付机构只是提供了商户到银行的通道，相当于资金的搬运工，其自身业务的附加值和增值空间非常小，收入来源主要是和银行的二次利润分配。第二阶段是账户支付模式，即建立支付平台，商户和消费者通过支付平台完成账户注册和支付。在该模式下，第三方支付平台在交易流程中处于资金和信息的重要停留节点，第三方支付机构开始提供除支付服务以外的其他增值服务，如缴费、还款、转账、授信等。第三阶段是全方位支付服务，即第三方支付机构不断融合线上和线下支付手段，拓展支付应用场景，为市场提供全方位的支付服务。如汇付天下打通了互联网支付、POS 机收单、移动支付等各种远程和近程支付通道；支付宝线上打通了购物、娱乐、民生支付等绝大部分的应用场景，同时还在积极拓展线下的 POS 支付、条码支付等。

图 3.1 是我国第三方支付行业发展历史示意图。

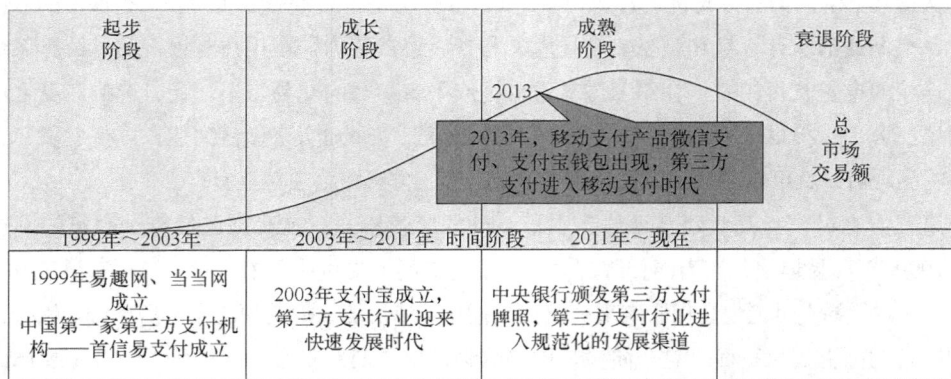

起步阶段	成长阶段	成熟阶段	衰退阶段
		2013年，移动支付产品微信支付、支付宝钱包出现，第三方支付进入移动支付时代	总市场交易额
1999年～2003年	2003年～2011年　时间阶段	2011年～现在	
1999年易趣网、当当网成立　中国第一家第三方支付机构——首信易支付成立	2003年支付宝成立，第三方支付行业迎来快速发展时代	中央银行颁发第三方支付牌照，第三方支付行业进入规范化的发展渠道	

图 3.1　我国第三方支付行业发展曲线

图 3.2 为我们展示了我国第三方互联网支付的市场规模。2014 年第三方互联网支付交易规模达到 80 767 亿元，同比增速达到 50.3%。我国电子商务环境的不断优越，支付场景

的不断丰富，以及金融创新的活跃，使网上支付业务取得快速增长，因此第三方支付机构发生的互联网支付业务也取得了较快增长。预计在 2018 年，我国第三方互联网支付交易规模将达到 22 万亿。图 3.3 则反映了第三方互联网支付的市场构成情况。2014 年第四季度我国第三方互联网支付交易规模结构中，网络购物占比 31.4%，基金占比 14.7%，航空旅行占比 10.6%，电信缴费占比 4.3%，电商 B2B 占比 7.4%，网络游戏占比 2.4%，其他占比 29.2%。

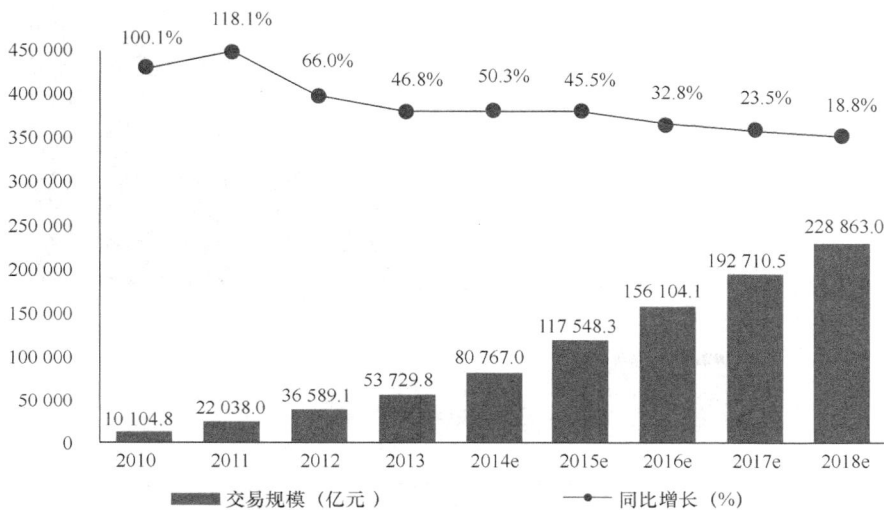

图 3.2 第三方互联网支付市场规模

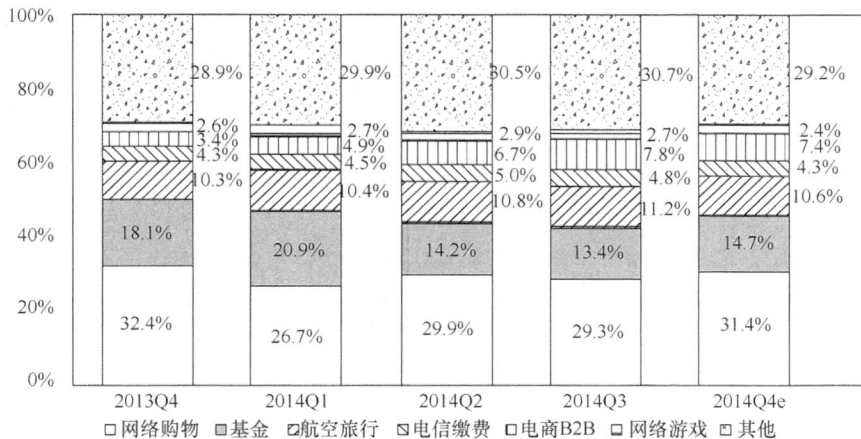

图 3.3 2014 年第三方互联网支付市场构成

图 3.4 反映了我国第三方移动支付的交易规模。2014 年第三方移动支付市场交易规模达 59 924.7 亿元，同比上涨 391.3%，可见第三方移动支付交易规模继续呈现超高速增长状态。图 3.5 则显示，我国第三方移动支付交易规模结构呈现较大的变化。由于各种货币基金等一系列互联网金融产品交易带动，2014 年各季度移动金融交易规模占比飞速提升，2014 年第一季

度占比接近 50%，其余季度均在 35%～40%。与此同时，移动消费所占比重日益增加，到 2014 年第四季度占比已达 23.4%。

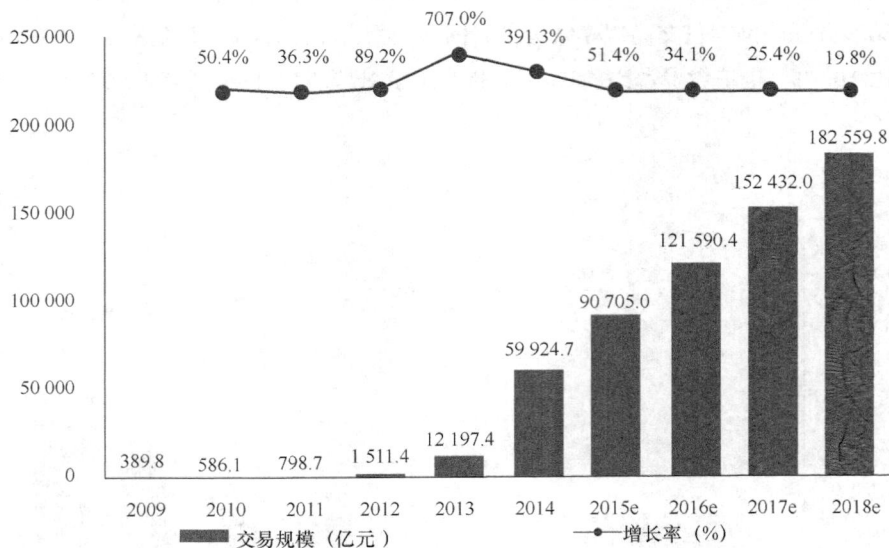

图 3.4　第三方移动支付市场规模

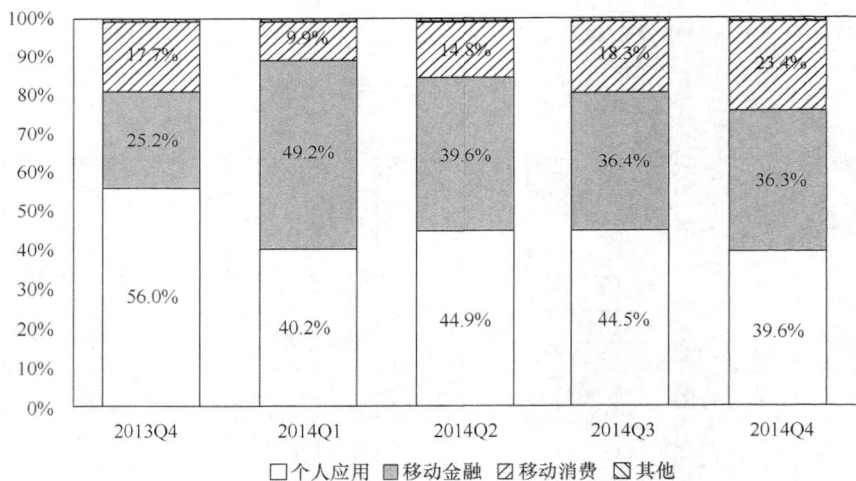

图 3.5　2014 年第三方移动支付市场结构变化

　　图 3.6 反映的是第三方移动支付交易规模市场份额。2014 年我国第三方移动支付的市场集中度更加明显，支付宝、财付通两家企业占据了 93.4%的市场份额，其中支付宝的市场份额为 82.8%，财付通的市场份额为 10.6%。图 3.7 反映的是第三方互联网支付交易规模市场份额情况。2014 年我国第三方互联网支付市场份额中，排名前三的分别是支付宝、财付通、银联，各自所占份额为：支付宝占比 49.6%，财付通占比 19.5%，银联占比 11.4%，这三个平台就占据了第三方互联网支付的绝大多数份额。

中国移动 平安付 快钱 钱袋宝
翼支付 0.3% 0.3% 0.3% 0.2% 连连支付
0.4% 0.1%
联动优势
0.6% 其他
1.3%
拉卡拉
3.9%

财付通
10.6%

支付宝
82.8%

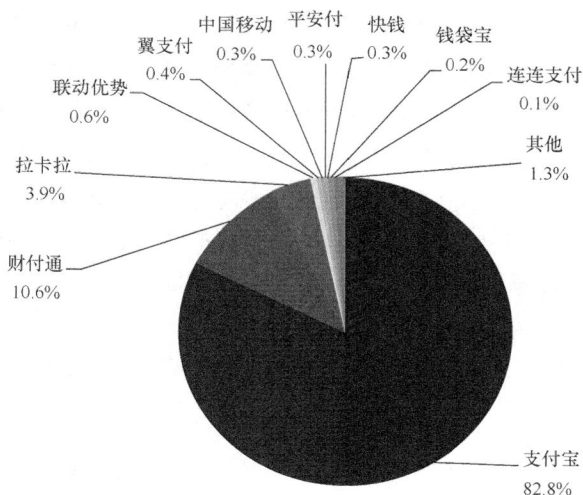

图 3.6 2014 年第三方移动支付交易市场份额图

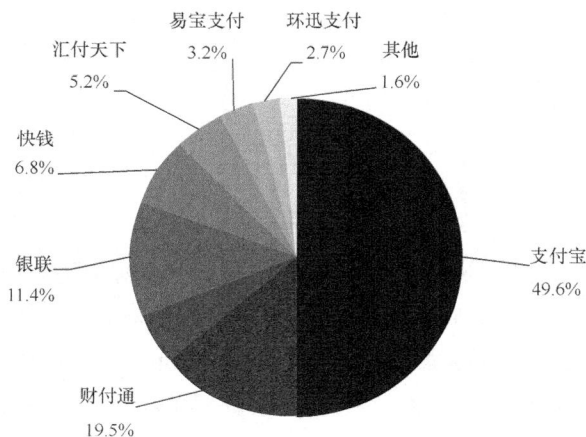

汇付天下 易宝支付 环迅支付
5.2% 3.2% 2.7% 其他
1.6%
快钱
6.8%

银联
11.4%
支付宝
49.6%

财付通
19.5%

图 3.7 2014 年第三方互联网支付交易市场份额

3.1.2 第三方支付的基本原理

在社会经济活动中，结算归属于贸易范畴，贸易的核心是交换。交换是交付标的与支付货币两大对立流程的统一。在自由平等的正常主体之间，交换遵循的原则是等价和同步。同步交换，即交货与付款互为条件，是等价交换的保证。然而，在贸易实务中，许多情况下由于交易标的的流转验收（如商品货物的流动、服务劳务的转化）需要过程，货物流和资金流的异步和分离的矛盾不可避免，同步交换往往难以实现。异步交换中，先收受对价的一方容易违背道德和协议，破坏等价交换原则，故先支付对价的一方往往会受制于人，自陷被动、弱势的境地，承担对手方违约风险。为了规避买方先付款后不能按时按质按量收获标的、卖方先交货后不能按时如数收到价款的风险，将款项支付与款项所有权转移分离，在支付过程中加入中介托管环节，由原来的直接付转改进到间接汇转，形成一个可监控、按步骤、有条件的支付过程，是一个极佳的解决方案。

国际结算中，信用证（L/C）、保函（L/G）等结算工具的大规模使用，解决了远程贸易的交易双方互信的问题：银货无法在同一时点两讫。图 3.8 是信用证的操作流程，在信用证参与的贸易结算中，开证行负有第一付款责任，是贸易结算中的增信主体：进口商开立以出口商为受益人的信用证，并经由出口方银行通知出口商；收到并确认信用证后，出口商发货，并将货物单据经由出口方银行向进口方银行寄单索汇，进口方银行承兑或付款；进口方银行通知进口商，进口商付款赎单，凭单提货。在保函参与的贸易结算中，担保人（开立保函的银行或保险公司）是贸易结算的增信主体，有责任按照保函承诺条件，合理审慎地审核提交的包括索赔书在内的所有单据，向受益人付款。

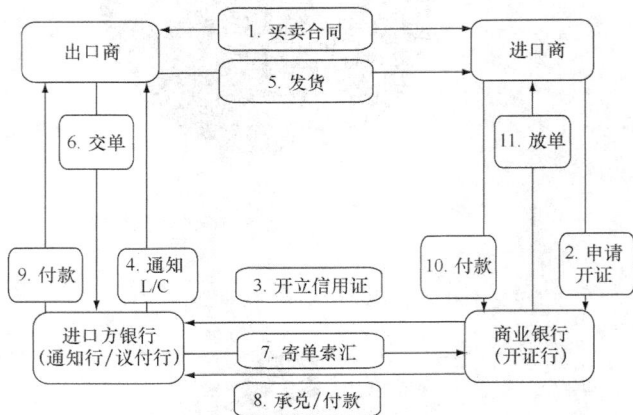

图 3.8　信用证操作流程

从贸易结算的角度来看，第三方支付与信用证、保函等结算方式类似，解决货物流和资金流异步和分离所带来的不等价交换风险问题。现实的有形市场，异步交换可以附加信用保障或法律支持来进行；虚拟的无形市场，异步交换可使用诚信度较高的第三方支付平台进行，降低网络支付的风险。第三方支付中的第三方是买卖双方在缺乏信用保障或法律支持的情况下的资金支付"中间平台"：买方将货款付给买卖双方之外的第三方，第三方提供安全交易服务，其运作实质是在收付款人之间设立中间过渡账户，使汇转款项实现可控性停顿，只有双方意见达成一致才能决定资金去向。第三方担当中介保管及监督的职能，并不承担交易风险，因而第三方支付的实质是支付托管，通过支付托管实现支付保证。图 3.9 以支付宝为例，说明了第三方担保的交易流程。

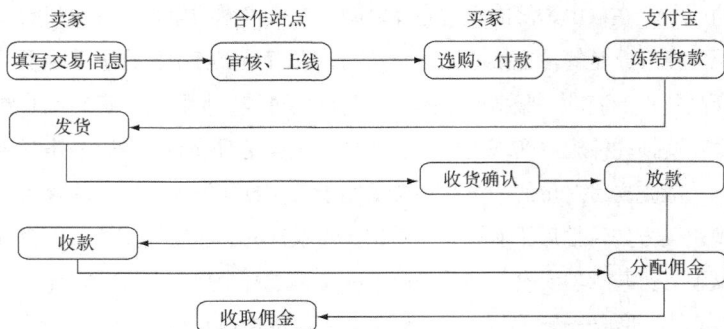

图 3.9　第三方担保交易流程（支付宝）

3.1.3 第三方支付的典型特征

1．平台层面的优势

第三方电子支付平台属于第三方，是完成第三方担保支付功能的服务中介机构。第三方支付平台主要面向开展电子商务业务的企业，为其提供电子商务基础支撑和应用支撑服务，不直接从事具体的电子商务活动。从平台层面，第三方支付平台独立于银行、网站和商家进行职能清晰的支付，具有以下优势。

（1）收付便利

第三方电子支付平台采用与众多银行合作的方式，同时提供多种银行卡的网关接口，极大地提高了网上交易的便利性。从商家的角度来看，它们可以避免安装各个银行的认证软件，从一定程度上简化操作，尤其为无法与银行网关建立接口的中小企业提供了便捷的支付平台。

（2）节省成本

第三方电子支付平台作为中介方，可以促成商家和银行的合作。对商家而言，第三方电子支付平台可以降低企业运营成本，满足了企业专注发展在线业务的收付要求；对银行而言，它们可以直接利用第三方的服务系统提供的服务，节省了为大量中小企业提供网关接口的开发和维护费用；对支付中介而言，大量的小额电子交易集中形成规模效应，降低了支付成本。

（3）整合信息

第三方电子支付平台将参与交易的各方信息进行整合，为解决电子商务活动中的资金流、信息流、物流三大瓶颈问题提供了统一方案。通过第三方电子支付平台，商家就能完成网上交易信息的实时查询和系统分析，还可使用及时退款和终止支付服务，便于客户查询交易动态信息、物流状态、交易处理状态等。第三方电子支付平台上的详细交易记录信息，可以降低道德风险，防止买卖双方在交易中的抵赖行为，也为售后可能出现的纠纷提供了相应的证据，维护交易各方的权益。

（4）交易安全

一方面，第三方电子支付平台可以提供资金和货物的风险防范机制，确保交易双方的利益。对于商家，通过第三方电子支付平台，可以规避无法收到客户货款的风险；对于客户，不但可以规避无法收到货物的风险，货物质量在一定程度上也得到了保障，增强了客户网上交易的信心。另一方面，第三方电子支付平台借助一系列安全技术（数字证书、数字签名）与银行的网关相连接，实现互联网上银行系统之间数据的加密传输，以确保客户账户安全。信用卡信息或账户信息仅需要告知支付中介，而无须告知收款人，大大减少了信用卡信息和账户信息失密的风险。

2．产业层面的特点

第三方支付产业具有以下特点。

（1）支付服务的收入空间十分有限

支付机构的营业收入主要来自两部分：一是支付服务费，包括网关费、佣金分成等；二是金融服务收费，包括保理、信用支付以及基金、保险、机票等产品销售的管理费。为争夺用户和流量，支付服务费非常低廉，其主要收入源于金融服务收费。据不完全统计，目前我国的第三方支付机构约 197 家，其中盈利企业仅 76 家。能够盈利的企业主要有两类：一类是混合型的支付机构，例如依托阿里集团业务的支付宝；另一类是基础设施较好的专业支付机构，例如银联电子等。支付服务更多是底层的基础设施，其本身赢利性较差。

（2）支付服务的行业集聚与垄断格局趋势

支付服务是最底层和最基础的金融服务，具有明显的规模经济特征。最终支付行业呈现出非均衡分布格局和高度集中化趋势。和其他行业一样，互联网支付行业也将迎来其特定的并购整合阶段，最终生存的企业可能有三类：一是提供全方位支付和金融服务企业，例如支付宝；二是支付基础设施较好、实力雄厚的专业支付企业，例如银联电子；三是专注于某一细分领域的支付企业，例如汇付天下。据统计，2012 年互联网支付行业前七大支付服务提供商共占据 98.3% 的市场份额。

（3）致力于为客户提供一站式体验和全方位服务

一是目前线上线下各类的支付手段正在快速融合。努力构建集银行卡收单、互联网支付、移动支付、电话支付多位一体的综合收单平台，为企业和个人提供一体化支付解决方案，成为行业发展的重要特点。二是互联网支付所涉及的行业领域也正在不断深化与拓展。目前，互联网支付在网络销售、航空旅游、游戏等领域高度成熟，并逐渐与金融、教育、医疗等多个行业交叉融合，尤其是基金、保险、理财销售等金融业务领域，成为当前互联网支付机构的重要争夺领域。

3.2　第三方支付运营模式

支付虽然是伴随交易出现的附随服务，但却是一个复杂到足以衍生出一个产业的环节。现在，交易者可以在网上银行付款、信用卡支付、移动支付、POS 机刷卡以及现金支付等多种支付方式中做出选择，而这一选择背后却牵涉国内几十家银行、几十亿张银行卡。第三方支付平台运用先进的信息技术，分别与银行和用户对接，将原本复杂的资金转移过程简单化、安全化，提高了企业的资金使用效率。如今的第三方支付已不仅仅局限于最初的互联网支付，而是成为线上线下全面覆盖、应用场景更为丰富的综合支付工具。

从第三方公司的功能特色来看，第三方支付可以分为支付网关模式和支付账户模式。从发展路径与用户积累途径来看，第三方支付公司的运营模式可以归为两大类，一类是独立第三方支付模式，如快钱、易宝支付；另一类就是依托于自有 B2C、C2C 电子商务网站，提供担保功能的第三方支付模式，如财付通、支付宝。两种模式的不同之处在于：第一类主要对接企业客户端，通过服务企业客户间接覆盖客户的用户群；第二类则主要对接个人客户端，利用用户资源的优势渗入行业之中。

3.2.1 独立第三方支付模式

独立第三方支付模式，是指第三方支付平台完全独立于电子商务网站，不负有担保功能，仅仅为用户提供支付服务和支付系统解决方案。平台前端联系着各种支付方法供网上商户和消费者选择；同时，平台后端连着众多的银行，平台负责与各银行之间的账务清算。独立的第三方支付平台实质上充当了支付网关的角色，但不同于早期的纯网关型公司，它们开设了类似于支付宝的虚拟账户，从而可以收集其所服务的商家的信息，用来作为为客户提供支付结算功能之外的增值服务的依据。

独立第三方支付企业最初凭借支付网关模式立足。在支付网关模式中，支付平台是银行金融网络系统和 Internet 网络之间的接口，为需要的商家提供网上支付通道，但不接触商家，这种模式起源于全球最大的支付公司 PayPal。支付网关模式所提供的服务相似度极高，只要攻破技术门槛模式很容易被复制，行业同质化竞争相当严重。第三方支付要树立起竞争壁垒，领先于行业需要依靠"增值服务"——为用户提供信用中介、商户 CRM（客户关系管理）、营销推广等服务。这种增值服务的基础是用户信息，于是可以获得用户注册与登录信息的支付账户模式应运而生。另外，传统行业向电子商务的转变也是促使独立第三方支付企业转型的重要原因。因为只有从提供无差别支付服务转为提供根据具体行业、具体情境量身定制的有针对性的、多样化的电子支付方案，第三方支付企业才能在行业细分领域中找到自己生存的空间。

独立第三方支付运营平台主要面向 B2B、B2C 市场，为有结算需求的商户和政企单位提供支付解决方案。它们的直接客户是企业，通过企业间接吸引消费者。独立第三方支付企业与依托电商网站的支付宝相比更为灵活，能够积极地响应不同企业、不同行业的个性化要求，面向大客户推出个性化的定制支付方案，从而方便行业上下游的资金周转，也使其客户的消费者能够便捷付款。独立第三方支付平台的线上业务规模远比不上支付宝和财付通，但其线下业务规模不容小觑。独立第三方支付平台的收益来自银行的手续费分成和为客户提供定制产品的收入。

【案例一】行业综合解决方案——快钱

2011 年 5 月 26 日，快钱获得央行颁发的《支付业务许可证》，它所获批的业务类型涵盖货币汇兑、互联网支付、固定及移动电话支付、预付卡受理、银行卡收单。在业务范围上，业内只有支付宝可与之匹敌。但是，因为没有支付宝占据网络购物市场的先天优势，快钱另辟蹊径，将自身定义为独立第三方电子支付平台。与非独立第三方支付平台支付宝有所不同，快钱是一个完全中立的支付平台，本身并不售卖商品，因而不会与电商平台上的合作商户发生利益冲突。由于提供了和支付宝完全不同的服务和支付方式，快钱在营利模式上与支付宝的"完全免费"有所区别，其向客户收取一定的佣金费用。

作为独立第三方支付企业的领军者，快钱的成功证明了独立第三方支付平台的价值。快钱充分发掘企业的线下支付需求，整合线上线下支付方式，为企业提供综合解决方案。线上可覆盖几乎所有银行的银行卡，并提供大额支付服务；线下则提供 POS 机以及信用卡无卡支付等丰富便捷的方式。目前，快钱线下业务规模占据整体业务规模的一半以上。

快钱的大部分业务来自于企业客户应用。航空、保险、教育、物流、金融软件等十几个行业，是快钱最主要的应用领域。电子商务企业在接入快钱支付网关后，可以分享快钱庞大的注册用户群。同时，快钱提供的营销工具和方案，以及多种支付方式可为商户带来更多的潜在消费者和交易量。以为母婴用品零售商丽家宝贝提供电子支付解决方案为例，我们可以清楚地看出像快钱这种独立第三方支付企业在提高资金流转效率上发挥的重要作用。截止到目前，丽家宝贝在全国拥有 60 余家直营连锁专卖店，是行业内母婴用品种类最齐全、商品最丰富的零售商。作为连锁企业，丽家宝贝的零售门店分布广泛且数量庞大，其银行开户情况复杂，不仅在资金调拨方面比较棘手，而且资金回笼过程烦琐漫长，难以进行整体收支的监控。面对资金管理难题，丽家宝贝使用了快钱推出的一站式连锁企业电子支付解决方案，先后接入包含大额网银支付、POS 机支付、第三方预付费在内的多种支付产品，全面满足丽家宝贝门店销售、网站销售等多样化收的款需求。而在网上商城销售渠道，丽家宝贝从 2009 年起就接入快钱大额支付产品，帮助消费者突破普通网银支付额度的限制，满足丽家宝贝消费者的个性化支付需求，从而提升订单成功率，同时提升预定业务交易量。在连锁门店，快钱POS 机支付帮助丽家宝贝突破了跨地申请及管理的瓶颈，只需集团总部统一申请并签署服务费率，各地门店直接安装且不受区域限制。在解决通过 POS 机刷卡收款问题的同时，其还增加了对现金收款交易的管理和结算功能；并通过快钱提供的完善的财务管理后台，无缝集成收单与管理系统，实现了信息流与资金流的完整匹配，提高了财务效率。表 3.1 展示的是快钱零售连锁行业综合解决方案。

表 3.1　快钱零售连锁行业综合解决方案

连锁门店 POS 机刷卡支付解决方案	统一申请、统一管理，帮助企业快速开拓销售渠道
网站销售支付解决方案	帮助商家全面覆盖用户，提高用户转化率，留住更多用户
预付费会员卡支付解决方案	完善的跨店刷卡、支付、充值、消费管理功能，满足不同客户群体需求
资金管理解决方案	统一管理各收款渠道，跨地区资金快速归集，批量付款，完善的权限管理，提高资金管理效率
财务管理解决方案	快钱财务管理后台，具有实时查账对账功能，订单与资金相匹配，提高商家财务管理效率

值得注意的是，快钱的理念是提供跨行业的通用解决方案，可以运用到连锁经营业态的各细分领域，如服装、教育、医疗、酒店、美容等。通过行业解决方案的设定，第三方支付公司可以获得稳定的收入，同时这也是第三方支付行业切入到互联网金融的最重要的收益来源。

——引自罗明雄、唐颖、刘勇《互联网金融》

【补充案例】垂直行业解决方案——易宝支付

3.2.2　有交易平台的担保支付模式

有交易平台的担保支付模式，是指第三方支付平台捆绑大型电子商务网站，并同各大银行建立合作关系，凭借其公司的实力和信誉充当交易双方的支付和信用中介，在商家与客户间搭建安全、便捷、低成本的资金划拨通道。在此类支付模式中，买方在电商网站选购商品后，使用第三方支付平台提供的账户进行货款支付，此时货款暂由平台托管并由平台通知卖家货款到达、进行发货；待买方检验物品进行确认后，通知平台付款给卖家，此时第三方支付平台再将款项转至卖方账户。这种模式的实质是第三方支付平台作为买卖双方的信用中介，在买家收到商品前，代替买卖双方暂时保管货款，以防止欺诈和拒付行为出现。

支付宝和财付通由各自母公司的电商业务孕育而出，本是作为自有支付工具出现。在淘宝、拍拍等 C2C 电子商务网站上聚集的个人商户和小微企业商户没有技术实力来解决网络购物的支付问题，双方通过网络直接交易对消费者而言也缺乏信任感，这就需要中立于买卖双方、有技术实力又有担保信用的第三方来搭建这个桥梁，支付宝和财付通即在这种需求下应运而生。担保支付模式极大地促进了它们所依附的电商网站的交易量，电商网站上的消费者也成为支付平台的使用者。担保交易模式所打造的信任环境为其带来了庞大的用户群，这些海量的用户资源为这类第三方支付平台创造了强大的优势地位，这是如快钱这类的独立第三方支付平台难以企及的。

【案例二】虚拟账户——支付宝

在担保支付模式中，虚拟账户是核心。因为此类第三方支付平台需要暂时保存买卖双方的交易资金，而交易双方的交易资金记录是通过第三方支付的虚拟账户来实现的。第三方支付平台的每个用户都有一个虚拟账户，记录自己的资金余额，其实其背后对应的是该第三方支付平台的银行账户。当达成付款的意向后，由买方将款项划至其在第三方支付平台的虚拟账户中，其实是将自己在银行的资金转到第三方支付平台在同一银行的账户，从而形成自己在虚拟账户中的资金。此时卖家并不能拿到这笔钱，只有等买家收到所购买的商品或者服务，确认无误后，买方再次向第三方支付平台发出支付指令。第三方支付平台扣减买方虚拟账户资金，增加卖方的虚拟账户资金。最后第三方支付平台将自己在银行账户中的资金向商户的银行账户划转以后，卖家才可以从账户中拿到这笔钱。

通过利用虚拟账户对买卖双方的支付行为进行记录，支付宝已经积累了海量的数据。支付宝发布"电子对账单"就是对买方信息的记录。而对卖方，支付宝除了掌握其营业执照、经营许可证、商品授权等静态信息，还有其在支付宝上产生的大量动态信息，包括各种交易情况和支付情况。事实上，建立在这些海量数据基础上的以支付宝交易记录为基础的淘宝卖家信用度已经成为淘宝卖家最珍惜的资本和买家做出购物决定最重要的参考因素。

目前，支付宝拥有通过虚拟账户记录的信息以及与外部商户、外部机构互换得到的大量信息，三方面数据相结合为支付宝打造信用体系奠定了基础。例如，建设银行与支付宝合作推出的卖家信贷甚至以这些海量数据作为判断信用、决定贷款发放的最重要因素。与传统的银行借贷还贷记录所积累的信用相比，这样的交易记录无疑详尽准确得多。

此外，目前的虚拟账户只是记录用户的资金动向，而用户的实际资金还是存管在银行里。但是，如果未来政策允许虚拟账户转为实体账户，第三方支付平台事实上就具有了银行才能拥有的存储功能，并可以开展类银行业务。全国人大常委、财经委员会副主任委员吴晓灵认为，第三方支付最有基础成立新型民营银行。虽然在支付行业，开放虚拟账户看似还很遥远，但在券商行业，国泰君安已经申请加入中国人民银行支付系统的业务试点，由其直接开发独立的支付应用系统，直接与银行结算。这意味着券商可以跳过第三方银行托管，其证券资金账户将由虚拟账户转变为类银行账户，开展消费、转账、储蓄、理财等类银行业务。

——引自罗明雄、唐颖、刘勇《互联网金融》

3.3　第三方支付营利模式

在央行的《非金融机构支付服务管理办法》（以下简称《管理办法》）中，规定了三类第三方支付牌照，分别是：①网络支付；②预付卡的发行与受理；③银行卡收单。该《管理办法》不仅对第三方支付牌照种类进行界定，也为第三方支付企业指明三种主要的营利模式：①网络支付业务不仅可以赚取交易佣金，更可以获取用户的支付数据，分析用户的消费行为，进而以此为切入点开展互联网金融产业链各环节的衍生业务；②持卡人通过 POS 机进行交易，收单业务的参与方可以收取手续费方式盈利；③预付卡业务不仅可以赚取手续费，更重要的在于赚取沉淀资金的利息，以及将死卡剩余资金划为己有的特别收入。

3.3.1　网络支付业务的营利模式

网络支付是指依托公共网络或专用网络在收付款人之间转移货币资金的行为，包括货币汇兑、互联网支付、移动电话支付、固定电话支付、数字电视支付等。网络支付牌照经营范围为通过互联网在收付款人之间转移资金。

网络支付盈利主要来自支付手续费和备付金账户利息收入。中国人民银行在 2013 年公布的《第三方支付机构客户备付金存管办法》中规定，允许第三方支付机构在满足日常流动性的基础上，将多余的备付金以 12 个月以下非活期存款的方式存放在合作银行。一般的第三方支付平台只能靠支付手续费盈利，但是如支付宝和财付通此类第三方支付平台由于交易量巨大，会有较大规模的沉淀资金，除了获得利息收入外，还可以通过资金优势（存款）向银行议价，获得更加便宜的银行支付转账通道，进一步强化支付宝、财付通的盈利能力。因此，互联网支付具有极强的规模效应。这不但体现在边际成本递减，还体现在客户聚集后平台价值提升，边际效率快速提升。值得注意的是，支付业务对于互联网公司而言并不仅仅是用来赚取交易佣金和备付金利息，更是为了获取用户的支付数据，进而分析用户的消费行为，为互联网其他业务模式提供重要信息和入口。

3.3.2　银行卡收单业务的营利模式

银行卡收单是指通过销售点终端等为银行卡特约商户代收货币资金的行为，本质上是一种资金结算服务。收单机构分为两类：一类是金融机构；另一类则是拥有银行卡收单业务牌照的非金融机构，如银联商务、拉卡拉等。

按照《管理办法》中的规定，收单牌照经营范围为销售点（Point of Sale，POS）终端收单业务，即通过 POS 机的刷卡服务。收单服务中的参与方，分别是发卡行、收单机构、银行卡组织（国内为银联独家，国外为 VISA、MasterCard 等）。收单业务的商业模式在于，当持卡人通过 POS 机进行一笔交易，收单业务的参与方收取一定的手续费。收单的手续费根据行业不同而变化，变化区间在 0.38%~1.25%；发卡行、收单机构和银行卡组织参与分成，分成比例为 7∶2∶1。例如，持卡人消费 1 万元人民币，手续费为 1%，则上述参与方收入合计为 100 元，其中发卡行收入 70 元，收单机构收入 20 元，银行卡组织收入 10 元。值得注意的是，收单机构不一定是第三方支付公司，也可以是银行本身。银行自营的 POS 机占到整个 POS 机市场 40%的份额，但是不属于第三方支付范畴。另外，银联商务也是收单牌照的持有者。根据赛迪顾问发布的 2013 年上半年第三方支付市场统计数据，银联商务占到整个第三方支付市场的 46%，位列第一。除了收取交易佣金以外，收单机构由于积累了大量商户资源，因此通常会自然延伸经营一些与支付相关的增值业务。图 3.10、图 3.11、图 3.12 分别是第三方支付 POS 机、银行 POS 机和银联 POS 机的消费结算流程示意图。

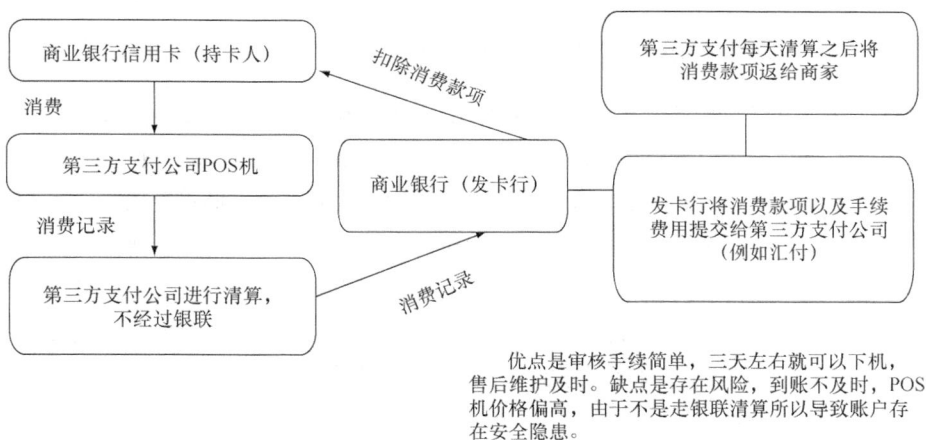

图 3.10　第三方 POS 机消费结算流程图

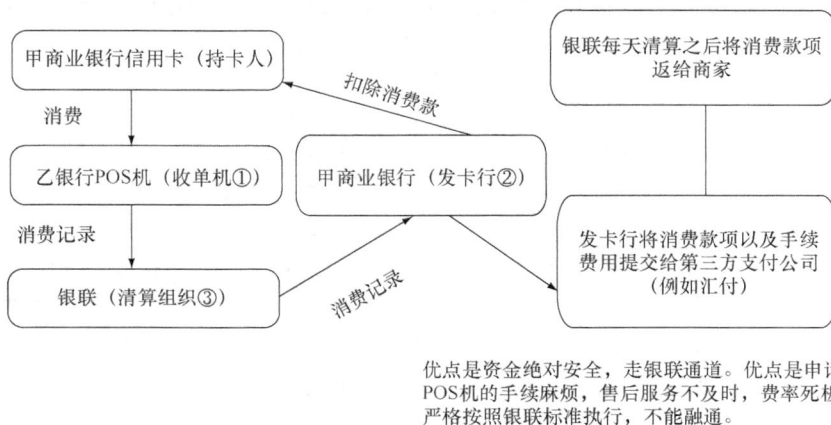

图 3.11　银行 POS 机消费结算流程图

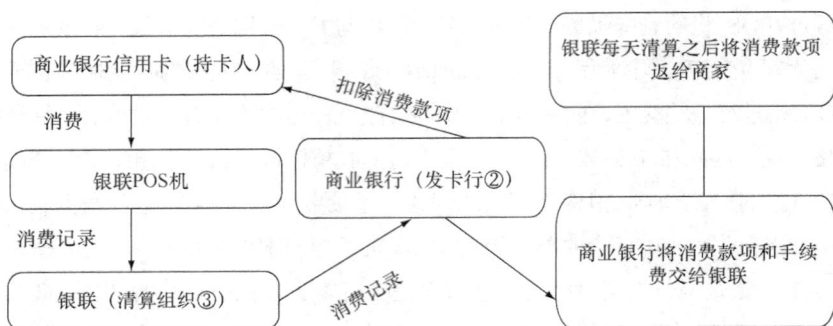

银联POS机和银行POS机的优势是一样的，银联通道，银联清算，不会推迟到账，更不会有安全问题，相对于银行POS机而言，银联POS机的优势在于审核手续没有那么烦琐，售后服务及时，没有年费以及税率等问题。相对于第三方支付公司而言，银联的POS机更加安全，不会推迟到账，价格以及费率更低一些。

图 3.12　银联 POS 机消费结算流程图

3.3.3　预付卡发行与受理的营利模式

预付卡是指以赢利为目的发行的、在发行机构之外购买商品或服务的预付价值。目前，市场上主要流通单一用途卡和多用途卡：单一用途卡特指由商家发行的、在自有渠道使用的预付卡，市场上多以超市购物卡、商场购物卡、通信运营商缴费卡形式存在，在目前国内卡市场中占有绝对比重；多用途卡指由特定支付机构发行的、可在第三方商业渠道消费的预付卡。多用途卡的业务基本流程是：由发卡机构发卡，客户购买，通过网上交易平台或线下商户的 POS 机进行消费，由发卡机构对卡内金额进行扣除后向第三方存管银行发送付款指令，存管银行向商户交付结算款，商户在收到结算款项后向发卡机构返佣。表 3.2 是多用途预付卡和单用途预付卡的比较。

表 3.2　多用途预付卡和单用途预付卡的比较

预付卡总类	发卡机构	使用范围	主要特点	监管
多用途预付卡	第三方发卡机构	跨地区跨行业跨法人	双边市场；渠道拓展和售卡；规模效应；发卡量、市场保有量和受理渠道规模决定盈利能力；发卡机构唯一的主营业务；多法人间实施资金清算	人民银行
单用途预付卡	商业流通企业	发卡企业内部	发卡机构的辅助性业务 目的在于：提前收回成本，稳定客户群，进行融资	商务部

预付卡支付除了可以收到与网上支付和收单业务同样的支付手续费以外，最大的不同就是预付卡可以实现资金沉淀。资金沉淀一个显而易见的好处，就是预付卡发行商可以赚到沉淀资金的利息。对一个运营平稳的预付卡公司来讲，资金沉淀大概是当年发卡金额的 70%～80%。例如，一家预付卡公司一年的发卡量是 100 亿元，则沉淀资金就是 80 亿元左右，按照 3%的协议存款利率则可获得 2.4 亿元净收入。然而，100 亿元资金消费完毕收到的交易手续费

按照 0.78%来计算（参照《特约商户手续费惯例表》，生活中常见消费手续费率均为 0.78%），只有 7 800 万元。可见，同样的交易额，预付卡的利润要远远高于其他两种支付牌照。除此之外，预付卡还有一个比较隐秘的收入来源——死卡率。死卡是指在预付卡规定的有效消费期里面还没有被使用的剩余金额，这些金额会变成预付卡公司的收入。从全国范围来看，北京是死卡率最高的地区，大概有 5%，上海、深圳大概有 2%～3%。可见，如果加上死卡的收入，预付卡业务利润率十分惊人。但是，预付卡牌照一直都最不被市场重视，预付卡业务相关的交易额在三种第三方支付牌照中占比最小。根据赛迪顾问的统计数据，在 2013 年 15 万亿元第三方支付金额中，收单业务的占比最大，占到 56%；线上支付业务紧随其后，占到 42.6%；预付卡业务的交易金额不足 1.5%。随着第三方支付行业监管的加强，预付卡牌照在第三方支付中的作用会越来越重要。

【案例三】"享卡"——支付宝预付卡

"支付宝预付卡"，又名"享卡"，是预先储存一定金额、可以在网络商户和合作伙伴的特约商户购买商品或服务的预付卡。目前，市场上大多数预付卡都只能在线下商户消费（如百联 OK 卡），无法直接在网上商户消费。支付宝发行可以在线上直接使用的预付卡，可以将互联网电子商务服务与企业福利采购紧密结合，为用户提供更丰富便利的消费选择。享卡为企事业单位、机构团体或组织度身定制，具有员工福利发放、商务往来等用途和服务。

"享卡"具有六大功能。

（1）享·跨界，消费环境全方位。享卡可在支付宝网上商户使用，也可在合作伙伴的特约商户使用。全国通用：全国多个城市，近万家商户可受理；网上支付：近 50 万家网站接受享卡付款。

（2）享·丰富，网络购物应有尽有。依托亚洲领先的购物平台——淘宝网，拥有数百万商家，购物选择应有尽有。享卡还能在众多知名网站使用，包括卓越亚马逊、新蛋、红孩子等。

（3）享·轻松，一站式支付体验。享卡可以结合支付宝提供的生活缴费平台，为用户方便、快捷、安全地提供生活服务应用，还可以在网上购买机票、预订酒店等。

（4）享·礼遇，优惠商户遍全国。支付宝"享"卡可以让您畅享全国各地优惠商户。你可以在遍布全国多个城市的众多特约商户消费，享受常年的折扣礼遇，让购物变得更实惠。

（5）享·回馈，精彩活动月月新。享卡的用户能享受支付宝及合作伙伴提供的各种精彩活动。"非常美食月""超值购物季""服饰抢购季""年末大回馈"等，围绕着衣食住行，为您提供各种主题优惠活动。

（6）享·服务，安全周到又贴心。即时通讯：阿里旺旺即时通信工具，为网购提供安全保障和实时沟通，让交易更便捷，让购物更放心，更贴心；客户服务：7×24 小时客户服务电话 95188；安全保障：手机护航，安全支付更有保障，在线监控，助你防御用卡风险；电子对账单：交易信息全可查，可直接发送到邮箱，随时查看。

——引自罗明雄、唐颖、刘勇《互联网金融》

3.4　第三方支付风险

3.4.1　信用风险

信用风险（Credit risk），也称为违约风险，是指第三方网上支付中的买方、卖方、第三方支付商和银行等参与方，无法或未能履行约定契约中的义务而造成经济损失的风险。基于对第三方支付平台实力、品牌和信誉的认同，网上交易双方选择第三方支付平台进行支付。一定程度上，第三方支付平台的信用中介作用对社会信用体系的不足进行弥补，但同时也增加了额外的信用风险。

1．买方失信

这是指买方由于各种原因而违约的情况。从资金上看，买方不履约不一定会造成卖方和第三方网上支付企业的资金损失，但是这样会使第三方支付企业的运营成本和征信成本提升，不良用户占有比率增加，同时带来其他相关风险。买方信用风险还涉及资金来源是否合法、买方否认自己操作或授权他人操作的交易、利用虚假身份进行交易、洗钱、骗取积分、返现、信用卡套现、虚假开户骗取佣金、企业将资金结算给个人偷逃税款及骗取平台信用等风险。

2．第三方支付服务商失信

这是指第三方支付服务商经营不善、风险管理不充分，甚至违规操作，不能履行中介支付和担保的作用。第三方网上支付企业掌握了大量买方和卖方的基本信息和交易数据，如果这些数据和信息被其泄露、挪作他用或进行交易，则会给买卖双方带来潜在的风险，甚至造成经济损失。顾客与商家都对第三方表示信任，是通过第三方支付平台顺利完成交易的前提。第三方的信用支持不仅来源于银行的参与和相关政府部门的监管，但更为重要的在于平台所依附的企业"靠山"，如支付宝和阿里巴巴、PayPal 和 eBay、财付通和腾讯。而对于独立第三方支付企业来说，没有可依靠的知名平台做信用背书，信用风险控制存在一定缺陷。

3．卖方失信

这是指卖方无法提供与买家约定的商品，不能按时将交易标的送达客户手中，造成买方的相关损失，如退货费用、与第三方支付商交涉的费用及时间成本等。不仅如此，第三方支付商也会受到牵连，造成运营成本和征信成本增加、信誉损失等。

4．银行失信

银行失信主要是指银行迟延结算造成流动性风险。

3.4.2　法律风险

法律风险，通常意义上讲，是指没有任何法律调整，或者使用现有法律不明确造成的风险。在金融领域，法律风险的含义具有特殊性。从广义上讲，金融风险是指货币资金运行过程中，任何有可能导致企业或机构财务损失的风险，根据产生原因的不同，有政策风险、法律风险、经营风险、市场风险、流动性风险等。第三方支付服务商是货币资金运行涉及的主体之一，作为金融创新的产物，不可避免会遭遇法律风险。从狭义角度，法律风险主要是指违反法律而导致的风险；从广义角度，指狭义风险加上法律制度和政策性风险。将一般意义的法律风险和作为金融风险原因的法律风险综合起来，则此处对法律风险的界定为：第三方支付因没有任何法律和政策调整，或者使用现有法律和政策不明确造成的风险。

1．沉淀资金及利息的保管和处分

信用担保型第三方支付提供"代理收付款项"和"担保中介"的服务，用户可向第三方支付平台设立的虚拟账户进行充值，从而在第三方支付平台形成沉淀资金；另外，支付流程的规定（支付款项在第三方支付平台停留直至买方同意付款）决定了必然会产生沉淀资金。因此，沉淀资金包括两部分：一部分是交易前后暂存在平台里的资金，包括平台虚拟账户内的预存资金，以及交易纠纷产生后解决前暂存在平台内的资金；另一部分是交易过程中由于价款收付时间差产生的在途资金。

关于沉淀资金的法律性质与所有权目前尚无明确规定，除支付宝将沉淀资金托管于我国工商银行的专门账户外，其他第三方支付服务商对沉淀资金有着绝对的控制权，出现大量的挪用等处分行为。第三方支付平台是否具有沉淀资金的处分权限，而这种处分行为是否超越了其经营范围，都存在着合法性的质疑。而沉淀资金的保管是否形成存款也尚未定性，若属于存款，则属于银行的业务范围，在央行将其定位为非金融机构这样的背景下，其经营范围同样面临着合法性的质疑。

另外，第三方支付服务商在支付规则中都会规定一个结算周期，从一周到一月不等，无形地延长了沉淀资金的存在时间，而资金的时间价值体现为利息，这意味着第三方支付平台可以得到一笔定期或短期存款的利息。法律没有关于沉淀资金利息归属的规定。现实中，如阿里巴巴旗下的支付宝在支付规则中规定："本公司无须向您支付此等款项的利息。"第三方支付平台在无处分权利的前提下对这部分利息进行处分，法律正当性有待考量。

2．参与主体法律关系混乱

目前，第三方支付参与主体间法律关系混乱，使得参与主体间的权利义务不明确，一方面给第三方支付服务商利用其优势地位、滥用格式条款损害用户利益提供了可乘之机，另一方面也使得第三方支付纠纷中的法律责任追究陷入无法可依或者显失公平的困境。

第三方支付中的参与主体主要包括买方（付款人）、第三方支付服务商、网上银行、卖方（收款人）。其中，买卖双方的法律关系依然为买卖合同关系，是第三方支付法律关系中的基础法律关系，但是在支付完成时间的确定上有别于一般买卖合同。买卖双方与网上银行的法律关系仍为存款及借贷服务合同关系，其权利义务关系在原有的网上银行相关法律中已经界定清楚。第三方支付中，尚无法律明确规定第三方支付服务商与买卖双方、网上银行之间法律关系的性质。在第三方支付服务商制定的服务协议中，关于与买卖双方的法律关系，一般定位为中介服务组织，提供担保功能的则还承担了保证人的角色。关于与网上银行的关系，学界也将其简单定位为代理关系。在出现纠纷承担责任时，第三方支付服务商要么承担责任过轻对用户权益保护不利，要么就是其没有承担与其角色相对应的法律责任。

3．非法交易活动监控机制缺失

第三方支付的支付流程设计为套现、洗钱等非法交易活动提供了可乘之机，这使得第三方支付平台极易成为资金非法转移和套现的工具。以支付宝为例，平台用户可以实现资金的自由转移，转移账款没有受到相关监管部门的监管，网络交易采取匿名制，而且目前支付宝对于个体商户而言是免费的，非法交易的成本极低。用户可以在平台上同时充当买方与卖方，制造虚假交易，进行非法套现，或者将贩毒、赌博等非法活动取得的资金变为合法财产（洗钱）。对此类活动的监控，我国法律规定尚不完善。

3.4.3 技术风险

技术风险是指电子信息系统（如通信设施、电脑设备、供电等）在网上交易支付过程中发生技术故障，或容量、运作不能保障支付业务高效、有序、顺利地进行，使得交易不能正常进行，进而带来的损失。技术风险主要涉及银行的网上银行系统、第三方支付平台、商家的业务处理系统的稳定性、可靠性和安全性。这些风险主要来自于硬件设备和软件两个方面。硬件设备方面的风险主要是指由于硬件设备的机型、容量、数量、运营状况及在业务高峰时的处理能力等方面不能适应正常网上支付需要，不能有效及时地应付突发事件而造成的经济损失。软件方面的风险主要是指软件的运行效率、业务处理速度及可靠性不能满足业务需要而给第三方支付公司带来损失。

第三方支付平台的安全性始终是网上支付的首要课题。第三方支付平台以互联网为依托，通过网络进行数据传输和存储，因此容易遭受病毒和黑客恶意攻击。第三方支付平台保留的客户个人资料（姓名、身份证号码、银行卡号等）一旦被泄露并被不法分子利用，有可能造成严重的经济损失。

3.5 第三方支付的发展

3.5.1 第三方支付是互联网金融的核心

互联网金融的发展如火如荼，特别是以 BAT（百度、阿里巴巴和腾讯）为代表的互联网巨头加速在互联网金融领域布局，为互联网金融的快速发展注入了强大的动力。阿里巴巴的支付宝、阿里小贷、余额宝、娱乐宝、招财宝和网商银行，腾讯的财付通、微信支付、微信理财通和腾讯民营银行，百度的百付宝、百发、百赚和百度钱包，共同构筑起互联网金融生态系统。而 BAT 之所以在互联网金融领域取得其他企业难以企及的成就，也离不开第三方支付。

第三方支付的迅猛发展，产生大量的信息流、资金流和物流，成为企业拓展互联网金融业务的重要资产。正是由于第三方支付拥有信息、资金和货物三重基因，第三方支付成为企业拓展互联网金融业务的重要资产，也将成为未来颠覆传统金融行业的核心平台：基于信息流可以开展大数据金融业务，更好地进行信用分析和风险控制，为开展小额贷款、供应链金融创造条件；基于资金流产生的大量沉淀资金可以开展投资理财、资金托管、小额贷款等金融服务；基于物流则可以进一步拓展移动互联网金融的 O2O 模式，推进互联网金融模式创新。

1. 第三方支付助推金融创新

当前，移动互联网发展迅猛，越来越多的公司布局 O2O 领域，打造 O2O 闭环，图 3.13 就是 O2O 闭环示意图。第三方支付在其中发挥了重要作用。腾讯、阿里巴巴、苏宁、百度、新浪都拥有第三方支付牌照。2013 年—2014 年，阿里巴巴、腾讯、百度等纷纷在 O2O 领域布局，通过并购、战略投资形成 O2O 闭环。比如，腾讯通过战略投资入股大众点评、滴滴打车、58 同城、京东等；阿里巴巴收购 UC 和高德地图，入股新浪微博、海尔、银泰商业集团以及快的打车等。如今，O2O 正在成为互联网巨头关注的重点领域。新浪获得第三方支付牌照后，支付成为微博基础设施的一部分，有利于新浪全面打通微博电商及 O2O 商业闭环，为进一步拓展互联网金融业务掌握主动权。

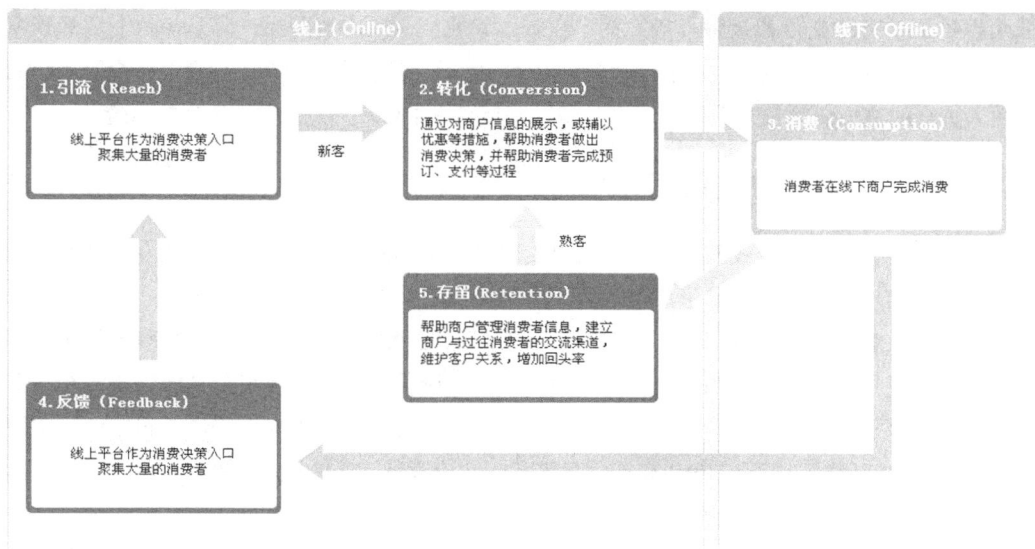

图 3.13　O2O 闭环

"移动互联网+O2O 模式"已经深入生活服务的方方面面。微博、微信、互联网金融等互联网产品和服务的出现，在信息传播、通信方式、金融创新等方面打破了传统金融机构的垄断格局。第三方支付公司的发展，在用户支付、资金结算、清算管理、代理基金和保险等业务方面有了突破，小额信贷、财富管理等银行的传统领域正在被互联网金融企业蚕食，第三方支付正在打破传统金融业的垄断格局。

第三方支付中会产生相当体量的资金沉淀，可以预见，由其衍生出的理财模式将多种多样。支付宝的基础是电商中的资金流，微信支付则是从社交工具切入，其他第三方支付公司无疑也会从各自的优势领域切入。

企业理财和产业链融资，也是互联网金融创新的重点领域。第三方支付公司拥有大量商户，其中相当部分商户有理财需求，还有部分商户有融资需求，同时，这些商户也有信用需求。商户的这些金融服务需求，在第三方支付公司的系统中形成了闭环。第三方支付平台营销成本低，可利用历史和实时交易信息进行信用评估，并与金融机构合作，为商户提供网络理财、融资或网络信用服务。目前来看，很多企业开始渗透到传统产业链的上下游，为企业提供支付服务，挖掘行业潜在机遇，借助资源密集型交易市场来发展供应链金融，提供信贷担保；或向线下 POS 机等刷卡支付延伸，缩短企业资金回笼周期。

互联网金融的核心是第三方支付。第三方支付不仅提供资金的进出通道，并且为账户提供托管服务，可以说，第三方支付使得互联网金融成为可能。实际上，第三方支付是互联网金融创新的主链条，在第三方支付的每一个节点上，都有可能产生新的互联网金融模式。

2．第三方支付防控金融风险

第三方支付不仅可以为金融创新提供思路，还可以有效防控互联网金融创新中的金融风险。作为互联网金融业态的关键一环，第三方支付充当着资金通道、数据平台和信用中介的重要角色。通过资金托管，第三方支付方式可以降低 P2P 网络借贷的风险。许多第三方支付公司提供了垂直的支付和金融服务方案，在旅游、航空、快速消费品、娱乐等行业已经积累了资金托管的技术和经验。P2P 平台将客户资金托管后，将客户资金与平台自有资金隔离，而借款人资金的进出由第三方支付公司根据其指令操作，能有效防控资金被挪用的风险。

3.5.2　第三方支付对金融业的渗透逻辑

互联网支付的营利模式困境，成为倒逼支付及其延伸服务创新的巨大动力。而互联网用户不断增长的一站式服务需求，更是刺激了第三方支付机构"通吃"支付服务和金融服务，如同"鲶鱼"般挤入长期以来由国企垄断、相对封闭的金融领域。支付宝、财付通等不断拓展支付服务应用场景，并向银行专营的金融增值服务延伸；汇付天下将公司定位于（企业）金融支付专家；快钱定位于专业化的金融服务提供商。这些机构表面上提供支付服务，实际上是提供企业信息整合服务，提供企业信息流和资金流管理问题的解决方案。

1．互联网支付对银行业的渗透

长期以来，商业银行处于"金融食物链"的顶端，而支付属于该链条最底层的汇通业务。与贷款相比，其利润几乎可以忽略不计，因此支付业务一直未引起商业银行的重视，主要作为银行体系必要的附属功能存在。其次，银行对我国生产和消费领域的重要变化认识不足，尤其是对中小微企业、普通消费者的交易总量、交易形式、投资需求的巨大变化未引起足够重视。与商业银行不同，第三方支付正是瞄准这部分业务空白，取得了巨大的成功，并不断渗透到银行的核心业务，显现出巨大优势。

（1）支付机构始终以中小微客户为切入点

支付机构从一开始就在商业银行视而不见的八成中小微客户支付及金融服务市场上跑马圈地。商业银行一直将第三方支付机构视作最底层的营销渠道之一，尤其是中小银行也乐于借助第三方支付机构拓宽客户渠道。但是，一旦第三方支付机构将支付服务这一银行金融服务构架的底层掏空，牢牢掌握了客户端并迅速向上层服务蔓延，商业银行将处于十分被动的地位。

（2）支付机构始终选择虚拟银行路线

虚拟银行即时判断客户需求、搬运资金以及匹配资金供需，这与产品和服务多样化、生产和消费空间离散化的电子商务的交易特点十分吻合。而商业银行的电子化路线发展非常缓慢，随着电子商务的爆发式增长，第三方支付机构与新型交易方式结合得更加紧密，商业银行极有可能被边缘化，进一步退居后端，具有被脱媒的危险。

（3）支付机构适应互联网开放式的系统环境

第三方支付机构紧密贴近客户需求，市场反应灵敏，服务意识极强，业务方式灵活变通。而商业银行要从以机构主导的封闭式专业业务系统向以客户主导的开放式系统转型，需要承受巨大的"转型之痛"。

2012年，部分商业银行开始推出有别于信用卡商城的全流程电子商务平台，例如建行的"善融商务"、交行的"交博会"、华夏银行的"华夏龙网"。商业银行之所以涉足电子商务业务，主要基于以下考虑：一是抓住客户数据源。数据是未来银行的主战场，通过为客户提供非金融产品与服务，将之前被电商屏蔽的客户消费行为数据重新纳入银行数据库。二是建立闭环资金流。银行并不在商品买卖环节上获利，而是发挥其巨大的客户资源和资金能力，使得资金在自身的电商平台上完成自循环并形成金融服务收益。三是增加客户黏性。银行将积极拓展其传统的仅针对机构及高端客户的个性化服务，通过电商平台为所有客户提供"全生活"服务。四是争取中小微客户。第三方支付机构客户相当一部分来自于银行的中小微客户，银行希望借此回流部分客户。

2．互联网支付对证券业的渗透

支付是交易的终点、货币流动的起点，是最底层、最广泛的金融活动。在互联网金融时代，控制信息流以控制支付流，控制支付流以控制资金流，获得网络接入权胜过资本所有权，获得数据投入量胜过资本投入量。支付机构通过提供全方位的支付解决方案不断渗透金融业的最底层支付领域，通过电商平台和支付平台向客户提供全方位的生活与金融服务，获取大量的注册用户资源和海量的客户数据。在这样"滚雪球"式的循环下，互联网支付机构提供的金融服务在深度和广度上不断增强。若长此以往，金融行业的支付层和客户层将被互联网企业掌控，金融机构的中介功能将被弱化甚至消除，互联网企业借此自下而上渗透到金融核心业务领域，掌握金融行业的控制权。

（1）中短期：互联网金融直接冲击证券经纪业务

证券行业是互联网的天然适应者，金融产品主要以数据交换的形式存在于后台数据库中，这与互联网具备的电子化、虚拟化和远程化特征十分吻合。互联网金融对经纪业务的冲击主要表现在两方面：一是极大降低券商的佣金收入。免费是互联网的通行特征，互联网金融必将迫使券商不断降低佣金率，以应对激烈的市场竞争和客户资源的快速流失。二是倒逼券商营业部转型。券商在每个营业部上都投入了巨大的固定成本和人力成本，而目前互联网金融势如破竹，留给券商营业部转型的时间极少。如果证券业不及时采取应对措施，券商的经营风险和生存状况堪忧，同时将有大批证券从业人员失业。

根据中国证券业协会数据，2013年，115家证券公司全年实现营业收入1 592.41亿元，其中代理买卖证券业务收入759.21亿元，受托客户资产管理业务收入70.30亿元，客户业务收入占营业收入的比例高达52.09%。如果券商不及时调整业务机构，对客户业务收入的高依赖性将使得券商在互联网金融面前十分脆弱。

（2）长期：互联网金融未来将掌握证券行业定价权

如果按照现行的互联网支付的发展思路，第三方支付企业将逐步构建出以支付为核心的互联网金融基础设施，同时通过不断积累和控制客户的信息流、支付流、资金流，逐步掌握券商的客户端，尤其是在大数据和移动支付的背景下。至此，互联网金融将迫使证券行业进行重新分工：证券公司、基金公司等金融机构主要负责金融产品设计与提供；互联网支付机构主要负责金融产品的渠道销售、资金结算，销售结束后，再与金融机构进行利润分层。证券行业的这种分工模式并不新颖，是目前销售行业的典型模式。互联网支付机构如同证券行业的沃尔玛，通过建立超级金融超市，成为普通客户购买金融产品的主要买入端口，证券公司成为"沃尔玛超市"的产品供应商。在沃尔玛销售模式中，最突出问题就是供应商完全没有定价权，沃尔玛不断挤压供应商的利润空间，供应商与沃尔玛的冲突时常发生。由此类推，沃尔玛销售模式的问题同样会发生在证券行业。如果互联网企业承接证券行业的网络基础设施，控制证券行业的客户端，控制客户交易的支付流、资金流和信息流，最终证券行业必将受制于互联网企业。

3.6　第三方支付国内外案例比较

下面以表 3.3 为例，来对国内外第三方支付的案例进行比较。

表 3.3　第三方支付国内外案例比较

机构	总部	业务种类	手续费收取方式	应用网站
PayPal	美国加利福尼亚州圣荷西市	用于付款（跨境购物，在 eBay 付款，使用首选币种付款等）用于收款（快速结账、网站付款标准版、电子邮件付款、在线开具账单等）外贸一站通、手机支付等	开户、付款：免费；将资金电汇到在中国的银行账户：35.00 美元；收款：2.4% + $ 0.30 美元～3.4% + $ 0.30 美元（仅适用于通过账户"付款"选项对中国注册账户进行的国内余额付款，无论相关月销售量如何，均会收取 1.5% + $ 0.30 美元的交易费）；多币种交易：汇率包括 2.5% 的费用	敦煌、兰亭集势
Global Collect	荷兰	提供各种线上与线下支付方式；在线支付方式非常完备：各种常见信用卡和借记卡、直接借记、银行转账、实时银行转账、电子钱包、网点现金汇款、预付费、支票和发票等	注册：免费；开户、付款：免费	Demandware LINK 社区、敦煌网
World Pay	英国剑桥	在线支付、商业账户	注册：免费；开户、付款：免费	VISA
Money Bookers	英国伦敦	电子钱包、直接支付、万事达信用卡、多货币处理服务、资金转移、风险和欺诈管理等	注册：免费；从银行上载资金：免费；从信用卡上载资金：3%；发钱：1%（直到 0.50）；收钱：免费；请求付款：免费；取钱到银行：1.80 固定费用；通过支票取钱：3.50 固定费用	VISA

续表

机构	总部	业务种类	手续费收取方式	应用网站
支付宝	杭州市万塘路	账户管理、资产管理、交易管理、收款付款、生活助手、网购优惠	非淘宝商家收取 1.5%～3%的费用，支付宝之间直接付款没有手续费，充值和提现不收费	淘宝，阿里巴巴
财付通	深圳	交易查询、充值、提现、网上银行支付、快捷支付、手机支付	网上银行充值不收手续费，邮政网汇通邮政储蓄单笔收取 1.5%的手续费，财付通不收取任何手续费；手机充值卡需要收取 5%的手续费	拍拍网
环讯	上海	信用卡还款、公共事业缴费、手机支付、网上支付、人民币卡支付	在退款操作中，环讯支付不收取退款手续费，也不退还扣款过程中收取的手续费。结算时的转账手续费由环讯支付承担，不会向商户收取。收取每笔交易的 3.5%	1 号店、途牛旅游网
快钱	上海	手机充值、彩票中心、游戏充值、保险续费、跨行转账、人民币支付、充值卡支付、网银支付、信用卡分期支付	在使用快易付进行支付时，是不收取消费者任何费用的。批量付款到银行账户该项服务的手续费为固定费率 1%，单笔最低 5 元，单笔最高不封顶。付款到银行账户的手续费（个人用户：每笔 5 元手续费，单笔上限金额 5 万元。企业用户：单笔 1%，最低 5 元，最高不封顶）；付款到快钱账户不需要手续费；使用批量付款至快钱账户功能，不需要支付手续费	网易、搜狐、京东、当当、神州数码、万网、国美、东方航空、南方航空、中国平安、新华保险、新东方、英孚教育、锦江之星、7 天酒店等公司

本章小结

本章紧密结合我国第三方支付发展的情况，从基本原理和概念入手，系统地阐述了第三方支付运营管理、营利模式以及可能存在的风险等问题。第三方支付作为互联网金融体系中最基础的经营模式，随着现代网络技术的发展和企业信息化进程的推进，第三方支付开始向传统行业渗透，以拓展其支付结算市场，第三方支付工具从单纯的网购走向了更宽广的领域。纵观其发展历程，第三方支付行业可以划分为三个发展阶段：网关支付模式、账户支付模式、全方位支付服务。第三方支付具有的平台层面优势：收付便利、节省成本、整合信息、交易安全；产业层面特点：支付服务的收入空间十分有限，支付服务的行业集聚与垄断格局趋势，致力于为客户提供一站式体验和全方位服务。

第三方支付公司的运营模式可以归为两大类，一类是独立第三方支付模式，另一类就是依托于自有 B2C、C2C 电子商务网站，提供担保功能的第三方支付模式。独立第三方支付运营平台主要面向 B2B、B2C 市场，为有结算需求的商户和政企单位提供支付解决方案。有交易平台的担保支付模式，是指第三方支付平台捆绑着大型电子商务网站，并同各大银行建立合作关系，凭借其公司的实力和信誉充当交易双方的支付和信用中介，在商家与客户间搭建安全、便捷、低成本的资金划拨通道。

第三方支付赢利主要来自支付手续费和备付金账户利息收入，主要营利模式有如下两种：银行卡收单业务的营利模式，预付卡发行与受理的营利模式。第三方支付给交易带来便利的同时，可能引发风险，主要包括信用风险：买方失信、第三方支付服务商失信、卖方失信、银行失信；法律风险：沉淀资金及利息的保管和处分、参与主体法律关系混乱、非法交易活动监控机制缺失；技术风险。

第三方支付作为互联网金融的核心，其发展是迅猛的，前景是广阔的，对金融业的影响也是巨大的，在第三方支付助推金融创新的同时，也应该防范第三方支付所引发的金融风险。同时第三方支付还有着对金融业的渗透逻辑，其体现在：互联网支付对银行业的渗透，互联网支付对证券业的渗透。

思考与练习

1．判断题

（1）2014 年度支付宝在互联网支付上的份额是最大的。　　　　　　　（　　）

（2）支付宝是独立第三方支付模式。　　　　　　　　　　　　　　　（　　）

（3）快钱是独立第三方支付企业的领军者。　　　　　　　　　　　　（　　）

（4）财付通属于有交易平台的担保支付模式。　　　　　　　　　　　（　　）

（5）目前，预付卡市场上流通的都是单一用途卡，没有多用途卡。　　（　　）

2．单项选择题

（1）目前我国第三方支付行业处于发展的（　　　　）阶段。

    A．起步阶段　　　　　　　　　　　　B．发展阶段

    C．成熟阶段　　　　　　　　　　　　D．衰退阶段

（2）我国第一家第三方支付平台是（　　　　）。

    A．支付宝　　　　　　　　　　　　　B．财付通

    C．百度钱包　　　　　　　　　　　　D．首信易支付

（3）互联网支付规模 2014 年度已经达到（　　　　）。

    A．2 万亿　　　　　B．8 万亿　　　　　C．4 万亿　　　　　D．6 万亿

（4）下面（　　　　）不是第三方支付平台层面的特点。

    A．收付便利　　　　　　　　　　　　B．节约成本

    C．整合信息　　　　　　　　　　　　D．支付服务的收入空间十分有限

（5）下面（　　　　）不是《非金融机构支付服务管理办法》中规定的第三方支付牌照的形式。

    A．网络支付　　　　　　　　　　　　B．预付卡的发行与受理

    C．银行卡收单　　　　　　　　　　　D．保险公司收取保费

3．简答题

（1）什么是第三方支付？请简述我国第三方支付的发展历史。

（2）请简要阐述第三方支付的基本原理。

（3）第三方支付具有哪些典型特征？

（4）第三方支付主要具有哪些运营模式？试举例说明。

（5）第三方支付具有哪些营利模式？请结合实际情况。

（6）第三方支付存在着哪些风险？试分类说明。

4．论述题

（1）请与同学讨论未来第三方支付的发展趋势以及可能面临的问题。

（2）请思考支付宝的交易流程。

第4章 互联网货币基金

随着互联网技术和移动终端设备的广泛使用，借助网络实现资金支付、融通和信息中介服务的互联网金融飞速发展。互联网货币基金作为互联网金融的重要分支，依托互联网平台，各种"宝"类理财产品大批涌现，其凭借操作简便、收益可观、用途广泛的优势，自诞生以来就赢得了投资者的青睐，并呈现出迅速发展壮大的趋势。

本章主要为读者介绍了互联网货币基金的基本概念，互联网货币基金按销售方进行的分类，我国互联网货币基金发展的历程、现状和趋势及互联网货币基金面临的风险与挑战。本章的重点在于互联网货币基金的本质、互联网货币基金的分类；难点在于分析互联网货币基金对我国金融市场的影响以及互联网货币基金的风险与监管。建议本章教学时间为 6 课时：第一课时讲解互联网货币基金的本质，并区分互联网货币基金与传统货币基金的差别；第二课时讲解互联网货币基金对我国金融市场的影响；第三课时讲解按发行机构的主体类型对互联网货币基金进行的分类，着重区分"基金系"互联网货币基金与"基金代销系"互联网货币基金的差别；第四课时讲解互联网货币基金的发展历程、现状及未来的发展趋势；第五课时讲解互联网金融面临的风险与挑战；第六课时讲解对互联网货币基金进行的相应监管。

4.1 互联网货币基金的概念

互联网货币基金产品是指互联网公司对接由基金类金融机构开发的货币基金，并通过互联网渠道进行销售的理财产品。互联网公司利用网络平台效应，通过互联网接口为基金公司吸纳资金，并予以投资者较高的收益率；基金公司则负责管理该项货币基金，并主要以协议存款的形式转贷给需要拆借货币的商业银行，从而获得利息收益。

互联网金融领域不断成熟的思想与技术为互联网货币基金产品的出现提供了可能，而庞大的金融服务市场需求及银行同业市场利率的大幅波动为互联网货币基金产品的发展提供了空间。互联网货币基金作为一种新兴的理财账户、理财服务，用户将资金存入相应账户，即可购买相应的货币基金产品，同时享受诸如收益增值、快速取现、还款购物等附加服务。互联网货币基金产品不同于普通货币基金产品，在产品性质上具有独特的优势：投资者众多、投资金额较小、投资限制少、投资操作便利、可随时申购随时赎回。因此，投资者的回报及时，且投资者申购与赎回对基金流动性的影响不大。

互联网货币基金是货币基金"T+0"快速赎回业务与互联网有机结合的产物，但其本质上仍是货币基金。货币基金主要投资于货币市场上的短期有价证券，包括活期存款、通知存

款、一年以内的银行定期存款、银行协议存款、大额可转让存单、银行票据、剩余期限在 397
天之内的债券以及期限在一年以内的债券回购等，因此能够满足对资金的低风险和高流动性
的需求。

4.1.1 互联网货币基金的本质

互联网货币基金是依托互联网平台而衍生出的一种新兴的理财方式，近年来我国各家机
构相继推出的各类互联网"宝"类产品均可定义为一种理财账户、理财服务，其本质都属于
互联网货币基金。

例如，"余额宝是阿里巴巴集团在旗下支付宝平台基础上，与天弘基金公司合作建立的一
项集储蓄、转账、增值、理财等功能于一体的综合业务，用户将钱转入余额宝中就可获得一
定的收益，实际上是购买了一款由天弘基金提供的名为'增利宝'的货币基金。余额宝内的
资金还能随时用于网购消费和转账，用户选择将资金从余额宝转出或使用余额宝进行购物支
付，则相当于赎回天弘基金的基金份额。天弘基金将直销系统嵌入到支付宝网站前端，且以
支付宝的余额增值业务——余额宝作为唯一的直销推广平台，天弘基金也是唯一与余额宝进行
对接的产品。"因此，余额宝实质上是一款基于互联网渠道销售的货币基金产品。"理财通则
是财付通与微信携手基金公司推出的理财增值服务。购买理财通，相当于购买了货币基金，
每天可获得比银行活期利息高 14～18 倍的收益。收益每天分配，且每天的收益计入本金，享
受复利收益。支持资金随时购买赎回，快速到账，方便打理。"所以，理财通的实质与余额宝
相同，也是一款基于互联网渠道的货币基金产品。

因而，作为互联网货币基金的各种互联网"宝"类理财产品是以余额增值以及快速取现
服务为核心，以还款转账、生活缴费、购物消费等增值服务为附加的一项综合性业务，它是
货币基金"T+0"快速赎回业务与互联网有机结合的产物，究其本质仍然是货币基金。其中，
理财增值的收益高低与其所挂钩的货币基金密切相关，部分互联网"宝"类理财产品甚至挂
钩多只不同的货币基金产品为投资者提供更多的选择。"T+0"快速取现的操作时间、额度高
低、到账时间等则根据合作机构的实力不等而略有差异，其所提供的增值服务类型则同样由
于推出平台的性质不同而各具特色。

互联网货币基金本质上还是货币基金，与传统货币基金的主要区别在于销售渠道。传统
的基金销售渠道大多在银行，银行控制了渠道自然会比较强势。互联网货币基金销售渠道一
部分被转移到线上，除了通过银行代销之外，还可以通过基金公司直销，或通过第三方支付
平台以及其他基金代销平台向互联网用户销售。总之，所有这些"宝"类互联网货币基金本
质上都是"平台加基金"的合作模式：平台提供客户，提供销售渠道，基金公司提供专业的
资金管理服务，两者各取所需。

【拓展阅读】互联网货币基金的前世今生

作为美国共同基金发展史上最大的创新，第一只货币基金诞生于 1971 年。诞生背景源于
美国国会 1970 年取消了"Q"条例中关于 10 万美元以上存款利率最高限制的规定，但却造成
对存款小户的利率歧视。当时最大的养老基金"教师年金保险公司"现金管理部主管鲁斯班

特萌生了一个天才想法：在保持高流动性的条件下，让小额投资者在金融市场上享有大额投资者才能获得的回报率。第一只名为"储备基金"的货币基金由此应运而生。

由于货币基金的收益大幅超越银行储蓄存款，货币基金在 20 世纪 70 年代末到 20 世纪 80 年代迎来大发展时代。货币基金从 1977 年的不足 40 亿美元跃升到 1982 年的 2 400 亿美元，增量超过同期股票和债券市场总和。截至 2013 年年末，美国货币基金总量和银行存款总量的比值约为 23%。

除了储蓄替代的功能，支付功能创新对于货币基金市场的繁荣一样功不可没。著名的富达基金在 1974 年就率先推出了可以开支票的货币基金，开创性地增加了货币基金的支付功能。之后，货币基金发展到可以即时赎回、即时到账，且投资者还可以直接支付消费账单，通过 ATM 提取资金等。

但在飞速扩张的同时，美国货币基金也遭遇了不少危机，其中最令人引以为戒的当属"储蓄基金"旗下的"首要基金"清盘和 PayPal 货币基金清盘的事件。前者是在 2008 年雷曼兄弟破产的次日，因为其重仓持有雷曼的商业票据，导致基金净值跌破 1 美元，由此引发了大规模的赎回风潮。后者则是因为不适应美联储三次量化宽松政策带来的超低利率市场环境，经营亏损最终主动清盘。

从美国的货币基金发展历程，联系到我国方兴未艾的货币基金市场，有几方面体会较深。首先，我国的货币基金起步较晚，2003 年第一只货币基金诞生。截至 2014 年 6 月底，货币基金总规模约为 1.6 万亿元，而同期的个人储蓄存款规模则为 48 万亿元，这为货币基金未来发展提供了巨大空间。

其次，消费支付功能值得进一步完善和推广，使得货币基金真正成为现金等价物。由于政策和市场的诸多约束，支付创新走得比较缓慢。直到 2011 年，有基金产品推出了首个可以用货基偿还信用卡的功能，货币基金的支付功能开始走入实体领域。2013 年以来，面临利率市场化逐步加快的压力，加上由余额宝引发的货币基金热潮逐步发酵，货币基金产品开始纷纷嫁接消费支付功能：网购、手机充值、还房贷、还水电费、买保险等。在未来，货币基金在 ATM 直接取款、POS 机刷卡消费这些类似银行卡的功能会进一步健全，使得货币基金真正迈入支付时代。

最后，世上没有零风险的投资。"首要基金"给我们的教训是流动性管理永远是基石，一旦投资失误，市场利率剧变叠加巨额赎回，货币基金将可能会跌破净值。就这点上，我们目前迫切需要监管机构完善货币市场流动性管理机制。

4.1.2　互联网货币基金与传统货币基金的区别

互联网上各种"宝"类理财产品并不是严格意义上的金融产品创新，本质上就是货币市场基金，但是它们利用互联网技术、电商网络和社交网络平台等，使得货币基金产品更加普及、便捷并为大众所接受，也使得这些互联网货币基金具有与传统货币基金不一样的特点。

1．营销渠道网络化、成本低
相比传统的基金公司直销和通过银行或券商等第三方进行平台销售，"宝"类理财产品的互联网销售具有一些显著的优势。如互联网企业原有的用户基础是潜在的客户群体，降低了宣传和客户挖掘费用；互联网技术带来的便捷高效，有效地降低了运营成本。

2．客户体验更加良好

互联网货币基金每日及历史收益可以做到实时呈现，并且能够通过网络申购和赎回，不受时空的影响，客户可以随时随地进行操作。虽然目前许多货币基金也支持网上申购赎回和"T+0"交易，但用户在申购或赎回时必须切换到其他平台上操作，存在体验"断点"。而余额宝与支付宝这类互联网货币基金则实现了无缝对接，可在支付宝的平台上直接使用，同一平台效应极大地提升了用户体验等。

3．投资者门槛大幅度降低

秉承"开放、平等、协作、分享"的互联网精神，"宝"类理财产品最可贵之处在于极大地降低了投资者门槛。传统货币基金门槛普遍在 1 000 元以上，但是互联网货币基金的门槛降低到 1 元，原本被传统金融拒之门外的闲散资金，通过互联网金融产品加快聚集。同时，"宝"类理财产品发挥了"鲶鱼效应"，激活了低迷的基金市场，使得各类传统基金纷纷降低投资门槛来应对互联网货币基金的挑战，从而使更多弱势群体受益。

4．流动性大幅度提高

传统货币市场基金在赎回时受限较大，赎回申请在 15:00 之前提交则资金在 T+2 日到账，15:00 之后提交资金则在 T+3 日到账。而余额宝等互联网货币基金在流动性上则宣称 2 小时内到客户指定账户。从实际使用的情况来看，为了避免发生大规模赎回甚至"挤兑"，余额宝采取了多种流动性管理措施。

5．收益率较高

"宝"类理财产品采用直销模式，其费率比一般货币市场基金要低。例如，表 4.1 给出了余额宝与一般货币市场基金费用的对比。余额宝的总费率为 0.63%，比一般货币市场基金低0.05 个百分点，因而处于同一市场状况下，"宝"类理财产品具有高于一般货币市场基金收益率的条件。

表 4.1　余额宝与一般货币市场基金费用对比

基金	管理费率	托管费率	销售服务费	总费率
余额宝	0.3%	0.08%	0.25%	0.63%
一般货币市场基金	0.33%	0.1%	0.25%	0.68%

4.1.3　互联网货币基金对金融市场的影响

"宝"类理财产品等互联网货币基金的出现和发展符合普惠金融理念，客观上也推动了商业银行重视用户的体验与感受，着力提升服务质量，满足客户不同层次的理财需求，更好地保障金融消费者权益。随着"宝"类理财产品的发展壮大，其对经济金融运行所造成的实际影响也同样不容小觑。

1．余额宝改变传统基金市场

余额宝以支付宝为平台，利用互联网这一便捷支付手段，短时间内吸收大量资金，规模急速扩张，在推出后的半年内天弘基金资产规模由全行业第四十升至全行业第四，这为其他货币基金的发展提供了思路。结合互联网支付渠道、捆绑互联网客户、满足活期资金需求特点的余额宝，利润快速增长，这迫使传统的货币基金不得不改变其原有的销售方式和产品设计模式，将互联网金融提升到战略高度。在余额宝取得巨大成功后，市场上陆续推出各种互联网"宝"类理财产品。与美国不同的是，由于我国储蓄率很高，因此互联网货币基金的发展有很大的空间。

2．余额宝入侵银行业务领地

余额宝实质为理财产品，将对银行的负债业务产生影响。

首先，余额宝在吸纳资金的渠道上与银行业务产生冲突，分流了一般性存款，影响了商业银行放贷能力。互联网货币基金发展对银行最直接的影响是存款大量被分流。较高的收益率和流动性使得"宝"类理财产品成了活期存款乃至定期存款的替代品，导致个人存款加速向互联网货币基金聚集。在存款下降的情况下，为应对存贷比考核，商业银行将会减少贷款发放，而贷款的下降又会导致派生存款的减少，进一步加大商业银行揽存的压力。

其次，增大了商业银行流动性管理压力。"宝"类货币基金为了提高收益率，往往采用多方询价、货比多家的经营策略，其追逐高收益的特性会使大额资金短期内在各家银行之间快速流动，造成商业银行资金来源的稳定性下降，流动性管理难度加大。商业银行为应对"宝"类货币基金的冲击，需维持较高的备付金水平，这在一定程度上降低了商业银行的资金使用效率。

再者，抬高了银行运营成本。一方面，如前所述，"宝"类货币基金的发展壮大，对商业银行放贷能力和流动性管理都产生了较大影响，相应地也增大了商业银行的运营管理成本；另一方面，"宝"类货币基金的资金大部分来源于银行储户，这部分资金到基金公司转了一圈后，最终仍旧回流到银行体系。但这一回流的结果是，在提高了投资者收益的同时也实实在在地增加了银行的资金成本，并且改变了商业银行的负债结构，即低成本的活期存款占比下降，而成本较高的同业协议存款占比上升。

3．推动了利率市场化步伐

个人活期存款通过货币基金渠道了获得了准市场化的存款利息收益，在一定程度上间接实现了存款利率的市场化。在存款利率尚未放开的背景下，如果互联网货币基金的规模扩大到一定程度，存款利率管制就可能形同虚设，将大大弱化央行基准利率调控的效果，倒逼利率市场化的开放进程。

4．对货币供应量指标产生扰动，影响了货币政策

当前，互联网货币基金对货币政策中间目标的有效性影响还比较有限，但是随着"宝"类理财产品规模的不断壮大，对货币政策的影响将会逐渐显现出来。第一，互联网货币基金对个人存款和第三方支付机构客户保证金的大量分流，将对商业银行一般性存款造成影响，进而影响银行放贷能力和货币乘数，从而对央行的信贷总量调控产生影响。第二，根据金融统计制度规定，除保险公司同业存放外，其他同业存款均不计入各项存款。货币市场基金若以协议存款存放银行，则计入广义货币（M2）；若投向债券市场等其他领域，则不计入 M2。货币市场资金在不同市场的快速流转导致存款和货币供应量指标起伏波动较大，将直接影响货币供应量中间目标的有效性。

4.2　互联网货币基金的分类

余额宝的诞生开启了互联网金融元年，各类互联网货币基金虽然由不同类型的机构发行，但本质上都是货币基金。本书中我们沿用业界惯例按发行机构的主体类型，将互联网货币基金分成四大类，即把基金公司直接发行的互联网货币基金产品归类为"基金系"，把银行代销的归类为"银行系"，而互联网公司、电商平台、移动运营商等机构，由于发行"宝"类理财产品依靠的是自身的第三方支付平台，所以将它们统一归为"第三方支付系"，而把除银行、第三方支付机构以外的基金代销平台代售的产品归类为"基金代销系"。

4.2.1　基金系互联网货币基金

在互联网货币基金中，基金系产品占据了半壁江山。基金系"宝宝"产品既可以支持多家银行卡购买，也能支持支付宝、财付通等第三方支付通道。表 4.2 给出了部分基金系互联网货币基金产品。基金"直营"产品中不少也实现了"T+0"快速赎回，且都有非常精致的手机客户端，操作简便程度不亚于第三方支付系产品，而存入和赎回额度则远远大于第三方支付系产品。此外，一些大牌基金系产品还具有余额自动转存功能，同时兼具信用卡还款、跨行转账、自动还贷等功能，如汇添富基金的"现金宝"、华夏基金的"活期通"、广发基金的"钱袋子"等。除此以外，基金系"宝宝"还具备一些得天独厚的优势。比如既可对接传统货币市场基金，也可对接货币市场分级基金 A 类，且当账户余额超过 500 万元时，还会自动转接收益更高的货币市场分级基金 B 类。多数基金系"宝宝"类产品还能支持基金转换和定投，方便投资者综合打理闲置资金。

表 4.2　部分基金系互联网货币基金产品

产品名称	合作基金	平台	类别
汇添富现金宝	汇添富现金宝	汇添富基金	基金系
华夏活期通	华夏现金增利货币 A	华夏基金	基金系
钱袋子	广发钱袋子货币	广发基金	基金系
南方现金宝	南方现金增利货币 A	南方基金	基金系
中银活期宝	中银活期宝货币	中银基金	基金系
招钱宝	招商招钱宝货币	招商基金	基金系
工银现金快线	工银货币	工银瑞信基金	基金系

【案例一】华夏活期通

华夏活期通是华夏基金管理公司推出的一款货币基金产品，其所投资的产品为华夏现金增利证券投资基金，截至 2014 年 12 月 31 日，基金规模已突破 890 亿元。华夏基金管理固定收益资产规模超过 1 000 亿元。公司拥有由约 30 人组成的经验丰富的固定收益投研团队，基金经理平均从业经验超过 8 年。

早在 2013 年年初，华夏基金就推出了华夏活期通，早于余额宝，而其背后对接的华夏现金增利货币基金则早在 2004 年 4 月就已经成立了。华夏活期通可以说是互联网货币基金类产品的鼻祖。

图 4.1 给出了华夏现金增利证券投资基金份额累计净值收益率与业绩比较基准收益率历史走势对比图。从过去几年货币市场的情况看，华夏活期通的收益水平要高于同期活期存款利率。用户利用华夏活期通打理手中闲钱，可以在保持资金较好流动性的同时，还能获取一定收益。华夏活期通网上交易实现"T+0"后，网上直销客户可以实现左手点"快速取现"，右手即可在 ATM 机上取现，从此以后不受交易时间限制，365 天都可使用网上交易快速取现业务，资金最快 1 分钟到账。华夏基金网上直销绑定工行卡的用户，还可开通华夏活期通的"余额理财"计划，在用户指定的日期，将银行卡里超出约定留存余额的闲置资金投资于华夏活期通。与此同时，用户还可以通过华夏活期通账户进行信用卡自动还款和还贷等操作，方便投资者综合打理闲置资金。

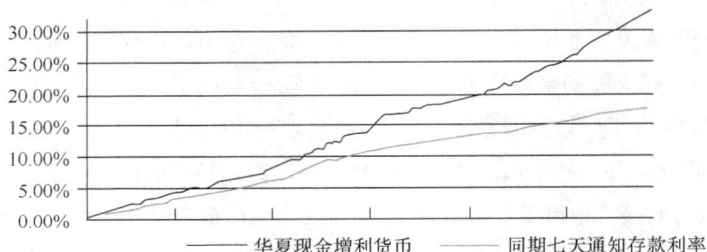

图 4.1　华夏现金增利证券投资基金份额累计净值收益率与业绩比较基准收益率历史走势对比图

数据来源：华夏基金，日期：2004 年 4 月 7 日至 2012 年 12 月 31 日

4.2.2　银行系互联网货币基金

随着 2013—2014 年余额宝的爆炸式增长，互联网金融对商业银行的影响在不断深化，传统银行也陆续推出在线余额理财产品来应对互联网金融和利率市场化挑战，银行系"宝宝"军团在近一年内迅速壮大。在抢占理财市场一年之后，以余额宝为代表的互联网货币基金产品面临着收益率普遍下滑的局面；而与此同时，银行系"宝"类产品收益率后来居上。至此，银行系"宝"类产品队伍已形成一定规模，互联网货币基金类理财产品不再是互联网企业独有。

银行系互联网货币基金中，大部分对接的是基金公司的货币基金产品，且在申购、赎回方面设置了"T+1""T+0"等便捷措施，有的产品还能实现支付消费、还信用卡、取现等功能。部分产品仅限于所发售银行的银行卡，如中信银行的"薪金煲"仅关联中信借记卡，工商银行的"薪金宝"也只服务于工行客户。不过也有一部分银行系产品可支持多家银行卡的充值购买，比如民生银行的"如意宝"、平安银行的"平安盈"、兴业银行的"掌柜钱包"等，均支持近百家银行。表 4.3 给出了部分银行系互联网货币基金产品。

表4.3 部分银行系互联网货币基金产品

产品名称	合作基金	平台	类别
薪金煲	信诚薪金宝货币、华夏薪金宝货币、嘉实薪金宝货币	中信银行	银行系
朝朝盈	招商招钱宝货币B	招商银行	银行系
工银薪金宝	工银薪金货币A	工商银行	银行系
掌柜钱包	兴全添利宝货币	兴业银行	银行系
民生如意宝	民生加银现金宝货币、汇添富现金宝货币	民生银行	银行系
平安盈	平安大华日增利货币、南方现金增利货币A	平安银行	银行系

【案例二】中信薪金煲

在银行系推出的创新型互联网货币基金产品中，中信银行的"薪金煲"堪称经典之作。相较于其他银行系产品，"薪金煲"最大的创新之处在于申购和赎回采用了全自动模式，颠覆了传统"T+0"赎回概念。当客户使用"薪金煲"余额自动转存服务时，只需设定银行卡保留的最低金额，账户内超过这一金额的资金就会自动转存到理财账户中来，为用户提供更高的收益；而当银行账户的活期账户资金余额不足时，系统将自动发起基金快速变现交易申请，快速变现款项将快速到达客户银行账户内，供客户使用。换言之，当客户申办中信银行卡后，可以设定一个存款金额，超出该金额的部分将自动转为货币基金；而当客户需要使用资金时，也无须发出赎回指令，可以直接通过 ATM 取款或 POS 机刷卡消费。这一产品的流动性完全可与活期媲美，而其余额自动转存功能则非常适合没有时间打理流动资产的人群。图 4.2 是薪金煲信用卡自动还款的示意图，图 4.3 所示是薪金煲自动还贷的示意图。

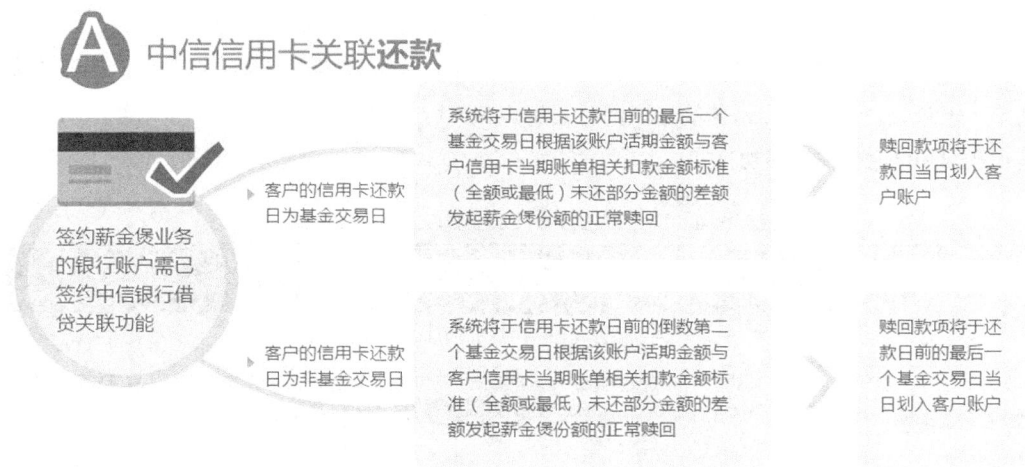

图 4.2 薪金煲信用卡自动还款示意图

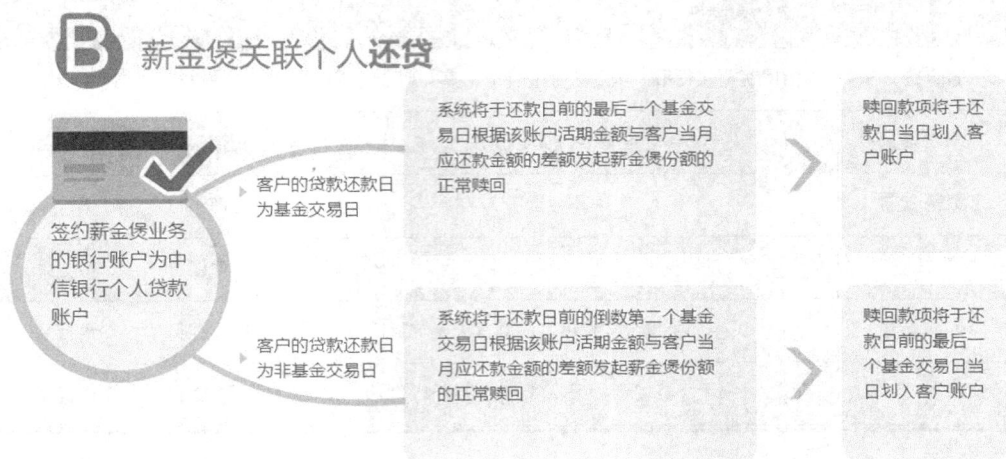

图 4.3　薪金煲自动还贷示意图

4.2.3　第三方支付系互联网货币基金

在第三方支付系互联网货币基金中，最为广大投资者所熟知的当属支付宝在 2013 年推出的"余额宝"。在阿里巴巴旗下的淘宝、天猫等网购平台的助力之下，"余额宝"迅速风靡网络，点燃了全民的理财风尚。在经历了爆炸式增长之后，第三方支付系互联网货币基金无论从收益还是功能上看，"余额宝"早已不是唯一的选择。第三方支付类产品的代表还有微信"理财通"、京东"小金库"、百度"百赚"、苏宁"零钱宝"、联通"话费宝"等。它们都借助自身网购平台、门户网站的强大"吸金"能力俘获了大批"草根"投资者。表 4.4 给出了部分第三方支付系互联网货币基金产品。

余额宝将支付宝中的余额直接购买天弘基金公司的货币基金产品天弘增利宝，既满足了用户对财富增值的需要，也使支付宝中的沉淀资金盘活，还帮助基金公司提升实力，实现三赢。余额宝模式成功的关键因素很多，比如优秀的用户体验、客户权益保障、理财门槛的降低等，但最为核心的一点是传统互联网巨头用户和品牌实力的注入。本质上，余额宝的成功是互联网和金融合作的成功。

表 4.4　部分第三方支付系互联网货币基金产品

产品名称	合作基金	平台	类别
余额宝	天弘增利宝	支付宝	第三方支付系
微信理财通	华夏财富宝、广发天天红、汇添富全额宝、易方达易理财	腾讯	第三方支付系
百度百赚	嘉实活期宝、华夏现金增利	百度	第三方支付系

产品名称	合作基金	平台	类别
现金宝	汇添富现金宝	网易	第三方支付系
小金库	嘉实活钱包、鹏华增值宝	京东	第三方支付系
零钱宝	广发天天红、汇添富现金宝	苏宁	第三方支付系
话费宝	安信现金管理货币 A	中国联通	第三方支付系
和聚宝	汇添富和聚宝	中国移动	第三方支付系

【案例三】余额宝

余额宝是由第三方支付平台支付宝为个人用户打造的一项余额增值服务。通过余额宝，用户不仅能够得到收益，还能随时消费支付和转出，像使用支付宝余额一样方便。用户在支付宝网站内就可以直接购买基金等理财产品，同时余额宝内的资金还能随时用于网上购物、支付宝转账等。一旦把钱从支付宝账户转到"余额宝"，支付宝公司就自动把钱投资于名为"天弘增利宝货币"的货币基金，资金在第二个工作日由基金公司进行份额确认，对已确认的份额会开始计算收益。这样一来在"余额宝"里的钱就可以得到货币基金的收益，同时支付宝还允许用户直接用"余额宝"里的钱进行消费、转账和还信用卡等。

"余额宝"实质是货币基金，仍有风险。其收益不是利息，而是货币基金的收益——尽管货币基金的风险很低，但还是要比法定付息的存款风险要高。如果不把钱放在银行的活期账户上，而是通过银行买了货币基金，同样可以获得类似"余额宝"收益，只不过这个货币基金里的钱需要换成银行账户里的活期存款才能花。"余额宝"本质上是在"卖"货币基金的流程上进行了创新，将通过互联网投资理财这一过程变得使普通用户更容易接受。

【拓展阅读】
余额宝发展历程

4.2.4　基金代销系互联网货币基金

随着第三方基金代销平台相继获得基金销售牌照，互联网第三方基金销售平台纷纷上线，如好买基金网、众禄基金网、数米基金网和天相投顾网等，使平台客户可以实现申购、赎回的一站式操作，为客户提供了更加便捷的服务。表 4.5 给出了部分基金代销系互联网货币基金产品。这一举动实现了互联网基金在基金业态的跨界创新。作为第三方基金销售机构的网站与货币基金公司合作，使网站变为该基金公司基金产品的直销平台，完成基金的线上销售。具体来讲，基金公司发行和销售货币基金，并将其嵌入第三方基金销售平台来代销。平台的客户是基金的购买者，通过平台账户将备付金转入或转出相应基金，实现对基金的购买和赎回交易。第三方平台与基金公司的合作显示出了基金公司跨界电商平台代销基金的模式，也为基金业的互联网化提供了更为广阔的发展空间。

表 4.5　部分基金代销系互联网货币基金产品

产品名称	合作基金	平台	类别
活期宝	长城货币 B、广发货币 B、银河银富货币 B、光大货币、农银货币 B、南方现金增利货币 B、工银货币等	天天基金网	基金代销系
凤凰金锦囊	工银货币	凤凰网	基金代销系
盈利宝	鹏华货币 A	金融界	基金代销系
储蓄罐	工银现金货币	好买基金网	基金代销系
数米现金宝	海富通货币 A	数米基金网	基金代销系
活期盈	景顺长城景益货币 A、大成添利宝 E、华安现金富利 A、广发货币市场 A 等	和讯网	基金代销系
众禄现金宝	海富通货币 A、银华货币 A、融通易支付货币、诺安理财宝货币 A	众禄基金网	基金代销系
收益宝	万家现金宝货币、融通易支付货币 A、诺安天天宝货币 E、景顺景益货币 A、中融货币 A、嘉实货币 A、华夏现金增利货币 A、易方达天天理财货币 A、南方现金增利货币 A	同花顺	基金代销系

【案例四】活期宝

活期宝（原天天现金宝）是天天基金网推出的一款针对优选货币基金的理财工具。充值活期宝（即购买优选货币基金），收益最高可达活期存款 10 余倍，远超过一年定期存款。与其他互联网"宝"类产品相比，活期宝最大的特点是 7×24 小时随时取现，快速到账，不过单笔限额 5 万元，统一工作日累计限额 10 万元。用户也可以选择普通取现，不限额度，不限次数，资金 T+1 日划出，当日有收益。活期宝的另一个特点是资金可以在不同的货币基金之间互转（收益不间断），即可以随时将活期宝中低收益的货币基金转换为同期的高收益货币基金，并且投资比例可以随时调整。图 4.4 是活期宝独家功能一键互转的示意图。

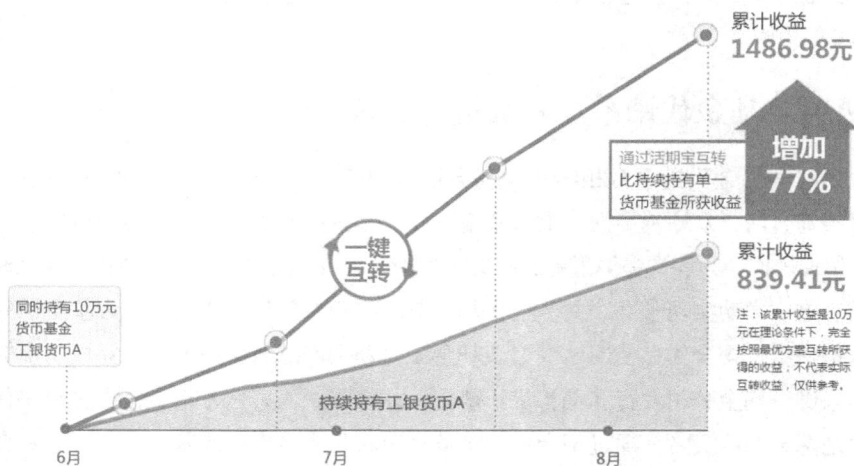

图 4.4　活期宝独家功能一键互转示意图

4.3　互联网货币基金的发展现状及趋势

近年来，我国互联网产业发展迅猛，成为经济增长的重要动力之一。2013 年，我国网民规模达 6.18 亿人，互联网普及率为 45.8%，较 2012 年年底提升了 3.7 个百分点。同时，随着信息技术的不断创新，产业跨界融合的发展态势，为互联网货币基金提供了必要的生长和发展土壤。2013 年，我国的互联网货币基金发展迅速，在 2013 年 6 月 17 日，由支付宝和天弘基金合作推出的余额宝抢先上线。它同时可用于网上购物支付、转账和缴费。在不到一个月的时间里余额宝规模突破百亿，客户数突破 400 万；在 2014 年 1 月 14 日，余额宝规模突破 2 500 亿元，天弘基金成为最大的基金公司，将一直占据行业龙头地位的华夏基金拉下马。看到余额宝的成功，其他互联网巨头也纷纷和基金公司合作推出自己的互联网货币基金。2013 年 10 月，腾讯与华夏基金达成共识，腾讯的财付通与华夏财富宝货币基金合作推出理财通。2013 年 12 月，百度与华夏基金合作推出了百发理财产品。各种"宝"类互联网货币基金脱颖而出，成为我国互联网金融增长最迅猛的产品。目前，依托阿里、腾讯、百度强大的平台，华夏、天弘等金融投资机构的货币基金产品快速发展，如余额宝规模在 4 000 亿元以上，微信理财通规模在 500 亿元以上。通过借助互联网各方平台，快速汇聚数量庞大的微小客户资金，各种"宝"类产品逐渐形成了一股推动互联网金融发展，乃至推动我国金融改革的强大力量。

4.3.1　互联网货币基金的发展历程

第一阶段：2013 年 6 月之前，网上基金销售主要是通过基金公司官方网站、第三方基金销售公司网站以及电子商务网站进行，一直处于温和发展时期。

作为一种传统的现金管理工具，货币基金虽然具有投资门槛相对较低、收益水平远超活期利率、收益波动相对稳定等优点，但在过往的运行过程中，受限于产品宣传认知相对较少、投资购买程序烦琐、赎回资金到账缓慢等因素，货币基金的受众仍相对有限，且主要集中于机构投资者。在 2012 年年末、2013 年年初，旨在提高资金利用效率的货币基金"T+0"业务逐渐兴起，并由场内申赎、场内交易的模式转而向场外垫资的模式扩展，部分基金公司结合自身资金、渠道优势而推出的"宝"类产品渐次面世，如华夏活期通、汇添富现金宝等均是在此背景下逐渐产生。

第二阶段：2013 年 6 月至 2014 年上半年，以余额宝为代表的互联网基金销售迅猛发展，一大批"宝"类产品上线，引爆全民理财热。

当支付宝的低息沉淀资金与货币基金的相对高收益、快速流动性以及便捷操作性结合起来时，余额宝便应运而生：2013 年 6 月 13 日余额宝正式上线。凭借支付宝十年多积累的庞大用户资源、巨额沉淀资金以及持续的积极营销，在移动互联网快速推进的环境下，余额宝的用户数量及资产规模迅速膨胀，实现了"一飞冲天"。

第三阶段：从 2014 年下半年开始，互联网货币基金的收益率持续下滑，市场开始由疯狂逐渐回归至理性发展阶段。

作为互联网领域鼎足而立的三巨头，面对余额宝的火爆局面，百度、腾讯相继出手，旗下相关产品陆续问世。2013 年 10 月 28 日，百度理财平台正式上线，首期产品"百度百发"，并在其后陆续推出"百度百赚""百度百赚利滚利版"等理财产品。腾讯则以旗下微信客户端为入口，在财付通的支付结算资格基础之上倾力打造了理财通服务平台。首只挂钩产品华夏财富宝在 2014 年 1 月 22 日率先推出，并在之后的春节红包活动中获利颇丰。后续几只合作产品——汇添富全额宝、广发天天红、易方达易理财则在同年 3 月、4 月陆续面市。

继淘宝之后，京东成为第二家获基金第三方电子商务平台资格的机构，首批合作的鹏华、嘉实、国泰、易方达四家基金公司的网上店铺陆续上线。极力拓展金融业务、打造金融集团的京东也在 3 月份顺势推出了小金库产品，挂钩的货币基金为嘉实活钱包、鹏华增值宝。

4.3.2 互联网货币基金的发展现状

从规模上看，各种互联网货币基金产品拥有的资金量不断扩大。特别是随着中小城商行布局互联网金融步伐的加速，银行系"宝"类产品最终在数量和收益率上都超过了第三方支付系。伴随着互联网货币基金的飞速发展，各大互联网门户网站、第三方支付机构、电商平台推出的互联网货币基金类产品，显示出了强大的"吸金"效应，倒逼传统银行加快转型升级。为防止大额存款从银行搬离，各大银行在采取限额等措施的同时，也纷纷推出自己的专属"宝"类产品奋起直追。工行、交行、中行和招行等传统银行业的巨头均先后推出了"T+0"理财产品，并加快了银行业务互联网化。互联网货币基金产品发展至今，已形成了明显的规模特征。目前互联网货币基金产品已显现出六大主力：阿里巴巴通过支付宝平台上线"余额宝"，对接天弘基金；腾讯通过微信平台上线"理财通"，首款产品"财富宝"对接华夏基金；腾讯通过微信平台上线"全额宝"，对接汇添富基金；兴业银行通过钱大掌柜平台推出"掌柜钱包"，对接兴业全球基金；百度理财推出"百赚利滚利版"，对接嘉实基金；网易理财推出"网易现金宝"，对接汇添富基金。

从收益率上看，目前我国银行贷款利率已全面放开，存款利率也不再设置上限，然而利率市场化尚未彻底完成。而"宝"类互联网货币基金则降低了投资理财的门槛，通过互联网吸纳普通网民的大量闲散资金，并以协议存款形式将资金存入银行，使小额资金获得远远超过我国银行活期存款利率的收益率，因而，互联网货币基金的收益水平远超过银行存款利率，竞争优势明显。六大主力互联网货币基金产品的年化收益率呈先上升后下降趋势，互联网货币基金产品的收益率普遍下降，使得其在货币基金产品中的表现渐趋平庸。

从互联网货币基金的销售方面看，我国互联网货币基金的发展有以下几方面的特征。

1. 互联网基金销售水平稳步提升

2013 年，我国基金销售电子商务水平为 46.5%，未来四年内依然会继续提升，截至 2017 年，将会提高至 64.7%。在基金代销领域，我国主要的代销机构为银行和券商，未来银行每年的电子替代率会逐步提高。虽然未来提升幅度有限，但是由于基金代销的特殊性，其电子替代率近几年始终低于银行整体电子替代率，因此未来还有广阔的提升空间。加之未来第三方代销机构以及电子商务平台的兴起，都会对基金代销的电子商务水平形成正向激励。在基金直销领域，电子商务水平始终是弱项，但是天弘基金借助余额宝爆发之后，极大地刺激了余额理财这种电子商务直销模式的发展。然而，由于受制于阿里集团，其他基金公司短期内很难有效复制余额宝的模式，使得未来在基金直销领域的电子商务水平增幅较慢，待市场进一步开发后，才有可能转入高速发展阶段。

2．基金代销成本较大

作为对基金销售贡献最大的银行代销渠道，其收费标准也一直较高，除了常规的代销手续费外，还附有尾随佣金。2013年，我国中小银行代销尾随佣金率维持在43.2%的水平，一些代销能力强的大型国有银行尾随佣金率高达70.1%，而拥有强大用户规模的互联网公司尾随佣金率则维持在58.4%。虽然帮助基金完成了销售，但是其并没有减轻基金公司的负担。很多互联网平台出于提升自身在金融行业知名度的目的，会采取"造星运动"的策略。该策略是指和一家或几家基金公司合作更加紧密，采取补贴、高密度推广等手段，将所有优势资源都集中到这一家或几家基金公司的产品上，而其他基金公司得到的支持就会稍弱。

这种恶性的市场环境并不能促进互联网基金销售健康发展，短期内这种营销手段的确能够缓解基金的业绩压力，但长期来看，这种促销并不会给基金公司带来长久的好处，无益于品牌建立和基金产品质量的提升。用户对这种情况也会产生疲倦。最终供需会趋向平衡，市场的力量会引导市场环境向良性发展。

3．独立销售机构实现盈利困难

独立销售机构是互联网基金销售产业链的核心主体。2012年2月22日，证监会首次批准四家企业获得第三方基金销售牌照。截至2013年年底，我国共有28家独立基金销售机构。独立销售机构的出现具有一定历史意义，它肯定了基金销售作为独立产业的法律地位，在传统基金销售格局中引入了新的竞争者，为基金行业的市场化做出了有力的尝试。但经历接近两年的发展，独立基金销售机构的发展并未取得重大进展。

独立销售机构盈利困难的主要原因如下：首先，无论是线上销售，还是线下销售都需要前期投入大量的资金进行铺垫，如IT系统开发、流量导入、用户获取、线下销售网点建设等，这一过程耗时较长。其次，用户对于独立销售机构的认知程度有待提高。根据艾瑞数据显示，2013年所有网民基金用户中，仅有4.6%的人最常通过独立代销渠道购买，相比银行、基金等传统销售渠道差距较大。最后，银行、券商等传统的基金销售渠道在基金销售领域具有垄断地位，其对基金销售的帮助最大，因此也能获得更强的议价能力，但是目前独立销售机构还未具备这种优势，因此盈利较为困难。

4.3.3　互联网货币基金的发展趋势

1．高利差不再，收益率与市场平均收益率趋同

互联网货币基金目前的高收益有着其特殊的背景。余额宝等互联网货币基金产品风靡之际，恰逢我国央行货币总量调控、去杠杆化、清理地方政府融资平台等系列政策出台，使得整体流动性偏紧，市场一度出现"钱荒"。同时，利率市场化、金融改革也在稳步进行，在这样的宏观背景之下，货币的稀缺性充分显现，货币市场隔夜利率屡创新高。互联网货币基金本质上作为货币基金，资产配置结构自然会向协议存款倾斜，也因此获得远高于活期存款的

收益，造成"存款搬家"现象。"存款搬家"反过来又强化了流动性紧张效应，进一步推高同业拆借利率。未来，随着资金面的变化，货币市场的供需结构也会发生变化。银行在经过去杠杆化、纠正期限错配后，其经营活动会相对谨慎。因此，"钱荒"背景下的高利率也许将一去不返。与此同时，随着利率市场化的推进，存款利率也有望放开，活期存款与货币市场利率最终会趋同，由市场来决定资金价格与资源配置，由市场来进行风险定价。如此，互联网货币基金收益率将失去现有优势，只能获得行业平均收益率。

2．竞争趋于激烈，市场结构分化

"宝"类互联网货币基金产品短期内迅速聚集大量碎片化理财资金，使得其背后的主体基金公司，如天弘基金等，获得跨越式增长，基金规模从名不见经传的百亿规模的小型公司一跃成为规模领先的大基金公司。这种示范效应已经引来了众多跟进者。微信财付通、平安盈、现金宝、收益宝、苏宁零钱宝、百度百赚等对接的 20 余种货币基金产品紧随其后，市场竞争激烈，甚至出现一些收益补贴式营销。互联网货币基金之间的竞争还不仅限于此。银行在"存款搬家"现象出现后，开始反击，借助渠道优势，纷纷推出同类产品，民生银行、中国银行、交通银行、招商银行等银行的互联网货币基金产品也纷纷出炉。这些银行系的互联网货币基金产品不仅在模式和功能上与余额宝等第三方支付系的货币基金产品如出一辙，而且额度限制少。未来的互联网货币基金竞争将会更加激烈。

此外，互联网巨头或银行与基金公司合作，通常会有选择性，被选中的合作基金公司往往因此在市场中形成寡头垄断，这对其他中小型货币基金客观上形成进入壁垒。未来的互联网货币基金极有可能发生结构分化，最终形成马太效应，改变现有的市场格局。

3．监管加强将使市场趋于规范

传统基金公司借助互联网货币基金的强势发展上位，成为基金领域的领头羊，除了模式创新的眼球效应，最重要的还是其与活期存款的利差导致的高收益。这种高收益与其说来源于互联网金融的创新，不如说是源于政策和监管套利。互联网门户网站、第三方支付机构、电商平台等渠道吸纳的巨大沉淀资金流，直接转移到与其对接的互联网货币基金产品，随之进入相应货币基金，过程和效果等同于吸纳存款，但却无需缴纳准备金，无需拨备和考核存贷比，投资于协议存款却可以提前支取而免于罚息。协议存款到底该纳入一般性存款还是继续保持同业存款性质，仍在监管部门的进一步商榷当中。但不可忽视的一点是，对这种新的业态，法规政策和监管上的确对其性质并未明确，否则就不会存在争议。因此，在监管机构也在不断完善相应法律法规的同时，也应约束各类互联网货币基金产品因法律法规的短暂空白而获得的监管套利行为。然而，银行在存款争夺中处于不利局面，造成存款流失，也并不一定代表银行经营理念落后、缺乏竞争力。实际上，作为掌握垄断资源的资金经营者和风险管理者，银行缺乏的是创新的动力和宽松的监管环境。银行很早推出的理财产品就多与货币基金挂钩，但并没有形成当前互联网货币基金的巨大影响力，一是其不愿推高自身的负债成本，二是其面临较为严格的监管环境。因此，互联网货币基金和银行面临不同的监管环境，造成一定程度的不公平竞争。当前，监管层已经注意到互联网货币基金发展过程中的监管缺位，将来会将其纳入监管范围，从而会使得互联网货币基金市场发展逐步趋于规范。

【拓展阅读】美版"余额宝"缘何黯然消失?

今天在我国如日中天的余额宝并非阿里独创,早在十多年前美国就已出现了这种互联网型货币基金。美国是如何对这类创新产品进行有效监管的呢? 曾经风光无限的美版余额宝最终又为何黯然消失了呢?

较早关注国内电子商务市场的朋友可能都还记得十年前的景象:在那个支付宝刚呱呱坠地,腾讯还未上市,百度也只是一家搜索网站的时代,来自美国的 eBay 以 1.5 亿美元收购了当时我国最大的电子商务公司 EachNet(易趣),强势推出联名 B2C 网站 eBay 易趣,成为国内电子商务领域的翘楚。eBay 易趣与正在上升期的本土企业淘宝,以及两家公司旗下的第三方支付平台(贝宝与支付宝)之间,展开了激烈的竞争。尽管面对当时堪称逆天的淘宝免费策略,"高洋"上的 eBay 和贝宝最终在中国市场不敌土豪阿里,但贝宝曾经在美国互联网金融领域的探索和兴衰往事却值得我们借鉴。

贝宝的来龙去脉

贝宝(PayPal)是一家总部在美国加州圣荷西市的网络第三方支付服务商,允许在以电子邮箱来标识身份的用户之间转移资金,取代了传统的邮寄支票或者汇款的方法。贝宝也和一些电子商务网站合作,成为它们的货款支付方式之一。但是用这种支付方式转账时,贝宝收取一定数额的手续费。

贝宝于 2000 年起陆续扩充业务,包括在其他国家推出业务及加入美元以外的货币单位。2002 年 10 月,全球最大的拍卖网站 eBay 以 15 亿美元收购贝宝,此后贝宝便成为了 eBay 最主要的支付途径。

在金融监管较健全,互联网发展也较发达的美国市场,早在上一轮互联网泡沫的巅峰期,1999 年,贝宝就率先涉足货币市场基金,为用户提供回报率较高的储蓄存款服务。

美版"余额宝"兴起背景

说起货币市场基金的来源,还得追溯到 1971 年美国第一只货币市场基金诞生时的背景。

美国 Q 法规规定,银行不可向活期存款发放利息,同时银行其他类型账户利率也受到一定程度限制,以防银行为争夺存款而发起恶性竞争。为吸引客户,可以支付利息的货币基金便作为存款账户的近似替代品进入了投资者的视野。此后,货币基金一直都是银行存款最大的竞争对手。

在美国互联网经济最繁荣的那段岁月,当贝宝发现自己手上已积攒了大量客户资源,而自身作为支付平台,也已一只脚迈入金融业的时候,贝宝的高层便有了和今天 BAT 老板们相同的想法:既然我已经拥有了这些现成资源,为什么我不能再进一步深入金融业掘金呢?

为了开拓新的利润增长空间,也为了增加更多的服务和吸引消费者,贝宝便开始为客户建立储蓄账户,涉足货币基金市场。按照约定,只要客户同意,任何客户在贝宝支付账户(类似支付宝)上的余额都可以投入到这一储蓄账户(类似余额宝)并获得货币基金投资带来的利息。

借着当时美联储宽松货币政策的东风,也由于这种互联网型货币市场基金卓有成效地降低了渠道和管理费用,大额申赎请求对基金投资带来的负面影响也大为减少。于是在 2000

年，贝宝储蓄账户的年回报率竟然高达 5.56%，远高于当时美国一般银行储蓄存款的回报率。使得贝宝版货币市场基金在刚推出后的那段岁月里，风光无限，火爆异常。

虽然贝宝货币基金回报率较高，但和今天的余额宝一样，一经推出后，其安全性就一直受到外界质疑。因为说到底贝宝不是银行，因此没有美国联邦政府的保险。如果该货币市场基金出现问题，客户的储蓄资金无法获得赔偿保障。

美版"余额宝"何以衰亡

明眼人一眼就能看出，贝宝版货币基金之所以那么吸引人，关键在于它为客户提供了一种非常便利的高回报投资方式。这类货币基金的风光能持续多久，关键就在基金的赚钱效应能持续多久。

然而正所谓"花无百日红"，贝宝版货币基金的辉煌转瞬即逝。随着 2001 年美国互联网泡沫的破灭，市场流动性冻结，美国投资者信心跌到谷底，美联储也一再降息刺激经济。面对突如其来的系统性风险，自 2001 年起，贝宝版货币基金的收益就迅速走上了下坡路：2001 年全年收益仅为 2000 年一半，只有 2.86%，2002 年进一步下降到 1.85%，2003 年为 1.16%，2004 年为 1.37%……与银行的储蓄账户回报率相差无几。但贝宝版货币基金并没有就此消失。随着美国房地产市场兴起，美国经济逐渐复苏，2005 年贝宝版货币基金的回报率反弹到 3.27%，2006 年进一步上升到 4%，2007 年重新站上了"5"字头。

可惜人算不如天算，就在贝宝版货币基金准备重新迎接辉煌时，2008 年美国次贷危机爆发，"两房"危机和雷曼倒闭事件迅速将危机推向全球，从而引发持续多年的全球金融危机。在美国市场上，无论是股票、债券、房地产、共同基金还是 401K 养老金账户，统统亏损连连，小小的贝宝版货币基金更如同沧海一粟般处于风雨飘摇中，根本无力改变自身命运。

2008 年，贝宝版货币基金年回报率下降到 2.61%。2009 年，全球金融危机向纵深发酵，其收益率更是下降到 0.23%，投资者纷纷赎回基金，规模的锐减进一步打压了贝宝的收益率，而收益率的进一步下滑则又引发赎回雪球效应。在这样的世道下艰难维持 1 年多后，2011 年贝宝只能宣布结束贝宝储蓄账户运作，贝宝版货币市场基金寿终正寝，贝宝公司的业务从在线投资理财重新收缩回在线支付的老本行。贝宝的声明也很实诚，表示这是由于市场情况和货币市场基金的金融优势不复存在。换句话说，既然没有了赚钱效应，它就只好歇业。

货币基金并非投资神器

美版"余额宝"的兴衰往事只是美国货币基金市场过去十多年发展的缩影。美国曾有近千家机构推出过货币市场基金，但到了 2011 年，只剩下 600 多家继续开展这一业务。货币基金生存艰难的重要原因是它的投资范围受到较大限制，只能投资短期票据、债券市场。在利率市场化的环境下，面对包括银行高息存款在内的各种理财产品的强大竞争，它们很难取得很高的收益率。另一方面，由于定位为现金管理工具，因此基金公司很难从中提取较高的管理费用，其经营成本又很难降低。尽管 2013 年年末余额宝规模已突破 2 500 亿元，但天弘基金 2013 年却亏损 244 万元，足见货币基金是"只赚规模难赚钱"的产品。而一旦股市向好，赚钱效应又会使投资者纷纷把资金从货币基金中抽离。从 2009 年至 2011 年，美国投资者从货币基金撤资达 1.1 万亿美元，可谓釜底抽薪。如今余额宝收益已跌回"5"时代，假如今后各大银行进一步推出高息理财产品相抗衡，抑或股市重新向好，余额宝今日的风光还能持续多久，着实难料。

说到底，在美国这样一个金融业高度发达、高度市场化、监管高度严格的市场环境中，互联网企业很难找到监管套利空间。美国互联网企业面对的传统金融企业的竞争意识和能力也绝非我国可比，因此美国金融业并没有出现过所谓"互联网金融"的概念，哪怕像贝宝这样的在线支付巨头，虽经十余年苦心经营，长期游走在"灰色地带"，最终依然无力与实力雄厚的银行业相抗衡。

由此可见，一边是监管层正在自上而下快速推进利率市场化，另一边是余额宝们自下而上倒逼银行业加速自身革新，沉睡中的中国银行业正在被迅速激醒，用互联网思维武装自己，迎接挑战。美国往事无疑对今天的中国具有强烈的启示意义。

4.4　互联网货币基金面临的风险与监管

4.4.1　互联网货币基金存在的风险

互联网货币市场基金本质上还是货币基金，其属性是一种保守稳健型金融投资产品，一般情况下具有低风险的特征，但低风险并非无风险。货币市场基金的风险主要来自流动性风险和系统性风险，在特殊情况下也可能发生亏损，同时互联网货币基金还面临着一定的政策性风险。

流动性风险和系统性风险是货币市场基金的主要风险。在发生流动性风险的状况下，由于需要马上变现，持有者就往往需要折价"大甩卖"各种债券、票据等，且基金管理费用属于刚性支出项，因而在特殊情况下也会发生基金净值跌破面值的情况。货币市场基金的诞生地——美国，自 20 世纪 70 年代第一只货币基金创立至今，就曾发生过两次净值跌破 1 美元的大规模兑付风险。其中，美国历史上最悠久的货币市场基金——主要储备基金就受到 2008 年雷曼兄弟倒闭影响而跌破 1 美元面值，从而引发投资者大量的恐慌性赎回。余额宝的"祖师爷"PayPal 货币基金在美国横空出世之际也是市场明星，但同样面临系统性风险和市场利率波动的不利影响。在 2008 年次贷危机发生时，美联储启动了量化宽松政策，将市场利率维持在零附近。最终，在客户大量赎回和市场零利率的双重挤压下，PayPal 货币基金被迫清盘予以终结。

我国的传统货币市场基金也曾发生过流动性危机。2006 年国内几家大型基金公司的多只货币基金遭遇重大流动性风险，管理公司被迫用自有资金填补了损失，保住了货币基金面值不跌破。从以上经验教训中可以发现，货币市场基金是市场利率波动的被动接受者，其盛衰受宏观经济形势和系统性风险的决定性影响。与其他投资品一样，货币市场基金并不能包盈不亏，更不能保证持久而稳定的高收益。

除此之外，货币市场基金还面临着一定的政策性风险。例如货币基金投资同业存款是否需按照一般存款进行管理，缴纳存款准备金；同业存款提前支取是否罚息；货币基金公司风险准备金的计提比例是否会提高等。尤其是对于互联网货币基金还面临着更多的监管政策的不确定性。

具体而言，互联网货币基金存在的风险有如下几个方面。

1．投资方向单一，收益率受制于市场资金环境

按照《证券投资基金法》的规定，货币市场可投资品种很多，主要包括短期有价证券，如国库券、商业票据、银行定期存单、政府短期债券、企业债券等。但在目前，互联网货币基金投资主要集中于银行协议存款。例如余额宝对接的天弘增利宝货币市场基金，在 2013 年年底的资产组合中，银行存款和结算备付金合计占比高达 92.21%。其他的互联网货币基金的银行协议存款比例也在八九成以上。这一比例相比传统的货币基金银行协议存款占 64.68% 的比例，也已经高出很多。当然，互联网货币基金投资于短期国债、回购、央行票据等的比例不高是收益率、流动性和稳健原则等因素综合作用的结果。2013 年下半年以来市场流动性紧张的局面，推高了同业存款利率，使得互联网基金的银行协议存款比例一路走高。但金融市场的核心是风险定价，收益率最终会与风险对等，低风险的银行协议存款要想保持高收益，本身是违背市场经济规律的。随着未来宏观流动性的改善，高度依赖协议存款的互联网货币基金终将迎来收益率的下降，极端情况下甚至出现暴跌。2014年 3 月以来，这种情况已经开始显现，市场上各种货币基金的收益率一路走低，跌破 5%（见图 4.6）。

表 4.6　部分互联网货币基金产品、平台及收益率

产品名称	对接基金	平台	七日年化收益率
余额宝	天弘增利宝	支付宝	4.456%
现金快线	工银瑞信基金	工银货币	4.207%
百度百赚	嘉实活期宝、华夏现金增利	百度	4.025%
华夏活期通	华夏现金增利货币 A	华夏基金	4.025%
南方现金宝	南方现金增利	南方基金	3.951%
掌柜钱包	兴全添利宝	兴业银行	4.657%
微信理财通	华夏财富宝、广发天天红、汇添富全额宝、易方达易理财	腾讯	4.526%

2．流动性高，规模不稳定，可能面临挤兑等风险

互联网货币基金的爆炸式增长，除了高收益的吸引力外，便利、交互、民主、普惠等互联网精神也是重要原因。互联网货币基金借助于社交媒体的快速传播与病毒式营销，可以在极短的时间内聚集大量资金。巨量的资金瞬间涌入某个产品时，甚至引发销售平台服务器瘫痪，这种情况已经多次出现。百度、网易等平台发行补贴式互联网基金产品，基本都是几小时之内售罄。在资金偏紧的市场环境下，资金的稀缺性充分体现出来，互联网货币基金可以在货币市场获得较高的溢价收益，同时带来基金规模的急剧扩张。但如果市场资金面较为宽松，互联网货币基金的收益率会急转直下，甚至引发大规模赎回潮，从而导致基金规模的急剧下降。这种规模的不稳定，不仅影响基金公司的稳定经营活动，也带来较大的风险。当然，在资金大数法则下，金融产品的风险会被持续流入的巨量资金掩盖起来，比如大规模赎

回风险。尽管互联网货币基金基本上都投资于银行协议存款，风险较小，但是由于其特殊的"T+0"实时到账制度，一旦市场形势变化，出现大规模赎回，就会出现挤兑。与银行物理网点的挤兑不同的是，互联网的便利性在这种时候会加剧和放大这种挤兑风险。

3. "T+0"实时到账容易带来期限错配的风险

互联网货币基金方便快捷的一个重要的体现就是客户每日的收益可视化，以及随时赎回，资金即时到账可用，因此客户体验较好。这种优质的客户体验建立在"T+0"赎回实时到账上。客户与互联网货币基金或其合作电商平台的结算是即时的，但互联网货币基金投资的银行协议存款是有期限的，即使可以不罚息提前支取，也有时间间隔，不可能实现"T+0"实时到账。至于短期固定收益债券、买入返售金融资产等其他投资标的，更加不可能实现"T+0"实时到账，这时就存在期限错配的问题。为保证良好的客户体验，互联网货币基金或者与其对接的电商平台、门户网站、合作机构等需要自行垫资，以按时完成对客户的支付。在资金持续流入、或者协议存款提前支取并无困难时，垫资风险较低，仅存在隔夜利息损失。但是如果出现短期集中赎回，资金净流出，协议存款出现违约时，垫付资金将会带来较大的流动性风险，甚至成为坏账。

4. 市场上同质化竞争严重，缺乏核心竞争力

由于基金牌照在市场仍属于稀缺资源，基金行业退市机制并未建立，导致基金净值、经营业绩与管理费并未直接挂钩，只是按照基金规模收取管理费。因此，互联网货币基金对规模的追求有着较大动机。当然，基金排名也是扩大规模的重要前提，但对于互联网货币基金而言，差距远没有股票型、混合型基金差距大。固定收益债券、回购、银行协议存款等投资基本占据主导地位。互联网货币基金的这种稳健投资风格，使得其产品呈现出同质化。互联网金融的发展改变了货币基金的扩张模式，从传统意义上的线下单一渠道逐步发展为线上线下多种渠道结合，甚至线上交易已经发展成为有望取代线下交易的更重要渠道。在以余额宝和天弘基金为代表的互联网货币基金经营模式下，用户对收益率、"T+0"实时到账的关注度很高，因而基金投资对银行协议存款的依赖越来越高，几乎成为协议存款的代名词。当互联网货币基金投资组合日益傻瓜化时，其就演变为一个单纯的存款团购通道。大部分互联网货币基金从产品、服务到收益率几乎都没有差异，而且并不能充分体现其专业化组合投资机构的身份，缺乏核心的竞争力。最终货币基金必然受制于银行理财产品、信托产品的替代效应，失去应有的价值。

5. 相关法规的空白容易引发监管套利

首先，销售渠道打擦边球。以余额宝和天弘基金的合作为例，余额宝本身缺乏基金销售牌照，却跳过银行这一环节直接与支付宝挂钩，在支付宝的原有账户里进行基金购买，显然算是变相从事基金销售业务。尽管其解释为仅仅只是提供交易平台，但实质上还是违反了《证券投资基金销售管理办法》和《证券投资基金销售结算资金管理暂行规定》的相关规定，越线开展了基金代销业务。

其次，互联网货币基金的高收益名义上来自于协议存款，即活期存款与协议存款间的利差，实质上其是来源于监管套利。比如货币基金享有的一项政策优惠是，协议存款提前支取不罚息，仍然可享受协议约定的利率。这项优惠目前仍然存在较大争议，即天弘基金和余额宝在这里的身份界定问题，到底是同业存款还是一般性存款，两者性质不同，提前支取利率的处理方式和拨备要求均不同。

此外，利率市场化尚未完成，特别是银行存款利率管制严格，但互联网货币基金的投资领域则是充分市场化的，这种监管环境的差异性，正是造成存款搬家的重要原因。

因此，互联网货币基金的高收益和高速扩张，实质上是监管套利。随着国家监管的逐步规范和加强、利率市场化的推进，互联网货币基金的套利空间将不复存在，其业务模式可能面临较大调整。

【拓展阅读】从余额宝业务特征分析互联网货币基金监管方面的问题

余额宝交易具有跨地域、跨账户、跨机构的"三跨"特点，不仅使国家实施监管的手段受到限制，还造成了监管协调的问题。在传统的金融体制下，开户人的监管范围可以依据账户开户地进行划分；互联网金融则不同，用户可以不受时间、地点限制进行转账操作，这为地域性监管造成了障碍。

2014 年 2 月 24 日，余额宝新推出普通转出到卡的功能，即用户可以通过电脑或手机将余额宝里的资金直接转入银行卡。至此，这项互联网金融的创新产品已经涉及银行储蓄账户（借记卡）、基金账户（余额宝账户）、第三方支付账户（支付宝）三个隶属于不同监管部门的资金管理账户。

由于我国金融分业监管的特点和互联网金融经营范围的多元化，对互联网金融进行有效监管，必然涉及多个领域。互联网金融往往跨多个监管领域，如余额宝涉及基金购买和支付问题，因此监管涉及央行和证监会。从互联网监管实践来看，证监会为了更好地协调关于互联网金融的管理问题，专门从机构部、基金部和期货部分别调配人员成立了信息中心小组。

互联网金融中很多企业所推出的相关投资项目都涉及多个领域。以余额宝为例，作为支付系统和基金公司的结合，它的监管就涉及多个行业。目前，随着互联网公司跨界经营业务的增加，对于监管的要求越来越高，如腾讯推出微信，涉及通信、支付、基金业务等。

首先，互联网货币将活期资金或储蓄资金投资于银行协议存款等产品，由于其具有高流动性，因此同样面临挤兑风险。一旦出现金融泡沫破裂或是金融市场动荡，导致其收益率大幅下降或本金损失，那么其支付的便捷性和高流动性会造成资金的快速流出，形成挤兑效应，到时散户的利益难以保障。

其次，时至今日，关于余额宝收益费用明细等相关信息尚未公开，天弘基金对手续费、交易费用和管理费用等是否进行了合法的披露，对于投资者及各方利益相关者都是非常重要的。在我国的弱有效金融市场条件下，信息的不对等问题显然没有彻底解决，不排除会存在通过余额宝进行洗钱的可能。

最后，从余额宝货币基金本质来看，它虽然是在互联网普及基础上加以创新形成的产物，但是其发展依然难以脱离传统金融，难免会存在一些漏洞和风险，从而造成不必要的资金风险和交易纠纷。

4.4.2　对互联网货币基金的监管建议

互联网货币基金发展迅速，为传统金融业发展提供了新的思路、机遇和挑战。这一发展趋势一方面可以有效推进利率市场化进程，促进金融改革；另一方面也可以迫使传统金融业尤其是银行业关注互联网在发掘客户、快捷支付、获得客户消费偏好等方面的优势，将传统金融业务与互联网精神相结合，提高服务能力和服务质量。互联网货币基金的核心是通过互联网渠道开展传统货币基金业务，因此必须遵守金融市场的规则。从监管来看，国内对传统金融机构的监管体系已经比较成熟，但是对互联网货币基金方面的监管还存在一定的空白，这就可能导致互联网风险的聚集，不利于整个互联网货币基金市场的发展。

1．顺应利率市场化改革趋势，发展创新型互联网货币基金产品

发展互联网货币基金，降低了用户的投资门槛，为货币市场提供了一种新型的浮动利率工具，推动了利率市场化的进程。但是，同时也应该重视对其的监管。一方面要坚持和加快利率市场化改革。2013 年我国已经放开了银行贷款利率管制，目前需要加快存款利率放开，先期试行取消五年期存款基准利率，扩大金融机构利率自主定价权。另一方面要推动金融工具持续创新。鼓励商业银行、互联网企业与金融机构合作开发新型金融产品，丰富普通居民的理财渠道，实现产品多样化发展，避免互联网货币基金一枝独秀，实现市场的平衡发展。

2．强化互联网货币基金的监管体系

建立和完善相关制度规范，加强对互联网货币基金的监管，基金公司和合作机构应建立完善的风险隔离制度，设置传统货币基金业务与新型互联网货币基金业务的隔离"防火墙"。银监会、证监会与央行三方进行合作、信息共享，通过联合监管促使基金公司的规范经营，从行业规范、自律、公平竞争角度，确保互联网货币基金市场的快速、健康发展。在支付方式、信息披露方面，根据基金发展需要，在政策框架内制定相应支付细则和规范，要求基金定期按规定披露其财务和管理信息，提高基金运营的信息透明度。与此同时，相关部门还要规范互联网货币基金发行主体的销售行为，保护中小投资者权益，进一步强化《证券投资基金销售管理办法》相关规定，防范和治理基金管理人、基金销售机构及基金销售支付结算机构在销售和宣传推介过程中的不规范行为，控制潜在风险。另外，还要进一步明确基金公司在互联网货币基金销售中的主体地位，履行风险提示责任，明示互联网货币基金的风险属性，禁止将有风险的互联网货币基金收益率与存款对比等隐藏风险行为，并根据互联网货币基金发展趋势，加强各环节业务的风险管控，规范线上销售行为。

3．防范互联网货币基金流动性风险

互联网货币基金具有商业银行储蓄存款的特点，且流动性更佳，因此在金融环境较差、基金运营不佳时，可能存在挤兑风险，因此应当建立互联网货币基金的"风险准备金"，按照基金规模的一定比例提取，当某个基金运营存在问题时，可以确保风险不外溢，并有效保证投资者收益。为了防范流动性风险，保障金融安全，一方面可以制定相关条例，规范对接基金公司操作，提高其信用质量。互联网货币基金所投资品种的剩余期限越长，基金杠杆运用比例越高，流通性风险越高。因此，注意控制投资品种期限，通过强化公开透明度和增加组合流动性，促使其在金融市场波动时保持弹性，并规定所属基金公司需要保留一定比例的结算备付金。另一方面要设置一定的投资门槛，严格区分个人和机构投资者，分别开发基金的零售业务和机构业务，并设置机构业务一定比例的赎回限制，防止机构投资者大笔赎回引发整个互联网货币基金市场的恐慌。

4．完善互联网交易平台，通过技术手段保障网上交易安全

互联网货币基金通过线上平台发售和赎回金融产品，需要不断提高互联网交易安全性。互联网交易安全本身是一个社会性系统工程，需要构建完善的法律制度、有效的组织管理流程以及对风险与责任进行合理分配。一方面要增强用户的信息安全意识，提高用户对防火墙、加密技术、认证技术、防病毒软件等保障技术的认识，将支付工具的用户安全教育责任落实到位。另一方面，由于互联网货币基金的自身属性，使其不仅要面对传统金融业的风险，还要面临互联网本身存在的一些系统风险，如来自互联网恶意攻击导致的服务器瘫痪、数据丢失、用户信息曝光、账户资金失窃等。国家应从政策层面提升互联网货币基金的准入门槛，要求开展互联网金融业务的货币基金必须满足一定的注册资本、管理规模和管理经验要求，在产品设计上要优先确保客户账户安全，不能一味追求高流动性、高收益性。同时，与货币基金对接的互联网企业在软硬件上应能满足正常交易、深度信息披露、网络安全、大数据等方面的要求。此外，还应加强对电子支付平台风控。监管部门和央行应加强对电子支付平台的监督管理和安全检查力度，要对第三方支付的账户进行规范，保障资金安全，要求电子支付平台强制采用"数字证书"等经过权威部门认证的支付安全增强技术。

本章小结

互联网货币基金产品是指互联网公司对接由基金类金融机构开发的货币基金，并通过互联网渠道进行销售的理财产品。互联网公司利用网络平台效应，通过互联网接口为基金公司吸纳资金，并予以投资者较高的收益率；基金公司则负责管理该项货币基金，并主要以协议存款的形式转贷给需要拆借货币的商业银行，从而获得利息收益。

互联网货币基金是一种新兴的理财账户、理财服务。用户将资金存入相应账户，即可购买相应的货币基金产品，同时享受诸如收益增值、快速取现、还款购物等附加服务。互联网货币基金是货币基金"T+0"快速赎回业务与互联网有机结合的产物，但其本质上仍属于货币基金。货币基金主要投资于货币市场上的短期有价证券，包括活期存款、通知存款、一年以内的银行定期存款、银行协议存款、大额可转让存单、银行票据、剩余期限在397天之内的债券以及期限在一年以内的债券回购等，因此能够满足用户对资金的低风险和高流动性需求。

互联网上各种"宝"类理财产品本质上就是货币市场基金，并不是严格意义上的金融产品创新，但是它们利用互联网技术、电商网络和社交网络平台等，使得货币基金产品更加普及、便捷并为大众所接受，也使得这些互联网货币基金具有与传统货币基金不一样的特点。具体表现在：营销渠道网络化成本低、客户体验更加良好、投资者门槛大幅度降低、流动性大幅度提高。互联网货币基金对我国金融市场的影响主要有：余额宝改变传统基金市场；余额宝入侵银行业务领地；推动了利率市场化步伐；对货币供应量指标产生扰动，影响了货币政策。

各类互联网货币基金虽然由不同类型的机构发行，但本质上都是货币基金。本书中我们沿用业界惯例按发行机构的主体类型来进行分类，即把基金公司发行的互联网货币基金产品

归类为"基金系"，把银行发行的归类为"银行系"，把互联网公司、电商平台、移动运营商等机构由于发行"宝"类理财产品依靠的是自身的第三方支付平台，我们将它们统一归为"第三方支付系"，而把基金代销机构发行的归类为"基金代销系"。

互联网货币基金的发展历程可以分为三个阶段。第一阶段：2013 年 6 月之前，网上基金销售主要是通过基金公司官方网站、第三方基金销售公司网站以及电子商务网站进行，一直处于温和发展时期。第二阶段：2013 年 6 月至 2014 年上半年，以余额宝为代表的互联网基金销售迅猛发展。第三阶段：自 2014 年下半年开始，互联网货币基金的收益率持续下滑，市场开始由疯狂逐渐回归至理性发展阶段。

互联网货币基金的发展现状表现为：从规模上看，各种互联网货币基金产品拥有的资金量不断扩大；从收益率上看，目前我国银行贷款利率已全面放开，但是存款利率仍有上限设定的要求，利率市场化尚未彻底完成。

互联网货币基金的现状具体特征表现为：互联网基金销售水平稳步提升、基金代销成本较高、独立销售机构实现盈利困难。

互联网货币基金的发展趋势表现为：高利差不再，收益率与市场平均收益率趋同；竞争趋于激烈，市场结构分化；监管加强将使市场趋于规范。

互联网货币基金存在的主要风险是流动性风险和系统性风险，此外还具有一定的政策性风险。具体表现为：第一，投资方向单一，收益率受制于市场资金环境；第二，流动性高，规模不稳定，可能面临挤兑等风险；第三，"T+0"实时到账容易带来期限错配的风险；第四，市场上同质化竞争严重，缺乏核心竞争力；第五，相关法规的空白容易引发监管套利。对互联网货币基金的监管建议为：顺应利率市场化改革趋势，发展创新型互联网货币基金产品；强化互联网货币基金的监管体系；防范互联网货币基金流动性风险；完善互联网交易平台，通过技术手段保障网上交易安全。

思考与练习

1．判断题

（1）基金系和基金代销系互联网货币基金产品都属于第三方机构代销的理财产品。

（　　）

（2）在互联网货币基金产品中，数量最多的是第三方支付系的互联网货币基金。（　　）

（3）有些互联网货币基金产品，既可以用来进行刷卡消费，也可以用来还信用卡，还可以用来归还个人贷款。（　　）

（4）互联网货币基金是最先在我国兴起的货币基金产品。（　　）

2．选择题

（1）下列四个选项中，（　　）不属于按发行机构的主体来区分的互联网货币基金的类别。

A．基金系互联网货币基金　　　　　　B．第三方支付系互联网货币基金

C．基金直销系互联网货币基金　　　　D．基金代销系互联网货币基金

（2）下列四个选项中，（　　）不是第三方支付系互联网货币基金产品。

A. 余额宝　　　　B. 微信理财通　　　　C. 京东小金库　　　　D. 工银薪金宝

3．简答题

（1）请简要回答互联网货币基金的类别。

（2）请简要回答互联网货币基金面临的风险。

4．论述题

（1）结合实际案例，分析我国互联网货币基金近年来的发展状况。

（2）请结合近期互联网货币基金市场的走势，分析我国互联网货币基金产品面临的风险，给出合理的建议。

第 5 章　P2P 网络贷款

　　P2P 网络贷款是个体与个体之间通过网络实现资金融通，借款人可以通过其满足自己的资金需求，投资者利用其实现自己资产增值的愿望。随着互联网技术的发展，P2P 网络贷款逐步被大众接受。

　　本章首先对 P2P 网络贷款的概念、产生及特征进行介绍，并分别分析了其与民间金融及与银行融资模式的异同。其次，根据借款流程、融资渠道和有无担保三种分类方法对现有的 P2P 网络贷款模式进行划分，然后对目前 P2P 网络贷款主要面临的信用风险、法律风险、技术风险、操作风险进行了详细的阐释。P2P 网络贷款于 2005 年发源于英国，此后各国的 P2P 网络贷款平台相继成立。经过近十年的迅速发展，包括我国在内的众多国家的 P2P 网络贷款行业都有了很大的发展。本章第四节对 P2P 网络贷款的国内外发展状况做出比较，分别从行业现状、网络贷款模式、监管状况三个方面进行比较，这对我国的 P2P 借贷不无借鉴意义。最后，本章结合 P2P 网络贷款发展趋势，对 P2P 网络贷款的未来发展做出展望。

5.1　P2P 网络贷款概述

5.1.1　P2P 网络贷款定义

　　P2P 借贷（Peer-to-Peer Lending，又称"人人贷"）是指个体与个体之间实现资金融通。随着互联网的发展和金融环境的成熟，互联网的作用使得贷款者和投资者的联系跨越地域和熟人关系，极大扩展了点对点借贷关系的发生范围，基于互联网的 P2P 借贷应运而生，即 P2P 网络贷款。

　　P2P 网络贷款兴起于欧美国家，2005 年 3 月，第一家 P2P 公司 Zopa 在英国成立，此后美国的 Prosper、Lending Club，德国的 Smava、Auxmoney 等相继成立，P2P 网络贷款的市场反响热烈。2007 年我国第一家互联网 P2P 借贷平台"拍拍贷"成立。从 2011 年开始，我国的 P2P 网络贷款市场开始爆发，平台数量和年度总交易额等每年都以很快的速度递增。

5.1.2　P2P 产生原因及特点

　　P2P 网络贷款的产生主要基于以下原因。

1. 技术原因

　　传统技术条件下，由于气候、地理位置、物质成本等因素的制约，大范围个人对个人的信息流动和关系形成很难实现。20 世纪 80 年代以来，互联网技术的持续发展降低了信息传播的成本，很大程度上解决了信息分散和不对称问题。同时，历史数据的积累和数据挖掘技术的深化，使得信息（数据）的真实性和转化价值得到提升，这些技术条件有力地支撑了 P2P 模式的发展。

2．市场原因

对资金需求方而言，P2P 平台利用搜索技术、数据挖掘技术推动了信息的对称性和渠道畅通性问题的解决，可以改善小微企业和个人贷款难的困境。此外，P2P 平台利用网络简化借款申请流程手续，缩短资金获得时间，使广大借贷者从中受益。对投资者而言，P2P 理财产品符合大众富裕阶层的财富保值需求。

P2P 网络贷款具有以下特点。

第一，借贷双方的广泛性。P2P 网络贷款的借贷双方呈现的是散点网格状的多对多形式，而且针对的是非特定主体，使参与者极其分散和广泛。参与者的广泛性主要源于其准入门槛较低，参与方式灵活。借贷者主要是个体工商户和工薪阶层，短期周转需求占很大部分，只要有良好信用，即使缺乏担保抵押，也能够获得贷款。对于投资者，即使拥有的资金量较小，并对期限有严格要求，同样能够找到匹配的借款人。另外，每一笔贷款中可以有多个投资者，每个投资者可以投资多笔贷款，这使得具体业务形式更加分散，参与群体也更加广泛。

第二，交易方式的灵活性和高效性。这一特性主要体现在借贷金额、利息、期限、还款方式、担保抵押方式等方面。在 P2P 网络贷款平台上，借款者和投资者的需求都是多样化的，需要相互磨合和匹配。在这种磨合中，多样化的产品特征（尤其是市场化的利率）和交易方式开始形成。此外，P2P 借贷业务往往淡化烦琐的层层审批模式，在信用合格的情况下，手续简单直接，可以快速有效地满足借款者的资金需求。

第三，互联网技术的运用。在 P2P 借贷中，其参与者极其广泛，借贷关系密集复杂。这种多对多的信息整合与审核，极大依赖于互联网技术。

5.1.3　P2P 与传统融资模式的异同

1．与民间金融的比较

P2P 网络贷款如果不为投资者提供担保（如 Lending Club），从信用风险角度看，投资者和借款人之间如同有直接的债权债务关系，P2P 网络贷款就可以视为个人之间的直接借贷。这类似于一种古老，且在现代社会大量存在的民间金融组织——标会。标会是指当某人急需资金时，作为标会的发起人，召集人员组成的一个临时的松散型经济利益团体。每隔一段时间集会一次，每次缴纳一定数量的会费，以投标竞争方式，轮流交由一名会员使用，从而达到互助的目的。

P2P 网络贷款和标会在本质上都是个人之间借贷，借贷完全基于信用，不依赖抵押品或担保，同时利率是市场化的。在 P2P 网络贷款中，利率由风险定价机制决定。在标会中，利率随行就市，包括对参与者的信用风险升水。

P2P 网络贷款与标会有如下区别。

首先，标会本质上是基于社会网络的人格化交易，参与者之间大多是亲友关系，陌生人很难组织起标会，这就限制了标会的作用范围。P2P 网络贷款是非人格化交易，通过网络贷款平台提供的风险控制机制，陌生人之间也可以发生借贷，因此作用范围很广。在利率确定方面，P2P 网络贷款较标会而言，采取了科学的风险定价机制，排除了由经验规则引发的非理性因素。

其次，包含标会在内的民间金融，存在内部不稳定性。民间金融因为要嵌在一定的社会网络中，一般表现为一系列相互分割的局部市场，各市场间拥有不同参与群体和风险控制机制，不同民间金融市场存在利率差异，当跨区域套利行为普遍存在时，民间金融市场的各个局部市场就会被联系起来，相互之间出现风险传导渠道。一旦民间信贷规模膨胀，一些原本有效的风险控制机制失效，民间金融的风险集聚。当风险集聚到一定程度并爆发后，局部市场风险会通过风险传导渠道产生全局性影响，大量坏账出现，社会网络中信任关系减弱，民间借贷会急剧减少，出现信贷紧缩。这种信贷紧缩会直接影响地方的实体经济，而实体经济的疲软反过来又使民间金融市场更难恢复。只有到坏账被处理、民间金融参与者资产负债表被修复以及民间信任关系被重建后，紧缩过程才能结束。近几年，我国的温州、鄂尔多斯等地就出现了上述情况。与标会等民间金融相比，P2P 网络贷款对社会网络的依附性不强，投资者的风险足够分散，因此存在内在稳定性。

2．P2P 网络贷款与银行融资模式的比较

P2P 网络贷款与银行融资模式的相同点：首先，二者均为金融媒介，满足借贷双方对资金的需求；其次，发生借贷业务时都具有风险性；最后，P2P 平台模式和银行融资模式在洽谈一笔业务时都会对借款人的信用进行分析。

P2P 网络贷款与银行融资模式存在很大的差异，主要表现为：首先，在进入门槛方面，P2P 进入门槛低、信息量大，金融渠道较为畅通，小额借贷满足率高；传统投资融资渠道门槛高，较难满足个人和中小企业资金需求；其次，在操作过程方面，P2P 借贷操作过程简单、成本低，而传统金融模式操作过程复杂，成本较高；最后，在信息对称方面，P2P 模式透明性高，出借人和借款人互相了解对方的身份信息、信用信息，出借人可以及时了解借款人的还款进度，而传统金融模式单方面规定利息，信息透明度低。

5.2　P2P 网络贷款模式分析

5.2.1　纯平台模式与债权转让模式

按是否存在债权转让进行分类，P2P 网络贷款可分为纯平台模式和债权转让模式。是否存在债权转让是二者的主要区别，这种分类实质上涉及借款人与实际出资人之间的关系。

纯平台模式是指出资人选择投资项目后，直接将款项打入借款人账户，P2P 网络贷款平台只负责审核借款人信息、展示借款信息及招标，并不介入交易。投资者根据平台展示的信息自行选择借款人和借款金额，P2P 网络贷款平台收取账户管理费和服务费作为收益。欧美的P2P 网络贷款多是这种模式。

债权转让模式是指借贷双方不直接签订债权债务合同,借款人和出资人之间存在专业放贷人。专业放贷人为了提高放贷速度,先以自有资金放贷,然后把债权转让给投资者,使用回笼的资金重新进行放贷。

值得注意的是债权转让模式流程与美国 P2P 借贷证券化模式有类似之处,但二者实质不同。美国 P2P 借贷证券化模式的流程为:平台在线上审核借款人,将合格的借款项目展现给投资者,投资者投标满额后,以银行的名义发出贷款(Lending Club 和 Prosper 的合作银行均为 WebBank),平台获得银行转让债权资产后,按照每个投资者的份额把债权的收益权分割后卖给投资者。这两种模式的主要区别在于证券化模式中的投资者是平台的债权人而非借款人的债权人,只拥有收益权,债权转让模式中的投资者获得的是债权以及由此带来的收益权。

5.2.2　线上线下相结合模式与纯线上模式

按照销售和风险控制是否在线下进行分类,可以把 P2P 网络贷款平台分为线上线下相结合模式以及纯线上模式。两种模式的区别主要在于销售方式和风险控制方式是否在线下完成,以及一些法务手段及借贷业务信息是否在网上完全公开透明。

在纯线上模式中,从借款人的信用审核、借贷双方签署合同到贷款催收等整个借贷过程主要在线上完成。平台并不负责交易的成交以及贷后资金管理,只负责制定交易规则和提供交易平台后。这种模式可以控制网站的运营成本,确保网站不承担系统性风险。由于没有对借款人进行实地审贷,纯线上模式主要通过与数据中心开展合作来控制风险,包括与公安部的身份证信息查询中心、工商局、法院等部门进行合作。借款人通过认证、核准真实姓名及身份信息,平台基于借款人的网络社交圈,利用自由信用审核系统对借款人进行综合评级,设立安全信用额度。对于恶意欠款人,网站会将其信息暴露在网站的黑名单中。欧美国家的 P2P 平台大多采取线上模式,美国的 Prosper 公司及 Lending Club 公司以及英国 Zopa 均属于这种方式,我国的"拍拍贷"也属于这种模式。

P2P 网络贷款进入我国后,由于国内征信体系的缺失,P2P 网络贷款平台在判断个人信用方面存在障碍,大多数国内 P2P 平台的线上工作只能完成一部分。借款人信息的获取、信用审核在不同程度上由线上转向线下,P2P 网络贷款平台大多选择线上线下相结合模式,在线下提供审贷放贷相关服务,在线上做理财服务。为了降低违约风险,P2P 平台将包括借款审查、贷后管理、抵质押手续等风险控制核心业务都放在线下进行。借款人在线上提交借款申请后,借款人所在地的平台服务部门实地考察借款人的资信和还款能力等情况。

5.2.3　无担保模式与有担保模式

根据有无担保机制,P2P 网络贷款平台可以分为无担保模式和有担保模式。

无担保模式是平台不对借出的资金进行信用担保,仅发挥信用审核和信息撮合的功能,出借人根据自己的资金流动情况和风险承受能力自主匹配平台列出的借款项目。如果坏账、逾期贷款等情况发生,由投资者自己承担全部责任,网站不对投资者的本金和利息进行担保保障。美国的 Prosper 和 Lending Club 均采取对借款者进行内部评级,将贷款需求审核后放在官方网站上供投资者浏览选择，经审核通过的贷款需求是无担保的。

目前，我国大多数 P2P 网络贷款平台为了吸引投资者，满足投资者的资金安全要求，提供变相"担保行"条款或进行含糊的本金保障宣传。担保模式是指 P2P 平台引入第三方担保机构对平台项目的风险进行审核，为投资者的资金提供本金保障。在此过程中，P2P 平台不承担资金风险，担保公司承担全部的违约风险。然而好的担保公司往往会凭借自身的强势地位挤压 P2P 借贷平台的定价权，而且引入担保环节会使借贷业务办理的流程变长，速度变慢。例如陆金所通过平安旗下的担保公司保障投资者资金安全，人人贷和红岭创投也属于这种模式。

除了引入第三方机构进行担保外，国内许多 P2P 平台会进行自行担保。关于自担保的界定，若借贷双方直接签订借贷合同，P2P 平台承诺以自有资金为投资者提供本金（及利息）保障，可以认为是"小贷担保模式"，属于融资性担保行为的一种，P2P 平台涉嫌超范围经营特殊业务。这种行为需要相关部门的许可，还需接受地方政府相关部门的业务监督。在自担保情况下，P2P 平台参与到借贷经济利益链条中，为相关的坏账买单。当坏账超过平台资金准备池时，容易导致平台面临无法偿付投资者资金的风险，平台就会面临巨大的资金压力。实践中，P2P 平台自担保是导致许多 P2P 网络贷款平台倒闭的重要原因之一。2014年 9 月，银监会提出的 P2P 监管十大原则中明确表示 P2P 机构不得为投资者提供担保，不承担系统风险和流动性风险。虽然受当前征信体系不完善、风险控制成本大、投资者教育不完善等因素的制约，平台实现完全"去担保化"还无法实现，但去除平台自担保是可能的。正规平台基本上已经没有自担保的情况，部分平台开始着手于完全"去担保"，P2P 行业"去担保"是必然的政策导向。

5.3　P2P 网络贷款风险分析

P2P 网络贷款主要存在信用、法律、技术、操作等四个方面的风险。

5.3.1　信用风险

信用风险是指借款人不能清偿到期债务而给出借人带来损失的风险。对于 P2P 平台而言，P2P 贷款业务主要针对小微客户，较大比例的业务是纯信用贷款，违约风险相对较高。同时，为了业务开展，很多 P2P 公司承担了担保责任，导致 P2P 公司的经营风险不断提高。

对于投资者而言，同样面临着信用风险。信贷交易要求贷款人对借款人的信用水平做出判断，但是由于交易参与者信息不对称，借款人的信用水平会随着借款人本身和外部环境的变化而发生改变，导致判断者的决策并非总是正确的。尽管我国大多数网络贷款平台设立了赔付制度，但是一旦网络贷款平台由于经营不善或不遵守约定进行赔付，投资者同样会遭受信用风险。投资者除了关注借款人的信用状况以外，也要关注网络贷款平台的信用状况。因此，对于投资者而言，借款人不能按照协议的规定如期还款和 P2P 网络贷款平台未能履行赔付承诺都会导致投资者利益受损，都属于信用风险的范畴。

5.3.2　法律风险

P2P 借贷没有成熟的监管模式，面临较大的政策不确定性，存在较大的法律风险。这主要体现在非法集资的边界问题和庞氏骗局两个方面。

对于非法集资的边界而言，由于 P2P 网络贷款采用公开方式为借款人提供资金，很容易触动非法集资的红线，主要表现在"资金池"和"自融"两个方面。

第一，资金池问题。在判断资金池是否触犯法律时，资金转移是否先于投资行为的发生是判断的关键。P2P 网络平台主要通过四种途径形成资金池：投资者向平台充值或获取收益形成"资金池"；投资者投标而标的未满形成"资金池"；用于投资者保障的风险准备"资金池"；平台在尚无对应结款项目的前提下归集投资者资金，获得资金支配权所形成的"资金池"。前三类资金池都应该进行资金托管，尤其是第三类资金池应该由受托方定期公布风险准备金的提取、支付情况和余额，使投资者时刻了解保障能力、保障风险。第四类资金池涉嫌触碰非法集资的红线，应该严格避免。第二，自融问题。自融是指平台采用虚构借款人或者借款需求的方式获得资金，再把收到的资金转手放给别人或者用于其他用途，以满足自身融资需求。这种行为涉嫌集资诈骗，最终结果往往是平台关闭圈钱跑路，造成出资人的巨大损失。银监会的 P2P 借贷十大监管原则中要求严格禁止平台进行自融。

庞氏骗局问题，是指当投资者的回报并非来自于还款收益，而是来源于虚假债权和债权重复转让形成的现金流时，可以判断该 P2P 平台存在庞氏骗局。庞氏骗局的核心问题是不存在真实的资产或交易，或者可以隐瞒债权的风险信息转让循环。

5.3.3　技术风险

P2P 网络贷款的技术风险主要表现在以下两个方面。

第一，网络信息技术风险。P2P 网络贷款建立在互联网的基础上，因此与传统的个人信贷模式相比，网络信息技术风险对它有更大的影响。国内外 P2P 网络信贷都需要建立网络贷款平台公司，平台拥有独立的网站和技术人员，配备专业的信息技术团队。对于 P2P 网络贷款而言，计算机、网络等信息技术选择失误，不仅会导致业务流程趋缓或者业务处理成本上升，甚至可能导致整个业务流程的瘫痪。

第二，信贷技术风险。P2P 网络贷款主要针对小、微客户，属于小额贷款服务。与其他贷款产品相比，小贷业务虽然可以获得更高的收益，但其相对风险也较高，必须依靠合适的信贷技术来弥补财务数据和担保抵押的缺失，从而降低风险。事实上，即使是国外运营较为成熟的 P2P 网络贷款平台逾期率和坏账率仍然很高。在国内，P2P 网络贷款平台为了控制风险，往往建议投资者针对多个借款人采用小额分散投资。但是由于 P2P 网络贷款市场仍处于兴起初期，技术成熟度还未得到市场验证，同时由于征信体系不完善、不开放，借款方和投资方之间仅靠网络得到的信息极度不对称，在客户源头的评估上，就存在"合适的信贷技术"和"高成本的线下尽职调查"两大难题，P2P 网络贷款平台坏账的比率很高。

2014 年 8 月 28 日，红岭创投存在 1 亿元坏账的消息被曝出，在网络贷款圈引起了轩然大波。红岭创投宣布因为处理抵押物需要很长时间，全部到期借款将由平台提前垫付。作为老牌 P2P 网贷平台的红岭存在巨额坏账，引发了人们对网络贷款行业的信贷技术水平的忧虑。

5.3.4　操作风险

操作风险是指由不完善或有问题的内部程序、员工和信息科技系统及外部事件所造成损失的风险。由操作风险引发的 P2P 网络贷款风险是指 P2P 网络贷款公司在经营过程中，由于内部控制的原因，对贷款者利益产生不确定影响，主要表现在信贷员和信贷审核流程两个方面。作为 P2P 网络信贷的一个发展趋势，网络贷款平台公司在对借款人的信用审核、风险管理、违约赔付等方面逐渐主动承担起职责，因此它的内部控制对整个行业参与者而言尤为重要。

由于 P2P 网络贷款在我国属于新兴产业，社会认知度不高，从业人员的数量不足，信贷员缺乏专业的培训和实践的锻炼，同时由于我国网络贷款平台成立门槛低，缺乏明确有效的法律规定与监管措施，不能严格审查经营者的经营资格和专业素质，这都导致了信贷业务团队成员信贷技能水平低，在评估借款人的财务状况、信誉、借贷历史、经营情况等条件时随意性和主观性较大，放大了贷前的信息不对称，提高了贷后风险管理的难度。从道德风险角度而言，信贷员有可能为了达到业绩指标或者维持与客户的关系，主观上放松对客户资质的审查，造成风控上的失误。

就信贷审核流程而言，由于 P2P 网络信贷发展时间较短，在信贷审核机制的建立上，我国的 P2P 网络贷款公司还处于摸索阶段，一般是借鉴银行等信贷机构的经验，缺乏一套切合不同地方特色、科学完整的信用审核方法。目前，我国只有少数几家大型成熟的网络贷款平台有实力建立较为规范的信贷审核机制，并保证信贷审核工作能够得到有效实施。

【案例一】东方创投自融案

东方投资管理有限公司于 2013 年 6 月 19 日正式上线，通过互联网、电话及投资入伙，拉全国各地的客户在东方创投网络平台进行投资。投资的项目主要是房地产、企业经营借款、应收款、信用贷款等。投资客户只需要通过身份证实名认证就能注册平台，并签订"四方共同借款协议"。投资的单笔最低金额为 50 元，最高不超过 99 万元。网站注册的人数为 2 900 人左右，真实投资的人数是 1 330 人，最高投资的金额是 280 万元，最低投资金额是 300 元。投资回报收益根据周期不同，时间越长利息越高，分别是：投资一个月利息 3.1%；投资二个月利息 3.5%；三个月利息是 4.0%。投资者在投资期满需要提前一天申请提现，通过后第二天可以本金利息到账。如果没有申请，自动默认续投。申请提现由东方投资管理有限公司财务审核，第二天由出纳通过网银转账给提现客户。公司运营一段时间后，由于投资客户产生恐慌心理，纷纷要求提现，导致公司的资金链无法及时跟进，也无法及时支付客户需要提现的资金。该公司收取的客户投资款一方面用于扩大企业规模，其在美国成立了一家名为 ALENDING CLUB 的合资公司，同时在深圳成立了深圳市兆融财富、深圳市中环宇基金管理有限公司，成立这三家公司花费了约 600 万元；另一方面在 2013 年初，公司法人代表在布吉街道办布吉中心花园购买了四个街头铺面，总共花费 3 800 万元，其中 2 500 万元来自公司客户的投资款。同时，用四个铺面在担保公司做了抵押贷款，贷出 3 000 万元人民币，用于支付深南路与华富路交汇的"世纪汇"商业写字楼 18 层整层的首期款 2 200 万元，剩余的 800 万元用于日常返还客户投资提现。公司前期是有意向将客户的投资款出借给实际有资金需求的企业，但实际操作后发现超过 6%的坏账不能按时收回。最终，东方创投在上线运营 4 个月后即宣布停止提现。

截至 2013 年 10 月 31 日，东方创投吸收投资者资金共 1.26 亿元，其中已兑付 7 471.96 万元，实际未归还投资者本金 5 250.32 万元。2013 年 11 月，东方创投负责人邓亮和李泽明相继自首。在历时 9 个月的调查取证后，"东方创投案"于 2014 年 7 月做出一审判决，被告人邓亮、李泽明因非法吸收公众存款罪被分别判处有期徒刑和罚金。此次判决是司法体系对 P2P平台自融案件的首次裁量。

——引自陈文政、许文新《从东方创投案看 P2P 互联网投资的风险和监管》

5.4　国内外发展状况比较

5.4.1　国外发展状况

1. 发达国家 P2P 网络贷款的发展现状

P2P 网络借贷模式于 2005 年起源于欧美，在 2009 年后得到快速发展。截至目前，美欧等发达国家 P2P 模式已相对完善，借贷资金规模较大，参与人数较多，风险控制手段不断完善。

（1）美国的 P2P 网络贷款行业

在 2008 年金融危机以后，由于美国银行收缩了流动性，拒绝增加贷款额度，更多的普通美国人不得不转向 P2P 借贷平台。经过几年的良好运营，其对机构投资者也开始产生吸引力，成为美国增长最快的投资行业，每年的增长率超过 100%。P2P 借贷平台贷款利率介于5.6%～35.8%，违约率介于 1.5%～10%。那些曾经被传统金融机构排斥在外的人们纷纷转投P2P 借贷平台，成为借款人或投资者，甚至创建了 P2P 借贷公司，这意味着这一新型的金融模型正逐步迈入主流投资渠道。美国的 P2P 模式分为营利性平台与非营利性平台两种，营利性平台以占据市场份额 80%的 Prosper 公司和 Lending Club 公司为代表，非营利性平台以成立于 2005 年 Kiva 为代表。

Prosper 公司

Prosper 公司于 2006 年成立，是美国第一家 P2P 借贷平台。Prosper 公司刚成立时，使用贷款拍卖模式，但由于操作不便，该模式实际运行效率比较低。从 2009 年开始，Prosper 开始提供预设利率贷款，到 2010 年，Prosper 完全抛弃了贷款拍卖的做法。

Prosper 平台有以下特点：①匿名注册。所有参与方均须注册成为该公司的会员，并且提供个人基本信息，才能获得借款人或者投资者资格，在该平台获得贷款或进行投资。注册时使用账号名称，用以保持双方的匿名。②拥有独立的信用积分评价体系。借款人必须填写贷款申请表，平台会对其进行审核。Prosper 会对每个贷款需求做一个等级评定，用以帮助投资者评价借款人的信用等级。③可以进行组合投资。Prosper 将审核后的贷款需求放在官方网站上后，投资者浏览和选择已经审核后的贷款需求清单，根据自身的偏好来制定投资组合，也可以使用平台提供的自动投资组合组建工具来选择投资组合。该工具允许投资者利用平台自定义的诸如信贷质量、平均年利率等规则，来搜索符合条件的贷款申请。④设定了单笔投资金额限制。对于投资者的单笔投资而言，最少金额为 25 美元，最高为 500 万美元。投资者不仅可以进行多项目投资，也可以投资于一个单一贷款，还可以投资于某个贷款需求的一部分。

Lending Club 公司

Lending Club 成立于 2007 年，在美国市场一度占有超过 80%的市场份额，是目前世界上最大的 P2P 借贷公司。Lending Club 拥有成熟的风险控制机制和信用管理能力，还引入了贷款评级制度，根据不同的评级提供预设利率，该制度与早期的国外平台流行的"拍卖"方式相比，可以加快贷款进程。

Lending Club 也采取匿名注册的方式，它的运营模式与 Prosper 基本相似。与 Prosper 不同的是，在信用评级上，Prosper 要求借款者的信用积分至少达到 640 分，而 Lending Club 公司则要求至少达到 660 分，此外还要查看借款人是否存在不良行为历史。在单笔投资金额限制上，Lending Club 规定最多可以投资本人净财富总额的 10%。在贷款期限设定上，一般为 3 年或 5 年期。Lending Club 通常采用电子转账的方式从借款人手中按月取得还款。平台会在扣除因提供服务所产生的相关费用后，在每个投资者的账户中记载其本息余额。近年来，Lending Club 与小型银行展开合作，一方面向小银行出售 Lending Club 平台上的贷款与服务，另一方面与一些银行合作为平台提供借款者，银行会将那些无法满足银行内部信贷标准的客户介绍给 Lending Club。

从 2014 年 3 月起，Lending Club 开始为小企业提供贷款服务，期限为 1、2、3、5 年，额度介于 1.5 万美元到 10 万美元之间，未来贷款额度的上限可能提高到 30 万美元。根据不同的期限、公司财务状况、担保人财务状况提供浮动利率，且利率仅为其他在线小企业贷款机构的 1/3。

作为海外 P2P 借贷的领军者，Lending Club 已经完成了多轮融资。2013 年 5 月，谷歌入股 Lending Club，为其发展注入了新的活力。2014 年 12 月 11 日，Lending Club 成功在纽交所上市，成为全球首家上市的 P2P 平台。

Kiva 公司

Kiva 是一家非营利 P2P 网络贷款平台，成立于 2005 年。Kiva 通过与其有长期联系的 62 个发展中国家的 154 个小额贷款机构来选择当地的贷款机会。Kiva 会将包含贷款金额、期限和用途、借款者的年龄、家庭状况和经济状况等信息在内的贷款机会发布在网站上，投资者在网站上浏览信息，并决定是否放贷，单笔贷款不得低于 25 美元。为了帮助放贷者构建贷款组合，Kiva 会提供一些分析工具。Kiva 将放贷者提供的资金无偿地转手给小额贷款机构，但小额贷款机构在将资金贷给借款者时，会收取平均约为 30%的利息，Kiva 会随时跟踪并公布贷款使用情况。在借款者偿还贷款后，小额贷款机构将还款经由 Kiva 还给放贷人。截至 2012 年年末，Kiva 共促成 46 万笔贷款，总金额 3.4 亿美元，平均每笔贷款金额 397 美元，共涉及 80 万放贷者、83 万借款者。贷款总体违约率是 1.03%。

总之，美国 P2P 借贷服务业在不断摸索中快速发展，具有了以下特点。首先，准入门槛和市场集中度高。成功的 P2P 网络贷款平台需要丰富的电商经验与风投资本相结合，除了这个市场准入的天然门槛外，美国 P2P 借贷服务市场准入的资金门槛也很高。过高的前期资金需求不仅可以有效地阻止财务能力不足的平台进入市场，提升市场经营的安全和稳健性，还能阻止外部竞争者的进入。例如，过高的注册成本导致了英国 Zopa 平台放弃进入美国市场。因此，美国 P2P 借贷服务市场就形成了以 Prosper 和 Lending Club 两家公司占据主要地位的格局，市场集中度非常高。其次，规范化程度高。按照 SEC "出售给投资者的信用凭证属于证券" 的要求，P2P 网络贷款的行为属于证券交易行为，接受美国证券监管机构的监管。在操作流程上，由 WebBank 给借款人发放所借款项，WebBank 获得债权凭证。WebBank 将债权凭证卖给平台后，平台以收益权（凭证）的方式卖给投资者。通过这个过程，投资者成为了平台债权人，而不再是借款人的债权人。最后，配套机制完善。美国拥有发达的商业信用评级体系，可以为平台提供专业的资信调查、资信评级、资信咨询、商账追收等服务。除此之外，美国拥有完善的二级交易市场。通过 SEC 登记后，投资者成为平台的无担保债权人，一旦发生违约，债权人可以通过完善的二级市场体系及专门从事呆、坏债权低价收购、催收的债权交易机构将债权转让出去，从而降低自身的风险。

（2）英国的 P2P 行业

英国是 P2P 网络贷款的发源地。由于拥有宽松的政策、良好的金融环境，英国 P2P 网络贷款平台内容丰富、形式多样。

Zopa 公司

Zopa 于 2005 年成立，是世界上第一家 P2P 网络借贷平台。借款人将自己的借款需求在该网站上发布，平台对其进行信用评级，出借人（投资者）根据借款人的信用等级、借款金额和借款时限以贷款利率竞标，利率低者胜出。Zopa 在此平台上仅仅提供了信息展现、交易撮合和信用评估的服务，并不参与双方的交易。借贷双方的信息、平台的收费都公开透明，资金直接在二者之间流通。因此这种经营模式是去中心化的，平台仅作为透明中介。

Zopa 主要针对个人之间的小额借贷，借款人可借入 1 000～15 000 英镑，投资者可贷出 500～25 000 英镑，贷款期限一般为 36 个月，最长可达 60 个月。投资者可以借给某个特定借款人最低 10 英镑的资金，最高不限。本息按月偿还，若借款人提前还款也不会收取任何违约金或罚息。Zopa 采取平台统一定价，先对申请者给出预期利率，申请人接受并提交申请后再进一步确定其实际借款利率。投资者可以选择与自己相匹配的贷款对象，结合借款期限，进行投资。Zopa 平台在考察核准后为借贷双方进行匹配撮合，并按照预设条款进行资金转账。

在风险管理方面，与 Zopa 合作的 Equifax 信用评级机构会在借款人完成注册后评定借款人的个人信用等级，将其分为 A*、A、B 和 C 四个等级，设置借款人的准入门槛。此外，Zopa 会通过分散化投资来降低风险：Zopa 以 10 英镑为单位将投资者的资金分成若干组，进行按组投资；保证至少有 200 人为每笔大型贷款项目提供资金；设置专家团队提供相关服务，减少资金风险。此外，Zopa 会利用自己的保障基金 Zopa Safeguard 对借款者违约时投资者的本金与利息损失进行赔偿。Zopa 将对借款者收取的手续费中的一部分存到安全基金，交给非营利性信托机构 P2PS Limited 保管。在上述保障措施下，Zopa 的贷款违约率很低，显示了强大的风险管理能力。从 2013 年 7 月起，Zopa 在延续传统的个人贷款业务的同时，为小微企业提供商业贷款，拓展了自身的业务渠道。

其他 P2P 平台

英国第一家风险储备金的 P2P 平台 RateSetter 于 2010 年成立，其目的主要是防范借款人违约、保护投资者。

英国第一家风险储备金的个人对企业借贷平台资金循环（Funding Circle）主要是向小型企业提供融资服务，它是英国第二大的网络贷款平台，注册用户超过 7 万人，发放的总贷款量超过 2.3 亿英镑。

虽然人们经常认为 MarKetInvoice 是英国的第一家 P2P 借贷平台，但其业务主要是针对商业票据。操作原理类似银行的保理业务：将收款公司的应收账款的债权转让给银行，由银行以一定折扣提前支付这笔账款给收款方，到期后这笔账款会直接支付给银行，银行从中赚取折扣和佣金。MarKetInvoice 透过 P2P 的方式，帮助有需要的公司向投资者打折出售未到期的应收票据。

创立于 2013 年的 Asset Capital 曾放出英国 P2P 历史上最大的单笔贷款（150 万英镑），用于学生宿舍房产开发项目。

另一 P2P 借贷平台 QuaKle 仅仅维持了一年，由于它尝试使用类似 eBay 上的用户评价机制来衡量借款人的信用可靠性，但未能鼓励借款人还款，导致该平台的违约率几乎接近100%。2012 年 5 月，英国政府承诺通过非传统借贷渠道，向小企业投资 1 亿英镑，目的是绕过那些不情愿提供贷款的主流银行。

（3）德国的 P2P 行业

P2P 借贷在德国的规模较小，市场主要由 2007 年开始运营的 Smava 和 Auxmoney 两家平台占据。Smava 和 Auxmoney 都不承担信用风险。Auxmoney 平台上的投资者完全风险自负。Smava 平台的投资者可以采取两种方式规避风险：一是委托 Smava 将不良投资出售给专业收账公司；二是利用"同类贷款人共同分担"原则分担损失。"同类贷款人共同分担"的实质是同一类型的借款人共同出资建立一个资金池，对加入该资金池且受到损失的借款人进行赔偿。

Smava 是德国最大的 P2P 网络贷款平台，与其他平台相比，它的优势在于拥有成熟的风险分散机制。Smava 超过 1/3 的借款人为个体经营业主，他们的信用评级不是由当前需融资经营的风险决定，而是由他们之前的信用历史决定。Smava 将具有相同信用等级的贷款项目分组，组内违约导致的本金损失将等比例地分摊到该组中所有投资者身上。目前，Smava 网站舍弃了以前让投资者在贷款项目列表中逐一寻找合意项目的做法，通过提供自动投标系统和贷款二级市场，使投资者根据事先自行设定的规则，利用计算机程序挑选项目，大大提高了匹配效率。

（4）其他国家

SocietyOne 成立于 2012 年 8 月，是澳大利亚第一个完全合规的 P2P 借贷平台。它拥有自己的贷款管理平台 ClearMatch，可以用来提供安全可靠的在线贷款应用程序和文档管理工作，并且评估潜在借款人的信用水平。SocietyOne 以其创新性的应用手机技术加速贷款申请和转账而受到赞扬。2014 年，澳大利亚开始推行新的全面征信体系，本国居民的信用记录会受到更加严格的审查。在新的征信体系下，贷款机构可以获得更加广泛的信息，而且相互之间可以信息共享，这种征信改革有利于 P2P 借贷业务的展开。

2010 年，印度首家 P2P 借贷平台 i-Lend.in 在海得拉巴成立。但是由于印度的信用环境恶劣，尽管与本地信用评级机构 CIBIL 进行对接，该平台的发展仍然不顺利，注册人数较少，贷款需求远远高于投资额。

2．P2P 行业监管现状

（1）美国：以证券化监管为主的多部门监管模式

现阶段，对于 P2P 网络贷款的监管，美国实行多部门、州与联邦共同监管的管理架构，各部门依据现有法律行使相应的监管职责。

2008 年 11 月，SEC 认定 Prosper 和 Lending Club 两大营利性 P2P 借贷平台所发行的借款票据构成美国证券法意义上的"证券"，应纳入证券监管范畴。由于属于不可豁免条款，P2P 借贷平台应在 SEC 注册登记，并遵循相关强制信息披露要求，也就是说 P2P 借贷平台须取得 SEC 颁发的证券经纪交易商牌照后才能运营，同时要履行与其他证券类机构相同的监管要求。在强制信息披露上，与"储架发行"制度相对应，P2P 借贷平台需在注册"会员偿付支持债券"时向 SEC 提交《债券募集说明书》，并在每成功促成一笔贷款时再向 SEC 提交《补充修正文件》。由于每天会产生新的贷款，P2P 借贷平台需要不断向 SEC 提交和更新补充材料，说明出售的收益权凭证和贷款的具体细节以及风险揭示，以确保投资者能在 SEC 的数据系统和网站上及时查找数据，以便出现纠纷提起诉讼时可以引为证据。除受到 SEC 严格监管外，P2P 借贷平台还受到州一级证券监管部门的监管。根据《蓝天法》规定，P2P 借贷平台需在选定州的证券监管部门登记注册，才能面向该州的投资者（或投资者）发行票据。

此外，联邦存款保险公司（FDIC）、消费者金融保护局（CFPB）及州一级金融监管机构也参与到了 P2P 借贷的监管中。考虑到与其他传统借贷渠道一样，参与 P2P 借贷的借款人也面临着许多风险，例如含糊或者具有误导性的信贷条款，强制性或者歧视性的信贷结果，以及不公平、欺诈性、侮辱性的收款做法等，并且还可能面临着隐私泄露的风险。为此，上述监管部门主要依据《公平借贷法》《金融服务现代化法案》中消费者金融服务和金融产品保护相关条例对 P2P 借贷平台实施监管。

总体来说，美国现行 P2P 借贷监管体制较为有效地防范了金融风险，引导和规范了行业发展，为投资者和借款人提供了成熟且全面的保护，但同时也带来一些问题和争议。例如：①由于 SEC 是 P2P 借贷的核心监管力量，从而使得其对投资者和借款人的保护力度并不对等；②借款人的隐私保护与 SEC 强制要求的信息披露之间存在冲突；③SEC 并没有针对投资者的平台破产风险提供保护措施。此外，现有监管格局并没有针对 P2P 借贷设定特殊的监管手段或指定特殊的监管机构，在适应性和有效性等方面也存在不足。为此，2010 年美国政府问责办公室（GAO）就 P2P 借贷监管向国会提交了一份详尽的研究报告，并提出一种替代的监管模式：统一监管，即由单个联邦监管机构，如消费者金融保护局来对投资者和借款人提供统一的保护。在理论上，CFPB 领导下的统一监管有助于改善目前投资者和借款人保护不对等的情况，平衡投资者保护和借款人保护之间的冲突，应该比现有多头监管模式更加有效，更能适应行业的发展。但考虑到实施统一监管可能对整个行业的监管模式产生重大冲击，而且模式转换需要时间和成本，实施效果还取决具体方案设计，因此，目前美国还未对 P2P 借贷监管做出实质性调整，仍维持以 SEC 为主导的多部门监管格局，对新的监管方案还处于积极探索阶段。

（2）英国：统一的金融行为监管模式

目前，英国市场上规模较大的 P2P 借贷平台主要有三家：Zopa、RateSetter 和 Funding Circle。这三家 P2P 借贷平台也采取线上操作模式，但以复合中介为主。以 Zopa 为例，平台自身除承担居间服务外，还通过各种保护措施降低出借人风险，扮演着担保人、联合追款人、利率制定人等多重角色。不同于美国，英国政府监管部门正式明确地对 P2P 借贷行使监管职能的时间相对较晚。2010 年以前，英国 P2P 借贷行业并没有专门的监管机构或专门适用的监管规则。2010 年，出于对 2008 年国际金融危机后的反思和检讨，英国开启了新一轮金融监管体系改革，将金融服务管理局（FSA）拆分为审慎监管局（PRA）与金融行为监管局（FCA）。其中 PRA 负责对金融活动的审慎监管；FCA 则负责监管各类金融机构的业务行为，促进金融市场竞争并保护消费者。而针对 P2P 借贷平台，由于其市场规模并没有达到审慎重要性的地步，因此，改革后 FCA 便成为 P2P 行业的主要监管者。但这一时期，P2P 借贷行业仍未受到 FCA 的真正监管，因为具体监管规则和要求并不明确。与此相反，成立于 2011 年的 P2P 金融行业协会则以行业自律组织身份承担起监督和管理 P2P 行业的职能。由于管理规则严格，约束性较强，P2P 金融行业协会对 P2P 借贷行业起到了明显管理和规范的作用，为政府监管部门未能有效监管形成重要的补充。

为了更好地保护金融消费者权益，推动 P2P 借贷等替代性金融业务有序竞争，2013 年 FCA 正式启动对 P2P 借贷行业的监管议程，并于 2014 年 3 月出台《关于网络众筹和通过其他方式发行不易变现证券的监管规则》（以下简称《众筹监管规则》），从同年 4 月 1 日起施行。在《众筹监管规则》中，FCA 充分肯定了 P2P 借贷这一新型融资方式，同时也设置了全面而详细的监管细则和要求。根据规定，从事 P2P 借贷业务须获得 FCA 的授权，并要满足最低资本金、客户资金保护规则、争议解决与补偿、信息披露、报告等方面的监管要求。具体包括以下几点。①最低资本金要求：规定了用孰高法来确定静态最低资本和动态最低资本。2017 年 4 月 1 日前，静态最低资本为 20 000 英镑，之后为 50 000 英镑。动态最低资本是指 P2P 借贷平台根据平台借贷资产总规模的情况，采取差额累计制，达到最低资本限额的要求。②客户资金保护规则：若 P2P 借贷平台破产，也应当继续管理存续的借贷合同，并做出合理安排。③争议解决及补偿：若不存在 P2P 借贷平台的二级转让市场，投资者也可以有 14 天的冷静期，在这期间内可以取消投资而不受到任何限制或承担任何违约责任。投资者在投诉无法解决的情况下，可以通过金融申诉专员（FOS）投诉解决纠纷。④信息披露：P2P 借贷平台必须用 100% 的通俗易懂语言告知消费者其从事的业务，公平、清晰、无误导地与存款利率进行对比，在平台上任何投资建议都被视为金融销售行为，需要同时遵守金融销售的相关规定。⑤报告：P2P 借贷平台要定期将客户资金情况、客户投诉情况、上一季度贷款信息等相关审慎数据向 FCA 报告。可以看出，FCA 是按行为监管原则搭建了 P2P 借贷的监管规则。《众筹监管规则》中的相关规定和要求充分体现了这一监管思路。虽然《众筹监管规则》颁布和正式实施的时间不长，监管有效性有待进一步观察，但英国业界对其普遍表示认可。

（3）日本：基于现有法律进行监管

针对 P2P，日本主要基于现有法律进行监管。如果 P2P 机构是贷金业者，融资业务需要注册，金融厅根据《贷金业法》进行监管；如果 P2P 从投资者处获得资金，则根据《金融商品交易法》需要注册为第二种金融商品交易业者，接受监管。

【案例二】Lending Club

Lending Club 于 2007 年开始运营，办公室在旧金山，没有分支机构，所有业务都通过互联网和电话进行，目前是全球最大的 P2P 网络贷款平台，而且增长非常迅速。

1. 运营框架

Lending Club 为符合美国法律和监管（特别是证券监管）规定，形成了非常有特点的运营框架，核心参与者有四类：Lending Club、投资者、借款人和 WebBank（见图 5.1）。其中，WebBank 是一家在犹他州注册、受存款保险公司 FDIC 保护的商业银行。尽管 P2P 的本义是个人对个人，但在 Lending Club 的运营框架中，从法律上讲，投资者和借款人之间不存在直接的债权债务关系（实际上，他们注册时使用账号名称，保持匿名，彼此不认识，也不允许获取对方的真实姓名和地址）。投资者购买的是 Lending Club 按美国证券法发行的票据。给借款人的贷款，先由 WebBank 提供，再转让给 Lending Club。每一个系列的票据，均对应着一笔贷款，两者之间存在类似镜像的关系。如果不考虑 Lending Club 向投资者收取的服务费，借款人每个月对贷款偿付多少本息，Lending Club 就向持有对应票据的投资者支付多少利息。如果借款人违约，对应票据的持有人也不会收到 Lending Club 的支付（即 Lending Club 不为投资者提供担保），但这不构成 Lending Club 自身的违约，所以 Lending Club 不承担与借贷交易有关的信用风险。对 WebBank 而言，因为向借款人放贷以及向 Lending Club 转让贷款几乎同时发生，也不承担与借贷交易有关的信用风险，在一定程度上类似托管银行的角色。贷款的信用风险，实际上完全由投资者承担。

因此，Lending Club 运营框架的核心是有镜像关系的贷款和票据。每对贷款和票据均有相同的本金、利息、期限、现金流特征，这类票据被称为收益权凭证（payment dependent notes），类似证券化中的转手证券（pass through securities）。通过贷款和票据的安排，尽管 Lending Club、WebBank 和借贷双方之间存在复杂的契约关系，但从信用风险的角度看，投资者和借款人之间如同有直接的债权债务关系，而 Lending Club、WebBank 则不介入借贷交易。所以，Lending Club 的运营中，涉及贷款的发放和转让以及票据的发行和交易，跨越了银行和证券两个领域。

Lending Club 从向投资者出售票据和安排 WebBank 发放贷款的过程中，收取服务费用来盈利。投资者收到的每一笔支付，Lending Club 都会收取 1% 的服务费。借款人要向 Lending

Club 一次性缴纳贷款手续费（origination fee），手续费的细节下文再介绍。

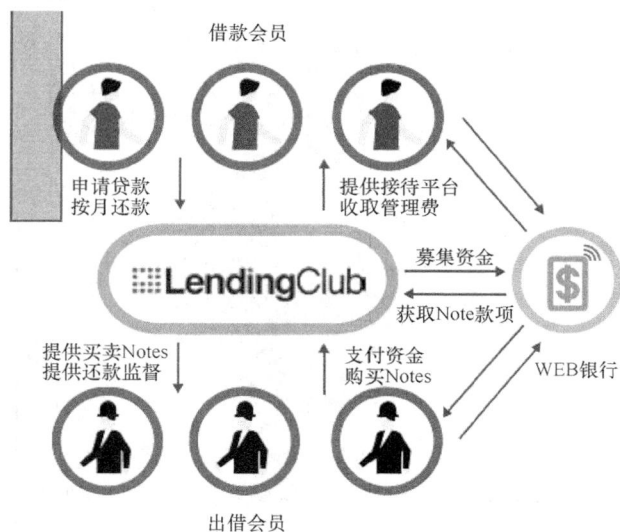

图 5.1　Lending Club 运营框架

2. 借款方

拟借款的人经注册后在 Lending Club 网站上提交贷款申请。Lending Club 对借款人资质有一些限制，包括：①美国国籍或永久居民；②年龄在 18 周岁以上，有邮箱、美国的社会保障号以及在美国金融机构的账号；③信用资质方面，FICO 信用评分在 660 分以上，债务收入比小于 35%（其中按揭贷款不计入债务，下同），信用历史长度大于 3 年，过去 6 个月在 Lending Club 平台上贷款小于 6 次。

拟借款的人在申请贷款时要按 Lending Club 的要求提供能反映本人信用状况的信息，Lending Club 对贷款申请进行筛查，但不一定核实借款人提供信息的真实性。Lending Club 对贷款申请的筛查很严，截至 2012 年年底，只有 11% 的申请者获得了贷款。由此使得 Lending Club 中的借款人整体上属于美国的中上阶层。比如，截至 2013 年 10 月底，借款人的 FICO 信用评分平均是 703 分，债务收入比平均是 16.2%，信用历史长度平均是 15 年，年均收入 7.1 万美元（在美国人口中居于前 10%）。

借款人要说明贷款的三个核心条款：金额、期限、用途。Lending Club 允许的贷款金额在 1 000 美元至 35 000 美元。贷款期限由借款人指定，有 3 年期和 5 年期两种。对金额在 1 000 美元至 15 975 美元的贷款，如借款人没有特别请求，Lending Club 默认的贷款期限是 3 年。贷款用途也由借款人说明，Lending Club 不会确认或监督贷款的真实用途。截至 2013 年 10 月底，Lending Club 上平均贷款金额是 1.35 万美元，贷款用途以再融资和还信用卡债为主（见图 5.2），基本属于消费信贷范畴。

Lending Club 的风险定价是其核心技术之一，由信用评级和贷款利率定价两部分组成。信用评级从高到低分成 A 到 G 共 7 个等级，每个等级从高到低又细分成 1～5 共 5 挡（实际上共 35 个信用评级），分两步得到。第一步，Lending Club 根据借款人的 FICO 信用评分以及其他信用特征，得到一个模型次序（model rank），每个模型次序均对应着一个基准信用评级；第二步，根据贷款金额和期限，对基准信用评级进行调整，得到最终的信用评级。贷款金额越大或期限越长，从基准信用评级上下调的挡次越多（见表5.1）。

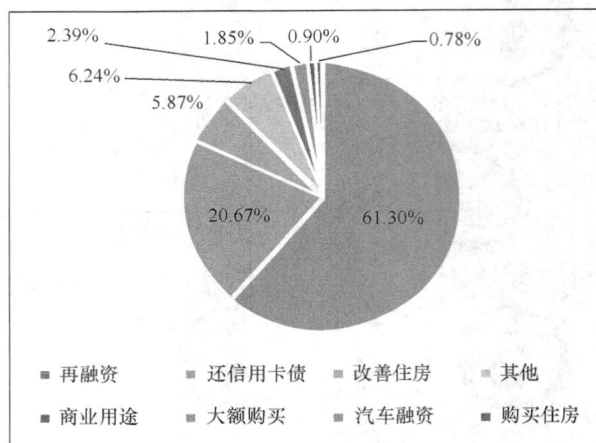

图 5.2　Lending Club 中的贷款用途

表 5.1　Lending Club 的信用评级方式

基于信用评级与模型次序的关系

模型次序		挡次				
		1	2	3	4	5
评级	A	1	2	3	4	5
	B	6	7	8	9	10
	C	11	12	13	14	15
	D	16	17	18	19	20
	E	21	22	23	24	25

贷款金额与信用评级调整

调整挡次		基准信用评级		
		A	B	C–E
贷款金额 $	<5 000	−1	−1	−1
	5 000–10 000	0	0	0
	10 000–15 000	0	0	0
	15 000–20 000	0	0	−1
	20 000–25 000	0	-1	−2
	25 000–30 000	−1	−2	−3
	30 000–35 000	−2	−3	−4
	35 000	−4	−5	−6

贷款期限与信用评级调整

贷款期限	信用评级	下调挡次
3 年	A–G	0
5 年	A–G	−8 to −4

Lending Club 的贷款利率是市场化的，采用固定利率形式。总地来说，贷款利率与信用评级挂钩，等于基准利率与风险、波动率调整之和。其中，风险、波动率调整的目标是覆盖贷款的预期损失。评级越低，贷款利率越高（见表5.2）。

表5.2　Lending Club 贷款定价机制

贷款利率		挡次				
		1	2	3	4	5
信用评级	A	6.03%	6.62%	7.62%	7.90%	8.90%
	B	9.67%	10.99%	11.99%	12.99%	13.67%
	C	14.30%	15.10%	15.61%	16.20%	17.10%
	D	17.76%	18.55%	19.20%	19.52%	20.20%
	E	21.00%	21.70%	22.40%	23.10%	23.40%
	F	23.70%	24.08%	24.50%	24.99%	25.57%
	G	25.80%	25.83%	25.89%	25. 99%	26.06%

借款人向 Lending Club 缴纳的贷款手续费在贷款金额的 1.1%至 5.0%，直接从贷款本金中扣除。费率与信用评级、贷款期限有关，信用评级越低或贷款期限越长，费率越高（见表5.3）。

Lending Club 具有从借款人手中按月取得还款的独家权利，通常以电子转账的方式，而且可以尝试追索任何已经逾期的贷款，也有权力决定是否或者何时将贷款转给第三方收款机构。

表5.3　Lending Club 的贷款手续费费率

手续费费率		期限	
信用评级和挡次		3 年期	5 年期
A	1	1.11%	3.00%
	2～3	2.00%	3.00%
	4～5	3.00%	3.00%
B	1～5	4.00%	5.00%
C	1～5	5.00%	5.00%
D	1～5	5.00%	5.00%
E	1～5	5.00%	5.00%
F	1～5	5.00%	5.00%
G	1～5	5.00%	5.00%

3. 投资方

Lending Club 对投资者有一些适当性要求，比如要求投资者的收入和财富（用净值来衡量）达到一定门槛，在 Lending Club 上的投资不得超过财富的 10%，但无需经过信用审核。此外，Lending Club 还成立了一个投资顾问公司 Lending Club Advisors。Lending Club Advisors 类似基金管理人，募集外部资金投资于 Lending Club 发行的票据。

投资者可以在 Lending Club 网站手动挑选愿意购买的票据（因为票据比较多，Lending Club 提供了检索、筛选工具），也可以使用 Lending Club 提供的组合构建工具，对单个票据的最小投资额是 25 美元。比如，投资者指定有关风险收益参数后，Lending Club 会推荐一个票据组合（见图5.3）。

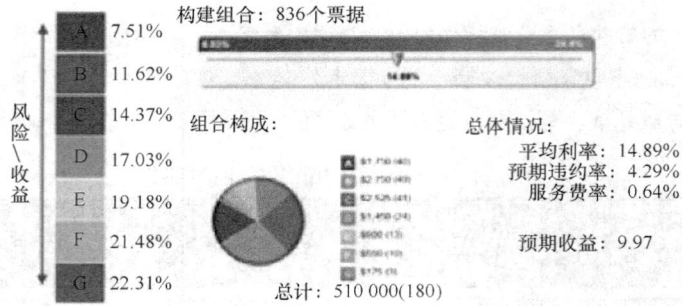

图 5.3　Lending Club 的组合构建工具

对投资者而言，风险分散效果非常明显。比如，Lending Club 统计表明，如果投资者购买 100 个票据，遭受亏损的概率是 1%；购买 400 个票据，遭受亏损的概率是 0.20%；购买 800 个票据，基本不可能出现亏损（见图 5.4）。

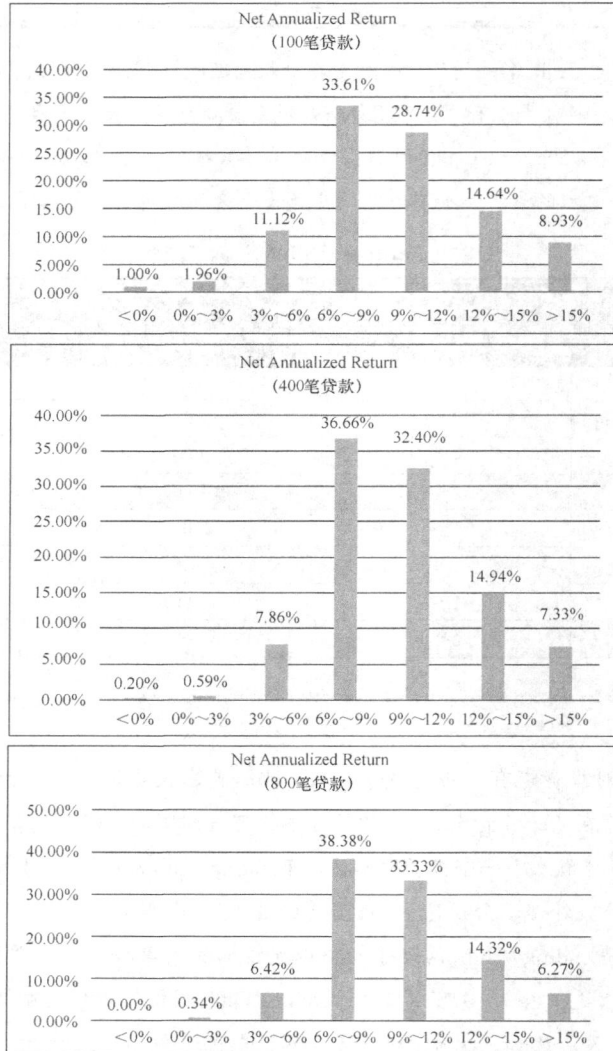

图 5.4　贷款投资的风险分散效应

需要说明的是，在投资者认购票据时，实际上相关票据并没有发行，对应的贷款也没有发放。当认购足额时，票据才会向投资者发行，Lending Club 收到认购款（历史统计表明，99%的票据被全额认购）。同时，WebBank 会发放对应的贷款，然后将贷款转让给 Lending Club。Lending Club 向投资者发行的票据，不在任何证券交易所挂牌交易。但 Lending Club 建立了票据交易平台 Foliofn，用于投资者之间的票据转让，相当于为票据设立了一个二级市场，为投资者提供交易场所，让票据得以流动。

美国证券交易委员会（SEC）是 Lending Club 的主要监管者，原因是 SEC 将 Lending Club 向投资者发行票据的行为视为证券发行。SEC 监管的重点是 Lending Club 是否按要求披露信息，而不是检查或监控 Lending Club 的运作情况，也不是审核票据的特征。Lending Club 采用了暂搁注册方式（shelf registration），通过发行说明书（Prospectus）向 SEC 登记注册发行证券的意向。发行说明书要详细披露 Lending Club 的运营机制和公司治理结构、票据的基本条款，并向投资者无保留地提示所有可能出现的风险。在具体发行时，Lending Club 要向 SEC 说明相关票据的信息（称为 sales reports），包括对应贷款的条款以及借款人的贷款目的、工作状态、收入和匿名信息等。此外，SEC 还要求 Lending Club 每季、每年披露财务报告，即 10-K 和 8-K 表。Lending Club 披露的这些信息，都可以在 SEC 的 EDGAR 系统和 Lending Club 网站上查到。

——引自《互联网金融报告 2014》

5.4.2　国内发展状况

1. 国内 P2P 网络贷款行业现状

2007 年 8 月，我国第一家 P2P 网络贷款平台"拍拍贷"成立。从 2011 年起，我国 P2P 网络贷款行业经历了爆发性增长。目前，我国的 P2P 网络贷款行业规模已经远远超过英国和美国。我国的 P2P 网络贷款行业表现出以下特点。

（1）平台数量快速增长

截止到 2015 年 6 月，我国的 P2P 网络贷款运营平台达到 1987 家，与 2013 年的爆发式增长相比，正常运营的网络贷款平台增长速度有所减缓，这是由于问题平台的不断涌现所导致的。2015 年上半年，新增问题平台 448 家，较 2014 年下半年的 224 家上升了 100%。目前，P2P 网络贷款平台的注册资金大多介于 1 000 万元至 5 000 万元，多达 48 家平台的注册资金在 1 亿元以上，表明了行业隐形门槛在不断提高和竞争在逐渐加剧。

（2）资金密集进驻

2013 年以前，P2P 网络贷款公司的成功融资案例很少，比较著名的只有 2011 年 4 月和 2011 年 9 月宜信接受的两次风险投资，以及 2012 年 10 月拍拍贷的 A 轮融资。从 2013 年下半年开始，风险资金进入 P2P 网络贷款行业步伐加快。人人贷于 2014 年 1 月 9 日宣布完成总额为 1.3 亿美元的 A 轮融资，这不仅是当时我国该行业的最大单笔融资，也是世界上最大的一笔 P2P 风险投资。而后 P2P 融资热潮开启，银行、国资、上市公司、风投资本不断涌入网络贷款行业，加速网络贷款行业布局。这些资金将主要用于支持 P2P 网络贷款平台加强正规化运营，研发征信、信用评估和风险控制技术，扩张业务规模等方面的工作。资本的加码不仅使 P2P 网络贷款行业的竞争日趋激烈，行业成熟程度加快，同时也增强了借款人和投资者对 P2P 网络贷款的信心。

（3）网络贷款成交量快速增长

截至 2014 年年底，我国 P2P 网络贷款行业历史累计成交量超过 3 829 亿元。2014 年 P2P 网络贷款行业全年累计成交量高达 2 528 亿元，增速提高较为明显（见图 5.5）。

图 5.5　2011 年—2014 年网络贷款成交量

（4）行业风险加剧

随着新平台上线、资本巨头不断涌入，P2P 网络贷款行业在快速发展的同时，由于监管的不完善，问题平台不断出现。2014 年全年问题平台达 275 家，是 2011 年的 27.5 倍（见图 5.6）。

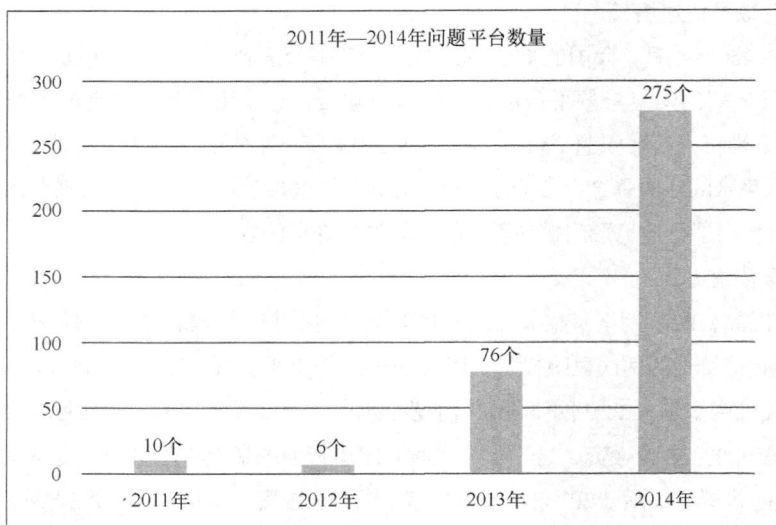

图 5.6　2011 年—2014 年问题平台数量

诈骗或潜逃是 2013 年网络平台出现的主要问题。到了 2014 年，"诈骗或潜逃"类（46%）和"提现困难"类（44%）问题平台数量不相上下，还有一些平台因为停业（8%）或者经侦介入等原因被曝光。平台之所以频频出现提现困难，一部分原因是由于经济疲软，借款人资金紧张，逾期、展期现象频繁。然而，更重要的原因在于平台本身忽视金融规律、经营不善，主要可以归结为信贷技术差、漠视风险、管理不善、构建资金池进行期限错配、循环借贷、产品异化、催收困难等几个方面。同时，由于监管缺失和平台不规范运营所造成的流动性风险使一些 P2P 网络贷款平台拆标现象严重，一旦出现负面消息，容易发生挤兑。

（5）贷款余额状况

贷款余额是指平台目前在贷的尚未还款的本金（不计利息），可以用它来衡量平台借贷规模和安全程度。截止到 2014 年年底，P2P 网络贷款行业总体贷款余额达 1 036 亿元，是 2011 年的 86.3 倍，P2P 网络贷款余额随着成交量的增加和借款期限的延长快速上升，表明了该行业规模迅速扩张。然而 P2P 网络贷款行业的规模与除去银行存款外的其他成熟的固定收益市场相比，仍然十分微小（见图 5.7）。

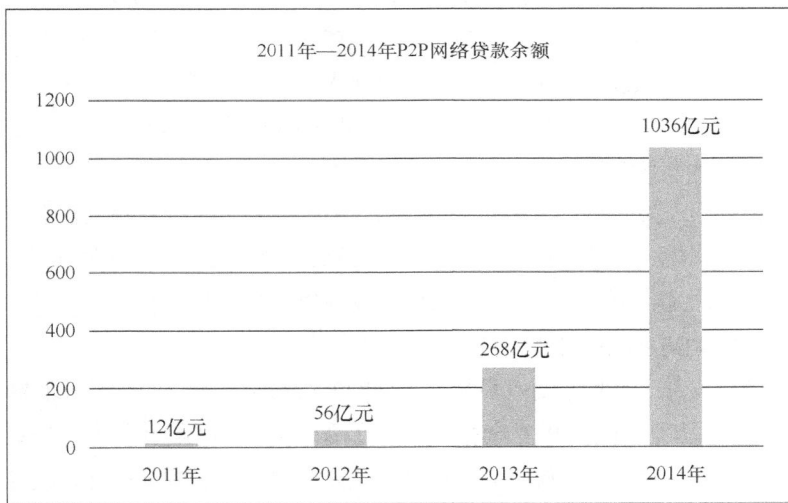

图 5.7　2011 年—2014 年 P2P 网络贷款余额

有 36 家 P2P 网络贷款平台的余额在 5 亿以上，网贷余额占全国平台总数的 58.82%，分别为陆金所、红岭创投、人人贷等。但同时，由于一些中小平台寻求快速扩张，使得 P2P 网络贷款余额一路攀升，一旦市场面临高兑付压力，许多中小平台都可能出现提现困难的问题。

（6）综合收益率状况

与 2013 年相比，2014 年 P2P 网络贷款行业综合收益率持续下跌。这是因为人们普遍预期行业监管的顶层设计即将出台，各 P2P 网络贷款平台调低利率至合理区间以规避政策、法律方面的风险。百度在 2014 年 9 月下达了《综合收益率超过年化 18% 的平台将被下架》的通知，使得以翼龙贷等为代表的主流平台下调综合收益率。

此外，由于问题平台曝光的增多，风险偏好较低的投资者也逐渐将资金转移至拥有更高安全性但较低收益率水平的平台，导致了行业整体收益率的下滑，高息已不再是平台吸引投资者的唯一策略。同时，各 P2P 网络贷款平台出于降低运营成本、开发更多优质借款人、扩大业务量及稳定经营的考虑，也希望下调收益率水平。尽管收益率有所下滑，但 P2P 网络贷款平台相对于其他投资渠道而言，仍具有很强的吸引力。

（7）平均借款期限状况

2014 年网络贷款行业平均借款期限为 6.12 个月，与 2013 年相比有所增加。出现这种情况的主要原因在于一些成交量过亿、平均借款期限在半年以上的平台拉高了行业整体水平。网络贷款行业的短期民间借贷属性仍未改变，借款目前还主要以短期借款为主，约 59.17% 的平台借款期限在 1~3 个月。借款人无法承担长时间高息和出借人偏好高流动性标的两个原因使得网络贷款行业与传统金融机构的较长期限贷款形成了良好的互补。只有一些老牌平台及"银行系""国资系"背景平台的借款期限超过 12 个月，具有运营稳健、大成交量及长周期的特点。

（8）网络贷款人气状况

2014 年网络贷款行业投资者数为 116 万，是 2013 年人数的 4.64 倍；借款人数为 63 万，是 2013 年人数的 4.2 倍。互联网的高效传播属性加上平台媒体的大力宣传，使得越来越多的人参与到该行业中，投资者和借款人快速增加。由于大户拉升了平均投资金额和借款金额，2014 年网络贷款人均投资金额和人均借款金额分别达 21.79 万元和 40.12 万元，大额投资者集中选择较为知名的 P2P 平台。总体来说，P2P 网络贷款行业仍然以小额借贷为主，其服务于广大的草根阶层的本质并没有发生改变。

运营稳健的平台一方面接受各方资本的洗礼，另一方面加速创新、拓展新业务、研发新产品，行业巨头逐渐显现。相对应的，那些运营不规范的平台将逐步脱离竞争行列，新一轮的倒闭潮势必进一步优化网络贷款运营大环境，我国 P2P 网络贷款行业快速发展的势头将会延续。

2．国内 P2P 网络贷款模式

作为一种基于网络平台的点对点借贷模式，P2P 网络贷款一定包含了三个参与方：借款人、平台和投资者。国外的 P2P 平台模式比较简单，大多从网络上直接获取借款人和投资者，不承担过多的中间业务，直接对借贷双方进行撮合。国内的 P2P 网络贷款行业根据我国具体国情，借助平台自身的优势，对 P2P 网络贷款的各个环节进行细化，形成了多种多样的 P2P 网络贷款模式。下面我们将对一些典型的 P2P 网络贷款平台进行介绍。

（1）纯线上模式

纯线上模式采取线上获取项目、线上审批项目和线上获取资金的运营模式，借款人和投资者均来自线上。纯线上模式比较接近于原生态的 P2P 借贷，强调投资者的风险自负意识，平台承担的风险较小，对信贷技术的要求比较高。虽然这种纯线上模式运营难度大，在业务扩张方面也存在一定的局限性，但被普遍认为是国内 P2P 网络贷款发展的方向。

成立于 2007 年 6 月的拍拍贷，是我国第一家 P2P 网络贷款平台，也是第一家由工商部门特批，获得"金融信息服务"资质，得到政府认可的互联网金融平台，对整个行业发展具有重要意义和作用。

拍拍贷联合了其他电商平台，将电商平台内的贷款需求引入，并将其作为网商专区进行发布。因此拍拍贷的产品主要分为两大类：一类是个人消费标；另一类是电商标。目前个人消费标与电商标在交易笔数和交易规模上相当，但是个人消费标的增速更快。拍拍贷的风控流程比较特殊，纯线上平台没有用户的信用积累，因此，它采用了会员等级制。这既是拍拍贷的会员管理制度，也是风险控制制度。风控体系主要通过大数据和社会征信体系实现，同时通过对还款能力、还款意愿两个层面的衡量来判断用户的最终违约风险。

（2）债权转让模式

债权转让模式的业务范围主要分为两部分：一部分是普惠金融领域，如借款咨询服务、学贷、车贷、房贷、个人租赁、小微企业信贷等；另一部分为财富管理，包括 P2P 理财、公益理财、基金和保险等相关业务。

一般来说，对于借款人，需要在线填写申请后（或者去门店直接咨询），由工作人员通过分析借款人的需求和资质，匹配个贷产品，然后联系借款人，说明申请所需要的材料，同时邀请借款人进行面谈。

借款人向网贷公司提供了相应材料后，填写申请表，工作人员将借款人信用资料上传至管理系统，由信用管理中心进行资质审核，信贷中心线下调查借款人信息的真实性。根据调查情况，信用管理中心初定借款人的信用等级、额度并进行终审，将结果上传至管理系统。最后，工作人员通知贷款人到营销中心签约并放贷。对于投资者来说，一般可以在网贷公司网站进行在线申请，填写自己的联系方式和投资需求。专业理财顾问会在一个工作日内与投资者联系，与投资者约定时间到营业部进行详谈。专业理财顾问现场分析投资者的理财需求，为投资者量身定制理财方案。选定理财产品之后，投资理财部给客户递送债务文件及协议，客户签署文件后，划扣投资者的资金并进行核对确认。确认完毕后，投资者收到收款确认短信和确认书，债权债务关系成立。投资者按照计划收回本息，每季度会收到网贷公司关于自己产品的邮件。

网贷公司在日常经营中如果存在过度"打包债权"，越过行业监管的红线，将会受到监管当局的严厉处罚。此外，在债权资产证券化活动中，网贷公司不断积累的资产池也容易产生系统性风险，应该引起广大 P2P 平台的重视。

（3）担保模式

担保模式是在结合国际经验和本土特点的基础上，创新而成的借贷新模式，交易模式清晰、收益稳健、流动性高，可以使得投资和借贷更加方便快捷。其同时通过引入全额担保、第三方托管等手段，进一步保障了投资者的利益。网贷公司提供二级市场债权转让服务，只要出借人拥有的债券已满足相应持有期，就可以通过交易平台进行债权转让。担保模式通过搭建二级市场，有效降低了投资者的流动性风险，让出借人可以享受到门槛更低、周期更短的服务。

提供担保模式的网贷公司目前多采用申请注册制，先对所有的客户进行评级分类，然后再按照这个分类进行定价。为防范欺诈风险，所有借款人必须全部线下验证，即到指定地点进行身份验证并将核对后的资料统一上传至后台风险控制部门审核。另外，担保公司一般都拥有国际化的专业风险控制团队，对自身平台进行严格的风险管理；同时确保平台自有资金和客户资金严格分离，并委托拥有资质的第三方支付机构进行单独的资金管理。采用担保模式的网贷公司一般不以资金池模式来收取自有资金之外的借贷资金，资金所有权的转移也不通过平台的自有资金账户，相对透明且易于监管。

（4）O2O 模式

O2O 模式一般是由网贷平台与小额贷款公司紧密合作、线上线下并行运营。该模式的特点是 P2P 平台主要负责投资者的开发和借贷网站的维护，小贷公司或担保公司开发借款人。小贷公司或担保公司通过线下渠道寻找到借款人并进行审核以后，推荐给 P2P 网络贷款平台，平台将再次审核以后的借款信息发布到网站上接受投标，小贷公司或担保公司会为该笔借款提供完全担保或连带责任。借助这种模式，平台与借款人开发机构分工合作，发挥各自的比较优势：平台专心改善投资体验、吸引更多投资者，借款人开发机构专心开发借款人，业务规模可以迅速扩张。

O2O 模式的网贷平台常借助小额贷款机构的客户优势与其达成战略合作，利用其遍及全国的营业网点开发优质的借款客户，并在审核完成后推荐给网贷平台。所有由合作机构推荐的借款客户的按时还本付息均由合作机构 100%担保。收到合作机构推荐的借款项目后，平台对个人信用进行审核评分，并对借款项目进行二次核查，最后才向投资者推荐优质的借款项目帮助投资者理财。

平台合作机构对于推荐的理财项目一般均提供 100%的本息保障，只要借款人未能按时还款，其合作机构都需将该笔借款的全部剩余本息垫付给现有理财用户，保证理财收益。对于个人理财用户，无论是充值、提现还是投资理财，都无需支付任何费用。平台会定期发布季度公告，包括总交易规模、投资者人数等信息，保证平台运行的公开和透明。

但是，这种 O2O 模式容易割裂完整的风险控制流程，会导致合作双方的道德风险：一方面，平台为了吸引更多的投资者从而忽视了客户的审核；另一方面，小贷公司或担保公司一心扩大借款人规模，也会降低审核标准。因此，除非借款用户开发机构和平台之间存在较强的关联联系，或者平台本身拥有足够的信用评价及风险控制的能力，否则平台将会承受较高的经营风险。

在 O2O 模式的基础之上，又衍生出了第三方交易平台（或称"钱庄"）的概念，它为线下的金融机构搭建线上渠道，并展示其提供的借款项目，在线撮合借贷双方。只要线下金融机构提出的申请经过了平台的审核，就可以直接发布借款项目。

（5）混合模式

许多 P2P 借贷平台在借款端、产品端和投资端的划分并不是泾渭分明的，例如平台同时通过线上渠道和线下渠道开发借款人，平台既撮合信用借款也撮合担保借款等，这种平台就属于混合模式。

3．监管

中国银监会于 2014 年 4 月 21 日举办新闻发布会，发布了《关于办理非法集资刑事案件适用法律若干问题的意见》，并明确提出了 P2P 网络借贷平台的四条红线：一是要明确平台的中介性质，二是要明确平台本身不得提供担保，三是要明确平台不得归集资金搞资金池，四是要明确平台不得非法吸收公众资金。

同年的 9 月 27 日，中国银监会在深圳召开的 2014 中国互联网金融创新与发展论坛上提出了 P2P 网络贷款行业监管的十大原则：一、P2P 机构不能持有投资者资金，不能建立资金池；二、落实实名制原则；三、P2P 机构是信息中介；四、P2P 需要有行业门槛；五、资金第三方托管，引进审计机制，避免非法集资；六、不得提供担保；七、明确收费机制，不盲目追求高利率融资项目；八、信息充分披露；九、加强行业自律；十、坚持小额化。

2015 年 1 月 21 日，中国银监会宣布进行机构调整，新设立了普惠金融工作部，P2P 网络贷款被划归至该部门监管协调。

本章小结

P2P 借贷是指个体与个体之间实现资金的融通。随着互联网的发展和金融环境的成熟，互联网的 P2P 平台应运而生，平台数量和年度总交易额等每年都以极快的速度递增。2005 年 3 月，第一家 P2P 公司 Zopa 在英国成立，随后，P2P 借贷在欧美国家迅速发展，从 2011 年开始，我国的 P2P 网络贷款市场也开始爆发。

本章首先解释了 P2P 网络贷款产生的技术原因和市场原因，然后提出了其具有借贷双方广泛性、交易方式灵活性和高效性及大量运用互联网技术等特点，并将其与传统融资模式进行了比较。按照是否存在债权转让分类，P2P 网络贷款可分为纯平台模式和债权转让模式，其区别实质上涉及借款人与实际出资人的关系；按照销售和风险控制是否在线下进行分类，可以把 P2P 网络贷款平台分为线上线下相结合模式以及纯线上模式，其区别主要在于销售方式和风险控制方式是否在线下完成；按照是否存在担保分类，可以把 P2P 网络贷款平台分为无担保模式和有担保模式，其区别主要在于平台是否对借出的资金进行信用担保，还是仅发挥信用审核和信息撮合的功能。

本章的重点之一就是通过东方创投自融案这一经典案例，阐明 P2P 网络贷款平台面临的信用风险、法律风险、技术风险和操作风险。东方投资管理有限公司于 2013 正式上线，吸收投资者的资金过亿元，但在上线运营四个月后即宣布停止提现，其主要原因就是风险意识淡薄且缺乏合理的长久规划。本章的另外一个经典案例是 2007 年开始运营，办公室设在旧金山的 Lending Club，它是目前全球最大 P2P 网络贷款平台。通过对其运营框架、借款方和投资方的介绍，发达国家 P2P 网络贷款平台的运营方式和监管模式变得更为形象和生动。至于目前国外对于 P2P 行业的监管，主要存在三种模式：一种是以美国为代表的，以证券化监管为主的多部门监管模式；另一种是以英国为代表的统一的金融行为监管模式；最后一种是以日本为代表的，基于现有法律进行监管的模式。

通过平台数量、贷款成交量、贷款余额、综合收益率、平均借款期限及网络贷款人气等方面的描述，我国 P2P 网络贷款的发展现状在本章也进行了详细的解释和梳理。另外，为了进一步加深对国内主流 P2P 网络贷款平台的认知，本章对纯线上模式、债权转让模式、担保模式、O2O 模式四个典型模式都进行了详尽分析，以供读者参考和理解。

由于 P2P 网络贷款从萌芽阶段发展到现在不足十年，并不存在一种最优的发展模式可以适应所有国家。因此，为了 P2P 网络贷款行业可以朝着更好更成熟的方向发展，我们必须要找到一条适合我国国情的发展方式。

思考与练习

1．判断题

（1）与民间金融相比较，P2P 网络贷款和标会在本质上都是个人之间借贷，借贷完全基于信用，不依赖抵押品或担保，同时利率是政策化的。 （　　）

（2）在纯线上模式中由于没有对借款人进行实地审贷，纯线上模式主要通过与数据中心开展合作来控制风险，包括与公安部的身份证信息查询中心、工商局、法院等部门进行合作。 （　　）

（3）无担保模式是平台不对借出的资金进行信用担保，如果坏账、逾期贷款发生，则由投资者自己承担主要责任。 （　　）

（4）2007 年 8 月，我国第一家 P2P 网络贷款平台拍拍贷成立。 （　　）

（5）网络贷款平台的借款目前还主要以短期借款为主，刚好能弥补传统金融机构较长期限的贷款的不足。 （　　）

（6）与我国不同，国外的 P2P 平台大多从网络上直接获取借款人和投资者，直接对借贷双方进行撮合，不承担过多的中间业务，模式比较简单。 （　　）

2．单选题

（1）2005 年 3 月，第一家 P2P 公司 Zopa 在（　　）成立。

    A．英国　　　　　　B．美国　　　　　　C．德国　　　　　　D．日本

（2）下面（　　）不属于 P2P 平台主要存在的风险。

    A．法律风险　　　　B．信用风险　　　　C．流动性风险　　　D．技术风险

（3）以下对各国关于 P2P 的监管状况的描述正确的是（　　）。

    A．美国：以证券化监管为主的多部门监管模式

    B．日本：统一的金融行为监管模式

    C．英国：基于现有法律进行监管

    D．德国：基于现有法律进行监管

（4）2014 年 4 月 21 日，中国银监会举行新闻发布会，发布《关于办理非法集资刑事案件适用法律若干问题的意见》，表示 P2P 网络借贷平台要明确红线有（　　）。

① 要明确平台的中介性质；

② 要明确平台本身不得提供担保；

③ 不得归集资金搞资金池；

④ 不得非法吸收公众资金。

    A．①②　　　　　B．①③④　　　　　C．②③④　　　　　D．①②③④

3．简答题

（1）请简要回答 P2P 产生原因及特点。

（2）请简要阐述国内 P2P 网络贷款行业现状。

4．论述题

请以案例分析的形式，用代表性实例阐述国内 P2P 网络贷款模式。

第 6 章　大数据金融

当前，大数据金融产业日趋活跃，技术演进和应用创新加速发展，各国政府也逐渐认识到大数据在推动经济发展、改善公共服务，乃至保障国家安全方面的重大意义，纷纷积极出手推动。在全球大数据蓬勃发展的大背景下，我国也面临难得的发展机遇。如何抓住机遇，将我国拥有的数据资源转化为经济发展动力，是摆在政府和产业界面前的紧迫课题。

随着大数据技术的成熟应用，麦肯锡全球研究院在其发布的《大数据：创新、竞争和生产力的下一个新领域》报告中指出："大数据之大，通常是指数据量大到超过传统数据处理工具的处理能力，是相对和动态的概念。"金融业是大数据的重要生产者，交易、报价、业绩报告、消费者研究报告、官方统计数据公报、调查等无一不是数据来源。反过来，大数据对于金融行业新时代发展的助推作用也逐渐浮现。

本章的学习目标是理解大数据及大数据金融的概念，掌握大数据与互联网金融之间的联系；掌握大数据金融不同的运营模式；了解大数据金融的安全与风险；关注大数据金融在国内外的应用现状。

6.1　大数据金融概述

6.1.1　大数据

1．大数据的定义

近年来，大数据已经成为全社会热议的话题，但是截至 2015 年，"大数据"尚无公认的统一定义。麦肯锡在其报告《大数据：创新、竞争和生产力的下一个新领域》中给出大数据的定义：大数据指的是大小超出常规的数据库工具获取、存储、管理和分析能力的数据集。但它同时强调，并不是一定要超过特定 TB 值的数据集才能算是大数据。国际数据公司（IDC）从大数据的四个特征来对其进行定义：海量的数据规模（Volume）、快速的数据流转和动态的数据体系（Velocity）、多样的数据类型（Variety）、巨大的数据价值（Value）。亚马逊的大数据科学家约翰·劳塞（John Rauser）给出一个简单的定义：大数据是任何超过了一台计算机处理能力的数据量。而维基百科中对大数据的定义则为：大数据（Big Data），指的是所涉及的资料量规模巨大到无法通过目前主流软件工具，在合理时间内达到撷取、管理、处理并整理成为帮助企业经营决策的有更积极意义的资讯。

从以上各种定义来看，所有定义都说明大数据的核心能力是发现规律和预测未来。

2．大数据的起源

大数据的技术和应用是在互联网的快速发展中诞生的，它的起源可以追溯到 21 世纪初。当时互联网网页急剧增长，每天新增约数百万个网页，到 2000 年年底全球网页数达到几十亿，用户检索信息越来越不方便。谷歌等公司最先建立了覆盖数十亿网页的索引库，为人们提供较为精确的搜索服务，大大提升了人们使用互联网的效率，这是大数据应用的起点。当时搜索引擎要存储和处理的数据不仅数量庞大，而且以非结构化数据为主，这使得传统技术不能应对。为此，谷歌提出了一套以分布式为特征的全新技术体系，即后来陆续公开的分布式文件系统、分布式并行计算和分布式数据库等技术，用低成本实现了以前无法达到的规模。这些技术奠定了当前大数据技术的基础，可以认为是大数据技术的源头。

全球知名咨询公司麦肯锡最早提出了大数据时代的到来。麦肯锡称："数据，已经渗透到当今每一个行业和业务职能领域，成为重要的生产因素。人们对于海量数据的挖掘和运用，预示着新一波生产率增长和消费者盈余浪潮的到来。"大数据在生物学、物理学、环境生态学等领域以及互联网、金融、通信等行业存在已有时日。近年来，互联网和信息行业的发展使人们密切关注大数据。

3．大数据的特点

大数据是一个宽泛的概念。"大"是大数据的一个公认的重要特征，但"大"远远不是大数据全部。大数据是"在多样的或者大量数据中，迅速获取信息的能力"。

大数据的具体特点可以用四个词来总结，即海量化、多样化、快速化、价值化。

第一是海量化。大数据首先是数据量大。全球的数据量正以惊人的速度增长，遍布世界各个角落的传感器、移动设备、在线交易和社交网络每天都要生成上百万兆字节的数据。硬件技术的发展速度已经远远不及数据容量增长的速度，以至于引发了数据存储和处理的危机。

第二是多样化。大数据的数据类型非常多，截至 2015 年全世界非结构化数据已占数据总量的80%以上。随着非结构化数据的比重越来越大，并且其中蕴藏着不可小觑的商业价值和社会经济价值，大数据对传统的数据分析处理算法和软件提出了严峻的挑战。

第三是快速化。快速化是指大数据处理速度要求快速。能够及时把握市场动态，迅速实时洞察市场、产业、经济、消费者需求等各方面情况，并能快速制定出合理准确的生产、运营、营销策略，将成为企业提高竞争力的关键。而对大数据的快速处理分析，将为企业深入洞察市场变化、迅速做出响应、把握市场先机提供决策支持。

第四是价值化。大数据的终极意义就是其蕴含的价值。随着社会信息化程度的不断提高、数据存储量的不断增加、数据来源和数据类型的不断多样化，对于企业而言，大数据正成为企业的新型资产，是形成企业竞争力的重要基础。与曾经广为提倡的"品牌价值化"一样，"数据价值化"已经成为企业提高竞争力的下一个关键点。

【案例一】数据大爆炸

截止到 2011 年，互联网用户数已达到 20 亿；射频识别（RFID）标签在 2005 年的保有量仅有 13 亿个，但是到 2010 年这个数字超过了 300 亿；2006 年资本市场的数据比 2003 年增长了 17.5 倍；日前新浪微博上每天上传的微博数超过 1 亿条；Facebook 每天处理 10 TB 的数据；世界气象中心积累了 220 TB 的 Web 数据，9 PB 其他类型数据。

根据国际数据公司（IDC）的《数据宇宙》报告显示：2008 年全球数据量为 0.5 ZB，2010 年为 1.2 ZB，人类正式进入 ZB 时代。更为惊人的是，2020 年以前全球数据量仍将保持每年 40% 多的高速增长，大约每两年就翻一倍，这与 IT 界人尽皆知的摩尔定律极为相似，姑且可以称之为"大数据爆炸定律"。预计 2020 年全球数据量将突破 35 ZB，是 2008 年的 70 倍、2011 年的 29 倍。

同时，根据互联网数据中心的《中国互联网市场洞见：互联网大数据技术创新研究 2012》报告显示：截至 2011 年年底，我国互联网行业持有的数据总量已达到 1.9 EB。

人类社会的数据量在不断刷新一个个新的量级单位，已经从 TB、PB 级别跃升至 EB、ZB 级别。然而，35 ZB、8.2 EB 究竟是一个什么样的概念呢？为此，首先了解下面几组关于数据衡量单位的公式：

1B = 8 bit

1KB = 1024 B ≈ 1 000 byte

1MB = 1024 KB ≈ 1 000 000 byte

1GB = 1024 MB ≈ 1 000 000 000 byte

1TB = 1024 GB ≈ 1 000 000 000 000 byte

1PB = 1024 TB ≈ 1 000 000 000 000 000 byte

1EB = 1024 PB ≈ 1 000 000 000 000 000 000 byte

1ZB = 1024 EB ≈ 1 000 000 000 000 000 000 000 byte

1YB = 1024 ZB ≈ 1 000 000 000 000 000 000 000 000 byte

一本《红楼梦》共有 87 万字（含标点），每个汉字占两个字节，即 1 个汉字=2B，由此计算 1 EB 约等于 6 626 亿部红楼梦。美国国会图书馆是美国四个官方图书馆之一，也是全球最重要的图书馆之一。截至 2011 年 4 月，该馆藏书约为 1.5 亿册，收录数据 235 TB，1 EB 约等于 4 462 个美国国会图书馆的数据存储量。

【补充案例】
微博救灾

6.1.2　大数据金融

1．大数据金融的定义

大数据金融是指依托于海量、非结构化的数据，通过互联网、云计算等信息化方式，对数据进行专业化的挖掘和分析，并与传统金融服务相结合，创新性地开展相关资金融通工作。大数据金融可划分为平台模式和供应链金融模式。大数据金融模式需要两项能力：第一是大数据分析的能力，第二是数据来源的合法性和持续性能力。

2．大数据金融的由来

早在 2007 年，人类制造的信息量有史以来第一次在理论上超过可用存储空间总量，近几年两者的差别越来越大。2010 年，全球数字规模首次达到了"ZB"（1 ZB = 1024 TB）级别。2013 年年底，我国手机网民超过 6 亿户。随着信息科技进步、互联网、云计算、物联网、社交网络及智能终端的普及，我们这个社会几乎所有方面都已实现数字化，产生了大量新型、实时的数据。

大数据正潜移默化地渗透到我们的生活中来。利用新兴的大数据技术，金融业即将发生革命性的变化。例如，当下金融机构依靠互联网思维自我变革，如招商银行和平安银行；互联网企业跨界开展金融服务业务冲击传统的金融格局，如蚂蚁金服、微信支付以及京东金融等。

从 21 世纪以来，学术界中涌现出了一批关于大数据与金融之间联系的研究成果。2010年，美国印第安纳大学对 Twitter 以及道琼斯工业指数进行了研究，结果表明从 Twitter 中表现出来的情绪和道琼斯指数接下来几天的上涨或者下跌的相关性达到了 87%。随后在 2011 年，研究者将研究的范围扩展到了新闻调查、Twitter 订阅及 Google 搜索引擎数据，通过情绪追踪技术，比较这些指标对道琼斯工业指数价格、交易量、市场波动率还有黄金价格的影响。同时，研究者还使用了传统的记录投资者情绪的数据，与上述互联网上的大数据进行比较，看它们对金融市场的影响。结果表明，传统的关于投资者情绪的调查数据是金融市场的滞后指标，也即是说，利用传统的投资者情绪指标无法预测股票市场的涨跌变化。然而，每周的Google 金融搜索数据则能够预测股票市场的变化，用 Twitter 投资者情绪指标预测一到两天后的股市收益率的结论在统计上也是显著的。这就说明，利用网络大数据来预测股市的变化是可行的。此外，美国佩斯大学在 2011 年的研究成果表明，社交媒体可以预测出三大国际知名品牌股票价格的涨跌，包括星巴克、可口可乐和耐克。

我国金融大数据是世界金融信息化大背景下的升级和提升。我国金融大数据来源于早期的信息化。传统的信息化已经不能适应新时代需求，互联网、物联网带来的冲击将加快大数据金融的构建速度。

3．大数据金融的特点

大数据金融离不开电子商务的发展且主要应用在广大电子商务领域。近年来我国电子商务飞速发展，势头十分迅猛。据统计，2012 年我国全部电子交易额高达八万亿元左右，增长速度达到 30%。网络零售发展更快，2012 年零售额超过万亿元，同比提高 60%之多。金融依赖商务需求，商业需要交易，交易通过支付，支付越来越靠大数据支撑，融资需求实现闭环发展。电子商务的高速发展促进生态链不断整合完善。电子商务生态链的发展建设日益规范，融合平台、虚拟服务、专业营销、精准支付、网络金融、服务供应链化、物流智慧化，终端移动化，最终形成大数据金融。

大数据金融有重组实体经济的特点。在金融机构中，各部门都在持续不断地采集并积累大量数据，比如抵押贷款部门采集海量的贷款客户的数据，储存并实施处理从而能充分描述其特征。从全球看，货币、债券、股票、外汇及衍生品交易部门能收集各种各样影响资产价格不断变化的巨量信息，并试图建立可以使用的前瞻性模型；零售银行部门则实时收集客户的行为和分析客户信息；客户研发、交易、市场开发或服务运营等各个部门也隐藏了无数数据。由于跨部门跨行业的沟通战略的缺乏，各部门已有的大数据分析技术不足，难以深刻了解不同地区金融市场之间的复杂关系，妨碍了信息的流通和及时利用。为了打破这样的壁垒，已经有一些企业主动出击，试图直接推动整合跨职能部门的数据，甚至寻求办法获得外部供应商及其客户的外部信息。例如，美国纽约新成立的移动银行选择合作，通过与已有的传统商业银行谈判，合作推行移动银行新业务，帮助其解决内部机构割裂问题。英国 ERN

公司是一家来自英国的银行卡、信用卡交易大数据分析服务公司，其通过对消费者交易数据的追踪，进而提供忠诚度管理及优惠推送服务。该公司提出有计划地去利用用户的交易历史数据和消费习惯，然后参照用户的交易位置和时间等数据，向各大银行和各种商家提供相关数据服务和交易咨询。

另外，大数据金融还能实现信息对称。大数据技术有助于降低信息不对称程度，增强风险控制能力。金融客户的信用状况将实现实时动态变化，随着其资产情况、经营方式和各类交易状况的变化而变化，传统商业银行直接大量投入人力和物力财力，建立特有的信息平台，进行收集、储存、分析和决策，以解决长期存在的信息不对称问题。金融机构可以摒弃原来过度依靠客户提供财务报表获取信息的业务方式，转而对其资产价格、账务流水、相关业务活动等流动性数据进行动态和全程的监控分析，从而有效提升客户信息透明度。目前，很多银行如瑞银、花旗、富国等已经能够基于大数据，整合客户的资产负债、交易支付、纳税、流动性状况和信用记录等信息，对客户行为进行可靠评价，计算动态违约概率和损失率，提高贷款决策的可靠性。

【案例二】大数据金融

（1）2014 年 4 月 2 日，阿里巴巴收购恒生电子 100%股份，强势切入金融软件行业，构建金融大数据。恒生电子在 4 月 3 日发布公告称马云通过其绝对控股的浙江融信完成了对恒生集团 100%股权的收购。恒生电子是一家金融软件和网络服务供应商，成立于 1995 年，至今已有 20 年历史。2003 年 12 月，恒生电子在上海证券交易所主板上市。恒生电子金融软件服务范围覆盖基金、证券、期货、银行、信托、保险、财资管理等领域。

在金融软件和网络服务行业，恒生电子处于寡头垄断地位。恒生电子 2012 年年报数据显示，其在基金、证券、保险、信托资管领域核心市场占有率分别达到 93%、80%、90%、75%，在证券账户系统、证券柜台系统、银行理财业务平台、信托核心业务平台、期货核心系统的市场占有率分别达到 57%、43%、85%、41%、42%。

马云控股的浙江融信以 32.99 亿元价格受让恒生集团 100%股权后，一举成为恒生电子最大股东，主要目的在于为布局大金融、大数据等方面做准备。

（2）2014 年 6 月 12 日，兴业银行与百度在福州举行战略合作签约仪式，宣布在大数据和金融领域开展全面战略合作。

（3）2014 年 6 月 20 日，华为为中国农业银行提供 Hadoop 大数据计算平台，助力中农开启金融大数据。

6.2 大数据金融的应用

6.2.1 在金融机构中的应用

如图 6.1 所示，根据 2012 年的数据，在我国大数据于各行业的应用投资规模占比中，金融领域（17.5%）位居前三。

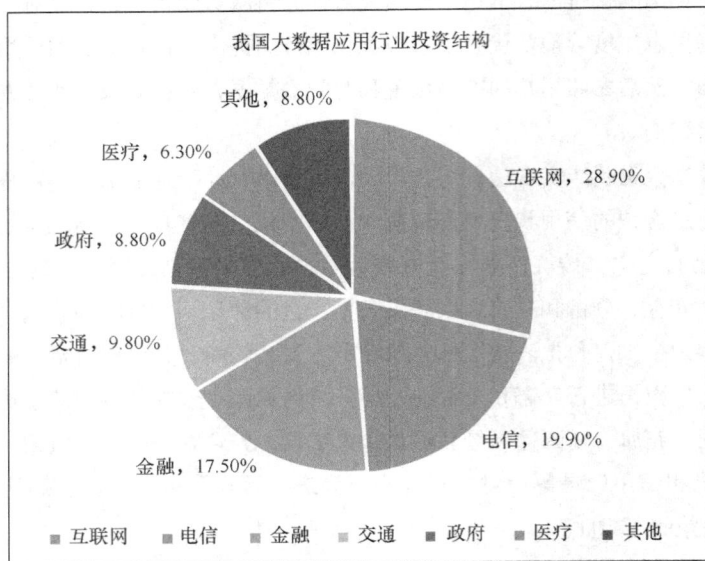

我国大数据应用行业投资结构

其他，8.80%

医疗，6.30%

政府，8.80%

互联网，28.90%

交通，9.80%

电信，19.90%

金融，17.50%

■ 互联网　■ 电信　■ 金融　■ 交通　■ 政府　■ 医疗　■ 其他

图 6.1　我国大数据应用行业投资结构

可以看出，大数据在金融行业的应用综合价值潜力巨大，金融行业是数据的生产、仓储、处理和传输的集合，在以网络化和数据化为特征的新经济时代，金融与大数据的交叉融合变得顺理成章且合乎情理。从投资结构上来看，银行将会成为金融类企业中的重要部分，证券和保险分列第二和第三位。接下来，我们将分别介绍大数据在各个行业的应用情况。

1．大数据在银行业中的应用

第一，银行业接受大数据的变革。与其他行业相比，大数据对银行更具潜在价值。麦肯锡的研究显示，金融业在大数据价值潜力指数中排名第一。这主要是因为：一方面，大数据决策模式对银行更具针对性。发展模式转型、金融创新和管理升级等都需要充分利用大数据技术、践行大数据思维。另一方面，银行具备实施大数据的基本条件。一是数据众多。银行不仅拥有所有客户的账户和资金收付交易等结构化数据，还拥有客服音频、网点视频、网上银行记录、电子商城记录等非结构化数据；二是拥有处理传统数据的经验；三是较高的薪酬能够吸引到实施大数据的人才；四是充分的预算可以利用多项大数据新技术。因此，银行应从大数据就是大资产的高度，尽早制定大数据战略，研究并应用大数据，分享大数据所带来的利润。金融业正在面临着前所未有的科技挑战，面对激增的海量数据，如何实现分析洞察，将是行业创新和转型的关键。各个银行都在做相关的尝试，这些尝试其实都和大数据分析本身的特性紧密相关。银行大数据项目都有一个共同动因，那就是业务价值驱动。各银行中会有不同的内部结构化数据资产，在业务价值驱动的前提下，很多银行在尝试着把原有资产进行梳理。大数据会打破以前的数据壁垒，将不同类型的数据借着大数据的新技术和新能力进行关联性认知分析，产生新的业务和价值。

第二，银行业优秀的大数据服务商的情况。文思海辉技术有限公司在银行业领域已有多年积累，凭借以关注客户为中心和以产品创新为核心驱动力的建设，文思海辉的金融解决方案，在客户群中赢得了良好的口碑。此前，文思海辉在互联网数据中心（IDC）《中国银行业 IT 解决方案市场 2013 年—2017 年预测与分析》中被评为 2012 年中国银行业 IT 解决方案市场的领导者之一。IDC 在报告中指出："与 2011 年相比，文思海辉的异军突起成为 2012 年中国银行业 IT 解决方案市场的一大亮点。"九次方企业大数据平台为超过七百万家企业插了产品及服务标签，分布到了 40 多个产业链、8 000 多个行业、四万个细分市场。营销大数据系统大约覆盖了全国 500 个城市、5 600 个区县、2 500 个高新园区、30 多万条街道、12 万个写字楼。商业银行信贷业务员可以按照不同区域街道、不同收入及资产规模、不同行业、不同企业集团及法人进行检索潜在客户，并对此企业进行初步信用分析。九次方基于所有企业设定了综合征信指标，真实反映企业的信用指数、价值评级。分析指标包括信用等级、核心竞争力、投资价值、成长性、抗风险能力、投资潜力等，并做到三个月跟踪监测一次，实时反映区域企业活跃度。九次方为银行业降低风险，寻找潜在目标客户提供了扎实基础。企业综合征信信息既可为防范信用风险，保障交易安全创造条件，又可对具有良好信用记录的企业进一步进行价值分析。基于产业链搜索，银行可以精准地获取目标企业客户的行业发展前景、所处行业地位、企业竞争力、所处产业区域分布、营收分布情况、行业成长性、竞争格局及市场占有率等。

传统的银行在为企业贷款的时候，更多地依赖企业单一的财务报表。在错综复杂的企业发展环境下，通过产业链企业大数据分析来判断企业贷款风险，显得更加可靠。商业银行在提供产业链金融服务时，要密切关注整个产业链的运行状况，及时全面地掌握有关产业链相关企业的信息，密切关注企业外部环境的发展态势，有必要建立一套及时准确的预警评价指标系统，以便于银行能够实时有效地获得产业链的相关信息。利用这种预警评价指标系统，如果由于企业内部或外部环境发生变化导致某些指标出现异常时，会及时地向银行发送预警信息，开启危机处理预案，最大限度地减少风险，以确保产业链有效地运行。此外，银行应跟踪评价核心企业的经营动态和位于产业链上下游的中小融资企业，及时调查和科学评估产业链金融融资企业的经营业绩状况、质量和成本控制、新产品和技术开发程度、用户满意度水平以及有关交货协议等发展情况，如果发现问题应将具体情况及时告知相关企业，以便企业进行有效的预防或改良，从而保证整个产业链条的持续安全运营。企业本身与产业链的经济发展和行业数据都有一定的规律性，这就需要银行建立一套与客户的产业链数据相匹配的风险分析模型来预测潜在客户或现有客户财务风险、行业风险的发生。表 6.1 展示的就是银行大数据涉及的大数据指标。

表 6.1　银行大数据指标一览表

基本资料	上游供应商	核心竞争力分析
股权结构	下游客户	获得资质
财务稳定性分析	竞争对手	获得证书
产业链分析	专利数据	融资及并购记录
相关法院诉讼	关联公司	负面新闻

【案例三】大数据在银行业的应用

（1）交通银行数据中心相关负责人认为，云计算和大数据在商业银行的应用将使得商业银行在及时感知和洞察客户需求、精准实时的营销、个性化的客户体验、信贷风险控制等方面更加智能，使得未来的银行更加智慧。云计算的特征，包括以下几个方面：一是虚拟化；二是按需获取；三是弹性扩展；四是自助服务。而从技术实现上来说，云计算由基础的技术部分组成：第一类技术是大家比较熟悉的互联网、大规模分布式处理技术；第二类技术是传统 IT 厂商的虚拟化技术；第三类技术就是互联网分布式处理技术和数据库运行处理技术的结合，也就是大数据基础的技术。目前大数据的技术实现主要有两种方式：一种方式是在传统数据库的基础之上，引入大数据分析（Hadoop）的一些处理方法，主要集中在分布式的文件系统，像 GreenPlum、Aster Data 等；另一种方式，就是原本做 Hadoop 等云计算的厂商，在处理一些结构化或者半结构化的数据时可能就会选择 Hive、Pig 等技术。这两种产品各有优缺点。当涉及云计算的扩展性，第二类的分布处理能力从范围上、规模上都扩大了很多，但是支持能力比较弱。大数据可以从几个层面入手，首先可以对客户行为进行分析，提供个性化的沉淀与服务。第二个是精准营销，实现个性化、准实时的营销。第三个是个人信用评分：自动决定信用额度。最后就是风险控制：贷记卡反欺诈等。

（2）浦发银行于 2013 年 12 月 11 日正式发布其"电商通 2.0"产品以发力大数据，也升级该行服务小微电商企业能力。浦发银行董事长吉晓辉提出："服务电商是浦发银行创新网络金融服务模式的积极探索。"小微电商经营于虚拟网络空间，金融服务模式必须与电商经营模式完全契合，才能符合电商经营的需要。浦发银行的"电商通 2.0"着手搭建大数据平台，为小微电商打造专属服务方案，包括线上经营、线上数据、线上审批与线上贷款，尝试变革商务企业融资方式。"原来的服务模式是'线上加线下'，现在发展到'线上全自动'"，前浦发银行的副行长冀光恒表示。以授信评审为例，升级后的浦发电商业务就以自动评审为核心，简化操作流程，只需客户经理上门一次、客户来银行一次即可完成所有业务流程。

（3）中信银行信用卡中心利用大数据打造用户体验的一些做法，不是简单照搬互联网的做法，而是把互联网一些深层的东西"化"在了自己的业务中，实现了在引进消化吸收基础上，结合市场需求进行再创新。中信银行信用卡中心（简称：卡中心）基于社交网络数据提供增值服务体现了这样的特点。在互联网做金融服务，在还仅仅是以中心化的 IP 网络结构处理业务时，他们便采用了更先进的去中心化的 Web 网络结构处理业务。"客户的好友也是我们的客户"这样的理念，反映的是下一代网络（如小世界网络）的先进特征。这个思路就其架构的先进性来说，超过淘宝商城的传统网络模式，具有腾讯微信架构的网络特征。以往总是互联网企业率先采用新的网络理念、网络架构，银行被动追赶，但这里是银行领先于互联网采用新的网络理念和新的网络架构。互联网企业对此不能不高度重视。花旗集团为了解决非结构化数据困扰，使用了 IBM 沃森（Watson）的深度内容分析、自然语言处理、决策支持和基于循证的学习功能来提高客户交互水平，来帮助改进银行金融系统，包括分析贷款以及投资风险，改善与顾客之间的交互等，从而改进并简化客户银行业务体验，不断推进花旗数字银行战略的发展。对于花旗银行来说，零售银行家和信贷员可以利用 Watson 获取银行客户信息并且分析客户下一步需求，进而向消费者出售金融产品。比如，某人为自己的孩子开办了一款信用卡，当孩子被送去上大学后，Watson 就会分析这位顾客所需要的金融产品。如果之后家长有装修厨房的计划，那么花旗银行的工作人员会向这位家长推荐装修贷款。在大数据时代，越来越多的企业管理者意识到了业务分析的重要性。业务分析洞察已经成为了企业转型的有利抓手。银行也发生了变化，从以产品为中心，也就是销售产品和服务转向现在以客户为中心。

（4）广发银行今年一季度启动了大数据分析平台项目。该项目旨在收集整合全行所有渠道的客户接触数据，重点包括客户渠道接触记录、交易行为、交互行为等信息，同时还将通过多方合作拓展外部数据源。大数据分析平台对广发银行的业务支撑将主要体现在以下四个方面：一是通过加强对客户的分析和洞察，丰富客户全景视图，促进客户的获取率和留存率，活跃客户的激活率和持续力，提升客户整体价值；二是通过交叉营销分析、精准营销分析和个性化推荐分析的应用提升业务营销成效；三是通过加强市场风险分析、中小企业贷款风险评估、实时欺诈交易分析和反洗钱业务分析手段，提升风险管控水平；四是通过增加渠道优化分析、市场分析、资讯热点分析、舆情分析和联系中心分析等多维分析方法，提升产品创新和运营质量。项目的最终目标是实现广发银行获得客户的渠道和营销手段的成倍增长，营销成本的大幅压缩和潜在客户数的大幅提升，以产品为中心所带来的弊端将被抛弃，每个业务条线被压抑的潜能都将得以释放。

2．大数据金融在保险业中的应用

保险业的业务种类较多且复杂，几乎涵盖了银行的所有业务，同时又有理赔等各种特色业务，保险业信息系统所涉及的数据类型也比较复杂，这是保险行业的特色。从现代保险业的业务类型来看，险种主要分为人身险、财产险、再保险三种。其中财产险与人身险在业务流程上存在很多相似之处，其业务系统构成大致相同，只是在具体业务的操作上会存在较大的差异。

IBM 商业价值研究院与牛津大学在 2012 年联合开展的关于大数据实际应用状况的调研显示，目前全球保险业中约有 2/3 的企业已经或正在计划进行大数据技术应用。数据挖掘分析能力将成为未来的一大竞争优势。

大数据所带来的思维和技术变革，将提供创新的金融产品，也在加强各类金融基础信息保障能力。未来，保险业和互联网大数据将进行深度结合，一个历来以数据为生产资料，培训数据统计专业人才，以严格的数据和准则监管报批核准的金融行业和一个掌控海量咨询数据库的如空气般弥漫在每个人身边的新兴行业，其在思维的融合中将带来颠覆性的变革。

截至 2013 年，中国平安已经建立了客户价值分群体系和客户大数据分析平台，深入挖掘客户价值，综合金融大后台建设得到深化。平安数据科技通过深化集中共享、提高自动化率等运营优化措施，助力平安产险和平安寿险理赔服务水平升级。2013 年，寿险首创的移动展业销售模式（MIT）使移动展业平台寿险业务的使用率已达到 98% 左右，为客户提供了更为便捷的服务。其还通过微信及 APP 平台运用和移动展业 E 化保全等举措，提升了客户体验。

泰康人寿宣布正式启用云计算中心。云中心被认为不仅仅将信息技术作为对传统保险业务的后台支持，更是让信息技术无缝对接市场需求，直接推动产品创新。泰康今后还将基于云数据中心构建大数据平台，为包括寿险类、年金类、资产类以及养老社区等全业务领域提供全方位的技术支撑。尽管泰康"金融云"概念正式落地到保险业务实践，意味着每一位泰康的客户都将享受云中心快速的服务响应和安全的数据保障，但技术体现的仍是支持保险业务的作用。

【案例四】大数据在保险业的应用

（1）2014 年 11 月 15 日，我国保险行业首家大数据公司——中国保险信息技术管理有限责任公司（中国保信）正式成立。中国保信由中国保险保障基金有限责任公司出资，注册资本 20 亿元。中国保监会依法对中国保信实施管理。中国保信将通过信息技术手段，采集保险经营管理数据及相关外部数据，建立标准化、系统性的数据体系，保证数据的完整性、时效性和真实性，为保险公司、保险监管部门、保险消费者等主体提供不同方式的信息服务。在条件具备的情况下，中国保信将逐步提供包括数据托管、登记认证、内部结算、作业处理、反欺诈等衍生功能，使共享平台成为保险生产的支持平台，提高保险业的经营效率和管理水平。这标志着基于数据生存的中国保险业迈入新时代。

（2）大数据的广泛使用改变了保险公司评估客户、确定保险费的方式。这让一部分行事谨慎的人得到费用减免，也迫使风险偏好者交更多的保险费。英国英杰华（Aviva）公司在保险行业中率先利用远程信息技术手段，如车联网记录被保险人们的驾驶习惯，并据此对车险进行定价，这些能够记录客户的驾驶习惯并将信息汇总到保险公司的数据库使保险公司能够更智能地评估客户的风险水平，这也有利于改善客户驾驶习惯。又如医疗保险公司开始用可穿戴设备检测用户的锻炼习惯，这种检测方式给了客户们购买可穿戴设备并加强锻炼的动机。

3．大数据金融在证券业中的应用

由于证券行业的信息化起点较高，业务发展速度快，全行业已经实现了交易撮合、价格生成发布的自动化和集中化。因此证券行业是目前和大数据贴合比较近的行业。经过多年的探索，证券业信息系统的建设取得了长足的进步，在发布、交易、结算、信息披露、技术监控、信息咨询与服务等方面，IT 技术的应用深度和广度都得到了极大扩展。

与其他产业相比，券商业务由于依附数据发展的属性天然适应于大数据概念，证券业的产品、服务与流程都能体现出充分的虚拟化特征，这一点与互联网的基因完全适应。多年来证券公司的电算化系统已经积累了大量碎片化的标准数据，形成丰厚的数据资产，在后期的数据挖掘和客户服务中都将起到重要作用。成本上，互联网金融模式能大幅降低交易成本和信息挖掘处理成本；信息上，券商的海量客户信息将成为新的生产要素。

在信息爆发的时代，股市和债市的风雨变化，往往直接与各项经济、企业、行业数据相联系，如果没有数据，我们很难想象证券业是个什么样子。到今天，大数据在证券业的应用也更加深入，如高频交易、互联网数据联动分析，无疑都是需要强大的大数据库信息作为基础，通过数据库的敏感数据变化直接影响交易指令的下达。

证券公司作为金融中介的职能在信息技术的冲击下将有所改变。在稳定券商牌照红利的同时，证券公司必须提前布局自身职能的转变，以作为综合类金融服务产品的提供者。在大数据背景下，券商将有能力快速收集传导大量的高质量信息，以设计出符合客户需求的产品

组合，并不断根据客户偏好的改变而调整。同时，通道中介服务深陷同质竞争，争夺焦点必然落到价格上。但是如果标准化同质服务不再能够给券商带来正常利润，最优选择要么是从竞争中彻底退出，要么是转变经营思路，将通道业务转变成包含增值服务的金融服务。而大数据在加强风险管控、精细化管理、服务创新等转型中别具现实意义，是实现向信息化券商转型的重要推动力。首先，大数据能够加强风险的可审性和管理力度。其次，大数据能够支持精细化管理。当前我国证券业以客户为中心的管理改革已经起步，必然会对券商提出精细化管理的新要求。再次，大数据支持服务创新，能够更好地实现"以客户为中心"的理念，通过对客户消费行为模式进行分析，提高客户转化率，开发出不同产品以满足不同客户的市场需求，实现差异化竞争。

【案例五】大数据在证券业的应用

2014 年 2 月，国金证券与腾讯合作推出首只互联网证券服务产品——"佣金宝"，其万分之二点五的低佣金率一时间在市场掀起不小的风浪。2015 年 2 月，国金证券又推出佣金宝 2.0 版本，佣金宝 2.0 智能服务覆盖面很广，不仅可让用户第一时间掌握到行业资讯、成交情况，而且银证转账提醒更是提高了账户的安全性。此外，该版本还为客户提供全球行情，包括 A 股、港股和美股行情，同时港股方面还将免费提供十档行情。从操作界面设计到技术革新，佣金宝 2.0 不再只是低佣金炒股的代名词，而更像是低佣金高体验的互联网证券产品。自佣金宝 2.0 的推出开始，国金证券真正将大数据引入业务之中，对客户进行分类，深层挖掘客户的潜在行为，更加明确各类客户的服务需求和风险偏好。

2014 年，通过对佣金宝大数据的分析，我们可以发现很有意思的结果：

"宝"女比"宝"男更会赚钱，"宝"女的平均资产是"宝"男的 1.4 倍；

在"宝宝"类用户中，人均资产排名前三位的是上海、北京、黑龙江，但从账户平均收益率看，排名前三的是上海、北京、天津；

整体来看，账户收益率最高的三个生肖是狗、鼠、猪，男性中最会赚钱的排名前三的生肖依次是鼠、猪、狗，女性中最会赚钱的排名前三的生肖依次是牛、鼠、猪；

人均资产最多的星座排名前三依次是水瓶、天蝎、摩羯，而最会赚钱的星座排名前三依次是双子、水瓶、巨蟹。

4．大数据金融在信托业中的应用

大数据在信托领域有着广泛的应用前景，它既是一种工具的创新，同时也是人类历史上认识世界的方法论的一次创新。信托在业务最核心的流程中引入了大数据的方法，对借款人的尽职调查采用了大数据，用大数据的方法，发现了很多借款人在原来的尽职调查过程中发现不了的问题，取得了很好的效果，未来还将使用大数据的方法做信托项目运行过程中的风险监控。

聚信托作为平台，主要指通过信托研究、信托产品供销和信托人脉渠道管理等在线功能管理平台，为客户提供信托资讯、产品批发与推介、组团理财业务等方面的理财服务。同时，其把企业的融资需求通过组团的方式，由该平台主导，联合信托产品发行机构、资金机构和官方管理机构，发行合法的信托产品或"类信托"产品，然后通过销售渠道的组团包销，短期内把大额信托产品销售出去，从而达到大额快速融资目的。该模式类似于营销信托的"阿里巴巴"。

5．大数据金融在其他领域中的应用

（1）小额贷款领域

截至 2013 年年末，全国共有小额贷款公司 7 000 多家，贷款余额 8 000 多亿元，全年新增贷款 2 000 多亿元。随着互联网金融机构对市场的逐步蚕食，在此背景下，传统小额贷款行业的运作方式也开始急剧发生变化。小额贷款公司改变长久以来的业务员扫街的宣传模式，开始向线上转型，用更加透明的贷款利率和更加便捷的操作流程来吸引客户。除了行业内部竞争和新增的外部竞争，小额贷款公司发展的先天不足在于资金瓶颈。小额贷款公司的资金来源主要有股东资本、捐赠资金以及从金融机构融入的资金等。金融行业固有的信用风险也在困扰着小贷公司，并已经影响到了其利润。小贷公司正在利用大数据、互联网技术降低小企业借贷的复杂性，同时缩减放贷时间。贷款流程效率低下，推动产生高成本。现实原因有两个：有意愿借款和有意愿放贷的双方很难找到对方；小企业的信用风险很难评估。

从传统的借贷流程来看，贷款人主要依据借款人自己提供的各类信息来判定其还款能力的强弱，这样导致效率低下且风险性较大。如果利用大数据，贷款人就可以更多地关注借款人日常生活的交易数据以及社交数据，例如，借款人一般在哪些地方进行消费，消费支出的分布情况如何，社交圈主要关注的信息有哪些以及活跃度如何等问题。这些数据能较好地真实反映借款人的日常生活状况，可以从中分析出很多用户特性，依此推断借款人的实际财务状况，进行风险筛选，大大提高了真实性并降低了贷款人的风险。

阿里小贷首创了从风险审核到放贷的全程线上模式，将贷前、贷中以及贷后三个环节形成有效联结，向通常无法在传统金融渠道获得贷款的弱势群体批量发放"金额小、期限短、随借随还"的小额贷款。通过阿里巴巴 B2B、淘宝、天猫、支付宝等电子商务平台，其收集客户积累的信用数据，利用在线视频全方位定性调查客户资信，再加上交易平台上的客户信息（客户评价度数据、货运数据、口碑评价等），并对后两类信息进行量化处理来评估客户的信用风险。大数据的运用使得金融产品和服务的消费者和提供者之间信息不对称程度大大降低了。在大数据金融时代风险管理理念上，财务分析、可抵押财产或其他保证的重要性将有所降低。

（2）直接投资领域

大数据为直接投资领域加深了产业链挖掘能力，以往直接投资都是通过投资者本身个人能力和行业资源、人脉去挖掘行业潜力企业，并实施投资。但引入了行业大数据，行业产业链上的企业一目了然，哪些企业发展好，哪个细分领域谁做的通过数据直接反映出来，大大提高直接投资企业的投资效率。此外，投资增值服务领域的效率也将得到提高。如其可以通过大数据反映企业缺什么，弱项在哪里，需要去哪里找资源，备选资源有哪些。这些数据以菜单的形式呈现，将大大改变目前在直接投资领域投后管理的盲目性。如何发现众多细分行业的龙头拟上市企业并进行价值判断；如何按照产业链思路协助上市公司进行产业链并购；如何建立企业大数据系统，实时监测各个省市区的拟上市企业资源；如何提高证券公司直投部门的投资效率，又减少成本开支等这些问题都可以利用大数据来寻求解决办法。

6.2.2 供应链金融

1. 供应链金融与互联网金融

供应链金融通过特定的产业链将核心企业与上下游配套企业联系起来形成一个稳定的"产—供—销"链条借以提供全面的金融服务，一方面降低整个供应链运营成本，另一方面借助金融资本与实体经济的协同运作，在银行与企业间努力构建一个互利共存、持久发展的产业生态圈。供应链金融参与主体主要包括核心企业、信贷企业、物流公司、银行。核心企业是整条供应链资金流与物流的信息集合中心，是配合银行控制供应链金融风险的关键。然而当核心企业出现道德风险，或担保的质押品价值超出其债务上限，将引发更广泛的系统性风险。信贷企业若违约则影响其与核心企业间正常的合作关系，该安排提高了中小企业的违约成本，在一定程度上降低了其违约概率。物流企业主要担任第三方监管的角色，通过对货物出库、运输和入库等物流信息的掌握，了解整个供应链上下游企业的动态，缩短信息采集的半径，提高信息的深度和准确性，辅助银行开展仓单质押、融通仓和保兑仓等多项业务。

互联网金融是借助移动支付、搜索引擎、大数据、云计算等信息技术，具备资金融通、支付和信息中介等职能的一种新兴金融业态，是传统金融行业结合互联网精神的产物。

供应链金融与互联网金融均推进了"金融民主化"进程。金融民主化进程呼吁公众参与金融活动，学习金融知识，预防社会出现财富和权力过度集中。更重要的是，"金融民主化"与"金融人性化"是同步的，在设计金融体系、模型和预测时都应把人类心理因素考虑在内。供应链金融的创新之处在于"以大带小"，利用核心企业的信用担保，使得整条供应链上符合信贷要求的中小企业能够享有金融服务，银行拓宽市场的同时使更多的中小企业参与到信贷市场中。互联网金融则借助电子技术尤其是移动支付、社交网络等互联网技术的发展，吸引越来越多的个体参与到金融市场中。供应链金融与互联网金融均一定程度地体现了"金融民主化"精神。不同的是，供应链金融是从整条供应链出发，以企业为单位服务更多的客户，而互联网金融则以互联网为依托，并以个体为单位扩大金融市场的深度与广度。

供应链金融与互联网金融均降低了交易成本。供应链金融服务作为融资模式创新，通过供应链上相关企业的互相协调与优化设计大大降低交易成本，提高整条供应链的经济效率。供应链金融主要从交易频率、交易稳定性、资产专用性三个方面降低交易成本。首先，供应链金融能够有效降低交易频率。供应链金融为供应链联结的产业系统提供金融解决方案，若银行能够与供应链上的企业维持稳定的交易关系，必然能促使交易各方主动沟通，降低交易频率与交易成本。其次，供应链金融可以提高交易稳定性。在上下游企业以及第三方物流企业合作的基础上，供应链能够发挥协同效应，减弱交易的不确定性，进而降低交易成本。再者，供应链金融还能提高资产专用性。供应链金融基于真实的交易背景，能够使供应链内上下游企业更为主动地进行专用性投资，链内企业间互相监督降低了企业违约可能性，信贷企业能够维持其资产专用性从而降低交易成本。互联网金融在交易的不同阶段降低交易成本的能力不同。在交易初期，互联网金融机构弱化了客户接触与服务渠道实体的重要性，利用即时通信、社交平台、电商平台等界面完成与客户的沟通，降低交易初期的成本；在交易中期，互联网金融机构利用网络广泛收集客户的各类数据并且通过数据挖掘分析判断客户资质，其信息分析的成本非常低，如以阿里小贷为代表的电商金融机构通常采用自动化量化贷款模型，显著提高放贷效率，降低放贷成本；在交易后期，互联网金融机构缺乏资金回收与监管资金使用的实体机构，很难有效约束贷款资金的专用性，在此阶段无法显著地降低交易成本。供应链金融与互联网金融均能降低交易成本，不同的是，供应链金融借助供应链来降低交易频率、提高交易确定性、确保资产专用性，最终降低交易成本。只有当供应链与银行合作长期且稳定、供应链内上下游企业为实现共同利益互相协作以及供应链内上下游企业互相监督时，银行才有可能向该供应链上的信贷企业提供供应链金融服务。互联网金融降低交易成本的能力来自于获取相关数据并进行有效处理的成本低，因此需要所服务的对象在互联网中留下足够的数据，包括交易数据、物流数据、信用数据等信息。互联网金融机构必须获取满足放贷模型需求的足够数量与质量的信息，才有可能提供适合的互联网金融服务。

2．大数据应用于供应链金融需要满足的条件

一是基础数据的真实性。要使用大数据，就必须保证数据的真实性，尤其是基础数据的真实性。当前，GDP、货运量、仓储设施、投资额、主营收入等数据都缺乏一定的真实可靠性，致使数据失真。因此，改革考核体制、改革统计体制已是当务之急。

二是数据要能聚焦成指标。科学地设定指标，确定指标间的勾稽关系，才能准确地判断事物发展的规律和路径。先行指标有重要指导作用。数据的负面影响是信息污染，影响判断。

三是不同数据体系要互相连通。在市场化条件下，数据是资源和产品。利益分割使信息孤岛现象更为严重，甚至连公共信息都被当作部门利益而垄断起来。部门数据、行业数据、企业数据、国际数据相互割裂，大数据不能发挥应有的作用。

四是积累准确的参数。在实际工作中，基础参数极为重要，尤其是临界参数。在我国，货币发行量、货币流通量、仓储业投资规模、物流园区投资规模、港口数量和吞吐规模、物流强度、投资强度、投入产出比等均缺少基准，才出现了货币超发、通货膨胀、港口过剩、产能过剩等问题。

五是先进的数据应用理念。如果数据是客观的，使用数据的人还要有先进的应用理念。这与经验、学识、能力有关。决策，尤其是关于企业命运的决策，不能掺杂私念和人情因素。

3．大数据应用于供应链金融的优势

一是大数据的应用降低了供应链金融业务成本。供应链金融的操作较传统授信复杂，对贷前调查和贷后管理的要求更高。例如，现货货押业务通常面临权属确认、品质辨别和押品监管的问题。在实际操作中，银行要求融资申请人提供能够证明押品权属和品质的材料，但是频繁的赎换货导致操作成本较高。部分银行通过监管公司收集这些材料，但是银行和监管公司之间难以达成对责任划分的共识。押品监管通常需要引入合格的第三方监管公司，代银行履行押品监管和日常管理工作，这就需要融资申请人支付监管公司的监管费用，即使监管费用由银行支付，最终的成本依然会分摊给融资申请人。物流电子信息数据的使用，帮助金融机构从源头开始跟踪押品信息，因此更容易辨别押品的权属，减少实地核查、单据交接等操作成本；通过对原产地标志的追溯，帮助金融机构掌握押品的品质，减少频繁的抽检工作；金融与核心企业的信息互动，甚至可以实现押品的去监管化，节约监管成本。

二是大数据的应用提高了供应链金融现货押品的管控能力。如何有效管控现货押品是融资银行和监管公司共同面临的问题。银行需要监管公司为其管控现货押品，监管公司承担着管理监管员的道德风险。重复出质、虚假仓单等问题的暴露，说明金融机构和物流公司的现货监管能力仍待加强。互联网技术的发展和大数据技术的运用，有效地提高了金融、物流机构的现货管理能力。

三是大数据的应用提高了客户筛选和精准营销能力。传统的线下供应链金融操作方式，无法解决跨区域和实效性问题，收集到的交易数据也缺失严重，难以实现客户筛选和对不同客户的差异化营销策略。大数据技术，通过引入客户行为数据，将客户行为数据和银行资金信息数据、物流数据相结合，得到"商流+物流+资金流+信息流"的全景视图，提高了金融机构客户筛选和精准营销的能力。

四是大数据的应用提供了供应链金融贷后管理能力。传统供应链金融贷后管理手段落后，需要用大量的人力实地核查和通过电话、邮件沟通，这种贷后管理手段虽然投入了大量的人力，但仅能进行片段管理，难以实现对供应链的实时、全面监控。

4．供应链金融的模式

供应链金融在国内经过近几年的发展，已经有了一些成功的案例，按照企业融资阶段的不同可以将其归纳为以下三种。

第一种为预付账款融资模式。即企业向银行等金融机构办理融资类业务，用来支付企业的预付账款，这种融资方式称为预付账款融资模式。在供应链金融下，买卖双方签订真实贸易合同而产生预付账款，将该合同下买方对卖方的提货权或在途物资与库存存货为融资担保，银行在买方支付一定货款的基础上，给它提供信用融资服务。这种运作模式主要针对商品采购阶段的资金短缺问题。一般来说，物流企业对供应商和购货方的运营状况都相当的了解，能有效地防范这种信用担保的风险，同时也解决了银行等金融机构的风险控制问题。

第二种为动产质押模式。这种运作模式主要针对中小企业运营阶段。该模式主要特征是以动产质押贷款的方式，将存货、仓单等动产质押给银行而取得贷款。第三方物流企业提供质物监管、拍卖等一系列服务，如有必要，核心企业还会与银行签订质物回购协议。这种模式将"死"物资或权利凭证向"活"的资产转换，加速动产的流动，缓解了企业现金流短缺压力。动产质物具有很大流动性，风险很大。第三方物流企业和核心企业与银行等金融机构合作，可有效降低信贷风险，提高金融机构参与供应链金融服务的积极性。

第三种为应收账款模式。这种模式主要针对企业商品销售阶段。由于应收账款是绝大多数正常经营的中小企业都具备的，这一模式解决中小企业融资问题的适应面相应也非常广。这种模式的具体操作方式是中小企业将应收账款质押给银行进行融资，将中小企业的应收账款变成银行的应收账款，之后核心企业将货款直接支付给银行。核心企业在供应链中拥有较强实力和较好的信用，所以银行在其中的贷款风险可以得到有效控制。

【案例六】预付账款融资模式

重庆永业钢铁（集团）有限公司是一家钢铁加工和贸易民营企业。由于地域关系，永业钢铁与四川攀枝花钢铁集团一直有着良好的合作关系。永业钢铁现有员工 150 多人，年收入超过 5 亿元，但与上游企业攀钢相比在供应链中还是处于弱势地位。永业钢铁与攀钢的结算主要是采用现款现货的方式。2005 年永业钢铁由于自身扩张的原因，流动资金紧张，无法向攀钢打入预付款，给企业日常运营带来很大影响。2005 年年底，永业钢铁开始与深圳发展银行（以下简称深发展）接触。深发展重庆银行在了解永业钢铁的具体经营情况后，与当地物流企业展开合作，短期内设计出一套融资方案：由物流企业提供担保，并对所运货物进行监管，深发展重庆银行给予永业钢铁 4 500 万的授信额度，并对其陆续开展了现货质押和预付款融资等业务模式，对永业钢铁的扩大经营注入了一剂强心针。在取得深发展的授信以后，当永业需要向攀钢预付货款的时候，深发展会将资金替永业付给攀钢，或替永业开出银行承兑汇票。与深发展合作以来，永业钢铁的资金状况得到了极大改善，增加了合作钢厂和经营品种，销售收入也稳步增长。

【补充案例】
深圳发展银行供应链金融解读——永华钢铁有限公司

6.3 大数据金融的挑战与机遇

6.3.1 风险分析

1．数据窃取

大数据采用云端存储处理海量数据，对数据管理比较分散，对用户进行数据处理的场所无法控制，合法用户与非法用户难以区分，容易导致非法用户入侵，窃取重要数据信息。

在网络空间，大数据更容易成为攻击目标。大数据不仅意味着海量数据，也意味着复杂、更敏感的数据，吸引更多潜在攻击者，成为更具吸引力的目标。数据的大量聚集，无形中降低了攻击成本，一次成功的数据窃取可以获得更多的信息。

大数据时代，信息窃取泛滥。数据化意味着透明化。亚马逊监视客户的购物习惯，谷歌监视客户的网页浏览习惯。据外媒报道，美国情报机构一直在九家美国互联网公司进行数据挖掘工作，从音频、视频、图片、邮件、文档等信息中分析敏感人员的联系方式与行动。

2．非法添加和窜改

大数据技术从海量非结构化数据中获取信息，大数据本身必须可靠。黑客入侵大数据系统，添加非法数据，将导致用户的大数据分析结果不可靠，有可能对企业或政府的决策造成误导。

【案例七】数据非法添加和窜改

2010 年 6 月，济南市一伙犯罪分子采取黑客攻击手段，入侵国家级教育网站和多所高校网站，窜改数据后大肆制作和销售假学历、假证书。黑客攻击导致一个国家级教育网站的成绩查询系统出现异常，国家计算机二级和公共英语三级的考试成绩出现网上查询与实际结果不符，部分不合格人员和未报名参加考试人员经查询显示为合格。黑客同时还根据窜改后的数据信息制作并销售假证。

3．个人信息泄露

大数据时代，新型移动设备广泛用于数据收集、数据存储、数据访问和数据传输。互联网金融业面临用户移动终端的安全管理和个人金融隐私信息保护的安全挑战，安全与便利性较难平衡。金融企业应制定接受金融服务用户设备的安全政策，并指导其在安全政策下管理好用户个人隐私。

个人隐私等信息安全问题需要一种新的安全观，在互联网金融服务中需要找到开放和保护的平衡点。国际通常做法是设置安全机制，采用第三方信息安全审计，对数据使用做出明确规定。我国在个人信息保护方面刚刚起步，如何应对大数据时代的个人隐私信息保护将任重而道远。

4．数据存储安全

"数据大集中"在我国金融业获得广泛认可。一些大型券商和银行纷纷建设数据中心作为金融服务的核心和基础。

大数据对数据存储的物理安全性、多副本和容灾机制要求较高。例如，2005 年，花旗集团承认丢失了一盘包含近 400 万零售客户数据的备份磁带；在线交易商 Ameritrade 声明，丢失了一盘包含有大约 20 万客户资料的磁带。该类事件为互联网金融数据储存安全敲响了警钟。

金融大数据存储还带来了其他新的安全问题。各类复杂数据集中存储，如开发数据、客户资料、交易数据存储在一起，可能出现某些开发数据放在经营数据存储位置的情况，造成安全管理违规；大数据规模影响安全控制措施，安全防护手段的更新升级速度可能无法跟上数据量的非线性增长，大数据安全防护将出现漏洞。

5．云计算安全

作为一种新兴技术，云计算要求大量用户参与，不可避免会出现安全问题。云计算安全问题有三个方面。一是云计算服务提供商所用的网络是否安全，提供的存储服务是否安全，用户所使用的账号是否安全。二是租户在使用云计算平台提供的云服务时，需要在云计算服务提供商的安全性和个人数据安全性之间进行平衡，重要数据在云中加密存储，核心安全数据不放进云中独立安全管理，不依赖于云服务提供商的安全承诺和安全措施。三是用户主动管理好个人身份信息、账户信息等隐私信息，防止攻击者盗取。

6．法律风险

大数据金融服务平台中，涉及数据的采集、处理及应用，也涉及拥有大数据的企业跨界金融涉及金融监管的问题。从数据的采集、处理及应用中，在互联网相关企业，尤其是电商企业在为客户提供金融服务的过程中，积累了大量的客户个人信息，而其中所隐含的商业价值逐渐被人们发现和利用。在利益驱使下，越来越多的机构或个人采取种种手段获取他人信息，加之部分企业保护意识不强，导致近年来个人信息的侵权行为时有发生，已引起社会广泛关注。造成此种侵权行为发生的一个重要原因是，目前我国尚无一部专门的法律对个人信息数据特别是个人金融信息的收集、使用、披露等行为进行规范，立法散乱，呈零星、分散状态，不成体系，目前主要通过宪法和相关法律法规对个人信息进行间接保护。近年来，我国加快了个人信息安全保护的立法和修法进程，如《刑法修正案（七）》《侵权责任法》《居民身份证法（修订）》等法律都相继出台，民事、行政和刑事责任三位一体的个人信息保护法律框架基本构筑起来。全国人大常委会于 2012 年 12 月 28 日通过的《关于加强网络信息保护的决定》进一步强化了以法律形式保护公民个人信息安全。但这些法律法规仍然过于原则化、抽象化，导致缺乏实际操作性，并存在规制范围狭窄、公民举证困难等不足。此外，现行"谁主张、谁举证"的司法规则在大数据时代下存在着很大的局限性。由于现代信息技术环境下收集和滥用个人用户信息的主体众多，渠道隐蔽，方式先进，导致被侵害合法权益的个人用户举证难度极大，即使最后举证成功，在请求损害赔偿时也很难证明和评估个人的实际损失。

另一方面，对于大数据企业跨界金融，政府本着金融创新、加快金融改革的理念在态度上表示支持，但是金融监管机构尚无明确的法律法规以及规章制度出来给予规范。而且大数据企业和金融机构基因上的不同，使得二者的商业规范、运营模式都存在差异，这就要求大数据企业必须在认真学习传统金融机构的监管政策的同时，也积极关注政府出台的新的监管措施，对业务进行调整，不踩法律红线，不打法律擦边球。

6.3.2　对现代金融的挑战

1．对金融行业的硬件基础设施造成冲击

据麦肯锡报告分析，全球企业 2010 年在硬盘上存储了超过 7 EB 的新数据，消费者在 PC 和笔记本电脑等设备上存储了超过 6 EB 的新数据。1 EB 数据相当于美国国会图书馆存储数据的 4 000 多倍。硬件技术发展已跟不上数据容量的增长速度，数据存储和处理面临较大压力。

金融业是信息密集型产业，每天要产生海量数据。据统计，目前沪深两市在交易时间内，每 4 小时就会产生 3 亿多条逐笔成交数据，数据积累速度和规模对存储要求非常高。

大数据对数据基础设施架构带来冲击：传统架构在扩展性、实时性、可靠性方面都有所欠缺；数据量激增要求金融企业的 IT 基础设施具有良好的可扩展性和伸缩性；社交网络、移动互联产生的海量交互数据需要进行实时挖掘分析，以创造和改进产品与服务。金融企业需要对 IT 基础设施架构进行改良与创新。

2．影响金融市场竞争格局

互联网企业跨界涉足金融业日趋常态，初创企业大量涌现，对传统金融业多个领域形成冲击。新兴金融业态参与市场竞争的原因包括但不限于如下因素：信息技术飞速发展、金融业开放竞争市场格局以及监管滞后等，客观上降低了金融服务业的准入门槛。支付结算、投融资服务、流通货币、银行、保险、证券、基金等均受冲击。

新型金融业态或潜在进入者借助互联网、大数据等信息技术的创新进步，从金融业薄弱环节切入，通过创新商品或服务打破原有市场结构。传统金融机构受现有组织架构和内部数据结构条块分割限制，难以有效挖掘自身竞争优势。

金融业潜在进入者由两类企业构成：一是以互联网企业为代表的跨界企业，如阿里巴巴、京东商城、谷歌等，主要优势是凭借在互联网领域的多年积累，掌握大量用户数据，通过对用户数据的精确分析和深度挖掘为用户提供专业金融服务；二是互联网金融时代的初创企业，如支付宝、财付通等第三方支付企业，人人贷、宜信、Lending Club 等 P2P 网络小贷企

业，以及一些小额信贷公司比如 Kabbage 等。

此外，大数据还使金融数据安全问题更为突出。大数据的基本特征及安全隐患，对政府制定规则及监管部门发挥作用提出新挑战。

6.3.3 大数据金融带来的机遇

1．促进金融行业转型

大数据给我国金融业带来转型发展的历史机遇。未来的金融企业将以智能数据分析系统为平台，利用大数据技术来挖掘信息，支持业务创新和服务创新。大数据支持金融业自我升级和转型的方式主要体现在三个方面。

第一，大数据将促成我国金融行业建立全新的风控体制，向有效监管转型。大数据技术对客户资信信息和交易信息进行深度挖掘、实时监控，使潜在风险容易被审查出来，降低管理成本。

第二，大数据将支持中国金融企业转型为以精细化管理为主导的现代企业。大数据的核心优势在于信息挖掘，精细化管理的首要条件是充分信息化，涉及对象包括业务信息化和管理信息化。

第三，大数据推动金融企业从"一切为了利润""实现股东利益最大化"向"一切都以客户的满意度为标准"转型。大数据掌握的海量客户信息可以用于分析客户消费行为模式和客户偏好选择，使客户对产品服务更满意，并可根据不同客户的需求开发出不同产品，达到差异化竞争的目的。唯有如此，金融企业才能真正实现以客户为中心，并促进金融业良性循环发展。

2．在现代金融中的应用

大数据在现代金融业中有广泛的应用空间。传统静态化、结构化数据都是以报表、数字形态存储于数据库。大数据时代，数据大多以图片、声音、影像等非结构化形式存在。企业进行数据分析需要建立相应的非结构化数据平台，集中文本、图片、视频、社交网络数据，进行流数据处理及内容计算。大数据技术分析手段通过流计算和内容计算，在现代金融中产生如下应用。

第一，社交媒体及舆情分析。通过爬虫技术将数据从社交网络中"爬"下来，置于非结构化数据平台中，利用内容计算方式进行分词处理、句法分析，分析金融机构在客户中的口碑、品牌知名度及其提供的产品服务质量，帮助金融机构实时了解市场动向，做好舆情监控。

第二，利用大数据进行风险暴露分析、事件监测。进行关联企业、交易对手风险暴露分析需要整合的数据有两类：一是监管机构的监管文件，包括但不限于交易所、证监会、银监会、公安部门等；二是囊括新型社交网络及传统媒体数据，这些数据可以分析企业的社交网络，实时展现企业和外界的联系。

第三，大数据提供全新的沟通渠道和营销手段。社交媒体与移动互联的兴起产生大量交互数据，为金融企业提供全新的客户接触渠道。金融企业积累了大量的客户数据，对客户数据的挖掘可以获得更为完整的客户拼图。客户信息的激增引起数据革命，大数据的作用是挖掘客户价值使其走向消费智能，为金融企业创造大量增值服务商机。借助大数据，客户可以方便地依据信息做出决策，提供消费智能服务的金融企业则能有效增加客户黏性，提高客户忠诚度，实现互利双赢。

第四，大数据加强风险管控，有助于小额信贷业务转型，加速在高频交易、精准营销等领域的推进。在风险管控、小额信贷方面，利用大数据可将银行本身收集的客户交易数据，客户的外部交互数据，包括市场趋势、监管信息、新闻信息等联系起来。保险公司可将投保系统和全国医疗系统整合，获取客户体检信息及病历，有效地减少投保信息不对称，降低逆向选择。

在高频交易方面，交易双方大量实时、准确、全面的交易信息能够有效降低交易的摩擦成本。高频交易具有实时性和数据规模巨大等要求，金融投资机构基于大数据技术对历史和实时数据进行挖掘，改进交易模型。

在精准营销方面，依托信息技术手段建立个性化的客户沟通服务体系，使公司的营销沟通更精准、可衡量，并产生较高的投资回报率。金融企业基于客户的内外部数据，对客户进行细分，进行无缝推送。

3. 征信体系的变革

大数据的出现，使征信业发展面临的外部环境发生了巨大的变化。

第一，优化征信市场的格局。随着征信机构市场化运营机制的确立，更多有信息资源优势的企业将会借助互联网、大数据等信息技术的创新进步，从征信业薄弱环节切入，通过服务创新或产品创新打破原有的征信市场格局。一是电商企业将组建征信机构。以阿里巴巴为例，其利用淘宝、天猫、支付宝平台上的行为数据和信用情况，建立成了涵盖数十万企业的数据库，具备了开展网络征信服务的基础和实力。二是金融机构建立征信机构。例如，平安集团拟整合网贷信息、银行信贷信息、车辆违章信息等，建立金融数据挖掘中介机构。三是新型征信机构应运而生。一些大数据公司依靠技术手段，以电子商务、社交网络为平台，采集信息，提供信用信息服务，可能成为新型的征信机构。

第二，推动征信业的转型升级。大数据给征信业带来转型升级的历史机遇，未来的征信业将以智能数据分析系统为平台，利用大数据挖掘技术，支持征信业发展创新。大数据支持征信业升级和转型主要体现在两个方面。一方面，大数据促成征信业建立全新的风险控制体制，向有效监管转型。大数据技术对客户信用信息进行深度挖掘，实时监控，防范潜在的信用风险；另一方面，大数据支持征信机构向精细化管理转变，大数据的核心优势在于信息挖掘，精细化管理的首要条件是充分信息化，包括业务信息化和管理信息化。

第三，促进征信业差异化竞争。征信机构通过采用不同的数据来源，不同的数据处理方式，针对不同的客户，开发出不同的产品，满足不同层次客户的市场需求，实现差异化竞争。例如，金融机构对征信服务的需求将从单个借款主体的信用报告，扩展到运用信用信息拓展网络影响和金融服务渠道。P2P网络借贷、电商金融等业态需要借助信用信息共享防范风险，降低交易成本。

第四，拓展征信数据来源。大数据使征信数据来源呈现多元化、多层化和非结构化的特点，更加全面和真实地反映信息主体的信用情况。征信机构从在政府部门、金融机构等实体机构中采集信息，转向从互联网等虚拟世界中获取信息。在数据采集的广度和深度上，征信数据量将激增，采集包括证券数据、保险数据、商业信用数据、消费交易数据和公共事业缴费数据等，全面地覆盖与信息主体相关的各项因素。

6.4　国内外大数据金融的应用现状及比较

6.4.1　国外大数据金融的应用现状

1. 大数据服务社会领域产生巨大价值

美国的大数据产业已经创造了巨大的价值，具体表现在以下几个方面。

（1）大数据使美国医疗服务质量得到提高

对于医疗服务的提供方和支付方来说，在减少医疗成本的同时不断提高医疗质量和效率仍然是一个难以实现的目标，而这也是改善民生的重大机遇。2010 年，全美医疗支出占美国国内生产总值的18%左右，而且，某些慢性疾病如糖尿病的患病率正在增加，正在消耗更多的医疗资源。对这些疾病和其他相关健康服务的管理将深刻地影响国家的福祉。在这方面大数据可以发挥作用。为在广大人群中取得最有效的医疗效果，更多地使用电子健康记录，并与新的分析工具相结合，将提供挖掘信息的机会。研究人员可以利用信息寻找有效的统计趋势，并依据真实的医疗服务质量开展医疗评估。

（2）大数据使美国的交通更加便利

通过完善信息和自动驾驶功能，大数据有可能在许多方面彻底改变交通的面貌。开车的人多，交通堵塞就多，其后果是浪费能源，造成全球气候变暖，耗费时间和金钱。手持设备、车辆和道路上的分布式传感器则可以提供实时交通信息。这些信息，再加上更好的自动驾驶功能，可以使驾驶更安全，交通堵塞更少。智能汽车日益互联的新型交通生态系统有可能彻底改变道路使用方式。

（3）大数据提高了美国的征税效率

由于迅速发现异常的能力日益增加，政府税务部门可以缩小"税收缺口"，即纳税人应付税款与其自愿缴税额之间的差额，并且对于那些试图进行不当纳税申报的人，此举会深刻地改变他们的行为方式。大多数税务机构实行"自愿缴税与追讨欠税并举"的模式。在这种模式下，它们接受纳税人的纳税申报单并办理退税，并对一部分纳税申报单进行抽查，以找出有意或无意欠税的情况。大数据则能够提高欺诈检测的水平，在纳税申报之初就揭露违规情况，减少问题退税的发放。资料表明，大数据在医疗领域每年产生数千亿美元的潜在价值；在公共管理部门，每年产生两千亿美元左右的潜在价值；在个人位置数据领域，每年产生一千亿美元左右的市场；在零售业能够增加 60%的营业额；在制造业部门，能够降低一半的产品开发及装配成本。

在欧洲，公共管理部门大数据得到深入应用。在 OECD 组织中的欧洲国家公共管理部门大数据创造了一千五百到三千亿欧元或更高的潜在经济价值，主要通过政府公共管理机构开支的减少、转移支付的下降及增加税收这些经济价值来实现。

2．把数据资产提升到国家信息战略高度

美国已经布局大数据产业，将大数据视为强化美国竞争力的关键因素之一。继 1993 年美国宣布"信息高速公路"计划后，2012 年 3 月奥巴马政府实行大数据研究和发展计划，宣布投资两亿美元，重点部署大数据战略。美国政府直接把大数据研究提升到国家层面，认为大数据是"未来的新石油与矿产"，必将改变未来的科技状况，推动经济高质量发展，产生深远影响。欧盟及日韩紧随其后，欧盟将大数据作为 Horizon 2020 计划优先领域；日本为了提高信息通信领域的国际竞争力、培育新产业，同时应用信息通信技术应对抗灾救灾和核电站事故等社会性问题。日本总务省于 2012 年 7 月新发布"活跃信息通信技术（ICT）日本"新综合战略，今后日本的 ICT 战略方向备受关注，其中最受关注的是其大数据政策。日本正在针对大数据推广的现状、发展动向、面临问题等进行探讨，以期对解决社会公共问题做出贡献。2013 年 6 月，安倍内阁正式公布了新 IT 战略——"创建最尖端 IT 国家宣言"。"宣言"全面阐述了 2013～2020 年期间以发展开放公共数据和大数据为核心的日本新 IT 国家战略，提出要把日本建设成为一个具有"世界最高水准的广泛运用信息产业技术的社会"。数据规模及运用数据的能力将成为综合国力的重要组成部分，国家间争夺的焦点包括对数据的占有和控制。

6.4.2　国内大数据金融的应用现状

在 21 世纪的第一个十年里，我国互联网行业取得了令人瞩目的成绩，形成了覆盖数亿网民、辐射各行各业的全产业链，在用户行为积累和数据处理方面积攒了一些经验。但另一方面，对比国际大数据企业的发展路径和步伐，互联网公司由于业务和行业特征，在数据分析技术和对数据的分析上相对领先一些，更有可能直接形成突破。

1．大数据在经济预警方面的应用

大数据在经济预警方面发挥的作用体现在 2008 年金融危机中，阿里平台的海量交易记录预测了经济指数的下滑。2008 年年初，阿里巴巴平台上整个买家询盘数急剧下滑，预示了经济危机的来临，数以万计的中小制造商及时获得阿里巴巴的预警，做好了准备预防危机。

2．大数据在市场营销的应用

大数据分析成为市场营销的重要手段。方法与传统的市场研究方法不同，不再局限于抽样调查，而是基于几乎全样本空间。例如，百度覆盖了我国 95%左右的网民，搜索市场占比达 80%之多，拥有我国最大的消费者行为数据库。百度基于多维度研究工具和最真实的用户行为数据，利用大数据的市场研究帮助宝洁精准地定位了消费者的兴趣爱好、地域分布等信息，宝洁根据百度分析的结论，适时地调整了营销策略。

3．大数据在金融领域的应用

大数据能够解决金融领域海量数据的存储、查询优化及声音、影像等非结构化数据的处理。金融系统可以通过大数据分析平台，导入客户社交网络、电子商务、终端媒体产生的数据，从而构建客户视图。依托大数据平台可以进行客户行为跟踪、分析，进而获取用户的消费习惯、风险收益偏好等。针对用户这些特性，银行等金融部门能够实施风险及营销管理。

另外，大数据应用于银行、供应链金融等领域时，降低了贷款人的风险，提高了借款人信息的真实可靠性，可以解决小微企业融资难的问题。

大数据还形成了一些较为典型的业务，如高频金融交易、小额信贷等。高频金融交易的主要特点是实时性要求高和数据规模大。目前沪深两市每天 4 个小时的交易时间会产生 3 亿条以上逐笔成交数据，随着时间的积累数据规模非常可观。与一般日志数据不同的是这些数据在金融工程领域有较高的分析价值，金融投资研究机构需要对历史和实时数据进行挖掘创新，以创造和改进数量化交易模型，并将之应用在基于计算机模型的实时证券交易过程中。小额信贷是另一个大数据应用领域，阿里巴巴和建行在 2007 年推出一个专注于小企业的贷款计划——e 贷通。阿里巴巴拥有大量用户信息，并汇集了他们详细的信用记录，利用淘宝等交易平台掌握企业交易数据，通过大数据技术自动分析判定是否给予企业贷款；而建行坐拥巨额资金，希望贷款给无信用记录但发展势头良好的小企业。到 2012 年年底，阿里巴巴累计服务小微企业已经超过二十万家，放贷 300 多亿元，坏账率仅为 0.3%左右，低于商业银行水平。

6.4.3 国内外大数据金融应用比较

我国大数据虽然发展很快，但在智慧城市建设、基础软件研发、数据流动性等方面尚存在一些不足。在新世纪以大数据为代表的第三次信息革命中，我国起步较早，大数据产业迅速成长，与全球其他国家相比，处于同样的起点。我国的大数据产业需要战略规划，政策扶持，社会整合，国家推动。

就整个产业而言，互联网行业仍处于大数据时代的萌芽初期。在商业模式和经营水平对数据的依赖程度上，除了搜索和电商，其整体上低于电信业、金融业、证券业、保险业、航空业、酒店业等传统产业的水平。这是因为数据并不等于大数据，传统的数据分析和数据统计手段也并不适用于大数据领域。而在这方面，国内软硬件厂商处于落后状态。究其原因，除了因为国内企业在数据库、数据仓库、商业智能等领域基础薄弱，大数据的意识和重视程度甚至创新精神，都是值得注意之处。

产业资本注入大数据领域，领军企业缺乏导致大数据生态系统不完善。资本正在高度关注我国的大数据产业，虽然已经有多只产业资本注资大数据产业，但国内缺乏领军企业占据大数据生态系统主导地位。做大数据产业不难，占据以核心软件产品为主导地位的生态系统较难，尤其是企业开发分布式文件处理系统等基础软件。

零售、电商的部分数据已经开放，但数据获取壁垒和行业间的数据流动性不足困扰业内企业发展。围绕数据资产，我国零售、电商等部分企业数据已经具有一定的流动性。但与此同时，我国政府公共管理数据、社交平台数据流动性不足，局限性明显，处于封锁状态，缺乏"流动性"和"可获取性"。2009 年美国政府创建了 Data.gov 网站，公开政府的大数据，服务全体公民，公众能够免费浏览这个网站，毫无障碍地获得各种需要的相关政府数据。数据的开放及流通是顺应时代与技术发展的大势，我国要在保障信息安全的前提下公开数据，拒绝数据意味着拒绝财富。

围绕大数据生态已经确立了多种商业模式，但还有更多的赢利方式有待探索。大数据产业已经明确了一些赢利手段及商业模式，但就商业模式而言还有很多的盈利手段没有创新出来。大数据的应用只有商业模式的不断丰富才能深化。目前，大数据与 B2C、C2B、O2O 等商业模式的结合及由大数据生态系统衍生出的新商业模式还处于探索阶段。归根结底，除了技术上的欠缺，对大数据的理解和认识不够深刻，以及数据开放理念的薄弱，是阻碍我国大数据技术在各行业落地的关键因素。

本章小结

本章主要介绍了大数据的概念及大数据金融的概念。大数据迄今为止还没有统一的定义，但其主要的特点是"大"。大数据是任何超过了一台计算机处理能力的数据量。大数据的具体特点为海量化、多样化、快速化、价值化。大数据金融指依托于海量非结构化数据通过专业化的分析，创新性地开展资金融通的工作。

大数据在金融行业应用价值巨大，应用前景广阔。大数据应用于银行业、证券业、保险业、信托业等金融机构中，能够大大提高业务价值，提升业务效率，为金融行业带来了很多机遇与挑战。大数据同时还在供应链金融中发挥很重要的应用价值，能够降低供应链金融业务成本，提高供应链金融现货押品的管控能力，提高客户筛选和精准营销能力等。

在大数据给社会带来巨大经济价值的同时，也伴随着一定的风险与不安全因素，如数据窃取、非法添加和篡改、个人信息泄露、数据存储安全、云计算安全和法律风险。

大数据给金融行业带来了不小的冲击，促进了金融行业转型，多方面应用于现代金融业如高频交易和精准营销，促进征信体系的变革。

将我国大数据应用情况与国外相比较发现，国外很多发达国家已经将大数据提升到国家战略的高度，我国仍需战略规划和政策扶持。相比国外，我国的软硬件厂商处于落后状态，大数据的意识和重视程度甚至创新精神仍有待提高。另外，虽然我国有多只产业资本注资大数据产业，但仍然缺乏领军企业，生态系统不完善。我国的零售、电商的部分数据已经开放，但获取壁垒的存在和数据流动性不足困扰业内企业发展，同时我国政府公共管理数据流动性不足，局限性明显。相比之下，美国政府创建了专门网站公开政府的大数据，服务全体公民。

思考与练习

1．多项选择题

（1）大数据的特点包括（　　　　）。

    A．海量化　　　　　　B．多样化　　　　　　C．快速化　　　　　　D．价值化

（2）供应链金融与互联网金融的作用主要表现在（　　　　）。

    A．增加了风险　　　　　　　　　　　　B．推进了"金融民主化"进程

    C．增加了处理信息的成本　　　　　　　D．降低了交易成本

（3）大数据应用于供应链金融需要满足的条件包括（　　　　）。

    A．基础数据的真实性　　　　　　　　　B．数据要能聚焦成指标

　　C.　不同数据体系要互相连通　　　　　D.　积累准确的参数

（4）大数据金融对现代金融的机遇表现在（　　　）。

　　A.　促进金融行业转型

　　B.　对金融行业的硬件基础设施造成影响

　　C.　在现代金融中的应用

　　D.　征信体系的变革

2．简答题

（1）大数据对金融业产生了怎样的影响？

（2）大数据有哪些特点？大数据金融有哪些特点？

（3）大数据对征信系统的变革产生了怎样的影响？

（4）大数据金融有哪些风险与挑战？

（5）简述京东的供应链金融模式是如何运作的。

3．论述题

试比较分析国内外大数据金融的应用现状，以及我国发展大数据金融应当提高的地方。

第 7 章　众筹

众筹在国内尚属萌芽状态。本章内容主要介绍了众筹的概念及基本模式。本章内容分为三部分：第一部分主要讲解了众筹的概念及分类、众筹的参与者、众筹的运作流程、众筹模式的优势、中外众筹发展情况；第二部分分析了奖励制众筹、募捐制众筹、股权制众筹、借贷制众筹四种众筹模式；第三部分介绍了众筹平台的风险，以及如何防范风险。

本章应重点掌握众筹的运作流程和四种众筹运营模式的原理。众筹平台的风险及如何防范风险的发生是本章的重点。本章没有特别的难点，关键还是要准确把握众筹的定义，并区分与其他融资方式的不同点。

这部分内容在国内属于新兴的探索中的知识，立法、监管等都有待完善。因此在学习这部分内容时，教师应鼓励学生多做创新性思考，教学时应结合当下最新动态，以分析实际案例为主。

7.1　概述

7.1.1　众筹的定义和分类

1．众筹概念的起源

18 世纪，众筹（Crowd Funding）的雏形出现了，在当时，有很多文艺作品都是以一种叫作"订购"（Subscription）的方法来完成的。比如，利用这种方式，莫扎特和贝多芬去筹集资金，他们去寻找订购者，让这些订购者给其提供资金，当作品完成时，订购者会获得协奏曲的乐谱副本，或是一本写有他们名字的书，或者可以成为音乐会的首批听众。类似的情况还有竞选募资、教会捐赠等。

众筹作为一种商业模式最早起源于美国，距离现在已有十多年的历史了。众筹先锋平台美国 ArtistShare 公司早在 2001 年就已经诞生，该平台资助的音乐人多次获得格莱美奖。美国学者迈克尔·萨利文在 2006 年致力于建立一个融资平台——名为 Fandavlog，他第一次用众筹一词对 Fandavlog 的核心理念进行了解释。在该平台上项目发起人被允许采用播放视频的方式，通过互联网吸引潜在投资者对项目进行融资。虽然最终该平台的建设失败了，但通过迈克尔·萨利文在博客上对该平台的工作进度进行持续发布以及在维基百科上对众筹进行定义，众筹被纳入了公众视野。

2009 年 4 月，世界上最大同时也是最负盛名的众筹平台 Kickstarter 网站正式上线。该网站创立不久后就为入驻其中的创意项目成功地募集到了资金。由此，这种全新的融资模式受到了社会的广泛关注。随后，麦克米伦词典和牛津词典分别于 2010 年 2 月和 2011 年 11 月收录了群众募资（Crowd Funding）一词。

【案例一】Kickstarter

2009 年 4 月，Kickstarter 成立于美国纽约，是一个专门为一些具有创意方案的企业进行筹资的众筹网站平台（见图 7.1）。

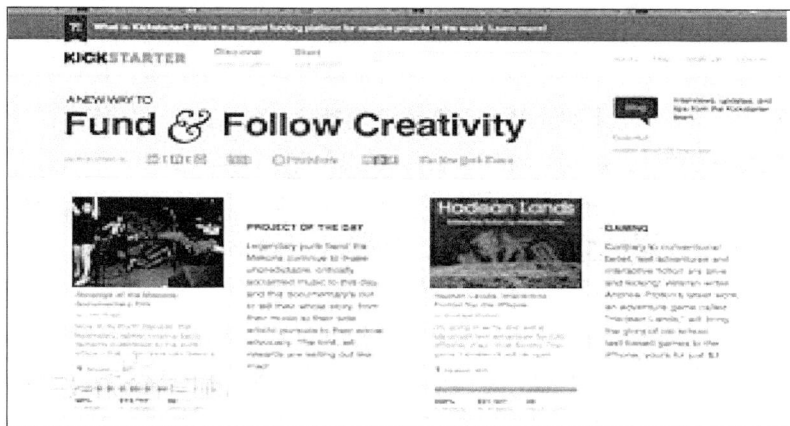

图 7.1　Kickstarter 网站

其中一位华裔创始人 Perry Chen（中文译名陈佩里）为网站提供了创意。他的正式职业是一名期货交易员，但他热爱艺术，有一家自己开办的画廊，还常常参与一些音乐会的举办活动。在 2002 年，因为资金问题，他被迫取消了一场还在筹划中的准备在新奥尔良爵士音乐节上举办的音乐会，为此他感到非常失落，就酝酿要建立起一个可以进行资金募集的网站。陈佩里回忆说："一直以来，钱就是创意事业面前的一个壁垒。我们脑海里常会忽然浮现出一些不错的创意，想看到它们能不能有机会实现，但除非你有个富爸爸，否则不太有机会真的去做到这点。"2009 年 4 月，在经过了漫长的等待之后，Kickstarter 网站终于上线了。

Kickstarter 致力于激励和支持创意性、创新性、创造性的活动。通过网络平台来面对公众进行小额资金的募集，为有创造力的人提供获得他们所需要的资金的可能，以便帮助他们实现梦想。Kickstarter 为"有创意、有想法，但缺乏资金"用户与"有资金，也愿意捐款支持好创意"的用户提供了平台。Kickstarter 相信，一个好的创意是可以快速地广为流传的，只要通过适当的沟通。同时，你可以更实际也更有勇气地实践自己的好点子，通过集结众人的力量来募集资金与获得精神上的鼓励。

Kickstarter 平台具有相对来说比较简单而有效的运作方式：该平台的用户一方是有创意与渴望来进行创作和创造的人，另一方则是愿意为他们提供资金的人，然后来见证新发明、新创作或是新产品的出现。Kickstarter 网站包括以下创意性活动：网页设计、平面设计、音乐、动画、作家以及其他所有有能力创造及影响他人的活动。

Kickstarter 是一个网站，在这个网站上，任何人都可以捐赠指定数目的资金，向某个感兴趣的项目。网站只会收取很低的佣金，门槛低到了不能再低的程度。例如：加州马金·卡拉汉希望创作新漫画，是一部关于半人半妖主题的，第一期的创作和宣传费用预计需要1 500美元，她希望有人能够提供小额捐款，就给网站写了一封介绍信。捐款者可以得到以下回报：捐5美元可以得到一本带有作者签名的漫画书；捐100美元可以得到一个以漫画故事中主人公为饰物的包。当然，她兑现许诺的前提是收到的捐款超过1 500美元。结果是，她只用了很短的时间就拥有了这笔捐款。

2．内涵

众筹（Crowd Funding）是一种全新的项目投融资方式，指项目发起人通过互联网众筹平台介绍、宣传自己的项目，合格投资者对感兴趣的项目进行少量投资，使发起人筹集到项目运行资金。在相当一部分众筹活动中，投资者还积极参与项目谋划与实施过程，促使产品能够更好地适应市场需要。这种用"团购+预购"形式向网友募集项目资金的模式，可以有效集聚众多互联网网民的富裕资金，积小成大并形成一股较大的合力。通过给有创意的人提供资金支持，每个人的小额资金都可以创造价值，实现互利共赢。

3．特征

一是低门槛，众筹不限制发起人的职业、身份、地位、性别、年龄，只关注项目本身是否具有足够的吸引力；二是多样性，众筹的方向具有多样性，可包括科技、设计、影视、音乐、食品、游戏、漫画、出版、摄影等；三是依靠大众力量，支持者都是普通网民，投资者具有低门槛，积小成大；四是注重创意，众筹具有公益圆梦的意义，但对于发起人的创意，包括设计图、策划书、成品、视频讲解等，要达到可展示程度，且不可复制。

4．众筹的价值

（1）风险投资的补充

众筹可以有效解决那些不适合批量生产的产品的资本来源，满足人们日益增长的对个性化产品和服务的需求。不适合批量生产意味着融资规模相对较小而且成本高，风险与收益不成正比，难以吸引风险投资机构。

（2）吸引潜在客户群与未来投资者

众筹模式不但可以带来启动资金，还可以把产品从小众推向消费级市场。对于一些不缺钱而相对成熟的项目，众筹平台可以作为一种营销渠道。众筹平台用户普遍勇于尝试新鲜事物，对许多以创意取胜的项目来说，这是十分重要的。此外，众筹网站还可能作为风险投资者发现创新项目的重要平台。

（3）参与主体价值多元化

众筹平台融资者往往存在多重目标，除融资目标外，还包括获得资源、外部技术及管理经验等帮助目标。投资者参与众筹的目的主要涉及慈善行为、享受行为（享受和融资者互动和创新的过程）、特殊荣誉、特别体验机会和独特价值服务等因素。投资者和融资者不局限于单纯的资金借贷本身，交易关系更为融洽，交易活动的目的更为丰富，距离更为贴近。

5．分类

按照筹资方式的不同，众筹大致可分为四类：捐助类（Donation）、报酬类（Reward）、借贷类（Lending）和权益类（Equity）。

捐助众筹是指在筹资过程中投资者不获得任何实质性的补偿，捐赠众筹主要适用于红十字会等非政府组织（NGO）对特定项目募捐或提供戴帽贷款。由于 NGO 发起的特定项目款项具体用途明确且具有社会公益性，并在项目运作中会保持较高的透明度，出资人往往更愿意捐赠。一般来说，捐助众筹所涉及的项目金额相对较小。

报酬众筹是一种基于预购和奖励的筹资方式，这也是国内目前最流行的众筹类型。预购众筹是指项目发起人通过在线发布拟推出产品或服务信息，并辅助以优惠价格，对此产生兴趣的投资者可以选择支付购买，从而完成项目融资。这在一定程度上能够对传统的市场调研进行替代，并直接进行需求的有效分析。奖励众筹与预购众筹的区别在于项目发起人不提供增值产品或服务给投资者，通常回报为象征性奖励，如 VIP 资格或印有 Logo 的文化衫等；电影和音乐等创意项目的融资主要通过奖励众筹进行。

借贷众筹是指项目发起人通过众筹平台承诺在约定时间内对若干投资者偿还其出资金额的筹资方式。众筹网站在当中主要发挥借款中介作用，但也有网站提供还款担保，债权众筹与 P2P 网贷不同，P2P 网贷投资额大小不一，强调的是资金需求者和资金供给者的自动撮合，而借贷众筹每位投资者投资额均等，相对弱化了风险。

权益众筹是指项目发起人以出让股权的方式换取投资者出资，权益众筹中项目发起人通常为初创企业，而众筹网站则充当类似证券交易一级市场角色，投资者获得股权回报，与项目发起人共享收益、共担风险。

7.1.2　众筹活动参加者

众筹融资的业务模式是：项目发起人在平台注册、提交和发布融资项目，众筹平台根据其成长性、市场前景等标准对融资项目进行筛选，公布项目的融资目标、天使投资者等信息，向潜在的投资者推荐，并建立投资者和项目发起人之间的联系，提供沟通渠道。如果投资者决定投资该项目，就通过网络完成相关支付、转账以及其他财务和法律手续，项目发起人则承诺给投资者股权、产品或其他形式的投资回报。

根据上述众筹融资的基本模式，我们可以看出众筹活动参加者分为以下三类。

（1）项目发起人（筹资人）

项目发起人作为项目的直接发起者、资金筹集者以及日后项目经营者，在项目创意与项目经营上具有优势，其主要工作内容是向外界展示项目创意、项目风险、项目前景以及资金需求等，开展日后项目经营，分享项目成果。具体工作按流程主要包括：项目申请、收获筹资、项目经营以及成果分配（见图 7.2）。

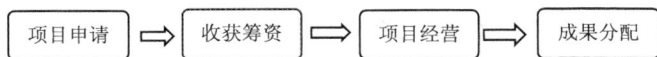

图 7.2　项目发起人工作流程

项目申请即向众筹平台提交项目融资请求，主要内容包括申请人信息、项目名称、项目团队介绍、图片或视频式的项目描述、筹资额度与期限、项目进展与风险、项目承诺与回报等。

收获筹资表明项目申请已通过众筹平台审核，并在设定的期限内完成了设定的筹资额，发起人可以顺利通过众筹平台得到支持者投资的资金。如果未能在期限内将设定的筹资额完成，筹资就此失败，发起人不能收获筹资。通常收获筹资的金额为期限终止时实际筹资额的90%～100%，众筹平台的佣金及服务费就来自剩余资金。

项目经营是发起人收获筹资后的重要工作，也是发起人融资的最终目的。为了保证项目经营的顺利实施，出资人需要对项目进行监管，发起人也有义务定期向出资人发布项目经营信息。

成果分配是发起人最后的工作，也是向出资人实现承诺发放回报的信用体现。如果项目经营成功，发起人需要在预先约定的时间完成承诺的回报；如若未能在约定的期限内实现承诺，视作项目经营失败，成果分配的义务发起人后期可不再履行。

项目是具有明确目标的、可以完成的且具有具体完成时间的非公益活动，如出版图书、制作专辑或生产某种电子产品。项目不以债券、股权、利息、分红等资金形式作为回报。项目发起人必须具备一定的条件，如年龄、国籍、银行账户、资质和学历等。项目发起人对项目拥有 100%的自主权，不受任何第三方控制，完全自主。项目发起人要与中介机构（众筹平台）签订合约，明确双方的权利和义务。

项目发起人通常是需要解决资金问题的创意者或小微企业的创业者，但也有个别企业为了加强与用户的交流，在实现筹资目标的同时，强化众筹模式的市场调研、产品预售和宣传推广等延伸功能，以项目发起人的身份号召公众（潜在用户）介入产品的研发、试制和推广，以期获得更好的市场响应。

（2）中介机构（众筹平台）

众筹平台作为发起人与出资人的中介机构，具有专业化服务及平台优势，其主要工作内容是以保护发起人与出资人的利益为前提，为项目资金筹集牵线搭桥。具体工作按流程主要包括项目审核、项目展示、筹资管理和收获佣金（见图 7.3）。

项目审核 ⇒ 项目展示 ⇒ 筹资管理 ⇒ 收获佣金

图 7.3　众筹平台工作流程

项目审核是众筹平台工作的开始，也是决定项目能否参加众筹融资的关键。众筹平台在收到项目申请后，需要审核项目申请内容，对申请信息的完备性、真实性及项目可行性进行评估。只有满足完备性、真实性以及可行性的要求，项目申请才能通过审核。

项目展示表明项目审核已经通过，并通过众筹网络平台向外展示。项目展示包括项目预展示与项目展示。项目预展示主要目的是为了争取网民的关注，获得市场反馈，从而调整项目内容，以确保后期项目展示能筹集到足够的资金。项目展示的内容包括项目详细介绍、筹资金额、筹资期限、支持方式以及项目回报等。

筹资管理即在发起人预先设定的筹资期限内对所筹集资金进行日常管理，以及筹资期结束后，对实际筹资额的分配。筹资期结束后，若实际筹资额达到或超过预先设立的筹资额，则表示筹资成功，筹资平台从中抽取一定的佣金及服务费后，将剩余资金及时交给发起者；若实际筹资额小于预先设立的筹资额，表明筹资失败，筹资平台需要将实际筹资额返还给出资人，众筹平台并不收取任何佣金及服务费。

收获佣金即在筹资成功后，按照预先约定的佣金比率（一般为 0 到 10%不等），从实际筹资额中抽取少部分作为项目佣金及服务费，这也是众筹平台收入的体现形式。

中介机构是众筹平台的搭建者，也是项目发起人的监督者和辅导者，还是出资人的利益维护者。上述多重身份的特征决定了中介机构（众筹平台）的功能复杂、责任重大。首先，众筹平台要拥有网络技术支持，根据相关的法律法规，运用虚拟运作的方式，在虚拟空间内发布项目发起人的创意和融资需求信息，实施这一步骤以在项目上线之前进行细致的实名审核为前提，并且确保项目的内容完整、可执行和有价值，确定没有违反项目的准则和要求。其次，在项目筹资成功后要监督、辅导和把控项目的顺利展开。最后，当项目无法执行时，众筹平台有责任和义务督促项目发起人退款给出资人。

（3）公众（出资人）

项目出资人作为项目所筹资金的来源方，具有资金优势，他的主要工作内容是以发挥自身资金优势为前提，支持、监督项目实施，并获得项目成果分享。具体工作按流程主要包括项目评估、项目支持、项目监管和收获回报（见图 7.4）。

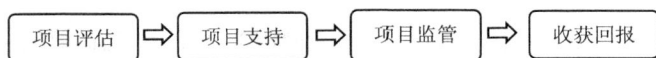

图 7.4　出资人工作流程

项目支持是支持者对项目的实际投入工作，当前在我国主要形式为资金支持。支持者只需要按照众筹平台的指导，在网上即可完成项目资金的支持工作。

项目监管是支持者为了确保项目经营的顺利实施，而定期或不定期地与发起人进行沟通，项目发起人也有义务定期向项目支持者发布项目经营信息。

收获回报是支持者参与众筹融资的最终收益体现形式，发起人需按约定发放对支持者承诺的回报。当前在我国，众筹融资的发展并不明朗，为了与非法集资相区分，很多众筹平台均规定不得以红利、股权等形式作为承诺回报，而必须以实物资产的形式，如项目最终产品等。

出资人往往是数量庞大的互联网用户，他们利用在线支付方式对自己感兴趣的创意项目进行小额投资，每个出资人都成为了"天使投资者"。

公众所投资的项目成功实现后，对于出资人的回报不是资金回报，而可能是一个产品样品，例如一块 Pebble 手表，也可能是一张唱片或是一场演唱会的门票。出资人资助创意者的过程就是其消费资金前移的过程，这既使生产和销售等环节的效率得到了提高，生产出原本依靠传统投融资模式而无法推出的新产品，也满足了出资人作为用户的小众化、细致化和个性化的消费需求。

7.1.3　众筹活动运作流程

如图 7.5 所示，众筹网站的融资流程通常有六个步骤。

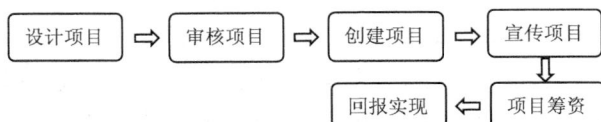

图 7.5　众筹网站的融资流程

（1）设计项目

项目创建者为筹资项目制定融资目标、设定融资期限，为项目的整个融资流程制定可行的方案。

（2）审核项目

众筹网站对申请融资的项目进行审核。为了控制风险，网站一般具有严格的筛选机制，通过审核者才可以在众筹平台上创建项目。

（3）创建项目

通过审核的项目在众筹网站上创建项目主页，主要使用文字叙述、宣传视频及图片等形式来吸引投资者。

（4）宣传项目

项目创建者利用亲友关系、社交网络等社会资源宣传项目。项目宣传一般与项目筹资同时进行。

（5）项目筹资

在融资时限之内，投资者在众筹网站上承诺向该项目投资一定的数额，并对回报方式进行选择。筹资结束时，若融资目标被完成，根据投资者提供的银行账号信息，银行会统一转账，众筹网站向项目创建者收取一定比例的手续费。若融资目标未被完成，众筹网站则不向投资者收款。网站不收费，项目发起人可等待时机进行融资。

（6）回报实现

在项目完成后，项目发起人按当初许诺的回报方式为投资者支付相应的报酬。

7.1.4 众筹模式的优势

1．可以降低融资门槛，有效促进微创业

微创业，是指使用微小的成本，以微平台或网络平台为重要载体，在细微的领域进行创意开发的创业活动。其主要特点是投资微小、可批量复制、产生效益快。微创业是缓解当前我国大学生就业压力的有效途径之一。但是，由于目前的大背景还是金融管制，使得民间融资渠道不畅、融资成本较高等问题依然存在，这使微创业的发展受到了阻碍。而众筹是一种更大众化的融资方式，它使微创业者获得成本更低的、更快捷的资金变成了可能，这可以很好地解决"融资难"问题。通过众筹平台项目，发起人把大众的微小资金汇集，来获得从事某项创业活动的资金。众筹突破了传统融资模式的束缚，每个投资者也可以参与项目的策划、咨询、运营与管理。由于互联网的开放性特征，投资者不受职业、地区和年龄等限制，只要具有一定的管理经验、资金能力和专业技能即可。这种依托众筹平台的微创业活动在实现了"众人集资、集思广益、风险共担"的众筹理念的同时，也积累了人脉和经验。

2．可以激发"草根"创新，拉近消费者与生产者的距离

众筹模式不仅是一种投融资活动，它还作为一种创新模式，激发"草根"创新。"草根"创新时代的到来是由互联网的技术特征和商业民主化进程来决定的，每个人（文艺、科技人才等）都可以发挥自身的研发与创新能力，并借助社会资源把自己的创意变为现实的产品。

众筹模式为每个"草根"创新者（即项目发起人）提供了一个获取资金、市场和人脉等重要资源的平台。而不同的投资者因为有着不同的专业背景以及价值观，他们可以直接对项目提出自己的意见和观点，项目发起人会对这些意见和观点进行认真评估并进一步完善方案。双方的互动拉近了消费者与生产者之间的距离。这种注重用户体验和交流的行为类似于"大规模定制"行为，极大地降低了产品的市场风险。

3．增加了资金来源的广泛性

在现有融资成本比较高和担保体系不完善的情况下，创业者希望能够获得低风险、低成本的融资方式，来筹集到足够的启动资金。众筹融资依靠项目的创新产品，筹资成本低并无须担保，是一种公平务实的新型筹资方式，项目启动的资金需求基本上可以被满足。它的典型特征是资金数量不受限，筹资来源广泛，其综合结果是筹资数量的想象空间很大。众筹融资信息向大众公开，公众参与的资金可多可少，有不同的档次可供选择，极具灵活性。

4．为获取市场资源提供了一种快速途径

项目发起人存在市场资源匮乏和资金不足的双重压力，众筹融资不但可以聚集大众的资金，同时也是市场营销和销售的过程。借助众筹社区平台的项目发布机制、社区交流机制等向大众推荐项目，众筹项目可赢得一部分消费者和上下游的合作伙伴。这是传统的融资渠道很难达到的，也是众筹融资的重要价值所在。

【案例二】无线网络技术（Wi-Fi）智能遥控器

2008 年，刘宗孺毕业于澳大利亚墨尔本大学，2011 年回国创业，从事 Wi-Fi 芯片研发、标准制定以及 Wi-Fi 相关产品研发等工作。他通过众筹平台点名时间发布了一款在全球任何地点都可以通过智能手机控制的"Wi-Fi 智能遥控器"，并成功筹资人民币 4.7 万余元（目标筹资额人民币 1 万元）。众筹成功的刘宗孺认为，众筹平台提供给项目发起者的不仅仅是资金方面的支持，还包括广泛而有效的产品宣传。刘宗孺说："已经有好几家商贸企业在点名时间看到产品后找到了我，要求订货，众筹网站相当于帮我们做了宣传，省下了不菲的市场推广费。"与许多利用众筹平台筹集资金的项目发起者不同，刘宗孺已经创立了自己的企业，也获得了一定的风险投资，但是他依然认为众筹平台是不可或缺的。项目投资者通过众筹模式得到的不仅仅是某个单纯的商品或服务，还包括整个创业故事发生的过程。让消费者感受到产品或服务的内涵，而不是单纯对价格因素敏感，是众多品牌营销大师梦寐以求的事情。项目发起者通过众筹平台轻而易举地完成了筹资和营销双重任务，可谓一石二鸟。

7.1.5　国内外众筹发展情况

1．国际上众筹融资的发展现状及趋势

近年来，从全球范围来看，众筹融资得到了非常迅速的发展。根据市场调查公司 Massolution 的研究报告，2009 年全球众筹融资额仅仅约为 5.3 亿美元，到 2012 年快速上升至约 27 亿美元，2013 年达到 50 亿美元左右。2007 年全球只有不足 100 个众筹融资平台，到 2012 年年底已经超过了 460 个，成功为 100 多万个项目募资，覆盖社会公益、创业、影视、艺术、音乐、互动数字媒体等多个类别。从地区分布来看，众筹最活跃的地区是北美和

欧洲。2012 年时全球众筹融资总额的 95%来自于北美和欧洲。其中，北美地区众筹融资额约为 16 亿美元，接近总额的 60%。其中，以 IndieGoGo、Kickstarter 两大众筹平台为代表的美国众筹融资占据全球融资的主要份额；在全球活跃的众筹融资平台中，美国占比超过40%。从募资的形式来看，2012 年众筹融资募得的约 27 亿美元中，通过捐赠模式的有52%，通过借贷模式的有 44%，通过股权模式的有 4%。欧洲是股权模式增长最快、使用得也最广泛的地区。全球近几年来成立的股权众筹融资平台中，欧洲占大部分，年增长率约为114%。

众筹在北美的发展非常迅速。2005 年，Kiva 公司发起了一个小额贷款平台，使得普通人可以出借少量的钱给发展中地区的企业主。据 Bradford 的统计数据，截止至 2011 年 6 月，超过 60 万的 Kiva 用户借出超过 2.25 亿美元给近 60 万的企业主。在此基础上，进一步改良的P2P 借贷公司如 Prosper 和 Lending Club 随后也成立了。2009 年，Kickstarter 等网站的出现，使得公众可以为如独立电影、视频游戏或食品项目等创新项目提供融资。2010 年至 2012 年间，已有近 1000 个初创企业通过美国知名众筹网站 AngelList 募得超过 11 亿美元的资金。由硅谷创业公司 Pebble Technology 设计的一款同步手机电话、短信、邮件和社交网络信息并提醒用户的智能手表项目，在短短 37 天内就通过众筹网站 Kickstarter 募资超过 1 000 万美元。2012 年，仅 P2P 借贷这一种众筹方式，已募得超过 10 亿美元资金，并在 2013 年募资超过 50亿美元。

2012 年 4 月 5 日，美国总统奥巴马签署了《企业振兴法案》（Jumpstart Our Business Start-ups Act，JOBS Act），增加了对众筹的豁免条款，给通过众筹方式向一般公众进行股权融资的创业公司提供了法律依据，进一步使投资者和创业者的募资渠道得到了拓宽，众筹模式逐步趋于规范化、合法化。

欧洲的众筹融资正处于起步阶段。2012 年，欧洲众筹融资额约为 9.5 亿美元，与 2011 年相比增长超过一倍。

【案例三】IndieGoGo

IndieGoGo 于 2008 年创建，目前是美国最大的国际众筹融资平台。全球范围内的投资者都可以通过这个平台向有梦想有能力但缺乏资金的融资人进行投资。在融资流程中，平台的工作人员收到对创意项目的简要说明后，按指南评估该项目是否合适这个平台。若创意通过评估，工作人员将向项目发起人要求其对项目介绍进行更进一步的修改以适应市场的需求。在完成修改后，项目就可在 IndieGoGo 网站上进行最长期限为 120 天的投资者展示和资金募集。融资人可在固定融资和弹性融资之间选择所需的融资机制。其中，若选择固定融资机制，如果融资者在规定期限内没有实现融资目标就得不到任何所融资金。若选择弹性融资机制，即使融资者没有实现预定融资目标，仍可以获得部分所融资金，但 IndieGoGo 对所融到的资金要收取 9%的相关费用。融资人若可以完成融资目标，则无论选择哪种机制，IndieGoGo 都要对所融资金收取 4%的相关费用。另外，提供其他服务的第三方收取 3%的费用，而国际融资每次还需额外再收取 25 美元的费用。自成立以来，IndieGoGo 已经为全世界212 个国家的 65 000 余个项目提供了融资。

【案例四】众筹网络融资案例——Pebble 智能手表项目

美国明星级的众筹网络融资平台 Kickstarter 上有众多产品获得了成功并且声名大震，其中的典型代表就是 Pebble 智能手表项目。项目发起人 Eric 在 2012 年 4 月 11 日，抱着试一试的态度在 Kickstarter 众筹网站平台上发布了 Pebble 智能手表项目，希望能给自己因为资金困难眼看要"流产"的项目再筹集到 10 万美元的运作资金，借以使自己的梦想延续。这个 4 人团队在 2 小时后发现奇迹出现了，10 万美元的筹资目标居然已经完成，并且投资仍在继续迅速增加。项目发布后的 28 小时，Pebble 智能手表项目总融资金额突破 100 万美元。Pebble 智能手表就此一夜成名，甚至成为当时硅谷议论的焦点。由于在 Kickstarter 众筹网络融资平台上的光芒四射使得 VC 回心转意，重新认识到智能手表的商业潜力。2013 年 5 月，Pebble 智能手表项目金额为 1 500 万美元的融资顺利完成，项目的发展又继续向前迈进。Pebble 与 Kickstarter 合作的成功案例引发了巨大的示范效应。在 Pebble 之后，在 Kickstarter 众筹融资网络平台上又迅速涌现出来了众多硬件创新产品项目。

2．我国众筹融资的发展历程及现状

众筹融资在我国还处于刚刚起步阶段。从融资形式上看，目前国内只有捐赠模式和借贷模式，还没有严格意义上的股权模式。

目前，捐赠模式的众筹平台有十几家，总募资规模超过 1 000 万元。其中"点名时间"规模最大，于 2011 年 7 月成立，旨在为创意项目提供融资平台。这类平台中几乎所有都只支持以项目名义进行集资，不对创业公司开放。项目类别仅限于科技、设计、影视、音乐、食品、游戏、漫画、出版、摄影等范畴，不接受慈善项目。投资者的收益也仅限于实物产品。在保护支持者方面，部分国内众筹平台（如众筹网）把支付分成两个阶段，对筹资成功的项目先付一部分资金给发起者启动项目，在项目完成后，确定支持者回报都已经收到，众筹网站再把剩下的钱交给发起者。

【案例五】点名时间

点名时间是国内较早一批模仿 KickStarter 的众筹网站，也是目前比较知名的一个众筹网站，上线不久后就获得台湾天使投资的 50 万美元资金。平台中项目发起人可以在平台申请公布通过图片、文字、视频等形式介绍的众筹融资项目并预先设置融资目标总额、约定结束时间及投资回报形式。网民通过浏览平台网站并支持他们感兴趣的项目。规定时间内未达到约定融资额的则为融资失败，将全额退回投资者金额。每个项目发起人可以对回报方式进行灵活的设置，可以是项目产品或者是成果体验等，但并不涉及资金或股权回报。

点名时间于 2011 年 7 月正式上线，截止至 2013 年 9 月 20 日已完成筹资项目 700 余件，筹资成功项目超过 300 件，筹资成功率在 40%之上。其中音乐类为项目成功率最高的种类，游戏类为成功率最低的种类。我国众筹模式较适合小众群体爱好者和感染力高、传播性强的项目。

与美国最大的众筹网站 Kickstarter 相比，我国众筹网站的发展规模很小。2009 年 4 月，Kickstarter 上线，经历四年多的发展后，仅 2012 年度就完成筹资项目四万余件，成功率达到 43%以上，与点名时间的项目筹资成功率相比几乎相同，可见我国较成熟的众筹网站在管理水

平与项目可行性审批方面，与美国成熟的众筹网站相差不大。

从筹资金额的角度来看，截止至 2013 年 9 月 20 日点名时间所展示项目共筹资 888 万余元，平均每件项目筹资接近 6 万元。而 Kickstarter 所展示项目仅 2012 年度就成功筹资接近 3.2 亿美元，平均每件项目筹资 1 万多美元。由此可以看出，我国众筹网站的筹资能力还是相对较弱的。

在点名时间所有可被分类的项目中，筹资金额较高的两个项目分别属于动漫和影视，其中动漫项目是为动漫《十万个冷笑话》的剧场版制作筹资，共筹资 137 万余元。影视项目是为动画电影《大鱼·海棠》筹资，共筹资 158 万余元。本质上，两个项目都属于动漫产业，它们在众筹之前就通过社交平台进行了充分的宣传，因此有着非常深厚的群众基础。

借贷模式的众筹即网贷方面，在 2007 年 8 月首家小额无担保 P2P 网贷平台——"拍拍贷"诞生了。2009 年之后，我国成立了一批 P2P 网贷平台，比较知名的有人人贷、红岭创投等。据不完全统计，截至 2012 年年底，全国活跃的网贷平台已超过 300 家，全行业成交量达 200 亿元。网贷平台除了给投资者和融资者提供交易渠道之外，还对投资者承诺保障本金，部分平台甚至还承诺保障利息。

股权模式的众筹平台目前国内还未出现，但以红岭创投、天使汇、大家投为代表，已经有一些平台涉及股权融资。红岭创投以 P2P 借贷起家，2010 年起开始涉足股权投资业务。它通过网贷业务的审核调查等环节积累了大量的前端数据，并从中挖掘先进的经营理念、创业思路和优质客户，为股权投资搭建项目渠道，投资有潜力的小微企业谋求爆发式的增长。其目前主要是以自有资金进行股权投资，未来很可能向投资者募集资金从而切入财富管理领域。

天使汇是一个为创业者和天使投资者之间架起交流平台的社交网络门户。天使汇通过为创业者和投资者建立各自的页面，使得双方可以在线上交流，增进相互之间的了解。天使汇也通过合作伙伴推荐项目和在线下举办见面会的方式帮助创业者和投资者达成融资意向。目前，天使汇还算不上一家真正意义上的众筹平台，因为它对投资者有一定的要求，即必须达到可用资金至少为 300 万元人民币的准入门槛。在如此高的准入门槛下，普通大众注定不可能参与其中。参与投融资的群体实际上也确实没有什么本质的变化，多半是原来就知名的天使投资者和机构投资者，只是将投资者发现项目、创业者寻求资金的过程了搬到网上。

此外，大家投网站也在探索股权众筹的其他模式。大家投是一个对接天使投资与创业项目私募股权的投融资平台。它的运作模式是由创业公司在平台上发布项目，当吸引到足够数量的小额投资者，并凑满融资额度之后，投资者就按照各自出资比例成立有限合伙企业，接下来再以该有限合伙企业法人身份入股被投项目公司，并持有项目公司出让的股份。在这个过程中，大家投提供给投融资双方的是订立投资合同的中介服务，通过向投资者提供目标公司的股权转让、增资扩股等商业信息，促成投资者与目标公司股东签订增股权转让协议、增资扩股协议或其他协议。

大家投、红岭创投和天使汇的业务模式尽管与国外的股权众筹有着显著的区别，但在当前我国市场环境和法律环境下更具有可操作性，不失为众筹模式在我国资本市场应用的一种有益尝试。在发展方向上，股权众筹平台未来可能会直接涉足创业投资，投资于本平台的优秀项目，甚至转型为孵化器。

【案例六】众筹网络融资案例——3W 咖啡店

创投平台 3W 咖啡的创始人是互联网分析师许单单。3W 咖啡采用向社会公众筹集资金的方式。2012 年时，社交平台微博风靡全球，3W 咖啡项目借助微博高度繁荣的环境，很快吸引了众多有分享意识、思想前卫的有志青年一同参与。其设定每个人 10 股，每股 6 000 元，相当于一个人投资 6 万元。由于股东包括知名人士，3W 咖啡引领了我国网络众筹式创业咖啡店的潮流。3W 迅速以咖啡品牌出发，并开始涉足其他领域。

3W 的发展模式其实并不难以操作，但不是任何人投入 6 万元就能成为 3W 的股东，入股还需要另外的附加要求。3W 是云集网络创业和投资者的平台象征。人们投入 6 万元并不是为了分红而来，反而更多是以 3W 咖啡为平台为股东们创造了人脉价值和圈子回报。假设 3W 的股东在交流中找到了适合的投资项目，那创收会远远超出 6 万元。这是一笔划算的买卖，是一个富有创意而多方收益的典型案例。之后，在我国很多城市相继出现了会籍式的众筹创业咖啡店的热潮，如"很多人的咖啡店"。

创业咖啡注定不容易赚钱，但这种理念通过网络平台的传播，可以使得更多素不相识的人积极参与到这种沙龙式的融资方式之中，通过众筹网络融资模式结合会籍式经营，书吧、美容院、发廊等服务类场所将在创业伊始就拥有强大的客户资源和智囊团队，进而可以快速拓展业务。这种方式迎合了相同兴趣喜好的人的交流需求，也可以使服务场所的质量得到优化。项目发起人可以选择通过众筹网络融资方式设定股东标准，定位筛选股东人选，可谓创业、交友、赚钱三不误。

7.2 众筹平台运营模式

7.2.1 奖励制众筹（Reward Based Crowd Funding）

奖励制众筹一般指项目发起人在筹集款项时，投资者获得产品型的奖励作为回报，例如，电影中的角色、签名的手稿等。所以这种奖励不是必须承担的责任，也不是商品的销售。奖励式众筹一般应用于文化艺术行业，如音乐专辑、电影及科技产品。

奖励制众筹类似团购，但团购不是奖励制众筹的全部内容，其中重要的不同就是募集资金时，产品的发展阶段不同。奖励制众筹对应的产品或服务所处的阶段一般是处于研发设计和生产阶段，而团购对应的产品或服务所处的阶段是处于销售阶段。因此，奖励制众筹面临着产品或服务不能进入销售阶段的风险。奖励制众筹和团购的目的也不尽相同：前者主要是为了募集资金，满足研发设计的需求；而后者则主要是为了提高销售业绩。该模式也可以替代传统的需求分析和市场研究。国内的奖励制众筹平台有点名时间（demohour.com）、众筹网（zhongchou.cn）和追梦网（dreamore.com）。其中追梦网平台服务是完全免费的，而我国现有的其他众筹平台基本上都会向项目发起者收取 1%～10%的费用。

【案例七】众筹网

众筹网是北京网信金融集团旗下的众筹模式网站，为项目发起者提供募资、投资、孵化、运营等一站式综合众筹服务。2013 年 2 月，众筹网正式上线，目前已运营众筹网、众筹制造、众筹国际、金融众筹、股权众筹及开放平台等六大板块。其中，众筹网联合长安保险推出的"爱情保险"项目创造了国内融资额最高众筹纪录，筹资额超过 600 万元人民币。"快男电影"项目有近 4 万人参与，创出投资者最多的纪录。截至 2014 年 7 月，众筹网共拥有将近 2 500 个项目，累计支持达 10 万人次，累计筹资额超过 3 400 万元人民币。

7.2.2　募捐制众筹（Donate Based Crowd Funding）

募捐制众筹是指投资者不能获得任何实质性奖励的一种众筹模式，很多非政府组织都是采用这种模式来吸引募捐，如壹基金。但与传统的募捐活动不同的是，募捐制众筹可以通过众筹平台，及时披露募捐款项的财务流水和具体用途，从而吸引更多的募捐，获得更高的信任感。在国内，主要的募捐制众筹平台有微公益（gongyi.weibo.com）等。

如果不包括非政府组织的募捐，募捐制众筹平台在国内屈指可数，其原因主要有以下三点。

（1）近几年，国人相互之间的信任感逐步下降，使每个项目的审核成本大大提高，需要自身或者第三方非政府组织进行线下运营。比如微公益，项目由第三方发起、证实、认领、执行。

（2）国内的法律框架不完善，甚至在全国各省市，个人和企业向公众募捐的法律法规都有所不同。

（3）国内的人均可支配收入较低，80%的人都表示"自己的钱都不够用，又怎么捐赠他人"，这种想法是影响捐赠的资金规模的一个重要因素。

【案例八】微公益

微公益作为一个汇集亿万网友爱心的平台，自 2012 年 2 月正式上线以来，一直致力于将求助者、爱心网友、公益机构等资源进行整合，打造中国第一个有影响力的社会化劝募平台。利用平台的影响力和汇聚力，从认证用户发掘求助项目、"爱心团"甄别信息真伪，到公益机构介入实质救助、网友参与提升项目影响力，几乎所有的微博用户都有机会以个人身份，亲身参与到微公益项目中来，通过全民力量打造一条从项目发起、信息核实到实际救助的完整生态链，以高效、便捷、透明的运作机制，降低用户参与门槛，让所有微博用户都能随手参与公益，微公益启动了一个全新的"全民公益"时代。

另外，微公益拥有打通新浪网和新浪微博的强大推广能力，并整合电视台及平面媒体传播资源，尝试挖掘微博名人、公益组织官微、爱心企业官微等资源，把透明、可靠的项目信息推送给爱心用户，不断完善社会化参与、社会化激励、社会传播、社会化监督等运营机制。同时，微公益通过平台上的 3 500 余个项目，与国内基金会及公益组织、志愿者组织、爱心网友等建立了紧密联系和合作，行业资源积累丰富。

截止到 2013 年，微公益已累计有约 194 万爱心网友参与过捐款、转发及关注公益项目，其中"救助白血病女孩鲁若晴""廖丹与妻子的爱情故事""救助西单奶奶"等热点事件广为人知，是所有微博网友的爱心托起了微公益这个"全民公益"的平台。微公益也正通过实实在在的努力，致力于成为中国公益组织最忠实的筹款平台、中国百姓最信任的透明公益平台、求助者和施助者最通畅的沟通平台。

7.2.3　股权制众筹（Equity Based Crowd Funding）

在传统投资行业，投资者在一二级证券市场上购买股票便是股权众筹的一种表现方式。在互联网行业，股权众筹通过众筹平台进行早期私募股权投资。具体来说：投资者向其他投资者融资，投资者用创业企业的股权换取对价资金便是股权众筹的形式。国内的股权众筹平台有：天使汇（angelcrunch.com）和大家投（dajiatou.cn）。

股权众筹平台的发展可以向 P2P、P2C 平台学习，建立一个可以快速查找所熟悉行业，了解足够多的企业信息、严格资金管理制度和风控制度的股权众筹平台。详细的实现方式可以归纳为以下三个方面。

（1）在关注服务的同时，更加需要关注产品，产品是众筹平台的核心。

（2）通过更多的篇幅，展示投资者的信息、第三方分析、项目展示。

（3）为投资者提供股权管理工具，并打通第三方银行资金管理通道。

【案例九】在线融资平台（FundersClub）

美国 JOBS Act 的推出，打破了通过互联网进行股权融资的限制。FundersClub 于 2012 年 8 月正式上线，成为美国第一家以股权众筹模式帮助创业者进行融资的网络平台。FundersClub 按照市场前景好、高成长性等标准，选择相关优质股权融资项目放在其网站上，同时将投资者的融资金融、其他投资者信息等进行公开披露。与传统的 Kickstarter 平台有所不同，FundersClub 平台的融资人必须承诺给投资者以股权形式的回报，出资人可以享受企业成长所带来的股权收益。

FundersClub 平台上的一般项目融资额从几万美元到上百万美元不等。一旦项目公司成功上市或被收购，投资者即可将股权出售，而 FundersClub 则通过一定比例的手续费收取收益，所有的相关法律、财务和转账手续均通过网络平台实现。

7.2.4　借贷制众筹（Lending Based Crowd Funding）

区别于向银行借款，基于贷款的众筹主要是指企业（或个人）通过众筹平台向若干出资者借款。在这一过程中，平台的作用是多样的。一些平台起到中间人的作用，一些平台还承担还款的责任。同时，企业（或个人）融资有可能是为自身发展，也有可能是为某社会公益项目进行无利息的借贷融资。因此，基于贷款的众筹平台可能为出资者提供利息，也可能不提供利息。

简单地说，借贷制众筹就是企业或个人通过众筹平台向其他多个出资人借款。众筹平台在其中扮演着中间人的作用，并承担还款的责任。目前国内比较出名的债权众筹平台有人人贷（renrendai.com）、拍拍贷（ppdai.com）和积木盒子（jimubox.com）。

人人贷其实就是将民间借贷放到了互联网平台来进行，就是我们平常所说的 P2P。信用风险是人人贷面临的风险之一，当平台规模逐渐增大时，风控制度也要变得越来越规范，从而将风险控制在可接受范围内。人人贷为此想了不少风控方法，例如验证贷款人的地址、收入等信息，进而确保此人有还款能力。据了解，人人贷正在努力与中央银行的征信系统联结，将风控和监管提高到一个新的层次上。

拍拍贷和积木盒子属于企业债权众筹，属于 P2C，是中小企业通过平台向大众融资，由担保公司进行担保。与 P2P 相比较，P2C 更加专业，因为有担保公司、抵押物、第三方资金托管公司。但它同样也会存在一些风险，比如信息披露仍有不清晰的地方、关联企业调查、极端风险控制等。

【案例十】积木盒子

积木盒子是面向个人投资者的理财融资平台，于 2013 年 8 月 7 日上线。平台主打优质理财，低门槛提供年化平均 13% 的稳健型理财产品。所有投资产品均为融资担保机构全额本息担保标和实地调查认证标。平台由北京乐融多源信息技术公司运营。

2014 年积木盒子获得了较快的发展。2014 年 2 月，获得来自欧洲的 Ventech 投资千万美元；5 月积木盒子的交易额突破 10 亿元；6 月，积木盒子推实名制项目，公开监管制度更加完善；7 月，积木盒子携手泰安基金、山东担保，助中小企业融资，并且与第三方法律服务商绿狗网进行证据托管，降低投资风险；9 月，小米联合顺为领投约 3 800 万美元，积木盒子完成 B 轮融资；10 月，积木盒子启动"寒门学子项目"与"梦想盒伙人计划"；11 月，积木盒子交易额突破 30 亿元。

7.3 众筹平台风险

7.3.1 法律风险

根据世界银行发布的《发展中国家众筹发展潜力报告》显示，目前众筹模式已在全球 45 个国家成为数十亿美元级别的产业。预计到 2025 年，中国众筹规模将达到 460 亿美元至 500 亿美元，全球规模将达到 960 亿美元。众筹融资作为互联网金融的新贵，其发展速度之快，规模扩张之大，引发大众的追逐热潮。在一片喧闹之中，我们必须冷静分析众筹融资模式中所存在的风险问题。众筹融资的风险具有多样性，如道德风险、信誉风险，这其中法律风险是一个基础性的关键环节。众筹融资作为一种陌生人之间的合作模式，在没有法律约束的情况下，会变得肆无忌惮，几乎等于裸奔。在互联网金融参与者缺乏守法理念，国家立法欠缺的情况下，法律风险的防范是尤为重要的。概括起来，众筹融资主要存在如下法律风险。

1．众筹平台的建立缺乏准入标准

与各种投资模式相同的是，众筹融资的出资人在风险识别和承受能力方面也会受到主客观因素的制约。众筹融资的目的是让更多的人参与到众筹项目中，但作为一种投资形式，由于国家对众筹平台的资质如何进行认定并没有明确规定和限制，所以容易导致平台建设市场混乱，鱼目混珠，从而增加出资人识别项目风险的难度。

虽然"入市有风险，投资需谨慎"是投资领域的熟语，但是这句话在众筹融资中却很容易被出资人忽略，这通常是由众筹平台对项目创意的适度夸大介绍、"报喜不报忧"式的片面陈述或者某些出资人方面的其他原因造成的，不谈出资人方面的主客观原因，只考虑众筹平台的因素。众筹平台与出资人实质上存在利益的相对冲突，也就是说，众筹平台与出资人之间的利益不一致。众筹平台可能会为了谋取自身的利益与筹资人合力故意夸张优势或掩盖不足来促成项目众筹成功。在客观上，由于信息不对称的投资环境、众筹平台对筹资项目审核能力有限以及监管机构的监管空白等，也可能将出资人一开始就置于被动承受风险的地位。这样的结果是，众筹平台较高的开放性无法保证参与者都拥有完全的对众筹项目风险的识别和承受能力，一旦项目出现违约，因出资人众多还可能会诱发社会危机。

2. 众筹平台的相关行业执行标准和运营监管标准缺乏

我国目前尚未出台规范众筹融资的法律法规。由于缺乏相关的行业执行标准和运营监管标准，导致众筹融资的出资人在整个项目运营中的权益保障制度也未能得到建立，一旦出资人的权益受损，将会面临救济不利的客观现实。

具体而言，在出资人出资后，他们对资金的使用和项目的运行一般是无法进行监督的，这必然会导致出资人的利益受损。出资人意欲投资项目时首先将资金转移到众筹平台，然后由平台将所筹资金交予筹资人，这与 P2P 网络借贷方式同理，存在着中间人滥用投资资金为己所用或借贷他人的可能，无论是现行法律规定还是出资人本人对于网站资金的使用情况基本无监督。另外，在筹资人得到项目资金后，出资人和网站平台如果失去对筹资人的控制，项目进展如何和资金如何使用都无从知晓，只能消极地任凭风险发生。

关于应如何履行项目前期对筹资人进行审查和项目中后期的监督辅导职责，目前，既没有相应部门进行监管，也没有相关法律法规规定应如何承担法律责任。这就导致了投资者的权益难以获得有效的保护。举个例子来说，如果众筹平台的审核环节形同虚设，项目进入前的认真审查义务没有尽到或者说即使审查了但出于利益上的考虑，放松审查，任凭达不到标准的项目进入筹资平台进行融资，那么这就会使众筹融资项目的出资人不得不独自承担调查审核项目的沉重义务。而且，尽管众筹平台都会承诺在筹资人众筹项目失败后，会确保将资金返还给出资人，但是却没有对另一个重要问题予以明确的规定，即在筹资人筹资成功后若无法兑现或者无法全部兑现他们对出资人的承诺，是否会将出资返还出资人。对于众筹平台而言，它们可以堂而皇之地以店堂告示或其他免责条款的形式将项目审核和项目管理上存在的风险转嫁到出资人的身上，甚至即使筹资人出现重大过失或者欺诈行为，对筹资人和众筹平台也没有什么可行的惩罚机制。

以被视为世界上最成功的众筹融资平台 Kickstarter 的实践为例，由于缺乏对筹资人可能的欺诈行为的约束机制，电影抄袭造假的情况也曾在平台上发生过。另外，Kickstarter 并不对众筹成功的项目能否按时完成，甚至是项目能否完成负责。莫里克经过研究发现，在Kickstarter 平台约定提供产品的 270 多个项目中，平均延误的期限超过 1 个月。虽然在法律上项目筹资人有义务实现承诺，但如果承诺未能实现，Kickstarter 对投资者也没有任何退款机制。所以在整个线上众筹模式中，出资人是真正的法律风险的承担者。

我国证监会新闻发言人在 2014 年 3 月 28 日表示，证监会正在对股权众筹融资进行调研，将适时出台相关的指导意见，促进股权众筹融资的健康发展，使投资者的权益得到保护，并防范投资风险。这无疑是我国对建立众筹融资法律法规释放的一个值得期待的积极信号。

3．股权众筹易触碰我国关于非法集资的法律红线

在各种众筹模式中，筹资人以股权作为回报的股权众筹是国际发展的趋势，但是在我国现行的法律环境中，股权众筹由于极易触碰到非法集资的红线，导致它成为了一个非常敏感的领域。

依据《最高人民法院关于审理非法集资刑事案件具体应用法律若干问题的解释》第一条规定，违反国家金融管理法律规定，向社会公众（包括单位和个人）吸收资金的行为，同时具备下列四个条件的，除刑法另有规定的以外，应当被认定为"非法吸收公众存款或者变相吸收公众存款"：一是未经有关部门依法批准或者借用合法经营的形式吸收资金；二是通过传单、媒体、推介会、手机短信等途径向社会公开进行宣传；三是承诺在一定期限内以实物、货币、股权等方式还本付息或者给付回报；四是向社会公众即非特定对象吸收资金。从形式上看，目前国内众筹融资模式这四个要素都满足，即未经审批、公开推荐、承诺回报、向不特定对象吸收资金。但就其本质目的而言，众筹模式与非法集资完全不同。众筹融资是一种通过吸收公众存款从而来支持实体经济发展的途径，并不是通过扰乱市场经济秩序来谋取私利。但是，由于形式上的相符相容，使二者之间的界限极不明朗。正是因为对非法集资这条红线心存忌惮，所以目前我国众筹出资人不采取以获得利息、固定回报或高额回报为目的的模式进行出资，而是以一种对模型产品和相应服务支付预付款的模式来予以规避吸收资金的存贷款关系。

此外，根据《最高人民法院关于审理非法集资刑事案件具体应用法律若干问题的解释》第六条规定，未经国家有关主管部门批准，向社会不特定对象发行、以转让股权等方式变相发行股票或者公司、企业债券，或者向特定对象发行、变相发行股票或者公司、企业债券累计超过 200 人的，应当认定为《刑法》第一百七十九条规定的"擅自发行股票，公司、企业债券"。构成犯罪的，以擅自发行股票、公司、企业债券罪定罪处罚。该罪的基本构成要件是"未经批准""变相发行""向社会不特定对象发行、以股权等方式变相发行"或"超过 200人"。根据该解释，擅自发行股票、公司、企业债券的刑事责任认定操作简单易行，众筹融资极易陷入"雷区"，而成为打击的对象。我们也已经看到实践中的一些典型的事例，比如，为规避非法集资的风险，阿里巴巴集团娱乐宝项目携手国华人寿保险公司，以投连保的形式为其众筹产品穿上保险产品的外衣，以防止越过非法集资的红线。

综上所述，《最高人民法院关于审理非法集资刑事案件具体应用法律若干问题的解释》是股权众筹面临的重大风险。

7.3.2 信用风险

传统融资的信用风险体现为融资主体不能按期将约定的贷款偿还，对于众筹融资而言，它不仅具有传统融资所具有的信用风险，还包括融资渠道所存在的信用风险。具体来说，众筹融资信用风险包括基于项目的信用风险和基于众筹平台的信用风险。

1．基于项目的信用风险包括项目发起人信用风险和项目本身信用风险两个方面

发起人的信用好坏将直接决定项目信用违约风险的高低。对于项目发起人的信息，目前是由众筹融资平台进行审核的，其真实性没有专业的信用评级机构评估，无法全面获得其风险信息；由于众筹融资数据库未与央行征信系统相关联，也就无法获得项目发起人的历史信用记录，故不能客观地对项目发起人的信用进行评价；同时，众筹融资的违约信息并不计入央行征信系统之中，使得当项目发起人即使未按照承诺支付投资回报时，其在央行征信系统中的信用记录也不会受到影响，这使得项目发起人的违约收益巨大，而违约成本相对很小，便促进了发起人信用风险的发生。

项目本身的信用风险决定了经营阶段是否有可供分配的收益。通过众筹融资的项目多数情况是技术处于开发阶段或试验阶段，产品技术本身并不成熟，持续竞争力有待市场的检验。如果项目无法达到预期的功能或产品的瑕疵多，项目就无法获得预期的收益，投资者就将蒙受损失。同时，由于新技术生命周期的缩短，难以确定一项技术被另一项更新的技术所替代的时间，如果换代的时间提前出现，或者出现替代产品，项目市场价值就无法达到预期水平，投资者也有面临损失的可能。另外，由于目前对众筹资金的使用没有法律来进行约束，在项目融资成功后，资金即可通过众筹平台划入发起人账户，对于资金是否真正用于项目的开发与运营，投资者难以实施有效的监控。

2．基于众筹平台的信用风险包括平台信用风险和网络渠道风险两个方面

平台信用的高低是决定众筹融资市场能否顺利发展的关键。目前，现有众筹融资平台的营利模式使融资业务的信用风险加大，众筹平台主要是通过在项目筹资成功后向项目发起人收取佣金来获得收益（一般按照项目筹资金额的 0%～10%收取），这一营利模式决定了作为发起人共同利益捆绑者的众筹平台，会通过各种方式协助项目发起人实现成功融资；由于监管的缺失使得平台信用风险难以衡量，对于众筹融资平台的监管还处于真空阶段，还未出台关于众筹融资的相关法律规章，各众筹融资平台均自行制定对融资项目的审核标准，且并不对外部进行公开，因此无法评估众筹融资平台的信用风险管理水平；同时，对于在平台上进行推广展示的项目，并没有独立的第三方信用评估机构出具的独立评估意见，多为描述项目功能及优点等的信息，投资者进行风险评估时只能通过平台提供的有限信息进行，难以获得更多有价值的信息。另外，平台社区成员间人际关系脆弱，在利益的驱动下，网络推手、网络水军等也可能介入项目展示的推广中，加大发起人与投资者之间的信息不对称和不确定性。

由于众筹融资以互联网为拓展渠道，所有业务流程均以互联网为媒介，而互联网是开放的网络通信系统。由于网络监管尚不健全、各种非预期的电脑黑客和不成熟的电子身份识别技术及机密技术等因素存在，使网络有着巨大的安全隐患。倘若众筹融资平台爆发系统性故障或遭受大范围攻击，将可能导致交易记录损失和各类金融资料泄露，给投资者造成的损失难以估计。同时，互联网金融市场基础架构所使用的大部分软硬件系统都是由国外研发，而拥有自主知识产权的高科技互联网金融设备缺失，使得包括众筹融资在内的整体互联网金融的安全面临着一定的威胁。而对于上述因素对金融数据安全性和保密性的影响，众筹融资平台目前还没有建立相应的系统化方案来应对。

7.3.3 风险的防范

1．对法律风险的防范

我国应积极采取措施来防范法律风险。众筹融资法律风险的存在使金融信用和金融安全均受到很大的威胁，而这二者却是金融法律关系的重要价值体现。"没有规矩无以成方圆"，众筹融资需要在立法的保障下走出空白和灰色地带，以期实现高水准的金融信用和金融安全。我国的众筹融资立法应特别注意以下四个方面的问题。

（1）强化众筹平台管理

作为筹资人与出资人的联结中介和市场的重要参与者，众筹平台是防范法律风险的重要环节。换句话说，对中介平台的监管是众筹融资的法律监管的重点之所在。我国的众筹平台运营模式师承美国，发展现状与发展势头与美国也有很大的相似性。因此，我国可以从自身的情况出发，对美国众筹平台管理的一些先进经验进行适当借鉴，建立包括事前监管、事中监管和事后监管在内的三个层次的全方位、全过程的众筹平台监管机制，以建立统一的、高效的、诚信的数据平台。

事前监管，即对于市场准入的监管，强制性要求众筹平台的设立应该履行审批程序。美国 JOBS 法案要求众筹平台必须在美国证券交易委员会（SEC）登记为集资门户并在受认可的一家自律性协会（Self-regulatory Organization，SRO）进行登记，接受协会组织约束。我国则可由证监会承担相应的审批职责，并由证监会对众筹平台的市场准入标准、业务操作流程、信息技术水平、风险控制和管理机制等方面设定准入标准。

事中监管，即对众筹平台的经营过程进行日常监管，主要业务范围包括项目质量监管、资金流转监管、市场风险监管等。从项目进入平台之前的严格审查到准确地发布融资产品信息，再到及时跟进在产品的成长过程中相关信息的披露，最后到项目成功后对出资人的承诺回报是否得到兑现等方面的监督。美国法律要求众筹平台必须向 SEC 和可能的出资人揭示众筹融资的风险，并对出资人进行教育，其内容由 SEC 确定。而且，美国 JOBS 法案对于筹资额和投资额进行了双重限制，以使出资人的投资风险降低。我国可以对美国的做法进行参考借鉴，对众筹融资项目的筹资额和投资额进行限制和监管。当然，在对筹资人信息披露透明化的同时，也要注意出资人信息的保护和保密，来防止大数据的副作用。同时，也对众筹平台发出建议，众筹平台应携手筹资人建立出资人救济机制，例如成立专项基金账户。当筹资人发生无法兑现承诺或出现重大给付瑕疵等情况的时候，将项目筹得资金转入该基金，用于弥补出资人的损失，由此实现对出资人最大程度的救济。

事后监管，即对违规操作的众筹平台或者在评估中表现不佳的众筹平台所实施的勒令整改或取缔政策。应该被纳入监管范畴的情形包括：当众筹平台未能尽到审查义务时对其的惩罚，项目未达到筹资额度即众筹融资项目失败后对于出资人的救济是否及时适当和众筹平台的负责人是否同筹资人属于利益攸关方等。

（2）界定合格众筹出资人资格

为了保护出资人，法律应明确规定能进入众筹平台参与众筹融资的合格出资人。一般来说，合格众筹出资人应当至少满足以下条件。

首先，具有风险识别能力。可以从出资人的专业技能、投资经历、从事的行业、年龄等方面考核，以此来对不同众筹项目的出资人进行区分。当然这并不意味着判定标准是单一的。

其次，具有风险承受能力。参与众筹融资项目的出资人一般应当是中等收入以上的自然人，扣除出资额后的资金余额应当不低于一般人的最低生活要求。作为众筹平台应当以明显的方式在项目介绍时对投资者做出风险提示，并对投资者的资料予以考核，以确定其是否具有良好的风险承受能力。

最后，根据投资数量的不同来进行判定。对出资人投资条件的判定，应当集中于数额较大的投资之上，对于数额较小的投资，平台可以减少或免予考核。

众筹出资人资格的评判和审查由众筹平台来承担，选择宽松还是严格的审查方式对于平台来说面临着两难的境地：如果实行严格的审查，必然使平台的负担增加，使交易成本增加的同时也抵消了互联网金融带来的便捷性，甚至会严重影响项目实施的进度；如果采取宽松的审查，则合格出资人资格审查恐怕只会流于形式，难以保障交易的安全性。折中的做法是众筹平台采用适度宽松的审核方式，平台承担审查失误的法律责任，这样能很好地将出资人和筹资人之间的权利义务进行平衡。

从具体制度建设上来看，我国理应把保护金融消费者的权益作为众筹融资立法的基本原则。众筹融资是互联网金融时代下的金融创新模式，其首要条件是保护投资者的安全。在众筹融资过程中，由于出资人基本上处于信息不对称的弱势地位，因此需要法律提高和强化其风险识别意识和风险承受能力，在界定合格众筹出资人资格的同时，通过国家立法来缩小投资者与融资者之间的差距，从而使两方利益实现平衡。这既体现了对金融消费者的保护，也实现了金融效率与金融安全的内在统一。

（3）引入第三方资金监管机构

对于募集资金的管理，国内目前的做法是将所募集的资金汇入众筹网站专门开立的账户，再分次将资金转给筹资人。筹资人只有按时完成项目，才能从平台拿到项目所筹集的全部资金。但这会造成众筹平台同时从事了资金代管业务，使得资金流转风险大幅上升，也在无形中加重了对于众筹平台的管理水平要求。引入第三方资金监管机构进行独立运作，将众筹平台管理与资金管理相分离，是比较安全可行的做法。我们所熟悉的Kickstarter是以亚马逊支付作为整个交易过程中最重要的交易和资金托管平台，即出资人的资金不必经过或汇入众筹平台，而是直接汇入亚马逊支付。同样，筹资人也不是从平台获得资金，而是通过亚马逊支付渠道把资金转入自己的账户。我国可以借鉴国外的经验，在法律中明文要求众筹平台建立独立的第三方资金监管机构，代理其完成资金流转，以提高效率并保障安全。例如，以支付宝为代表的线上第三方支付平台，就可以成为国内众筹的交易和资金托管平台。这样，在原来的筹资人—众筹平台—出资人模式的基础上，增加了第三方支付平台，众筹融资的流程转变为：首先筹资人申报发起的项目，对众筹平台进行相应的审查，然后经过信息发布等环节，在出资人选定投资项目后，通过第三方平台提供的账户完成资金支付，由第三方平台履行资金托管及通知义务，筹资人分次从第三方平台获得资金。待项目完成后，第三方将全部款项转至筹资人账户，筹资人才可以获得全部的融资资金。

（4）有条件地放开股权众筹

在国外的众筹融资实践中，募捐制、奖励制、借贷制和股份制多种形式并行。我国由于受到相关法律风险的影响，所有在众筹平台上的项目必须是以实物、服务或者媒体内容等作为回报，而不能以资金或是股权作为回报。我们认为，我国可借鉴美国 JOBS 法案来解决这一问题，解除《公司法》和《证券法》的限制性规定，有条件地允许股权众筹合法化，对我国《证券法》公开发行的条款做出适当修改，承认股权众筹的合法地位，对股权众筹模式进行松绑，使其彻底摆脱非法集资的紧箍咒，为众筹模式的发展留出合理的空间。在现行的法律制度下，必须有相应的司法解释来解除非法集资的顾虑，当然，这并不是说为了股权众筹的推出而不顾非法集资的危害。

从美国的立法内容看，股权众筹的风险是可控的。在 2012 年 4 月美国总统签署旨在解决初创企业和中小企业融资困难的 JOBS 法案之前，美国对于以股权作为标的物的股权众筹模式同样是予以限制的。美国 1933 年《证券法》中也有类似的规定："……只要发行者发行或销售的证券没有在美国证券交易委员会（SEC）登记，就会被认为是非法的。"JOBS 法案实际上打开了美国将股权作为标的物的股权众筹合法化的大门，它承认了众筹可以作为企业直接融资的方式，并通过两种方式防控可能出现的风险：一是项目融资总规模限制，每个项目在 12 个月内的融资规模不能超过 100 万美元；二是投资者融资规模限制，每个项目可以有很多小的投资者，但每个特定投资者的融资规模有着一定的限制，例如投资者年收入或净值低于 10 万美元，总融资额不能超过 2 000 美元或其总收入的 5%。

为了解决放松众筹融资中的股权融资后可能出现的损害出资人利益的问题，JOBS 法案的 302（b）条款对 1933 年《证券法》的第 4 款做出了修改，增加了 4A 条款，对众筹融资中的筹资人和提供服务的中介机构提出了相应的要求，以使出资人利益得到保护。对于筹资人，法案目前提出包括在 SEC 完成备案、向投资者及中介机构披露规定的信息以及不得用广告促进发行等四点要求。同时，基于中介机构对于保护出资者利益的重要性，法案对中介机构也提出了十点要求。

美国的经验我们不能完全硬搬，在制度的建设上必须慎重，非法集资的红线是不可逾越的，不能超越现行法律红线无条件地向大众出资人许诺任何资金和股权上的收益。我们可以考虑在股权众筹中将股东人数的限制从 200 人扩大到 500 人，在融资规模上模仿美国的做法，限制筹资项目的总金额，例如，在 12 个月以内不得超过 500 万元，在单个投资者投资数量上限定其年投资数额不得超过其年收入的 5%。在行政监管上，要求众筹平台为股权众筹的投资者在网站注册地的工商管理机关办理登记备案等。具体来说，我们可以增加相应的有关融资者、投资者和众筹平台的条款，明确其权利与义务，规范其市场行为，有效保证投资者权益，实现金融市场秩序的稳定。同时，在放低准入门槛的基础上加强监管，实现"宽进严管"，推进我国的金融监管模式由分类监管模式向行政监管与行为监管相结合的模式转变。

2．对信用风险的防范

（1）建立针对性的法律法规与监管体系，完善众筹融资业务的政策环境

首先，加快建立众筹融资的立法速度，逐步完善与之相关的法律法规。我国可以根据实际情况制定众筹融资业务的标准，包括项目融资范围、投资者投资规模、项目性质、投资回报方式和投资回报比例等。例如，美国为了促进众筹融资的良性发展，出台了《初创期企业推动法案》，规定每个项目在 12 个月内的融资规模不超过 100 万美元；根据投资者的财务情况对融资规模进行限制，例如，投资者年收入或净值低于 10 万美元，总投资额不能超过 2 000 美元或其总收入的 5%。同时，提高行业的准入门槛，建立相关的行业规范，包括众筹融资平台的市场准入机制，制定众筹融资平台融资风险准备金制度，规范众筹融资平台功能及风险缓冲能力。

其次，加强对众筹融资业务监管体系的建设。众筹融资平台作为融资业务的载体，风险中有很大部分来自网络建设和运营等方面，因此，商务部、工信部等部门可监管其互联网建设和互联网金融运营业务；根据众筹融资回报方式的不同，央行、银监会、证监会和保监会要强化众筹融资金融关联业务的监管，并且建立沟通协调机制，防止监管真空地带的出现。

最后，可建立对众筹融资业务的第三方信用风险评估体系。当前我国信用评估体系欠缺及信用评估行业的商业化程度不够，影响众筹融资业务规模的扩大和规范化。我们应该像美国一样，建立信用评估机构、各类企业的信用调查评级机构和消费者个人评估机构"三位一体"的信用体系。第三方信用风险评估机构通过对众筹融资项目、项目发起人和众筹融资平台进行实地调查，运用专业分析的手段，出具独立的第三方评估意见，降低信息不对称的风险。

（2）建立众筹融资数据库，丰富项目信用风险管理手段，完善众筹融资经营环境

通过建立众筹融资市场信用数据库、关联央行征信系统，控制项目发起人信用风险水平的同时提高其信用违约成本。一方面，创建众筹融资数据库，项目对发起人的信用信息进行全面采集，建立覆盖全社会的众筹融资征信体系数据库，同时关联央行征信系统，来对比完善信用数据；另一方面，将众筹融资信息作为输入，传递给央行征信系统，对征信信息进行实时更新，全面共享数据库信息，为客观评价项目发起人（包括企业和个人）信用提供良好的数据保障。

通过对融资款项全过程进行监控，实现对项目信用风险的有效管理。在项目融资阶段，建立项目融资交易过程监控法规，通过现场和非现场审查相结合的方式对进入发起人账户的资金实行有效的跟踪，实时管控资金用途；同时，加大针对众筹融资犯罪的惩治力度，使众筹融资犯罪案的发生概率降低，对众筹融资项目的信用风险起到一定的预防作用。

设立众筹融资投诉平台，掌握一手信用违约数据。可由央行、公安部等部门联合成立众筹融资犯罪投诉中心，接受众筹投资者进行多渠道投诉，掌握市场真实信用风险状况。同时设立专门网站，对诈骗案例进行实时更新，进行互联网消费权益的警示教育，促进公众提高自我保护意识和风险防范意识。

（3）改变营利模式，建立信用审核机制，完善众筹融资的平台环境

改变众筹融资平台营利模式，可降低众筹平台信用风险。通过会费、平台广告费、增值服务和信息咨询等多种方式相结合的营利模式，如举办论坛、信用风险识别等相关专业知识培训等方式，提供增值服务，使市场参与者在获得收益的同时也提升其信用风险管理能力，促进行业的发展。

建立信用审核机制，公开审核标准。以众筹融资数据库为基础，通过大数据、云计算等数据挖掘和分析工具甄选价值信息，并与传统信用风险度量模型相结合，开发综合型项目信用分析方法。通过对数据库信息的整合、深入分析和加工，建立众筹融资评分机制和信用审核机制，并对外公开项目审核的标准，可降低各方信息不对称所带来的风险。

由于众筹融资属于新兴业务，参与主体多为非专业金融机构和人士，对众筹融资风险的预测和控制能力相对较弱，所以，我们可在数据库平台上增加信用风险自评模块，方便平台参与者通过平台数据检测自身的风险能力，改善业务营运环境，完善众筹融资的多边信用环境。

对于网络渠道风险对众筹融资业务的影响，应该尽快建立众筹融资网络技术标准体系，尽快与国际上的计算机网络安全标准和规范接轨，使众筹融资和传统融资执行统一的技术标准，使整个金融系统的协调发展逐步实现，增强风险防范的能力。此外，我国要加大支持具有自主知识产权的信息技术研发，力求在防火墙、数据加密等网络安全技术方面拥有重大突破，同时积极开发具有自主知识产权的众筹融资网络防护体系，脱离在硬件设备方面对国外技术的依赖，在技术上实现独立。

本章小结

本章内容首先介绍了众筹的概念及发展起源，此部分还包括众筹的内涵、特征、价值和分类，使读者对众筹有个初步的理解。之后分析了众筹的三类参与者，明晰了各自的权利与义务，三者构成了一个简单的众筹市场。然后本章对众筹的运作模式、众筹的优势、中外众筹发展情况进行了简要介绍，使读者明白众筹存在的意义，了解众筹发展的历程，并在之后详细分析了众筹各类模式的适用性。股权众筹在国内尚属法律模糊地带，如何界定其与非法集资的区别是当下亟须解决的问题。最后金融产品最重要的始终是风险控制，众筹平台的风险包括信用风险和法律风险，能否防范风险的发生是众筹行业能否做大，众筹平台能否做久的关键问题。

思考与练习

1．单项选择题

（1）（　　）是指项目发起人通过众筹平台承诺在约定时间内对若干投资者偿还其出资金额的筹资方式。

A．捐助类　　　　　B．报酬类　　　　　C．借贷类　　　　　D．权益类

（2）（　　）是一种基于预购和奖励的筹资方式，这也是国内目前最为流行的众筹类型。

    A. 捐助类　　　　　　B. 报酬类　　　　　　C. 借贷类　　　　　　D. 权益类

（3）以下不属于借贷制众筹的是（　　　）。

    A. 人人贷　　　　　　B. 拍拍贷　　　　　　C. 积木盒子　　　　　D. 天使汇

（4）众筹平台的风险包括（　　）和信用风险。

    A. 政治风险　　　　　B. 法律风险　　　　　C. 市场风险　　　　　D. 系统风险

2．判断题

（1）按照筹资方式的不同，众筹大致可分为四类：捐助类、报酬类、借贷类和债权类。

                                                    （　　）

（2）众筹的方向具有多样性，可包括科技、设计、影视、音乐、食品、游戏、漫画、出版、摄影等，但由于其风险性，故对发起人要求较高。　　　　　　　　　　（　　）

（3）报酬类和借贷类众筹的风险相对较小，我们应该大力发展，而权益类众筹的风险较大，且时常与非法集资难以区分，我们应该杜绝这种模式的存在。　　　　　（　　）

（4）我们大力发展众筹模式融资，应该鼓励所有个人投资者对自己感兴趣的项目进行自我筛选，而不应限制哪些人可以投，哪些人不能投。　　　　　　　　　　（　　）

（5）众筹模式不同于其他常规融资模式，其信用数据应独立于银行的征信系统，这样才能体现众筹的独特性。　　　　　　　　　　　　　　　　　　　　　　　（　　）

3．简答题

（1）众筹可以分为哪几类，分别是什么？

（2）说明众筹的基本模式，及众筹活动的参加者？

（3）众筹的运作流程是什么？

4．论述题

试论述众筹模式发展的现状，并对我国众筹业未来的发展趋势做出自己的判断。

第 8 章　信息化金融机构

　　本章主要论述了信息化金融机构的定义、发展历程、特点、运营模式和风险分析。对于信息化金融机构的特点，本章从两个角度进行介绍：第一个角度是纵向对比传统意义上的金融机构和信息化金融机构，据此总结出信息化金融机构的特点；第二个角度是横向对比互联网金融的六大模式，从风险、监管挑战等方面总结信息化金融机构的特点。信息化金融机构具有如下特点：第一，与尚无明确监管机构的大数据金融、互联网金融门户、众筹融资等相比，信息化金融机构明确由银监会来监管；第二，相较于第三方支付和 P2P 网络信贷的高风险，信息化金融机构具有相对更低的风险水平；第三，信息化金融机构的监管仍在现行的监管框架内，这也是其区别于其他几大互联网金融模式的一大特点。信息化金融机构的运营模式分为三类：传统金融业务电子化模式、基于互联网的创新金融服务模式和金融电商模式。

　　本章的学习目标是理解信息化金融机构的概念、特点、运营模式和风险分析；掌握信息化金融机构的特点、不同的运营模式；了解信息化金融机构的安全与风险；关注国内外信息化金融机构的异同点。

8.1　信息化金融机构概述

8.1.1　信息化金融机构的定义

1. 金融信息化与信息化金融机构

　　随着我国互联网金融理论和创业创新的快速发展，互联网金融的六大模式之一，信息化金融机构的建设也日趋成熟。在探讨信息化金融机构的定义之前，我们有必要明确另一关键概念，即金融信息化。金融信息化是指将信息系统引入金融活动中并形成在金融系统发展中居主导地位的信息产业，从而推动金融系统协调发展的过程。另外，也有部分学者强调金融信息化是引起金融理论与实务发生根本性、革命性变革的过程。尽管对金融信息化的定义略有不同，但从其本质来讲，无非是现代信息技术应用于金融领域后，二者相互影响、相互变化、共同发展的过程。

　　在金融信息化过程不断演进的影响下，信息化金融机构应运而生，完成了从金融信息化到信息化金融机构的发展转变。目前，对于信息化金融机构的内涵，被普遍认可的定义是：信息化金融机构是指在互联网金融时代，通过广泛运用以互联网为代表的信息技术，对传统运营流程、服务产品进行改造或重构，实现经营、管理全面信息化的银行、证券和保险等金融机构。

从上述定义不难看出，信息化金融机构的范畴定位在实现电子化服务转变的传统金融机构，而不包括诸如淘宝、京东在内的电子商务公司，支付宝、快钱在内的第三方支付，新浪、搜狐在内的门户网站等其他互联网金融参与主体。

2. 信息化金融机构产生和发展的理论基础

纵观金融业发展的历史，不难发现，往往是在信息技术领域取得突破性发展和创新成果之后，金融业的发展才迎来飞跃。所以，信息化金融机构的核心，乃至金融实务的核心在于信息二字。另一方面，信息不对称以及与之相伴的金融信用缺失，是市场经济中出现不规范经济行为的重要原因。根据声誉理论，声誉是市场经济中缓解信息不对称、规范市场秩序的一种比法律机制成本更低、更有效的制度安排，因此，建立声誉机制对市场经济的健康平稳运行会起到非常关键的作用。与此同时，现代互联网信息技术已深入到生产生活和经济交易的方方面面，互联网上的交易记录还可以被完整记录和保留，并被用以分析和挖掘数据信息，因此，信息化金融机构可以充分利用这些数据信息，形成交易主体的信用数据库，并用以衡量所有交易个体的声誉水平。

在互联网金融活动中，交易行为产生的数据会反映出声誉情况，进而体现出信用。信息化金融机构可以充分利用互联网平台交易形成的"大数据"，在重复博弈中评判交易对手的信用水平，充分运用声誉信息价值和声誉机制促进互联网金融和市场经济的健康发展。

3. 其他互联网金融参与主体

互联网行业对金融业务的渗透与传统金融业的互联网化是当前互联网金融发展中的两种主要形式。本章的介绍重点在于后者。而对于前者，需要强调的是，互联网企业是区别于信息化金融机构的互联网金融参与主体。不同类型的互联网企业涉足金融业务的方式存在差别：新浪、搜狐、百度等提供搜索引擎和门户服务的基础服务型互联网企业主要通过与金融机构的合作，投放合作方的金融产品广告并提供虚拟渠道等方式参与金融业务，但从本质上来说，这种参与仍属于通过广告盈利的传统互联网企业商业模式；淘宝、京东、苏宁等电子商务类公司主要通过对交易数据的分析，发现企业的潜在需求与信用状况，通过为企业提供融资、担保等方式涉足金融业务；另外，还有诸如支付宝等涉足支付结算业务的互联网金融参与主体。

8.1.2 信息化金融机构的历程

1. 国外信息化金融机构的发展历程

1969 年，互联网的鼻祖阿帕网诞生，那时它还只是冷战时期的军事技术。自 20 世纪 90 年代开始，互联网技术逐渐在欧美国家普及，并进入民用领域。最早的互联网金融雏形则是产生于美国，而这无疑得益于 20 世纪 90 年代前后包括 Web 技术、Netscape 网络浏览器等在内的互联网技术的出现与蓬勃发展。在此时期，互联网的商业应用开始萌芽，美国互联网产业进一步发展壮大。另一方面，美国产业投资基金和各种风险投资基金对于互联网技术向金融领域的渗透起到了至关重要的推动作用，由此，互联网金融发展的大幕在全世界范围内拉开。

（1）银行业信息化发展历程

全球第一家互联网银行是成立于 1995 年 10 月 18 日的美国安全第一网络银行（Security

First Network Bank，SFNB），它由三家美国银行 Area Bank 股份有限公司、Wachovia 银行公司和 Huntington Bank 股份有限公司联合建立，是一家不设任何分支机构的纯网络银行。在成立后的几个月时间内，SFNB 就赢得了巨大的市场关注，客户数量快速增加，客户覆盖范围遍及全国 50 个州。在其后的数年时间里，SFNB 发展成为当时美国的第六大银行。然而，随着电子商务低谷的到来，SFNB 因巨额亏损于 1998 年被加拿大皇家银行金融集团收购。SFNB 的失败很大程度上源于其自身经营管理上的错误，包括忽视专业化金融服务的提供和核心竞争力的建设等，因此，它的失败并没有阻碍互联网银行的进一步发展。根据美国银行监管机构联邦货币监理署的统计，截止到 1999 年第三季度，美国共有 2517 家国家银行，其中拥有网站的银行有 1 364 家，而拥有可交易性网站的银行达到了 541 家，占比 21.5%。由此可见，SFNB 的成立开启并刺激了当时互联网银行的发展。目前，以信息技术来全面驱动公司业务发展的 Capital One 公司，通过一系列的并购，已经发展成为美国的第五大银行，成为互联网金融时代的银行翘楚。

（2）证券业信息化发展历程

交易速度的保证和交易信息提供的及时全面，对于证券行业的发展举足轻重，而互联网技术与金融融合之后的优势满足了证券机构的这些要求。因此，通过互联网进行证券交易、获取金融信息，或者说证券业的信息化是证券业发展的必然选择。与此同时，在 SFNB 成立之前，美国第一家互联网经纪商 E-Trade 就已经于 1992 年开始开展相关业务，并且只收取比传统经纪商更低廉的佣金。所以，历史经验也在一定程度上表明，证券业往往是金融领域中引入互联网等通信技术的先驱。

以纳斯达克股票交易所为代表的电子交易及电子通信网络应用，开创了即时买卖和高流动性的交易方式。1999 年，东京证券交易所关闭交易大厅，至此，全球四大证券交易所中的两个全面启用了电子交易系统；同年，美林证券开始为投资者提供网络证券交易服务，标志着美国传统证券经纪商的网络交易发生根本性转变，美国网络证券交易快速发展。到 2010 年，几乎所有证券投资者都通过网络进行证券交易。根据美国证券交易委员会的估计，美国专业网络经纪商的数量从 1997 年的二十几家增加到目前的几百家。

另外，纵观海外证券业信息化的发展历程，信息化证券业机构的发展呈现出三种主要的发展路径，如表 8.1 所示。

表 8.1 证券业信息化发展的三大路径

发展路径	典型代表
从折扣经纪商转型成为网络经纪商	美国的嘉信理财
从优秀的 IT 企业成为网络经纪商	美国的 E-Trade
被电商收购后导入股东客户资源成为网络经纪商	日本的乐天证券

（3）保险业信息化发展历程

网络保险最早也是出现在美国。1995 年 2 月创立的 Insweb 公司是美国互联网保险代理模式的成功案例，是目前全球最大的保险电子商务网站。保险客户可以通过浏览 Insweb 获取感兴趣的保险信息并比较不同保险市场的政策，Insweb 每年的访问量巨大。2011 年 12 月

Insweb 被 Bankrate.com 收购，其后逐步发展成为全球保险业规模最大的网络保险企业。日本的保险业信息化发展起步同样相对较早。1999 年 6 月，日本美国家庭（American Family）保险公司开始提供可以在网上申请及结算的汽车保险；同年 9 月底，日本索尼财险保险公司开始通过电话和网络销售汽车保险业务；日本朝日生命保险公司于 2000 年与第一劝业银行、伊藤忠商事等共同出资设立网络公司，专门从事保险销售活动，并于 2001 年 1 月开始正式营业。目前，日本通过电子商务渠道完成的车险业务占比已经超过一半。

2．国内信息化金融机构的发展历程

经过近三十年的发展之后，我国金融机构的信息化建设，无论是在规模上、建设程度上，还是在涉及的业务领域上都取得了巨大的发展，已经逐步开始从金融机构的信息化建设向信息化金融机构的建设转变。从最开始简单的自助设备、网上业务办理到越来越多的传统金融业务处理模式，我国正在形成一个全面的、立体的金融电子化体系。

（1）银行业信息化发展历程

我国银行业的信息化建设已有不短的历史，从 1997 年招商银行推出我国第一家网上银行开始，互联网技术就在不断地扩展着我国银行业的内涵与外延。根据部分学者的总结，我国银行业的信息化发展历程大致经历了三个阶段，如表 8.2 所示。

表 8.2　我国银行业信息化发展的三个阶段

时间	阶段	主要内容
20 世纪 70 年代末到 80 年代末	第一阶段	以电子银行业务为主；银行开始采用信息技术代替手工操作，实现银行后台业务和前台兑换业务处理的自动化
20 世纪 80 年代末到 90 年代末	第二阶段	以连接业务为代表的银行全面电子化建设阶段；全国范围内建立起了一批基于计算机网络的应用系统，实现了处理过程的全过程电子化
20 世纪 90 年代末至今	第三阶段	以业务整合、数据集中为主要特征的金融信息化新阶段

总体来说，银行业的互联网业务规模仍远大于支付宝等非银行机构。从最近几年的统计数据来看，我国网上银行市场的交易额几乎万倍于支付宝等第三方支付的交易额。但从具体的细分领域来看，在新兴的互联网金融领域，如个人电子商务支付领域，网上银行的发展速度要落后于第三方支付，客户占有率更是低于支付宝。

（2）证券业信息化发展历程

与其他国家相比，我国证券行业的发展、资本市场的体系建设尚不成熟，但是其信息化的发展速度却相对较快。1990 年，我国两大证券交易所之一，上交所建立，并于当年完成了首笔计算机交易；深交所在成立后不久也开始启用复合系统。2000 年，《网上证券委托交易暂行办法》的出台明确了网上交易的合法地位。自此以后，网上证券交易迎来了高速发展的黄金时期，网上交易用户数量、交易规模逐年攀高。到 2012 年，超过 95%的资本市场交易是通过互联网进行的。2013 年 3 月，中国证券登记结算有限公司公布了《证券账户非现场开户实施暂行办法》，由此，对互联网证券的监管限制进一步放开，从制度上允许网上开户这种更加快捷的展业模式，而这无疑将给证券行业的零售业务带来低成本的优势，对投资者来说，时间成本的节约也会产生极大的吸引力，因此，网上开户极有可能成为信息化金融机构的主流展业模式。

（3）保险业信息化发展历程

1997年，我国第一张通过网络销售的保单出现，由此拉开了保险业信息化发展的序幕。2002年10月，中国人保推出电子商务平台（e-PICC），用户可以通过e-PICC平台投保中国人保的车险、家财险、货运险等不同险种，还能够在线进行保单验真、保费试算、理赔状态查询、咨询投诉报案、风险评估、保单批改等自助操作，实现随时随地方便快捷的服务体验。此外，e-PICC还提供网上支付和保单速递功能，为保险代理人和外勤人员提供车险网上录单、客户信息管理箱等销售支持工具。经过近些年的发展与完善，人保电子商务平台的功能以及所提供的产品越来越多样化、系统化，逐渐赢得更多消费者的青睐。截至2012年，e-PICC电子商务平台通过服务方式的创新为中国人保累计增加保费收入近千亿元。

另外，在2011年《互联网保险业务监管规定》发布后，中国太平洋保险于2012年1月成立了全资子公司——太平洋保险在线服务科技有限公司；中国人寿于2012年6月推出新版互联网电子平台，提供的服务内容包括寿险、健康险、理财险、企业年金等综合性业务；2013年11月，由互联网巨头阿里巴巴牵头，腾讯、平安等出资入股的众安在线财产保险公司正式开业，注册资本金为10亿元人民币，阿里巴巴、平安控股、腾讯和携程分别占股19.9%、15%、15%和5%。几大股东分别具有技术优势、专业优势、客户资源优势以及极强的号召力，可谓是强强联合，势必会对信息化保险机构的发展产生深远影响。

综合来看，我国保险业的信息化发展历程经历了三个阶段，如表8.3所示。

表8.3 我国保险业信息化发展的三个阶段

时间	阶段	主要内容
20世纪80年代到90年代初	起步阶段	国内大型保险公司初步实现了办公系统信息化
20世纪90年代中后期	第二阶段	基本实现保单电子化、保险业务流程信息化和网络化，大型保险公司开始对业务进行系统整合
2000年以后	第三阶段	积极开展电子化建设，不断开发保险新产品，精算的效率与保险计费的科学性不断提升

8.1.3 信息化金融机构的特点

对于信息化金融机构的特点，我们将从两个角度进行介绍：第一个角度是纵向对比传统意义上的金融机构和信息化金融机构，据此总结出信息化金融机构的特点；第二个角度是横向对比互联网金融的六大模式，从风险、监管挑战等方面总结信息化金融机构的特点。

1. 相较于传统金融机构的特点

在互联网技术与金融业发生深度结合之前，传统的金融机构主要通过以实体网点提供服务为支撑，外部营销人员展业为辅助的经营模式运行，消费者办理业务往往要消耗大量的"皮鞋成本"。随着信息技术的发展以及金融机构信息化建设投入的加大，ATM机、存取一体机等自助设备先后出现，在一定程度上便利了消费者，提高了金融服务的便捷性；与此同时，金融机构信息化基础设施建设的逐步完善，优化了金融机构的服务流程，对于其自身工作的效率提高效果显著。另一方面，近年来千元以下智能机的迅速普及带动了移动金融领域的快速发展，足不出户，消费者便可以通过移动终端办理银行、证券、保险等各种金融业务。综上，我们认为相较于传统金融机构，信息化金融机构不仅自身的业务流程得到优化、工作效率得到提升，而且其提供的服务更加快速、便捷，大大节约了消费者的时间成本。

更进一步，互联网技术与信息技术在不断优化信息化金融机构业务流程的同时，也会帮助金融机构发现潜在的发展契机，实现金融机构业务和产品的重组，而这又具体体现在两个方面。

第一，信息化时代到来，信息量也势必呈爆炸式的增长，在海量的信息中如何搜索、提取有价值的信息，并对这些信息进行出色的整合与分析是金融机构面临的一大问题，而互联网的大数据处理能力刚刚好满足了信息化时代的这一变革；信息化金融机构可以更好地处理海量信息，整合机构自身的资源，提高处理原有业务的效率同时能够帮助信息化金融机构办理传统金融机构难以胜任的业务。因此，我们认为信息化金融机构具有更强的信息处理能力与资源整合优势，能够适应金融机构业务深度和广度的深化。

第二，信息化金融机构凭借其信息化的优势会开发出新的产品，比如以招商银行"朝朝盈"为代表的新型理财、以招商证券智远理财为代表的投资终端等，便是依托互联网平台和移动终端开启的全新服务产品。同时，信息化金融机构在信息处理能力上的提高也有助于其自身创新能力的展现，从而能够为投资者提供更多的金融创新产品。

2．相较于其他五大互联网金融模式的特点

在这里，我们主要比较互联网金融六大模式的主要风险以及相应的风险性高低，同时分析六种模式各自的监管现状和面临的挑战，如表8.4所示。

表8.4 互联网金融六大模式的风险与监管

主要模式	风险等级	主要风险	监管现状与挑战
第三方支付	高	网络安全风险、金融风险（消费者个人信息泄露、诈骗犯罪、盗卡恶意支付、平台资金沉淀风险等）以及法律风险（第三方支付平台的法律定位不明晰所引发的风险）	央行负责审核和发放第三方支付牌照，但监管较为松散；相应的监管法规正在酝酿中，各方之间矛盾和分歧较多；对现行监管框架的冲击和挑战较大
大数据金融	低	在电商和供应链内部封闭运行，目前较为稳健，风险较低	尚无明确的监管机构
P2P网络信贷	高	借贷双方之间信息高度不对称，非法集资、恶意逃债风险较高，易诱发系统性风险	基本处于监管真空带，无明确的监管机构；对现行监管框架的挑战较大
互联网金融门户	低	目前较为稳健，风险较低	尚无明确的监管机构
众筹融资	低	创业方的信用风险以及融资平台的法律风险	尚无明确的监管机构；对现行监管框架存在一定挑战
信息化金融机构	低	由商业银行主导，风险较低	主要由银监会监管，仍在现行的监管框架内

观察表 8.5 可以发现，信息化金融机构具有如下特点：第一，与尚无明确监管机构的大数据金融、互联网金融门户、众筹融资等相比，信息化金融机构明确由银监会来监管；第二，相较于第三方支付和 P2P 网络信贷的高风险，信息化金融机构具有相对更低的风险水平；第三，信息化金融机构的监管仍在现行的监管框架内，这也是其区别于其他几大互联网金融模式的一大特点。

8.2 信息化金融机构的运营模式

根据罗明雄等学者对目前信息化金融机构主要运营模式可分为 3 类：传统金融业务的电子化模式、基于互联网的创新金融服务模式和金融电商模式。

8.2.1 传统金融业务的电子化模式

1．运营模式介绍

（1）运营模式内涵

现代信息技术和互联网技术在金融领域的应用，使得金融机构能够将一些传统业务从线下转移到线上，比如银行客户的转账汇款便可以从原有的柜台办理转变为网上银行或者手机银行的自助办理。在这一转移过程中，不仅金融机构自身的工作效率得到提高、客户的服务体验得到升级，而且随着金融机构越来越多的业务转移至电子化办理，信息化金融机构的整个运营与管理都将呈现出电子化趋势。

（2）运营模式的业务形态

金融业的不同细分行业会有不同的传统金融机构电子化业务形态。具体来看，根据所依赖的信息技术的不同，银行业的传统业务电子化模式可以分为网上银行、手机银行、电话银行和家居银行等。根据中国金融认证中心（CFCA）《2014 中国电子银行调查报告》的统计，以上几种业务形态的个人用户占比情况如图 8.1 所示。

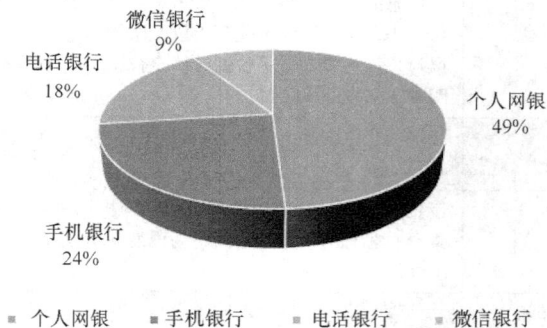

图 8.1 2014 年个人用户电子银行不同渠道占比情况

证券业、保险业等其他细分行业的传统业务电子化模式主要有理财终端、网上开户、网上保险平台等形式，其实质都是借助信息技术和互联网技术实现线下业务的线上化。

（3）运营模式的网络系统构成

传统业务的电子化使得金融机构处于一个对金融信息进行采集、传送、处理、显示与记录、管理和监督的综合性应用网络系统之中。具体而言，这种系统包括四个层面：一是金融自动化服务系统，二是金融管理信息系统，三是金融电子支付系统，四是金融决策支持系统。这一完整的系统对金融机构的运行提供全方位的支持。传统业务的电子化，从根本上改变了金融机构原有的业务处理和管理机制，大大加快了资金的周转速度。同时，金融业也发展为一个全开放的、全天候的和多功能的现代化金融体系。这种体系提高了金融业的效率，降低了经营成本，也使金融机构的收入结构发生了根本性的变化。

2．运营模式的发展阶段

根据金融电子化过程中金融机构的业务所表现出来的不同特征，我们可以将其发展进程分为三个阶段，如表 8.5 所示。

表 8.5　我国金融电子化发展进程

阶段	时间	进程	特征
第一阶段	20 世纪 70 年代末至 20 世纪 80 年代末	自动化建设阶段	金融机构的业务以计算机的处理代替手工操作
第二阶段	20 世纪 80 年代末至 20 世纪 90 年代中期	全面电子化阶段	计算机的应用由试点试验到行业全面普及
第三阶段	20 世纪 90 年代中期至今	网络化建设阶段	金融机构开始自发展并逐步实现联网体系

3．运营模式的成本收益分析

传统业务电子化模式的发展，乃至任何形式信息化金融机构的建设都需要互联网信息技术的投入。纵观我国金融行业的信息化建设投入情况，不断增长的投资规模表明信息化建设越来越得到重视，并且这一趋势将以更强烈的势头持续下去。根据《京北报告：中国互联网金融产业发展报告——信息化金融机构》的统计，截止到 2013 年，我国金融业的 IT 投资规模已经超过 500 亿元，而到了 2017 年，则有望接近 600 亿元。

传统业务的电子化模式主要从两个方面带来收益：第一，传统金融机构效率的提升，节省金融机构和顾客的时间成本，同时电子化服务的低收费增加了对客户的吸引力，提高客户黏性，增强银行竞争基础；第二，传统业务的电子化模式可以大量降低实体网点的数量，大大降低传统金融机构的运营成本。

8.2.2　基于互联网的创新金融服务模式

在上文论述信息化金融机构特点时，我们已经提到互联网技术的大数据、云计算等属性会有助于金融机构创新性的发挥，这在金融机构的服务模式上表现得尤为明显。信息化金融机构借助互联网技术高效的信息与资源的整合能力，可以有效改进当前服务模式并发现投资者的未被关注到的潜在金融需求，从而提供基于互联网的创新金融服务模式。

1．银行业的创新金融服务模式

（1）直销银行

全世界最早的直销银行是英国的第一直通银行（First Direct），它是米德兰银行的一家分支机构，主要提供电话银行服务。1992 年，汇丰银行全面收购了米德兰银行，由此，First Direct 成为了汇丰银行的一家子银行。相较于直销银行在国外如火如荼的发展，我国直销银行尚处于起步阶段。目前比较典型的是民生银行和北京银行，在尝试开展直销银行的运营。

目前，直销银行并没有明确的定义，学者多是通过描述其运行特征的方式来定义直销银行。直销银行最突出的特征是不设营业网点，顾客无须通过柜台办理业务，所有可获得的金融服务和产品都可以通过电子渠道完成。这种经营模式既方便了客户，增强了对客户的吸引力，又使得银行的运营更加透明、高效与低成本。另外，就开设直销银行的金融机构来说，一般是较大型的银行集团，其客户定位则是更加年轻的用户。对于这部分客户来说，在线交易可能是最主要的银行服务。下面我们通过两个案例来具体介绍直销银行。

【案例一】汇丰银行的 First Direct

从 First Direct 的官方网站截图（见图 8.2 和图 8.3）可以看到，其提供的服务包括银行账户管理、住房按揭、贷款、信用卡服务、储蓄、投资、股票交易、保险、对外支付等。First Direct 通过电脑终端、手机应用（App）、短信银行和电话银行等方式与客户进行交流，完成客户的需求。申请 First Direct 的账户也通过在线完成，客户的申请将会链接到 HSBC 的系统。

图 8.2 汇丰银行（HSBC）的 First Direct

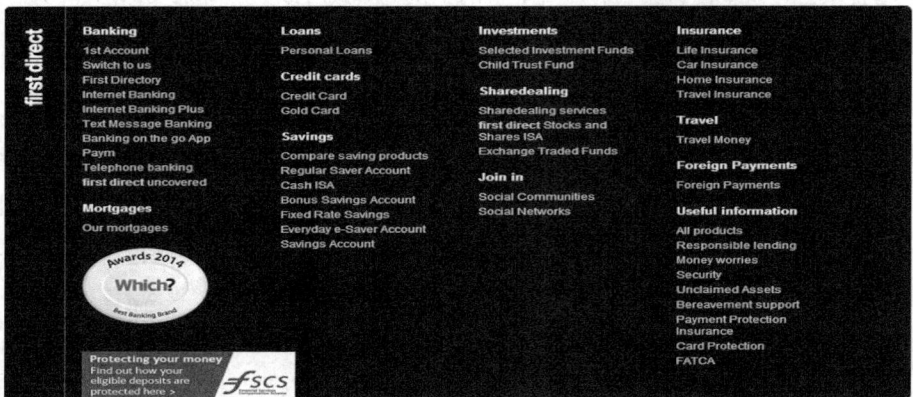

图 8.3 HSBC 的 First Direct

以英国为例，大型的银行如苏格兰皇家银行（RBS）、巴克莱银行（Barclays）、国民西敏寺银行（NatWest）等都有丰富的网络银行服务，First Direct 依靠给予小额存款较高回报来吸引客户。比较 First Direct 的固定利率存款同 Barclays 的存款，对于 2 000 英镑以上的存款，First Direct 就可以给到 1.3%的利率，而 Barclays 只能给到 1.28%。First Direct 对于其他不同量级的存款定价可以同储户进行商议，Barclays 仅以 15 000 英镑、30 000 英镑和 30 000 英镑以上将存款分为三挡，利率分别是 1.29%、1.39%和 1.49%，灵活性比 First Direct 略差。

【案例二】北京银行直销银行

国内目前已经开始实践直销银行的有民生银行和北京银行。与国外如德国实施直销银行完全采取线上服务模式不同，北京银行直销银行采取线上和线下融合、互通的服务模式。线上渠道由互联网综合营销平台（自建与合作模式兼备）、网上银行、手机银行等多种电子化服务渠道构成；线下渠道采用全新理念建设便民直销门店，其中有远程签约机、存取款机、缴费终端等自助设备，以及网上银行、手机银行、电话银行等自助操作渠道。其以"互联网平台+直销门店"结合的方式，实现立体渠道、多元终端的服务体系，满足客户不同应用场景下的金融服务需求。

（2）社区银行

社区银行同样最早起源于欧美金融业发达国家。社区银行的出现有其现实背景和必然性。首先，社区银行的社区不是我国狭义理解的居民居住小区，它可以是一个县区、一个城市，甚至是有着一定数量居民聚居的非行政划分区域。其次，顾名思义，社区银行的主要职责是为社区内的居民、企业服务，提供投、融资及其他相关的金融服务和产品。一般而言，这样的社区银行，其资产规模相对较小，业务范围以满足社区内居民、企业的生活、生产经营需要为目标。

社区银行之所以兴起于欧美金融发达国家，尤其是美国，有着其独特的现实背景。美国同我国一样幅员辽阔，但是相较于我国，更加地广人稀。这种地理特征导致美国银行在提供服务时，往往难以全面覆盖，存在大量的地理盲点，而通过金融机构扩张实现密集覆盖往往成本过高，通过此种方式带来的额外收益难以弥补新设分支机构的成本。因此，建立一种新型的低成本的植根于社区的银行模式成为必然选择。

社区银行除了能够填补银行分支机构覆盖的空白，还可以带来诸多其他优势。一家长期服务于同一社区的社区银行，会增加对本社区居民生活消费习惯、企业生产经营的了解，发现潜在金融需求，并有针对性地提供差异化、个性化的社区金融服务，提高客户满意度，增强客户黏性，促进银行业务的可持续增长。

放眼国内，北京银行走在了银行创新金融服务模式的前列。案例二详细介绍了北京银行的直销银行。在直销银行的经营上，北京银行积累了足够多的经验，因此，在社区银行的发展上得以抢占先机。事实上，北京银行直销银行的经营模式已经十分接近美国的社区银行，其推出的"社区金管家"服务就深深植根于社区。工作人员除了做好日常柜台服务外，还常常深入到社区居民当中，为居民的衣食住行、休闲娱乐、商贸往来提供热情、周到的服务，让社区居民切实感受到北京银行"社区金管家"的金融送上门服务。而对于有需要的客户，其还提供个性化的金融服务，使客户与专业人员进行一对一的理财咨询，为客户制定最适合的理财方案。

2. 非银金融的创新金融服务模式

20世纪末，互联网开始进入我国并普及，但是我国保险业电子商务的发展却没有因为互联网技术的引进而迅速发展，反而基本处于停滞状态。在2010年之前，互联网只是被用作保险公司的形象宣传与网络推广，虽然各大保险公司都建立了相关的网络销售平台，但是这期间网络销售并没有得到保险公司的重视和开发。

2010年后，随着网上购物和移动互联网的兴起，电子金融服务逐渐被消费者，尤其是年轻群体认可。保险公司抓住这一历史机遇，增加在互联网上的投入。在此期间，保险公司的网络营销主要有四种模式：即自建营销平台、网络保险中介平台、电子购物平台（如淘宝）、专门的网络保险公司等。2013年，众安在线作为专业的网络保险公司成立，其抛弃了传统建立分支机构和人员展业的经营模式，通过网络展业，发展成为了保险电子商务中里程碑式的标杆。下面我们通过案例三来详细了解众安在线财产保险公司的情况。

【案例三】众安在线财产保险公司

专业化网络保险公司是网络保险发展的高级模式，其典型代表是众安在线财产保险公司。众安在线是由阿里巴巴、中国平安、腾讯联手设立的在线财产保险公司，公司注册资本10亿元，注册地为上海。公司大股东为阿里巴巴，持股比例19.9%；中国平安、腾讯分别以15%并列为第二大股东。除3家主要股东外，另有6家中小股东分别为携程、优孚控股、日讯网络科技、日讯互联网、加德信投资、远强投资。股东除中国平安外，主要为网络科技或投资公司。

众安在线突破国内保险业现有营销模式，除注册地在上海外，该公司不设任何分支机构，完全通过互联网进行销售和理赔。而在产品研发上，其避开传统车险业务，专攻责任险、保证险这两大非车险专业险种。

众安在线成立后主要依托股东优势开展业务和经营。阿里巴巴是我国最大的电商平台，旗下拥有大量企业及个人客户，不但可以成为财产保险的购买者，其信用水平和交易记录也可成为众安在线研发新产品的载体。中国平安擅长于保险产品研发、精算、理赔，旗下庞大的销售及理赔团队，可成为众安在线的强大保障。腾讯则拥有广泛的个人用户基础、媒体资源和营销渠道，为未来众安在线的发展和推广铺平了道路。其余中小股东在网络科技上也具有一定的资源及人才优势。

8.2.3　金融电商模式

在互联网金融快速发展的今天，新鲜事物快速更替，并没有人能够权威地定义某一新生事物。细细推敲，金融电商与电商金融是两个极易混淆而又截然不同的概念。在此处，我们主要讨论前者，而后者着眼点在于金融业务开展的形式，或者也可以理解为除传统金融机构外，其他互联网金融主体通过电商模式涉足金融业务。

事实上，无论是金融电商还是电商金融，其最实质都是利用互联网技术进行更为高效的信息整合与挖掘。除传统金融机构外的互联网企业在日常运营中，积累了大量的数据，其通过深度挖掘这些数据，得以发现潜在金融需求、提供金融产品，这是电商金融；金融电商的逻辑刚好相反，金融机构拥有专业知识、提供金融产品和服务的能力，但是缺少有关需求的数据信息，于是通过网络交易渠道挖掘数据成为必然选择，这是金融电商。

1．银行业金融电商

银行业金融电商的优势在于信息的整合与挖掘，而其核心逻辑应该是数据的处理。在银行业日常的运营中，会形成海量的客户数据、交易数据和内部数据，通过金融电商模式，银行可以通过客户数据的挖掘服务于银行业务活动，与此同时，交易数据可以对客户数据形成反馈。银行通过内部数据的处理，优化银行的资源配置，从而提高运营效率。所以，银行电商模式是以网络平台为基础，完成客户数据、交易数据和内部数据的处理与共享，最终提高银行信息化程度的经营模式。

目前，我国银行业电商模式有两种主要的组织形式。第一种是自建电商平台形式，其典型代表是中国建设银行。建行的"善融商务"平台是一家比较综合性的银行电商，经营范围分为个人商城、企业商城和房 e 通三个部分，并以"亦商亦融，买卖轻松"为主要的宣传宗旨。表 8.6 总结了我国四大国有银行自建电商平台的情况。

表 8.6　我国四大国有银行自建的电商平台

	银行—电商	时间	主要业务
自建电商平台	建设银行 —善融商务	2012 年 6 月	商品批发、商品零售和房屋交易
	交通银行 —交博汇	2012 年 8 月	企业及个人电子商务的综合需求
	农业银行 —E 商管家	2013 年 4 月	企业及个人的商品、交易、支付等管理；积分商城和缴费商城
	工商银行 —融 e 购	2014 年 1 月	集家电、食品、汽车、金融产品等十几大行业知名品牌

第二种组织形式是银行与现有平台进行合作，其典型代表是抢占了腾讯公司推出的微信社交软件平台这一先机的招商银行。微信平台信息表现形式更加丰富、拓展性更好，而且支持视频通话，具有天然优势。在招商银行率先与现有平台建立合作关系后，同业竞争者纷纷效仿，但是招商银行仍然保持了难以撼动的领先优势。招商银行的平台合作模式经营业务包括：借记卡账户查询、转账汇款、信用卡账单查询、信用卡还款、积分查询、网点查询、贷款申请、办卡申请、手机充值、生活缴费、预约办理、跨行资金归集、在线智能客服实时解答客户咨询等。

2．证券业金融电商

证券业金融电商的优势也在于信息的整合与挖掘，但与银行业金融电商相比，证券业的客户资源规模要小得多，所以，证券业金融电商产生和出现的最主要的驱动力是券商业务，尤其是零售业的推广。通过电商模式，券商可以更方便、更快速地向投资者推荐自己的产品、投研成果、市场动态信息等，提高知名度，扩大影响力，从而促进公司业务发展。

目前，证券公司开展电商模式经营存在三种路径：第一种是自建电商平台，需要组建相应的技术部门、支持部门，成本较高。第二种是与现有平台合作，成本较低；以上两种方式与银行业电商的组织形式相同。此外，部分券商采取了第三种组织形式，即通过收购实现电商平台的建设。下面我们通过案例四来介绍与天猫平台合作的方正证券的电商模式。

【案例四】方正证券泉友会天猫旗舰店

2013年3月13日，方正证券正式宣布方正证券泉友会天猫商城旗舰店开业，这也是继银行、保险和基金等金融机构进驻淘宝后，证券业内首家登录第三方B2C电商平台的公司。天猫网页显示，此旗舰店目前以销售资讯类产品（短信、彩信、电话会议形式）、工具（交易软件和套利软件）、咨询服务为主，未来规划扩展到投融资和金融产品销售。在售的产品中，既有价格低至20元的"方正午评短信"一个月套餐，也有价值15 980元的一年期泉量化投资决策顾问版软件。此外，页面上还有预约开户、融资融券等业务的介绍。

3．保险业金融电商

相较于银行和券商，保险业对电商模式的重视程度和投入力度更高，因为保险业的发展尤其依赖展业，而电商渠道对保险公司传统展业模式是极大的拓展与进步。目前，包括平安、泰康、太平洋等在内的各大保险公司都已涉足电商模式的经营，信息化保险机构将迎来高速发展的新时期。

与银行业一致，保险业电商运营模式有两种组织形式，其中规模较大的保险机构一般会选择自建电商平台，而规模相对较小的保险公司则会选择与现有的平台进行合作的方式开展。下面的案例五将对平安保险的电商模式进行介绍。

【案例五】平安保险网上商城

保险公司自建网络保险平台是保险业金融电商模式的一种。中国平安保险（集团）股份有限公司就拥有自己的网上商城、万里通、一账通等网络平台，并且有集合了银行、保险和投资等而组建的金融超市。其保险产品业务线丰富，涵盖寿险、车险、意外险以及小微团险等。投保人可通过平安保险商城官网购买其商城所提供的险种，包含旅游保险、意外保险、健康保险、财产保险、个人寿险、企业保险等几乎所有常见的保险类别。此外，投保人还可以通过平安保险商城官网进行保单查询、保费支付、续保、保单修改等自助操作。

8.3　信息化金融机构的风险分析

8.3.1　信息化金融机构的风险特点

1．信息化金融机构的运行特征

基于互联网技术的大数据、云计算、社交网络和搜索引擎等特点，越来越多的交易信息以数字化的形式被处理，信息化金融机构的运行由此呈现出了虚拟化与数字化的特征，伴之而来的是交易速度以及交易时间和空间跨度的突破。信息化金融机构的交易时间更短，在短时间内可以以较高的频率快速完成交易。

另外，信息化金融机构将突破传统网点式的束缚，交易范围呈现跨区域化的特征。并且随着信息化金融机构的进一步发展，其交易规模不断扩大，将表现出规模化的特征。

2．基于运行特征的风险特点

信息化金融机构运行特征内容的增加从一个侧面说明了信息化金融机构的风险诱因也变得更加复杂，这是信息化金融机构风险的第一个特点。

信息化金融机构的虚拟化运行使风险的识别更加困难，风险事故发生前具有高度的隐蔽性，这是信息化金融机构风险的第二个特点。

风险的隐蔽性会使得风险可以随时间的延续而逐渐积聚，并在积累达到一定程度后，突然爆发出来，且爆发速度相较于传统金融机构更加迅速，这是信息化金融机构风险的第三个特点。

信息化金融机构的交易处理速度极快，在风险发生时，高效的处理能力也会对风险的传播和扩散起到推波助澜的作用，这是信息化金融机构风险的第四个特点。

信息化金融机构跨行业、跨地区的运行，风险事故一旦发生，便很容易在不同行业、不同地区之间发生交叉感染，这是信息化金融机构风险的第五个特点。

8.3.2　法律风险

法律风险，是由于金融机构违反法律法规或者由于法律监管的滞后性、相关法律法规不健全而导致的风险。由于法律的滞后性，加之金融信息化的迅猛发展，使得金融创新的速度远远超过了金融法制建设的速度，而监管又必须依法进行，所以金融机构面临的法律风险十分严重。

根据前文对信息化金融机构特点的分析可知，目前我国信息化金融机构的发展以商业银行为主导，其运营的监管主体仍为银监会，所以，从整体上看，其尚在现行的监管框架之内。但在很多新的业务领域，有关信息化金融机构的法律法规基本上还是一片空白，导致在新兴业务经营中，阻碍信息化金融机构发展的不确定因素不断增多。另外，我国在消费者权益保护立法、电子货币的监管法律等方面存在较大不足，是信息化金融机构未来发展中急需破除的障碍。

8.3.3　系统性风险

信息化金融机构对系统性风险的影响，与传统金融机构既有区别又有联系。一方面，信息化金融机构的产生和发展是对传统金融机构的一种补充，在一定程度上增加了金融产品和服务的供给，减轻了实体经济对传统金融机构的过度依赖，起到降低金融系统性风险的作用；另一方面，信息化金融机构的运行特别依赖网络技术和信息技术的安全与稳定，其依赖程度远胜传统金融机构，任何技术漏洞、技术瘫痪、技术干扰以及人为的技术攻击都会给信息化金融机构带来巨大的影响，所以，从这一层面来看，信息化金融机构的出现增加了金融系统性风险。

从信息化金融机构的运行特征来看,其具有更强大的数据处理和挖掘能力,使用海量数据建立数据库,通过云计算对数据进行高速率的提取和分析,能够有效降低经济活动中的信息不对称,从而提高风险识别与管理能力,降低系统性风险。与此同时,网络技术和信息技术的快速处理能力又是一把双刃剑,既能在日常工作中提高处理效率,也能在危机发生前,加速风险的积累,并在危机发生时,扩大危害的范围和程度。这样来看,信息化金融机构对系统性风险起到的是一种推波助澜的作用。

此外,信息化金融机构还存在以下两种影响系统性风险的渠道:一是与传统金融机构的风险传染,会增加系统性风险;二是信息化金融机构因 24 小时业务模式而产生的额外的市场风险和流动性风险,也会增加系统性风险发生的可能。

综合以上分析可知,信息化金融机构对系统性风险的影响是双向的、不确定的,因此,信息化金融机构条件下的风险控制与监管将变得更加复杂。

8.3.4 操作风险

根据巴塞尔银行监管委员会的定义,操作风险是指由于不完善或有问题的内部操作流程、人员、系统或外部事件而导致的直接或者间接损失的风险。另外,根据《巴塞尔新资本协议》,操作风险可以分为由人员、系统、流程和外部事件所引发的四类风险,并由此分为七种表现形式:内部欺诈,外部欺诈,聘用员工做法和工作场所安全性,客户、产品及业务做法,实物资产损坏,业务中断和系统失灵,交割及流程管理等。

在这四类操作风险中,信息化金融机构因其对互联网信息技术的高度依赖,导致信息技术安全风险凸显。长期以来,国内银行业信息系统发展所需的关键硬件和软件都被国外企业垄断,不能自主生产银行业信息系统发展所需的关键设备及软件,给信息化金融机构乃至整个金融系统安全运行都带来了潜在隐患。在短期不能改变核心设备进口的情况下,我们应特别关注金融机构信息化项目采购的安全风险防范。具体而言,采购的信息安全风险又分为如下三个方面。

第一是人为风险,即在采购项目的立项、招标、谈判、合同签订、项目实施、项目验收等过程中要特别防范人员失职或者失误导致的操作风险;第二是技术的系统风险,包括系统开发的风险和系统运行的风险,其中系统运行中产生操作风险的可能性较高;第三是数据的风险,数据是信息的载体,也是金融机构信息系统最重要的资产,如果没有健全的数据管理制度,便可能存在数据信息泄漏的风险。从根本上说,降低信息化金融机构的信息技术安全风险,要依靠技术水平的提高,不能长久依赖关键设备和核心技术的进口,将自身的发展受制于人。

与此同时,信息化金融机构对于互联网信息技术的应用也要求有相匹配的运作流程和技术人员,这两点也是信息化金融机构操作风险的新内容。

本章小结

本章主要论述了信息化金融机构的定义、发展历程、特点、运营模式和风险分析。信息化金融机构，是指在互联网金融时代，通过广泛运用以互联网为代表的信息技术，对传统运营流程、服务产品进行改造或重构，实现经营、管理全面信息化的银行、证券和保险等金融机构。

对于信息化金融机构的特点，本章从两个角度进行介绍：第一个角度是纵向对比传统意义上的金融机构和信息化金融机构，据此总结出信息化金融机构的特点；第二个角度是横向对比互联网金融的六大模式，从风险、监管挑战等方面总结信息化金融机构的特点。信息化金融机构具有如下特点：第一，与尚无明确监管机构的大数据金融、互联网金融门户、众筹融资等相比，信息化金融机构明确由银监会来监管；第二，相较于第三方支付和 P2P 网络信贷的高风险，信息化金融机构具有相对更低的风险水平；第三，信息化金融机构的监管仍在现行的监管框架内，这也是其区别于其他几大互联网金融模式的一大特点。

根据罗明雄等学者对目前信息化金融机构主要运营模式的分类，信息化金融机构的运营模式分为以下三类：即传统金融业务电子化模式、基于互联网的创新金融服务模式和金融电商模式。

基于互联网技术的大数据、云计算、社交网络和搜索引擎等特点，越来越多的交易信息以数字化的形式被处理，信息化金融机构的运行由此呈现出了虚拟化与数字化的特征，伴之而来的是交易速度以及交易时间和空间跨度的突破。信息化金融机构的交易时间更短，在短时间内可以以较高的频率快速完成交易。另外，信息化金融机构将突破传统网点式的束缚，交易范围呈现跨区域化的特征，并且随着信息化金融机构的进一步发展，其交易规模将不断扩大，表现出规模化的特征。

思考与练习

1．判断题

（1）信息化金融机构是指在互联网金融时代，通过广泛运用以互联网为代表的信息技术，对传统运营流程、服务产品进行改造或重构，实现经营、管理全面信息化的银行、证券和保险等金融机构。　　　　　　　　　　　　　　　　　　　　（　　）

（2）信息化金融机构的虚拟化运行使风险的识别更加困难，风险事故发生前具有高度的隐蔽性。　　　　　　　　　　　　　　　　　　　　　　　　　　　　（　　）

（3）信息化金融机构对系统性风险的影响是单向的、确定的，因此，信息化金融机构条件下的风险控制与监管将变得更加复杂。　　　　　　　　　　　　　　　（　　）

2．单项选择题

（1）信息化金融机构所面临的风险不包括（　　）。

　　A．法律风险　　　　　B．系统性风险　　　C．操作风险　　　　　D．违约风险

（2）传统业务电子化模式主要从（　　）带来收益。

　　A．效率的提升　　　　　　　　　　　B．盈利的提升

　　C．网点的增加　　　　　　　　　　　D．销售量的提升

（3）信息化金融机构的运行模式不包括（　　　）。

    A. 传统金融业务电子化模式   B. 金融电商模式

    C. 基于互联网的创新金融服务模式   D. P2P 模式

3．简答题

（1）什么是金融信息化？信息化金融机构是什么？

（2）信息化金融机构是如何产生和发展的？

（3）请介绍互联网金融的六大模式。

（4）信息化金融机构具有什么样的特点？

4．论述题

（1）试述信息化金融机构的运行特征。

（2）信息化金融机构需要面对来自什么方面的风险？

第 9 章　互联网金融门户

门户网站的出现大大推动了互联网的发展，直到今天，无论是信息覆盖的广度还是信息内容的深度，再或门户的运营模式以及营利模式等，都已经发生了翻天覆地的变化，从最初的综合门户逐渐衍化出现了如今众多的垂直门户。互联网金融门户对各类金融产品信息等原始数据进行筛选和提炼，建立符合其经营产品类别的金融产品数据库，同时根据客户的行为变化及信息反馈，及时了解客户实时需求，为客户提供了差异化金融服务，有效地适应了互联网时代人们对于各类金融产品、服务的需求。

本章主要介绍了互联网门户概况、互联网金融门户的运营模式、互联网金融门户对金融业态发展的影响、互联网金融门户风险分析和风控措施以及互联网金融门户的发展趋势。本章的学习重点在于掌握互联网金融门户的特点与运营模式；难点在于互联网金融门户对于今后金融业态发展所产生的影响、互联网金融门户所面临的风险以及如何应对这些风险。建议本章教学学时为 6 课时：第一课时介绍互联网金融门户的发展概况，第二、第三课时介绍不同的互联网金融门户的运营模式，第四课时探究互联网金融门户对于金融业态发展的影响，第五课时讲解互联网金融门户风险分析及风控措施，第六课时展望互联网金融门户的发展趋势。

9.1　互联网金融门户概况

9.1.1　互联网金融门户定义

互联网金融门户是指专门用于提供金融产品、金融服务信息，汇聚、搜索、比较金融产品，并为金融产品销售提供第三方服务的互联网网站。

9.1.2　互联网金融门户的类别

根据相关互联网金融门户平台的服务内容及服务方式的不同，互联网金融门户可分为垂直搜索平台、第三方资讯平台以及在线金融超市三大类。垂直搜索平台是聚焦于相关金融产品的垂直搜索门户。所谓垂直搜索是指应用于某一个行业、专业的搜索引擎，是搜索引擎的延伸和应用细分化，在对某类专业信息的提取、整合以及处理后反馈给客户。客户在该类门户上可以快速地搜索到相关的金融产品信息。互联网金融垂直搜索平台通过提供信息的双向选择，从而有效地降低信息不对称程度，典型代表有融 360、好贷网、安贷客、大家保以及国外的 eHealthInsurance、Insurance Hotline 等。第三方资讯平台是为客户提供全面、权威的金融行业数据及行业资讯的门户网站，典型代表有网贷之家、和讯网以及网贷天眼等。在线金融超市汇聚了大量的金融产品，提供相应的在线搜索及购买导向，在利用互联网进行金融产品销售的基础上，还提供与之相关的第三方专业中介服务。该类门户一定程度上充当了金融中介的角色，通过提供导购及中介服务，解决服务不对称的问题，典型代表有大童网、格上理财、91金融超市以及软交所科技金融服务平台等。

从产业链角度分析，垂直搜索平台充当的是媒介角色，第三方资讯平台充当的是外围服务提供商角色，二者在产业链中所处的位置大致相同，前者提供的是产品信息，后者提供的是行业资讯和相关数据。在线金融超市居于二者上游，在产业链中充当的是代理商角色。三者均为产业链下游客户服务，而处于三者上游的企业便是金融机构。

此外，根据汇集的金融信息、金融产品的种类不同，互联网金融门户可被细分为P2P网贷类门户、信贷类门户、保险类门户、理财类门户以及综合类门户五个子类。其中，前四类互联网金融门户主要聚焦于单一类别的金融产品及信息，而第五类互联网金融门户则致力于金融产品、信息的多元化，汇聚不同种类的金融产品或信息。

上述两种分类方式并非互斥关系，仅是分类的依据和角度不同，前一种分类方式是从金融产品销售产业链的层面进行归类，后一种分类方式是从互联网金融门户经营产品种类的角度进行划分。

9.1.3 互联网金融门户特点

1. 搜索方便快捷，匹配快速精准

互联网金融门户打造了"搜索+比价"的金融产品在线搜索方式，即采用金融产品垂直搜索方式，将相关金融机构各类产品集纳到网站平台，客户通过对各类金融产品的价格、收益、特点等信息进行对比，自行挑选适合其自身需求的金融服务产品。

具体来看，从互联网纵向分层的角度上分析，搜索层是互联网金融门户的重要革新目标，它是对海量金融产品的信息进行挖掘、甄别、加工、提炼的过程和服务。互联网金融门户通过网络内容挖掘和网络结构挖掘，对各类金融产品信息等原始数据进行筛选和提炼，建立符合其经营产品类别的金融产品数据库，以便于客户对金融产品进行快速、精准的搜索比价。同时，互联网金融门户还可以通过网络用法挖掘，将客户在网络交互过程中的网络行为数据抽取出来，进行智能分析，以便于更好地了解客户的需求倾向。

2. 顾客导向战略，注重用户体验

互联网金融门户的另一核心竞争优势是顾客导向型战略，即通过对市场进行细分来确定目标客户群，根据其特定需求提供相应服务。其宗旨是提升客户在交易过程中的用户体验度，通过产品种类的扩充和营销手段的创新，动态地适应客户需求。

从经济学角度分析，互联网金融门户注重用户体验的原因在于网络金融产品和服务具有规模经济的特性。具体来看，虽然互联网金融门户额外增加一个产品或提供一次服务的边际成本较低，而且随着门户规模的扩大，其平均成本会随着产品供给的增加而不断下降。但是，互联网金融门户获取规模经济的先决条件是掌握大量的客户资源。因此，顾客导向型战略可以使互联网金融门户根据客户的行为变化及信息反馈，及时了解客户实时需求，为其提

供差异化金融服务，其至可以协助金融机构为其设计特定金融产品，更好地满足客户特定需求，从而使互联网金融门户进一步扩大市场份额，赚取更多的利润。

3. 占据网络入口，凸显渠道价值

从产业链角度分析，互联网金融门户的上游为金融产品供应商，即传统金融机构，下游为客户，而作为中间桥梁的互联网金融门户，其最大的价值就在于它的渠道价值。被引入到商业领域后，其引申意为商品销售路线，是商品的流通路线，所指为厂家的商品通过一定的社会网络或代理商而卖向不同的区域，以达到销售的目的。

9.1.4 互联网金融门户历史沿革

门户网站的出现大大推动了互联网的发展，从最早的门户网站——雅虎的出现，直到今天，无论是信息覆盖的广度还是信息内容的深度，再或门户的运营模式以及营利模式等，都已经发生了翻天覆地的变化，从最初的综合门户逐渐衍化出现了如今众多的垂直门户。

1. 门户变革

在我国互联网营销的初期，门户网站首页即代表着互联网营销的入口，哪里能够吸引用户"眼球"，哪里就成为了企业争夺的"营销宝地"。获得门户网站黄金资源成为数字营销的重要工作，售卖方式主要以卖位置为主。

随着时间的推移，互联网营销进入高速发展期，用户的上网行为趋于理性，售卖方式也开始转变为按时段销售和大事件营销，以此来适应网民的习惯与需求；而社会化媒体的出现，网民的阅读习惯越来越趋向于碎片化，如何实现覆盖用户的广度与深度则成为考验互联网营销的新课题。

伴随着互联网的快速发展，网民数量急剧增多，网络信息也呈现出几何级数的增长趋势，具有特定需求的网民想在信息过剩的互联网上找寻到符合自身兴趣爱好的信息需要耗费大量的时间，过程十分烦琐。显然，此时面对特定群体的特定搜索需求，综合门户已经不能满足人们的需要。因此，能够满足特定群体信息检索需求的垂直门户便应运而生。

之后，随着网络技术的不断进步，垂直搜索引擎的出现进一步推动了门户网站的发展。在垂直门户的基础上，又衍生出了许多依托于垂直搜索技术的垂直搜索平台。

垂直搜索平台是一种新型的搜索引擎服务模式，相对于通用搜索平台的信息无序化，其搜索结果可以集中于某一特定行业，搜索内容的相关性要高于通用搜索平台，因此，其最显著的特点就是搜索结果专业、精确及深入。此外，垂直搜索平台往往服务于某一特定领域中的特定人群，客户可以在平台上进行信息反馈，因此，垂直搜索平台还带有浓厚的社区化特点。总而言之，垂直搜索平台的本质仍旧是垂直门户，只是依托于垂直搜索技术对垂直门户信息提供方式进行了一次优化整合。

目前，除去哪儿网以及和讯网之外，类似的门户网站还有导航类门户 360 导航，创业咨询类门户 36 氪和创业邦，摄影艺术类门户蜂鸟网等。至此，随着客户需求的不断变化，网络技术的不断精进，门户网站完成了从综合门户到垂直门户、从通用搜索平台到垂直搜索平台的转变。

2. 互联网金融门户的产生和发展

从前文相关阐述可知，门户网站的发展经历了从综合门户到垂直门户、从通用搜索平台

到垂直搜索平台两个重要阶段。而互联网金融门户便产生于第二阶段，即垂直门户的快速发展时期。此时，随着国内互联网逐步向大众渗透，网络应用逐渐深化，网络服务垂直化已成为重要的发展趋势，为互联网金融门户的形成提供了可能性。

首先，网络营销逐渐成为金融领域重要的营销途径之一。随着互联网的发展，越来越多的客户倾向于先通过网络查询金融机构及相关产品的信息，充分了解后再进行交易。借此，营销从过去的被动式营销逐步转化为了现在的互动式营销，这就需要线下和线上的不断结合，为互联网金融门户提供了生存发展的市场空间。

其次，随着金融产品的不断增多，客户面临着严重的信息过剩问题。对于客户而言，从网络中的海量信息里，需要耗费大量的时间成本来寻找到适合自身需求的信息。而随着网络搜索技术的不断革新，金融搜索逐渐趋向垂直化，垂直化搜索的出现，不仅高效地整合了金融机构的资源，而且还将相关金融产品信息快速准确地传递给客户，以便客户更加快速、精确地搜寻到其自身所需的产品，大幅度降低了搜寻成本，促进了金融业的发展。

上述两点为互联网金融门户的产生和发展提供了宝贵的契机，促使其形成了依托垂直搜索引擎、云计算等网络技术，以金融产品信息汇集和金融产品在线销售为主的门户网站。随着互联网金融热潮不断持续，互联网金融门户也迎来了快速发展的良好机遇。

9.2 互联网金融门户运营模式分析

9.2.1 概述

互联网金融门户提供了除交易环节之外的在线金融服务。这种智能化的运营模式将大数据技术、垂直搜索技术与金融顾问、贷款初审等传统金融服务相结合，实现了金融搜索方式以及金融业务流程的更新。其核心在于数据的可追踪性和可调查性，依托数据分析以及数据挖掘技术，根据客户的特定需求，为其筛选并匹配符合条件的金融产品。在盈利方面，现阶段互联网金融门户的主要收入来源有佣金、推荐费、广告费、培训费以及咨询费等。总体来看，无论是佣金、广告费还是推荐费，互联网金融门户盈利的核心在于流量以及其转化率。与吸引流量相比，更为重要的是在流量基础上提高转化率，因为要在短期降低互联网金融门户处理信息的成本是不易的，所以在流量固定的假设条件下，互联网金融门户的转化率越高，收益也就越高。因此，互联网金融门户要注重网站内容与页面设计，提供内在价值高的金融产品，同时创新搜索方式，简化操作流程，努力增强用户黏性，从而提高转化率，使互联网金融门户获取稳定且可持续的收入。

9.2.2 P2P网贷类门户

1. 定位

P2P网贷类门户仅仅聚焦于P2P网贷行业，并没有涉及银行等金融机构的传统信贷业务，因此，需要将其与传统信贷类门户加以区分，单独归类并进行分析。

P2P 网贷类门户与 P2P 网贷平台存在本质上的差异。P2P 网贷平台是通过 P2P 网贷公司搭建的第三方互联网平台进行资金借、贷双方的匹配，是一种"个人对个人"的直接信贷模式。而 P2P 网贷类门户的核心定位是 P2P 网贷行业的第三方资讯平台，是 P2P 行业的外围服务提供商，通过为投资者提供最新的行业信息，并为其搭建互动交流平台，致力于推动 P2P 网贷行业健康发展。

2．运营模式

P2P 网贷门户网站秉承公平、公正、公开的原则，对互联网金融信息资源进行汇总、整理，努力实现信息对称，并具备一定的风险预警及风险揭示功能，起到了对网贷平台的监督作用。

因此，在 P2P 网贷类门户网站上，用户可以搜索到大量相关的 P2P 网贷行业的资讯、行业数据，有效地降低了借贷双方的信息不对称程度。同时，P2P 网贷类门户以客观中立的立场，通过门户工作人员走访、考察等方式，将全国各地具备资质且运营状况良好的 P2P 网贷平台纳入到网贷类门户的导航栏中，为有理财需求和有贷款需求的客户提供相关信息参考，有效地解决了其对 P2P 网贷平台信息获取问题。

此外，P2P 网贷类门户还具备一定的风险屏蔽及风险预警功能。例如，网贷之家通过平台准入审核，筛选出具备相关资质及良好信誉的 P2P 网贷平台，并对进入平台的信息进行实时监控，以便于在携款跑路等事件发生前及时进行风险预警。

3．营利模式

目前，第三方资讯平台类互联网金融门户网站的营利模式与传统资讯类网站的营利模式相比差异并不大，依然是通过广告联盟的方式来赚取利润。不难看出，该营利模式的核心就在于流量，依靠网站的流量、访问量和点击率，吸引广告商。门户日均访问量越多，越容易吸引企业投放广告，从而获取更多利润。此外，有一部分 P2P 网贷类门户还通过对 P2P 网贷平台进行培训及提供相关咨询服务的方式来实现营收。

【案例一】网贷天眼

网贷天眼，创办于 2012 年 3 月，以"正心、正念、正行"的理念服务广大 P2P 网贷投资者，受到了网贷投资者的推崇。网贷天眼目前已经成为以论坛为基础交流方式，综合提供网贷数据、平台交流、网贷资讯等一系列功能服务，并以监督 P2P 平台运营为目的的综合性网络社区。

2012 年网贷天眼开始着手构建网贷第三方体系，为广大投资者出谋划策、搭建桥梁、进行服务监督。该站注册用户超过 9 000 人，为投资者交流投资经验和获得投资信息开辟了一片天地。该站以服务网贷投资者为中心，通过提供及时、专业、丰富的网贷资讯，为满足广大网贷投资者对网贷资讯和平台信息的需求做出了贡献，成为国内网络借贷投资较有权威的第三方门户网站。

网贷导航是该站为更好地给广大投资者提供网贷索引而推出的功能服务，该版块于 2013 年 2 月 4 日正式改版为以省份划分平台，帮助投资者收集和整理当前在正常运营中的 P2P 网站，有效地方便了用户。

网贷天眼默认分类方式是按照 P2P 平台所在省份进行划分，当然用户也可以根据平台名称的首字母进行快速查询。平台既提供了大量可供选择的 P2P 产品，又能方便用户快速查找。

同时，网贷天眼从数据和社会征信角度出发，通过对 P2P 网贷平台运营以及市场反馈信息的搜索、整理和分析，不断完善 P2P 网贷平台征信体系建设，对其进行实时监控和风险预警，以降低 P2P 网贷平台携款跑路等事件造成的客户损失。目前，网贷天眼已经通过平台公告、平台曝光、平台考察对多起国内 P2P 网贷平台跑路、P2P 网贷平台挤兑等事件进行风险预警。

曝光台的建立，体现了网贷天眼作为第三方资讯平台公开、公平、公正的立场，为 P2P 网贷行业的发展提供了良好的保障。

更重要的是网贷天眼对于不同的 P2P 平台进行了不同背景的分类，有银行背景、国资背景、上市公司背景、VC/PE 背景，以此来满足不同风险偏好消费者的需求，其还有按照 P2P 平台不同功能进行的分类，如债券可转让、自动投标类别。这些精致的细分，有效地减少了信息不对称的程度，极大地方便了消费者按照自己的需求进行 P2P 平台的选择。

在营利模式方面，网贷天眼依托于广告费用的方式赚取利润。现阶段网贷天眼用户黏性较强，印证了网贷天眼的信息量大，且具有阅读价值。同时，较强的用户黏性良好地维系了以流量为核心的广告联盟营利模式的运转，保障了网贷天眼的收入稳定。

9.2.3 信贷类门户

1. 定位

目前，该类别互联网金融门户网站的核心业务形态主要以垂直搜索+比价为主，因此，信贷类门户定位是信贷产品的垂直搜索平台，它将传统的线下贷款流程以及信贷产品信息获取转移到网络，将互联网基因植入传统信贷业务。现阶段，信贷类门户虽然将线下信贷产品业务流程转移到线上，初步实现了信贷业务流程的在线化，但由于信贷产品极其复杂并具有一定风险性，因此，目前国内客户购买信贷产品的方式依然以 O2O 模式为主，即客户线上通过在线搜索信贷产品信息进行比对，然后线下进行相关金融机构产品的购买，这就是所谓的 ROPO（Research Online Purchase Offline）模式，而距离线上自助式购买还有很长的一段路要走。

2. 运营模式

鉴于信贷类门户的核心定位为垂直搜索平台，因此该类门户不参与到借贷双方的交易，也不做属于自己的信贷产品。

在该类网站上，客户可以搜索到不同金融机构的信贷产品，并通过各类产品间的横向比较，选择出一款适合自身贷款需求的信贷产品。

以好贷网为例，作为国内领先的金融垂直搜索代表网站，虽然其本身不提供贷款，但却着眼于帮助个人、中小企业筛选金融市场上的正规贷款渠道，让需要贷款的人和提供贷款的业务人员直接沟通匹配，打造一个方便的信贷直销平台。具体而言，用户只需在网上输入贷款金额、期限以及选择用途等关键词，系统就会进行比对和处理，输出一份相应的银行及其他信贷机构的列表。这张列表上呈现了银行名称、月供、信贷产品、放款时间、利率、总利息和贷款总额等信息。用户进行比较后，就可以在线填写申请材料，申请一家或多家银行的贷款。"好贷网"以这种方式为用户提供多样的产品选择，以便其能够选择到适合自己的信贷产品。

在信贷产品信息采集方面，信贷类门户通过数据采集技术以及合作渠道提供的信息建立数据库，里面汇聚着各类信贷产品信息，并对产品信息进行实时更新，以确保客户搜索到的产品信息真实可靠。

在信贷产品搜索及匹配方面，信贷类门户设计了简明的信贷产品搜索框，包括贷款类型、贷款金额以及贷款期限等条件，便于精准定位客户的贷款需求，并根据其不同的需求进行数据分析和数据匹配，为客户筛选出满足其特定需求的信贷产品，供其进行比价。

3．营利模式

该类互联网金融门户是信贷产品的垂直搜索平台，由于涉及具体的金融产品，而不是行业资讯及行业数据，因此，信贷类门户的营利模式与第三方资讯类门户有所不同。现阶段，其收入来源主要以推荐费及佣金为主，广告费、咨询费及培训费等收入相对占比较低。

【案例二】好贷网

2013 年 3 月 25 日，好贷网正式上线运营，公司总部设在北京，并在厦门设有分支机构。截止到 2013 年 12 月，好贷网已面向全国百余城市开通了本地的在线免费贷款搜索与咨询服务，并与 5 800 余家银行、4 000 余家小贷公司等各类正规金融机构建立了合作关系。

好贷网的市场定位是做国内专业的个人及公司贷款智能搜索引擎，一方面为借款人寻找最佳贷款渠道，另一方面帮助银行及其他金融机构精准匹配信贷客户。该站为包括公司和个人在内的用户免费提供正规贷款渠道信息。该站的合作方包括银行、小贷公司、担保公司、典当行等，均为国家指定的贷款机构。

好贷网利用网络技术帮助金融机构低成本、高效率地获取优质客户资源，为金融机构搭建了一个网络直销平台。平台上的金融产品来自国内各大银行以及小额贷款公司等，并通过信贷经理入驻的方式引入大量相关业务人员，使客户和业务人员联系起来更加方便、直接。

好贷网团队核心成员曾分别供职于各大互联网、银行和其他权威金融机构，其业务团队拥有面向金融机构的服务经验，技术团队也拥有千万级的信息匹配及数据处理能力。

好贷网的界面简洁易懂，有贷款需求的用户只需登录好贷网网站，先填写相关信息，包括贷款用途、贷款金额以及贷款期限，再点击搜索按钮就可以快速查询到适合自己的信贷产品，并通过信贷产品的横向比较，选择自己满意的金融机构申请贷款。

这种运营方式不仅可以降低金融机构客户筛选的成本，还可以有效提升贷款人与放贷机构之间匹配的精准度。此外，好贷网现在也拥有 Android 和 iOS 平台的 App，更加方便用户的贷款操作。好贷网的目前的盈利来源主要以佣金为主，另外广告费用也是其收入来源之一。

9.2.4　保险类门户

1．定位

保险类门户的核心定位分为两类，一类是聚焦于保险产品的垂直搜索平台，利用云计算等技术精准、快速地为客户提供产品信息，从而有效解决保险市场中的信息不对称问题。另一类保险类门户定位于在线金融超市，充当的是网络保险经纪人的角色，能够为客户提供简易保险产品的在线选购、保费计算以及综合性保障方案等专业性服务。

保险类门户为客户提供了一种全新的保险选购方式，并实现了保险业务流程的网络化，具体包括保险信息咨询、保险计划书设计、投保、核保、保费计算、缴费、续期缴费等。

2．运营模式

保险类门户对各家保险公司的产品信息进行汇总，并为客户和保险公司提供了交易平台。同时，为客户提供诸如综合性保障方案评估与设计等专业性服务，以确保其在以服务营销为主的保险市场中，依靠更好的增值服务争取到更多的客户资源。

目前，虽然国内外保险类门户数目繁多，但按其业务模式划分，保险类门户主要以 B2C 模式、O2O 模式以及兼具 B2C 和 O2O 的混合业态经营模式三类模式为主。

其中，慧择网是国内保险类门户中的典型代表，其网站性质为 B2C，也可以将其理解为一种在线金融超市。与其他保险公司网络直销平台不同，大童网搭建了垂直的电子商务平台，选取各家保险公司的优质产品，以供客户选择。客户可以通过网站提供的详细产品信息，按照自己的偏好进行选择，逐步筛选，最终选择适合自身需求的保险产品。

而国内的"大家保""富脑袋"及国外的 eHealthInsurance、Insurance Hotline 则是 O2O 模型的典型代表，其本质类似于信贷门户中的垂直搜索平台融 360。门户本身并不从事保险销售，而是通过"搜索+比价"的方式为客户提供保险机构、保险产品的深度信息搜索和比价服务。客户只需填写投保人信息，门户即可为其筛选出适合投保人的保险产品及投保方案。在确定所要购买的产品后，客户直接点击相关链接，即可进入保险机构进行投保，极大地节约了交易成本。

以"大家保"为例，该门户首页的设计和 eHealthInsurance、Insurance Hotline 等国外保险类门户极其相似，其主体是一个简约的需求提交框，其中包含"给谁投保"及"出生年月"两个选项。

客户只需输入相关信息，并完成后续信息的填写，即可免费获取五家保险公司的产品报价及保险定制计划。在客户完成保险挑选后，即可进入相关保险机构进行保险购买，如图 9.1 所示。

图 9.1 "大家保"保险购买流程

"大家保"CEO 方玉书将其称之为"客户需求导向模式"。通过"大家保"，客户足不出户就可收集到为自己量身定制的保险计划，在详细对比了保障内容和价格的差异后，还可以轻松约见心仪的保险经纪人为其提供服务，价格公开透明，服务质量也能得到良好保证。

在国内众多的保险类门户中，大童网是唯一一家兼具 B2C 以及 O2O 模式的保险产品电子商务平台。与"大家保"相比，大童网的运营模式与其既有相似，又有区别。相似之处在于二者都是通过"搜索+比价"的方式将各家保险机构的不同产品进行分类展示，并通过不同的标签加以区分，为客户提供直观的对比，提高其搜索效率。而其不同在于大童网不仅具备保险产品 O2O 模式，还兼具了带有电商属性的保险产品 B2C 模式，是可以为客户提供在线选购、在线支付的电子商务平台。

此外，现阶段保险类门户汇聚的险种还是以复杂程度低、同质化较高的意外险和车险为主。其原因不仅在于该险种易于横向比较，更为重要的是该类产品的边际成本较低，在保险类门户达到一定规模后，有助与其实现规模经济效益，从而发挥门户的渠道优势。

3．营利模式

纵观国内外的保险类门户，其营利模式通常可以分为以下三种：第一种是客户完成投保后所收取的手续费；第二种是依托保险类门户规模大、种类全、流量多等优势，通过广告联盟的方式收取广告费；第三种是向保险机构或保险代理人提供客户信息和投保意向，从中收取佣金。

【案例三】大童网

大童网于 2008 年 8 月 1 日成立，总部设在北京。大童网是目前我国最大的专业性保险网上超市，能够为保险消费者提供简易保险产品的在线选购，以及综合性保障方案的评估与设计，以专业、客观、中立、公正的立场，帮助广大消费者轻轻松松选保险，明明白白享保障。其是目前国内唯一兼具 B2C 和 O2O 业务模式的保险产品网络销售平台。

大童网由北京大童保险经纪有限公司（简称"大童经纪"）创立，该公司系中国保监会批准设立的全国性专业保险中介机构。大童网综合经营财产保险、人寿保险中介服务业务，以及法律许可的其他金融产品销售服务业务。大童经纪的股东大童集团是中国保险专业中介领域的领先企业。大童网依托大童集团较好的信息技术支持和产品采购能力，拥有电子商务平台、电话服务平台、核心业务系统、核心财务系统等规范化、专业化、标准化的运营支持平台，提供近 40 家保险供应商的 1 000 余种金融保险商品供客户选购。这些保险商品涵盖了健康、养老、医疗、子女教育、旅游出行、人身保障、投资理财等各个方面。大童网对保险条款进行了简明化的分类、通俗化的解读和形象化的展示，便于消费者快速定位自己的需求，对同类商品进行对比，挑选出最适合自己的商品和组合方案。

其在线直接投保产品流程，即 B2C 模式的业务流程如下：消费者通过保险计算器计算相关保费；接着点击"立即购买"进入信息栏，填写真实信息；在信息经过审核后，客户预览自动生成的保险订单，确认投保信息是否准确，然后进行购买确认；通过网银进行在线支付，支付成功后，保单生效，具体流程如图 9.2 所示。

计算保费 ▷ 填写信息 ▷ 预览订单 ▷ 在线支付 ▷ 保单生效

图 9.2　大童网金融产品购买流程

其预约现场服务的产品流程，即 O2O 模式的业务流程如下：客户选择具体的保险产品，单击"立即预约"进入信息填写栏；然后填写客户的联系方式，预约下单；待理财顾问收到相关信息后，会致电客户进行电话回访，帮助其进行投保需求分析，量身定制投保方案；最后客户签署保单，保险合同生效。具体流程如图 9.3 所示。

选择产品 ▶ 预约下单 ▶ 电话回访 ▶ 需求分析 ▶ 签署保单

图 9.3 大童网预约现场服务流程

9.2.5 理财类门户

1. 定位

理财类门户作为独立的第三方理财机构，可以客观地分析客户理财需求，为其推荐相关理财产品，并提供综合性的理财规划服务。理财类门户与信贷类门户、保险类门户的定位并无太大差异，只是在聚焦的产品类别上有所不同，其本质依然分为垂直搜索平台及在线金融超市两大类，并依托于"搜索+比价"的核心模式为客户提供货币基金、信托、私募股权基金（PE）等理财产品的投资理财服务。此外，部分理财类门户还搜集了大量的费率信息，以帮助客户降低日常开支。

2. 运营模式

理财类门户并不参与交易，其角色为独立的第三方理财机构。理财类门户结合国内外宏观经济形势的变化，依托云计算技术，通过合作机构等供应渠道汇集了大量诸如信托、基金等各类理财产品，并对其进行深度分析，甄选出优质的理财产品以供客户搜索比价。同时，通过分析客户当前的财务状况和理财需求，如资产状况、投资偏好以及财富目标等，根据其自身情况为用户制定财富管理策略以规避投资风险，向其推荐符合条件的理财产品，并为之提供综合性的理财规划服务。

以存折网为例，存折网能帮助用户在线比较各种理财产品。在没有互联网金融门户网站时，用户获取理财产品信息的渠道很不通畅，很多产品都不为用户所知。随着社会经济发展，很多用户手里有钱，但是买不到好的理财产品，或者对于不同理财产品的特性不了解，对风险的了解有限，所以很难选取合适的理财产品。而存折网解决了这一问题，及时、有效地将大量产品信息展示给了用户。

虽然现在存折网的流量还不算很大，和大平台相比，还需要更多投入，需要继续坚持拓展平台规模，不放弃对产品深度的挖掘。国内银行理财产品、P2P 产品、金融产品都有很多，用户多是在银行里或者专业平台上了解信息，对资源了解的面有限，缺少横向比较的机会，也缺少对产品深度了解的能力。这点对于理财需求者来说，做出更加精准有效的购买决策是非常艰难的。存折网也看到个人理财方面存在的这个不足，因此在产品选择上，在做出横向比较的同时，也会对同类型产品进行深度挖掘，对具体产品的运作情况进行分析汇总，同时给出具体风险系数，给予理财用户更多选择依据。未来，对产品的深度挖掘，将成为存折网的专业理财师们的工作核心。

存折网的业务模式是典型的 O2O 模式，用户只需根据自身需要，选定期限、币种、金额及发行机构，即可搜索到符合条件的理财产品列表，从中比较各种理财产品的发行机构、年化收益率、收益类型以及理财周期等信息，选择适合自身理财需求的产品。在客户确定所要购买的理财产品后，其只需在理财产品销售截止日前到发行机构预订购买即可。整个流程极大地缩短了客户搜寻产品的时间，从而有效地降低了交易成本。具体流程如图9.4所示。

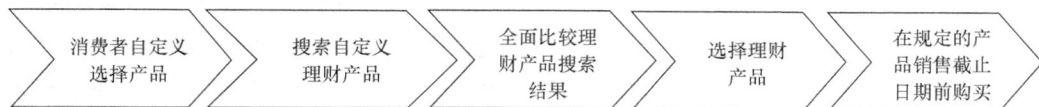

图 9.4　存折网业务流程

除推荐理财产品外，理财类门户还可以帮助客户节省日常开销，其典型代表为国外的LowerMyBills。目前该公司已经发展成为一家致力于为客户提供各种费率比较以帮助客户节约生活成本的一站式免费线上网站。它的主要业务包括家庭贷款、信用卡、车辆及健康保险以及远程服务和无线服务，而它最大的特色就在于涵盖了 500 多家不同种类的服务提供商来匹配客户的需要，具体涉及信用卡、保险以及长途话费等领域。打开 LowerMyBills 的首页，客户可以很容易地检索、比较不同产品或服务的价格以及相关费率，在质量相同的条件下，选择费用最低的金融产品或服务，从而有效降低其各种日常支出。

除了传统的 PC 端门户网站，理财类门户还开拓了移动端市场，涌现了一批手机理财软件。移动端理财 APP 的出现，不仅使得客户可以随时随地查询和购买理财产品，更为重要的是有助于理财类门户发挥其自身的渠道优势，积累更庞大、更优质的客户资源。

3．营利模式

现阶段，理财类门户的营利模式较为单一，主要以广告费和推荐费为主。理财类门户通过带给理财产品供应商用户量和交易量，收取相应的推荐费，因此其营利模式的关键在于流量。所以有效地提高转化率，将流量引导到供应商完成整个现金化过程，将成为理财类门户稳定收入来源的重要保证。

【案例四】格上理财

北京格上理财顾问有限公司（简称"格上理财"）成立于 2007 年 11 月 26 日，注册资本2 000 万元。格上理财是独立的第三方理财机构、专业的投资研究中心、国内领先的理财服务平台，提供包含信托、阳光私募基金、私募股权基金（PE）等理财产品的投资顾问服务。

格上理财的服务理念是一对一服务和一站式服务，其中一对一服务是由专业人员提供专业理财顾问，一站式服务是从众多理财产品中甄选出最具投资价值的理财产品以供客户进行搜索和比较，并通过优选产品专栏，为客户优选推荐经过格上理财优选的理财产品。

在交易完成后，格上理财还为客户做出追加以及赎回等动态调整建议，并向其传递最新的投资情报。

除此之外，在理财学堂中，客户可以通过阳光私募学堂以及私募股权学堂了解到相关理财产品的投资门槛、运作方式以及风险控制等详细的专业知识，降低了客户与传统理财机构之间的信息不对称，为其选购适合自身需求的理财产品奠定基础。

格上理财作为一个全面的理财门户网站，给用户带来丰富产品的同时也提供了相关的全面信息，用户可以充分利用信息，仔细挑选，选择适合自己的产品。

9.2.6 综合类门户

1．定位

综合类门户的本质与信贷类门户、保险类门户以及理财类门户并无太大差异，其核心定位依然是互联网金融领域的垂直搜索平台和在线金融超市。综合类门户与其他门户的不同之处在于所经营的产品种类，后三者均聚焦于某种单一金融产品，而综合类门户则汇聚着多种金融产品。

综合类门户本身不参与交易，而是引入多元化的金融产品和大量相关业务人员，为客户搭建选购各类金融产品以及与业务人员联系对接的平台。

现阶段，以在线金融超市为核心定位的综合类门户典型代表有 91 金融超市以及软交所科技金融服务平台等，以垂直搜索平台为核心定位的综合类门户的典型代表有百度金融等。

2．运营模式

综合类门户主要起到金融产品垂直搜索平台以及在线金融超市的作用，业务模式仍然以B2C 及 O2O 模式为主。

在以垂直搜索平台为核心定位的综合类门户上，客户不仅可以快速、精准地搜索到各类金融产品，对其进行比价，还可以通过平台与相关业务人员联系对接，进行线下咨询及购买，并通过信息反馈系统实现金融 O2O 模式的闭环。

以百度金融为例，面对互联网金融广阔的市场空间，百度展开了具有针对性的布局，为了卡位金融产品搜索入口，百度于 2013 年 9 月上线了百度金融测试版。

目前，对于在搜索领域占国内 60%左右市场份额的百度而言，最大的优势在于其搜索领域的市场份额以及在客户心目中形成的品牌效应。因此，百度金融的未来发展趋势是成为一个汇聚多元化金融产品的搜索平台，但百度金融的出现更多地是为了完善百度在金融领域的整体布局，建立百度自己的金融生态系统。

而以线上金融超市为核心定位的综合类门户，充当的是金融中介的角色，其业务形态是在线导购，不提供信息的双向选择，只提供直接的购买匹配及导购服务，解决的是服务不对称的问题。

以软交所科技金融超市为例，软交所科技金融超市定位为专业的中介服务平台，通过连接科技创新链条和金融资本链条，致力于打造我国最领先的科技金融服务平台。

目前，软交所科技金融服务平台通过合作渠道及相关从业人员提供的信息建立的数据库，汇聚企业贷款、股权融资、政策融资、企业理财及新三板/IPO 五大类金融产品信息，并对产品信息进行实时更新，以确保客户搜索到产品信息真实有效。其中，科技金融产品和服务供应链覆盖商业银行、投资机构、证券公司、信托公司、保险公司、担保公司、个人投资者及其他金融机构和中介服务机构，科技金融产品需求链覆盖机构客户、企业客户以及个人客户的投资需求、融资需求及理财需求等。同时，它根据客户不同的需求进行数据分析和匹配，为其筛选出满足其特定需求的金融产品，并且为客户提供各类金融产品的专业计算器，供其进行比较。

在企业理财栏中，软交所科技金融服务平台采用多条件搜索的方式为客户呈现产品搜索途径。客户填写相关信息，如理财金额、理财期限以及风险保障，再点击产品搜索按钮，即可搜索到符合条件的企业理财产品信息列表。再详细比较产品详情，确认所需购买产品后，客户便可提出购买申请并提交订单完成在线购买。

科技金融超市通过线上网络平台与线下活动平台相融的运营模式，为客户提供种类齐全的金融产品和服务。这些产品和服务分类明晰，并且与合作机构的信息对接非常顺畅，大大降低了客户的信息搜寻成本。另外，科技金融超市严格把关金融产品和服务质量，大大降低客户交易风险。同时，科技金融超市跟踪交易数据，在积累大量对客户的交易数据的基础上，对客户的特定需求实现精确匹配。

3．营利模式

综合类门户的营利模式可以划分为三种：首先，依托其流量价值，吸引在线广告的入驻，从而收取广告费用；其次，通过向金融机构推荐客户和交易量，从中收取相应的费用；再者，通过向金融机构推荐客户和交易量，从中收取相应的费用；最后，通过撮合交易，收取相应佣金。在客户购买金融产品的过程中，综合类门户可为其进行全程协助，待交易完成后向金融机构收取一定比例的费用作为佣金。

【案例五】91金融超市

91金融超市成立于2011年11月，是一个在线金融产品导购和销售平台，通过电脑、手机APP、400电话等渠道为金融消费者提供金融产品信息、产品比较、消费决策依据以及直接购买等服务。

91金融超市的产品分为增值宝、91旺财、91贷款、车险通、91金融圈、91配资六大产品体系，拥有较多种类的金融产品，为用户解决同类金融服务机构的比较问题，汇聚了大量的金融机构和优惠渠道。用户可以通过打开链接的方式，使用涵盖了金融服务，其中甚至包括还房贷计划、个税计算等在内的20多种计算器，帮助解决有关计算问题。91金融超市还增加了用户的社交体验，实现了跨屏使用：用户不仅可以通过网站访问，还可以通过手机APP直接在手机上完成操作，还可以通过微博、微信等社交软件完成。

作为一个"超市+导购"的金融中介，91金融超市的核心竞争力主要有三点。首先是产品的丰富程度高。目前91金融超市直接和相关金融机构合作，参与合作的银行以及保险公司达到300余家。通过这种合作方式，91金融超市不仅可以获得相关金融机构的海量金融产品信息，还可以掌握每家金融机构在不同阶段的具体执行政策。其次是数据分析能力。对于每一个通过平台来购买产品的客户，91金融超市都会通过引导客户主动填写的方式获取超过数十项的相关数据，以便于进行数据分析，从而提升91金融超市的服务水平和品牌知名度，积累优质的客户资源。最后，91金融超市拥有较高的转化率。在吸引了大量客户后，最终达成多少交易才是综合金融超市最大的价值来源。在这方面，91金融超市凭借其用户数据系统、金融产品数据系统以及匹配系统的良好运营，获得了较高的成交率。

在盈利方面，和其他综合金融超市一样，91金融超市不仅通过广告联盟的方式收取广告费用，还通过向金融机构推荐客户和交易量，从中收取相应的费用。另外，其还通过撮合交易，向相关金融机构收取相应的佣金。

9.3 互联网金融门户对金融业发展态势的影响

近些年来，互联网对于零售业的冲击已经越来越强烈，而在利率市场化、国内金融消费逐渐递增的大趋势下，越来越多的金融行业信息、金融产品以及金融服务将涌现出来。届时，金融机构的信息处理和反馈、金融产品的销售以及金融服务的提供，都需要通过更为高效的渠道才能实现，而互联网金融门户就是其中之一。因此，互联网金融门户对金融业是一种有效的补充而非变革式的颠覆。具体来看，互联网金融门户并未对金融脱媒产生直接影响，而是对传统金融业的创新形成了良好的补充，促进了金融产品信息化程度的提高，给客户带来了更为丰富的金融产品以及更加便利的购买方式，从而加快了传统金融业适应互联网的步伐。

从短期来看，互联网金融门户对金融业发展态势的影响主要体现在提高信息对称程度以及改变用户搜索金融产品信息方式两个方面。

从长期来看，当互联网金融门户拥有了庞大的客户资源，积累了渠道优势后，势必会对上游的金融产品供应商形成反纵向控制。

9.3.1 降低金融市场信息不对称程度

众所周知，市场信息不对称往往导致道德风险与逆向选择，从而使低质产品逐步代替优质产品，这便是所谓的"柠檬市场"现象。而现阶段，以信息服务为核心的互联网金融门户，对金融业最显著的影响就是有效地降低了金融市场的信息不对称程度，从而有效地减少了"柠檬市场"现象出现的概率。

首先，互联网金融门户通过搜索引擎对信息进行组织、排序和检索，有效缓解了信息超载问题。其形成的"搜索+比价"模式为客户提供了充足且精准的金融产品信息，有针对性地满足了客户的信息需求，从而减少了逆向选择的发生。

其次，由于 P2P 网贷市场、保险市场存在管理滞后、发展模式粗犷等问题，因此互联网金融门户还起到了一定的监督作用，通过企业征信以及风险预警等方式对相关企业进行实时监督，减少了道德风险的出现。

9.3.2 改变用户选择金融产品的方式

互联网金融门户对金融业的另一个重要影响是改变了用户选择金融产品的方式。

现阶段国内用户选择、购买金融产品还是以向金融机构咨询及代理商推荐等线下方式为主。据 2010 年年底波士顿咨询（BCG）调研数据显示，中国客户通过网站了解并消费金融产品和信用卡的比例为 28%左右，获取车贷、房贷的比例只占 11%左右，超过 50%的客户仍然通过银行咨询和代理商推荐等方式获取相关金融产品信息。

在这种传统搜索方式下，客户只能逐一地浏览各家金融机构网站或光顾其线下网点比较相关金融产品，但从搜索到购买的整套流程及时间投入过于冗长，客户的搜寻比较成本较高。

而随着大数据以及云计算等互联网金融核心技术的发展，互联网金融门户将金融产品从线下转移到了线上，形成了"搜索+比价"的方式，让用户快速且精准地搜索和比较非标准化、风险性和复杂性较高的金融产品成为可能，使得其足不出户就可以搜索到满足自身需求的金融产品。与传统的搜索方式相比，"搜索+比价"的方式大幅提高了客户的搜索效率，既节省了时间，又降低了交易成本，加快了信息及资金的流通速度。

对此，融 360 的判断是，两三年内在线搜索申请产品的比例有望上升到 50% 以上。"先去搜一搜，比比价，会成为网民购买金融服务的一种普遍习惯。"融 360 公司 CEO 叶大清表示。

9.3.3　形成对上游金融机构的反纵向控制

从长期来看，随着利率市场化水平不断提升，资本市场不断完善，国内金融市场将会步入金融产品过剩的时代，金融领域的竞争格局也会从产品竞争逐步转向产业链竞争。届时，最稀缺的资源莫过于稳定的客户群体。而当互联网金融门户成长为掌握客户资源的重要渠道后，其势必会拥有金融产品销售这一纵向结构的决策权以及对上游金融产品供应商（如银行、基金公司、保险公司、投资公司等）的议价能力，逐渐形成对上游供应商的反纵向控制。

目前，具备垄断属性的传统金融机构实施纵向控制的主要目的之一，就是凭借其垄断地位，通过制定高价格来维持高额的利润。但在反纵向控制中，获取了市场势力后的互联网金融门户并非如此。鉴于其需要通过吸收大量长尾客户逐步降低边际成本，从而更好地发挥渠道和成本优势。因此，作为销售渠道的互联网金融门户将会更多地采取低价策略来吸引客户。例如，全球最大的零售商沃尔玛的口号就是"天天平价"。

从经济学中静态分析的角度来看，反纵向约束的低价约束更为直接、有效。互联网金融门户通过这种方式迫使上游供应商，即传统金融机构从维持高价格获取高利润的策略，转变成通过高销量获取高利润的新策略，从而增加了消费者剩余，提高了整个社会的福利水平，真正实现了经济效益与社会效益的统一。

能够实施反纵向控制的互联网金融门户需要拥有巨大的企业规模，其核心就是所占有的客户数量。据 91 金融超市 CEO 许泽玮介绍，互联网金融门户需要占到单一金融机构 20% 左右的成交量才能掌握单一客户的定价权，现在 91 金融超市只拥有个别客户的定价权。而从整个行业来看，无论是互联网金融门户的整体规模还是拥有的客户资源，还远未达到能够对上游金融机构实施反纵向控制的程度。

虽然目前互联网金融门户很难实现对金融机构的反纵向控制，但从长期来看，当其积累了庞大的客户资源，拥有了强大的渠道优势后，势必会像零售商一样，通过反纵向控制推动互联网金融行业的发展。

由上所述，可以看出互联网金融门户并未对金融脱媒产生直接影响，但是其对传统金融业的创新形成了良好的补充，促进了金融产品信息化程度的提高，给客户带来了更为丰富的金融产品以及更加便利的购买方式，提高了金融交易效率，从而加快了传统金融业适应互联网的步伐。

9.4　互联网金融门户风险分析及风控措施

互联网金融门户是基于网络信息技术运行的互联网金融模式，门户本身大部分不直接参与交易，仅作为第三方资讯平台或垂直搜索平台为用户提供相关信息及增值服务。因此，互联网金融门户在延续了部分传统金融风险的同时，更多地体现了网络风险的特征。

9.4.1　互联网金融门户面临的风险

1．技术风险

互联网金融门户的技术风险是针对互联网金融门户网络安全性而言的，是目前互联网金融门户面临的最主要的风险之一。

首先，互联网金融门户直接连接到外部不同门类、不同级别的网络。其次，互联网金融门户与业务主机应用系统之间存在着大量的数据通信。因此，一旦互联网金融门户出现内部操作失误或受到外部黑客攻击，不仅整个系统面临停机或瘫痪的风险，更为严重的是金融机构的交易数据以及用户的个人信息将存在泄密的可能性，导致难以估量的损失。

鉴于目前互联网金融门户都采用 Web 访问形式，其应用操作系统及网络通信所依托的 TCP/IP 协议等核心技术都存在安全漏洞，致使互联网金融门户面临的技术风险难以完全规避。

2．法律风险

互联网金融门户面临的主要问题是，传统金融机构所适用的法律是否能够应用到互联网金融门户形式之下的金融机构，金融机构的客户是否可以使用《消费者权益保护法》，以及互联网金融门户网站对交易信息的虚实是否负有保证责任等。

互联网金融门户是传统金融机构拓展业务的一种渠道，将线下宣传和交易通过第三方服务平台搬到线上，其交易主体实质上并未发生变化，交易双方所产生的法律关系性质并未改变。因此，对于其中所涉及的法律问题，基本上是沿用法律规范对传统金融机构的相关规制。不论是银行、信托公司、财务公司还是保险公司，仍然是法律所规定的传统金融机构，仍可沿用法律对传统金融机构进行规制所指定的法律。

互联网金融门户之下，确定金融机构的法律地位之后，金融交易的另一方，即消费者的定位问题一直是一个热点话题。目前我国尚未出台专门性的保护金融消费者的法律法规，只能参照《消费者权益保护法》。该法第二条规定，"消费者为生活消费需要购买、使用商品或者接收服务，其权益受本法保护；本法未作规定的，受其他有关法律、法规保护"。国内外普遍将金融交易视为一种服务行为，因此，笔者认为金融服务也可以纳入本法所规定的"接收服务"的范围之内。

在金融消费领域，一个主要问题是双方地位不平等，金融机构处于明显的优势地位。知情权是《消费者权益保护法》规定的消费者基本权利之一，但是，金融产品与服务的专业性、技术性非常强，金融机构往往会刻意隐匿产品潜质、潜在风险、后果责任等重要信息，在交易时又普遍采用格式条款的方式订立合同。因此，对于金融机构而言，保证交易信息的真实性，对格式条款进行提示、说明是基本义务。

那么在互联网金融门户的场景下，门户网站作为金融信息提供的中间人，相对于消费者而言，也处于明显的优势地位。它们是否负有和金融机构同等的信息披露义务？发生法律纠纷时，门户网站是否需要就虚假信息承担责任？这种责任是过错责任还是无过错责任？这些都有待确认。目前，对金融产品的风险评估，有业内人士建议引入第三方评价机构。互联网门户网站为金融交易提供搜索服务，提供交易平台，它们是否需要负担起类似于第三方评价机构的责任？目前互联网金融门户网站的服务条款基本一致地免除了自己对交易风险的责任，对于金融交易信息的准确性、真实性也不负保证责任。例如，网贷之家《服务条款》2.2指出，"用户明确同意其使用网贷之家网络服务所存在的风险将完全由其自己承担；因其使用网贷之家网络服务而产生的一切后果也由其自己承担。"融 360 的《服务条款》5.4 也指出，"用户明确同意，其使用融 360 服务所存在的风险及产生的一切后果由其自己承担。"这说明，门户网站在服务条款中完全将自己放在了独立的第三方的位置，只提供搜索服务或交易平台，不负有审查义务和保证责任，不存在构成第三方评价机构的可能。对金融消费者的救济只能依据《合同法》第四十一条关于格式条款解释规则的规定，而在互联网金融门户的场景下有缺失了面对面的提示、说明和解释行为，这对消费者而言具有比传统金融交易方式更大的风险。

3．信用风险

互联网金融门户的信用风险主要体现在信息失真以及信息泄露两方面。

（1）信息失真

现在是一个信息快速传播的时代，从信息传播角度来看，第一时间快速传播有助于抢占重要信息的首发权。但随着信息传播的提速，信息的准确性和精细度可能会呈现下降的趋势，甚至会出现诸如虚假信息等信息失真的情况。

具体来看，互联网金融门户的信息失真主要表现在信息不准确、不完全以及虚假消息等方面，其风险在于一旦出现有纰漏的相关信息被广泛援引、转载，不仅会导致因新闻失实而使互联网金融门户的专业水准及公信力遭到质疑，还会导致因造成客户的经济损失而面临赔偿或法律纠纷等严重后果。

（2）信息泄露

如前文所述，互联网金融门户更多的是充当客户和金融机构中间渠道的角色，因此，客户在交易过程中会留下详尽的私人信息，比如身份证号码、详细住址以及银行账号和密码等。一旦互联网门户监管不严，内部员工为了一己私利向不法机构兜售客户信息，或互联网金融门户受到诸如黑客等外部攻击，客户的私人信息遭到泄露，将会给其信息安全和经济利益带来严重的损失。

9.4.2 互联网金融门户的风控措施

针对上述互联网金融门户面临的主要风险，本节从微观技术层面以及宏观政策层面分别提出相应的风险管理措施，以确保其健康发展。

1．技术预防措施

（1）提升核心技术水平

互联网金融门户的技术风险防范是保证其良好生存环境，健康有序发展的关键。因此，通过开发运用多种网络安全的核心技术，如认证授权、数据加密技术、数字签名技术及防火墙技术等，针对网络安全可能出现的问题，采取相应的防范措施，以达到提升网络安全核心技术水平，有效降低技术风险，保证互联网金融门户安全、稳定、顺畅地运行。

（2）完善网络安全管理

互联网金融门户可通过设立专职部门及建立相关规章制度两个方面完善其技术风险管理体系的建设。首先，设立专职部门，专门从事网络安全技术的开发及管理，以实现对技术风险的防范及管理。其次，建立健全的网络安全防范章程以及违约惩罚制度，通过内部制约机制的方式规范并完善技术风险管理体系，切实保障互联网金融门户的安全运行。

2．法律法规保护措施

健全法律法规，完善监管体系是预防相关风险的有利措施。一方面建议尽快出台专门的金融消费权益保护法。目前全国人大法工委正在对《消费者权益保护法》进行修订，笔者建议扩大其适用范围，加入金融服务、金融产品保护。另一方面，针对互联网金融门户交易中的法律地位，笔者建议法律给出明确的规定，进而对其是否负有信息披露义务、对信息真实有效性的形式审查义务给出答案，为互联网金融门户模式下的、处于弱势地位的金融消费者提供更为宽广的维权途径。

3．消费者需提高自我保护意识

《消费者权益保护法》对消费者的基本权利进行了规定，消费者要善于利用这些权利，维护自身的合法权益。这种自我保护意识，既包括事后的维权意识，如积极寻求消费者协会的帮助，向人民法院提起诉讼等；也包括事前的维权意识，如对信息的真实性做出积极的调查、思考，不盲目地相信网站上的介绍，不依赖网站提供的估评信息；当然还包括事中的维权意识。在互联网金融交易领域，普遍存在的一个问题是电子证据的固定问题。若交易中发生争议，当事人一方提起诉讼，电子证据的固定是一个难点。在交易过程中，消费者一般没有意识去截取交易过程中的图文，在事后的诉讼中处于极为不利的地位。所以笔者建议消费者提高自我保护意识，在交易中充分行使知情权，要求金融机构或门户网站对重要信息做出详细的说明和解释，对交易过程中对所涉及的重要信息做好保留工作。除此之外，消费者本人也应该恪守诚实信用原则，对所提供的个人信息的真实性负责，对交易的真实性负责，严禁任何以合法形式掩盖非法目的的交易行为，切实维护好国家的金融市场秩序。

9.5　互联网金融门户发展趋势

目前，互联网金融门户不仅其商业模式获得了投资机构的认可，而且市场空间广阔，总体上呈现出了良好的发展态势。笔者在总结互联网金融门户发展现状的基础之上，对其发展前景进行了合理的展望，认为未来互联网金融门户的发展趋势主要有以下四点。

9.5.1　门户发展渠道化

互联网金融门户依托大数据技术，通过垂直搜索的方式解决了交易过程中的信息不对称问题，不仅为客户提供快速而全面的行业信息、便捷而精准的金融产品推荐服务，同时还为金融机构提供智能化的金融产品销售服务，有效地降低了金融机构的交易成本。

因此，在互联网金融生态系统中，互联网金融门户将成为集资讯、在线销售以及相关增值服务于一体的金融产品销售渠道，并通过结构化的垂直搜索方式，搭建一个产业联盟平台，聚集产业链上下游企业。互联网金融门户不仅为产业链提供了技术协助，还为供需双方实现信息交流、业务对接以及利益共赢提供了良好的平台。

9.5.2　产品类别多元化

对于垂直搜索平台而言，信息不对称是其致力于解决的首要问题，因此，平台上的产品覆盖面越广、产品数量越多，其上游企业的资源越分散，信息传递越充分，平台的价值也就越大。融 360 在信贷搜索之后，又上线了以信用卡搜索、记账理财为核心业务起家的手机 APP 挖财。该软件于 2013 年 7 月推出的基金交易服务以及软交所科技金融超市，产品包括企业贷款、股权融资、政策融资、企业理财及新三板/IPO 五大类，这其中一个很重要的原因正是源于产品类别多元化带来的价值。

由此可见，在经营产品类别方面，以垂直搜索平台为核心定位的互联网金融门户未来必将呈现产品多元化的发展趋势，即门户将汇聚不同种类的金融产品，从单一金融产品的垂直搜索平台转化为汇聚不同种类金融产品的综合类垂直搜索平台，如信贷类垂直搜索平台可以开展 P2P 网贷、信用卡等搜索业务，而保险类垂直搜索门户可将业务范围延伸到理财、中期信托、短期保险基金等，供用户搜索比价，从而深层次、多角度地挖掘和满足用户需求。

9.5.3　业务模式多样化

互联网金融门户的核心是客户。而随着人民生活水平日益提高，金融产品不断创新，满足客户对金融产品多元化需求的同时提升用户体验，将成为保障互联网金融门户核心竞争力的关键。

因此，在业务模式方面，互联网金融门户不会仅局限于当前的 B2C 模式，随着依托大数据、云计算等互联网金融核心技术的不断发展深化，互联网金融门户将通过对客户搜索习惯和行为特征进行有效记录和智能分析，从而协助金融机构为客户量身设计金融产品，通过自主定制产品的方式加强客户在交易过程中的自我成就感，提升用户体验，逐步形成互联网金融领域的 C2B 模式。

9.5.4　营销方式移动化

随着移动通信技术和手机终端设备的发展，越来越多的客户形成了使用手机浏览和支付的消费习惯。因此，结合移动互联网的发展趋势，未来互联网金融门户势必会涌现出一批与铜板街以及挖财等类似的手机 APP，便于客户随时随地进行搜索比价。通过 PC 端到移动端的全方位布局，互联网金融门户将使其产品信息的传播更加及时，业务流程更加便捷，从而更好地聚拢客户资源，充分发挥其渠道优势。

本章小结

本章从互联网金融门户的概念入手，对互联网金融门户的发展进行了介绍。互联网金融门户是指专门用于提供金融产品、金融服务信息，汇聚、搜索、比较金融产品，并为金融产品销售提供第三方服务的互联网网站。在未来，互联网金融门户将成为集资讯、在线销售以及相关增值服务于一体的金融产品销售渠道，并通过结构化的垂直搜索方式，搭建一个产业联盟平台，聚集产业链上下游企业。互联网金融门户不仅为产业链提供了技术协助，还为供需双方实现信息交流、业务对接以及利益共赢提供了良好的平台。

互联网营销与互联网搜索技术的革新为互联网金融门户的产生和发展提供了宝贵的契机，促使其形成了依托垂直搜索引擎、云计算等网络技术，以金融产品信息汇集和金融产品在线销售为主的门户网站。互联网金融门户对传统金融业的创新形成了良好的补充，促进了金融产品信息化程度的提高，给客户带来了更为丰富的金融产品以及更加便利的购买方式，提高了金融交易效率，从而加快了传统金融业适应互联网的步伐。与此同时，互联网金融门户也面临着诸多风险，其中技术风险、法律风险、信用风险是互联网金融门户较为突出的风险。这一方面需要通过开发运用多种网络安全的核心技术来提升网络安全水平，保障互联网金融门户安全、稳定、顺畅的运行，另一方面也需要尽快健全法律法规，完善监管体系，为互联网金融的发展提供有力的法律保障。同时，作为消费者也应提升自我保护意识，切实维护自身的合法权益。

思考与练习

1．单项选择题

（1）互联网金融门户盈利的核心在于（　　　）。

    A．流量及其转化率　　　　　　　　　　B．垂直搜索

    C．大数据技术　　　　　　　　　　　　D．对海量金融产品的信息进行挖掘

（2）现阶段，信贷类门户虽然将线下信贷产品业务流程转移到线上，初步实现了信贷业务流程的在线化，但由于信贷产品极其复杂并具有一定风险性，因此，目前国内客户购买信贷产品的方式依然以（　　　）模式为主。

    A．P2P　　　　　　　B．O2O　　　　　　C．B2C　　　　　　　D．C2B

（3）下列选项中（　　　）是错误的。

    A．理财类门户结合国内外宏观经济形势的变化，依托云计算技术，通过合作机构等供应渠道汇集了大量诸如信托、基金等各类理财产品，并对其进行深度分析，甄

选出优质的理财产品以供客户搜索比价

  B. 鉴于信贷类门户的核心定位为垂直搜索平台，因此该类门户不参与到借贷双方的交易，也不做属于自己的信贷产品

  C. 虽然国内外保险类门户数目繁多，但按其业务模式划分，保险类门户主要以 P2P 模式为主

  D. 综合类门户与其他门户的不同之处在于所经营的产品种类，后三者均聚焦于某种单一金融产品，而综合类门户则汇聚着多种金融产品

（4）以信息服务为核心的互联网金融门户，对金融业最显著的影响就是有效地降低了金融市场的信息不对称程度，从而有效地减少了（ ）现象出现的概率。

  A. "郁金香事件"   B. "庞氏骗局"

  C. "黑天鹅事件"   D. "柠檬市场"

2．填空题

（1）根据汇集的金融信息、金融产品的种类不同，可将互联网金融门户细分为_____、_____、_____、_____及_____五个子类。

（2）现阶段互联网金融门户的主要收入来源有_____、_____、_____、_____及_____等。

（3）P2P 网贷门户网站秉承公平、公正、公开的原则，对互联网金融信息资源进行汇总、整理，努力实现信息对称，并具备一定的_____及_____功能。

（4）保险类门户的核心定位分为两类，一类是聚焦于_____的垂直搜索平台，利用云计算等技术精准、快速地为客户提供产品信息，从而有效解决保险市场中的信息不对称问题。另一类保险类门户定位于_____，充当的是网络保险经纪人的角色，能够为客户提供简易保险产品的在线选购、保费计算及综合性保障方案等专业性服务。

（5）理财类门户依托于"搜索+比价"的核心模式为客户提供_____、_____、_____等理财产品的投资理财服务。

（6）互联网金融门户面临的风险有_____、_____、_____等。

3．简答题

（1）根据服务内容及服务方式不同，互联网金融门户可以分为哪几类？各有哪些特点？

（2）互联网金融门户的特点有哪些？

（3）简述互联网金融门户的运营模式。

（4）互联网金融门户对金融业发展态势的影响有哪些？

（5）你认为互联网金融门户应有哪些风控措施？

（6）简述互联网金融门户的发展趋势。

第 10 章　互联网金融监管

　　近两年我国互联网金融各种商业模式的飞速发展引起了学术界和业界的广泛关注，互联网金融作为普惠金融的代表已经被作为国家战略的重要组成部分。互联网金融潜在的风险比传统金融行业更加繁杂与隐蔽，因此我国对互联网金融的监管比对传统金融的监管更具有挑战性。基于我国特殊的国情，互联网金融的监管涉及的层面非常广，监管主体也较多。本章主要介绍了互联网金融的监管，具体来说包括四个部分：互联网金融存在的风险和监管的必要性、国外互联网金融监管的经验、我国互联网金融监管的发展及现状以及我国互联网金融监管的趋势和政策建议。本章的重点和难点在于：正确认识互联网金融存在的独特风险以及对互联网金融有效监管的必要性；了解欧美等西方发达国家互联网金融监管的发展并阐述其对我国互联网金融发展的借鉴意义；熟练掌握我国互联网金融监管的发展和现状；能够认清未来我国互联网金融监管发展的趋势并提出相关的政策建议。建议按照本章节编写的顺序进行教学，以存在风险—监管必要性—国外经验—国内现状—未来趋势—政策建议的整体逻辑框架进行展开，本章节内容为必修。

10.1　互联网金融的风险类型

1．法律风险

　　目前我国互联网金融行业由于监管的缺失门槛较低，同时缺乏行业标准。这样的大环境下，一部分互联网金融产品在打"擦边球"，其业务流程和操作有可能会触碰到法律的底线。同时，鉴于互联网金融的进入门槛较低且我国目前尚不存在统一的行业标准，行业自律协会尚未建立，这都表明了我国互联网金融行业当下存在着较多的泡沫，一旦出现大范围违约跑路等情况，监管部门就难免会出台相应更加严格的监管政策或者对互联网金融部分业务紧急叫停，从而使新兴互联网金融行业的发展受到严重的影响。当年我国的信托业和证券业在发展初期都曾出现一度混乱局面，所以我国互联网金融的发展应该吸取信托业和证券业的经验教训，不得越过法律法规的底线。

2．期限错配和流动性风险

　　互联网金融理财产品涵盖的范围非常广泛，因此其投资资产和负债在到期期限方面有很大的区别。互联网金融资产偏向于长期，而其负债则多为短期。互联网金融企业资产和负债的期限不匹配现象很可能给互联网金融企业带来和银行业相类似的期限错配风险，以及流动性风险。传统意义上的金融机构或多或少会面临不同程度的期限错配，所以考察金融机构流动性管理的重要评价指标之一就是其资产负债期限错配的程度。我国现有互联网金融的支付功能都来源于货币基金的现金备付和互联网企业的垫资，因此，和银行等金融企业类似，互联网金融行业也面临着较大的流动性风险，在特殊情况下也有可能发生挤兑的现象。一旦出现挤兑，互联网金融行业因其广覆盖和"长尾"的特性就可能给整个国家的金融和经济带来新的系统性风险，从而影响金融系统的稳定性。

3．最后贷款人风险

作为传统金融机构的商业银行一直以来都面临着期限错配风险和流动性风险，但是由于金融制度的原因，各国的中央银行都起着最后贷款人的作用，一旦出现了无法兑付等经营危机，商业银行在面临挤兑破产危机的时候往往能够获得央行最后贷款人的支持，从而可以平稳地渡过危机阶段而不会引发金融市场较大的动荡。反观互联网金融行业，目前来说并没有建立起类似最后贷款人的机制体制。在没有央行最后贷款人保证的情况下，如果互联网金融市场内爆发较大规模的产品服务违约，很可能会引发一系列连锁反应，从而给我国的金融市场带来新的风险，互联网金融投资者的利益无法得到有效的保护，近两年互联网金融行业内出现的大量 P2P 平台负责人跑路就是典型的案例。

4．技术风险

传统商业银行的通信网络具有很强的独立性与安全性，在大多数情形下不会发生重大的系统故障和漏洞。然而，互联网金融企业的通信网络与商业银行的通信系统有着较大的差异，互联网企业的通信系统更为开放，同时其密钥与加密技术的漏洞也比商业银行更大更多，因此互联网金融企业的通信网络更容易遭受来自于网络黑客的攻击。在 2014 年期间，我国几大 P2P 网贷平台相继遭遇技术风险，先后受到了来自网络黑客的安全攻击。同时，互联网金融企业的信息系统也并非完全依靠自己的技术研发而来，其多数来源为从企业外部购买所得，外部购买的安全性和稳定性都大打折扣，需要投入大量的人力物力和各种资源进行管理，并且建立风险隔离防火墙。在具体业务操作过程中，计算机硬件系统和网络运行等环节都可能出现问题，严重影响数据的安全性、完整性以及保密性。综上所述，互联网金融行业面临着巨大的潜在安全风险与技术风险。

5．"长尾"风险

从"长尾"风险来看，互联网金融使交易可能性边界扩大，使得大量不被传统金融覆盖的人群都被纳入互联网金融的服务范围（即"长尾"特征）。互联网金融服务的这部分不被传统金融涵盖的人群具有以下几点特征：首先，金融知识储备、风险识别能力和风险承受能力相对匮乏，极易受到误导、欺诈等不公正、非法的待遇；其次，"长尾"人群的投资额度相对而言较小而且分散，单独的个体参与者没有足够的精力和资源来监督自己所投资的互联网金融企业，同时其所承受的成本也很高；最后，这部分人群极易出现个体非理性和集体非理性的现象，一旦出现整个互联网金融市场的非理性，容易带来风险的传染，造成金融市场的动荡不安。从"长尾"涉及的人数上来衡量，显然互联网金融的潜在风险对社会的负外部性更大，因此"长尾"风险是互联网金融所独有的鲜明风险。

10.2 互联网金融监管的必要性

2008 年美国金融危机发生之后，金融界和学术界普遍认为，自由放任的金融监管只有在金融市场有效的前提下才能够发挥出作用。在理想的市场环境下，理性的金融市场参与者通过追求自身利益最大化，个体的自利行为促使市场达到均衡水平，同时均衡的市场价格包含了市场上所有的信息，信息完全公开和透明，信息不对称不成立。但是，在互联网金融市场上，这种理想的完全有效的条件无法满足，互联网金融市场存在大量非有效因素的制约（如交易成本和信息不对称），因此导致市场无法达到理想的均衡状态，同时也制约了自由放任的监管理念。此外，互联网金融市场还存在上述的种种不确定性和特有风险，所以对互联网金融的监管是必要的也是必需的。

（1）互联网金融中，市场参与者的个体行为并非都是理性的，不符合经济学中理性市场参与者的假设前提。以 P2P 网络贷款为例，从本质上来看，P2P 投资者购买的不过是针对借款者个人的信用贷款。即使 P2P 网贷平台能做到投资资产的分散化投资，并且在一定程度上可以正确地揭示借款者的信用风险，但是由于我国目前征信体系建设非常滞后，没有建立完善的信用评价系统。总体来看，P2P 市场上个人信用贷款的风险仍然较高，然而 P2P 中的投资者却并不一定能正确地意识到这一点。

（2）个体理性不一定代表集体理性。比如，余额宝实际上是"第三方支付+货币市场基金"，投资者实际购买的是货币市场基金份额。基于货币市场基金的特点，余额宝的投资者能够随时赎回自己的资金。但从另一方面来看，货币市场基金的头寸期限较长，且在二级市场上变现交易通常需要付出一定的折扣作为代价。所以，余额宝就存在流动性转换和期限错配等风险。一旦货币市场出现大幅度的波动，投资者可能会为了控制个体的风险而赎回所投资的资金。这样的行为从个体行为的角度来看是完全理性的，但是从全体货币市场基金参与者集体行为角度来看，则是非理性的，这样的行为会导致货币市场基金遭遇挤兑问题。

（3）互联网金融市场对风险承担行为的控制力度是有限的。针对金融行业的投资风险，我国存在大量的如隐性存款保险、银行对柜台销售的理财产品的隐性承诺等隐性抑或是显性的担保，再加上我国特殊的国情，投资者习惯了人民银行担保下的"刚性兑付"，风险定价机制在一定程度上是非有效的。互联网金融企业在其用户数量和资金规模达到一定程度之后，一旦出现流动性问题或者经营问题，那么依靠市场出清的方法是没有效果的。涉及支付清算等基础业务的机构破产，会对整个金融系统的基础设施造成巨大的破坏，严重的会带来金融体系的系统性风险。

（4）互联网金融的创新同样可能存在重大的不确定性。以我国 P2P 网络借贷为例，P2P 网络贷款平台鱼龙混杂，各 P2P 平台资产状况和内部构造良莠不齐，部分 P2P 平台的营销策略偏向激进，倾向于从事高收益同时高风险的业务，从而忽视了 P2P 参与者的风险特征，将高风险产品销售给不具有风险识别和承担能力的人群。此外，有些 P2P 平台未能将客户资金与平台资金进行有效的隔离，内部控制机制存在巨大的安全隐患，最终出现了其平台主要负责人卷款"跑路"的违法犯罪事件。还有些互联网金融企业盲目地追求自身利益最大化，在互联网金融业务操作中存在欺诈和非理性行为，开发和推销风险过高的产品，利用互联网金融投资者对这一系列新兴产品知识的匮乏，将这些风险巨大的产品出售给他们，而投资者可能对自己购买的产品根本不了解，由此出现巨大的投资损失。

鉴于国外互联网金融发展较为成熟，传统银行网络化的程度也更高，并且国外发达国家的金融监管部门非常关注本国金融监管体系的健全性，根据本国经济社会以及金融市场发展的实际状况，不断对现有的金融监管体系进行调整。因此，借鉴国外对互联网金融监管的经验对我国互联网金融可持续发展具有重要的指导意义。本教材将从美国和欧盟的角度来介绍国外互联网金融监管的历史和发展概况，详细地阐述了美国和欧盟等国家在互联网金融第三方支付、P2P 网络借贷及众筹融资方面的监管做法以及相关的法律法规，并对国外的互联网金融监管经验进行了总结评价。

10.3　美国的互联网金融监管经验

10.3.1　第三方支付监管

美国将第三方网络支付纳入货币转移业务的监管范围。美国对第三方支付业务采取的是功能性监管策略，根据功能性监管的特点，其监管的对象主要侧重于第三方交易的过程而不是第三方支付机构。具体而言，美国对第三方支付的监管可以划分为以下三个层次。首先是立法层面。美国并没有专门针对第三方网络支付业务制定专门的法律法规来进行监管，取而代之的是使用现有的法律法规或者修订增加法律条文来对第三方支付业务进行约束管理。在美国，第三方支付业务被划分为一种货币转移业务，第三方支付的本质仍是一种传统的支付业务和服务，所以从事第三方支付的机构并不需要获得银行业务的许可证。其次是监管机制层面。根据美国的国情，美国实行的是州和联邦分管的金融监管体制，联邦存款保险公司（FDIC）负责监管第三方支付机构，但 FDIC 明确指出，美国各州相关的监管部门可以在不违背本州上位法的前提下，对第三方网络支付平台的相关业务流程制定切合本州具体实践的准则。最后是沉淀资金管理层面。美国的法律非常明确地把第三方支付平台上的沉淀资金定义为一种负债。监管部门 FDIC 规定如下：第三方支付平台必须将其平台的沉淀资金存放于FDIC 在商业银行开立的无息账户中；在沉淀资金的用途方面，FDIC 规定沉淀资金所产生的利息用于第三方支付机构支付所必要的保险费。提供存款延伸保险是 FDIC 对沉淀资金监管的方法和途径。

考虑以上美国有关第三方支付的三个监管层面，最后到底适用于哪些监管规则，需要根据第三方支付的不同业务形态、第三方支付机构从事支付业务中实际发挥的作用等因素来进行综合权衡。如果把第三方支付企业作为主要的目标来进行论述，那么第三方支付企业至少应当受到来自以下八个不同角度和方面的监管要求。

第一，注册。在美国范围内，绝大部分州都有着《货币服务法案》（Money Services Acts），该法案主要的作用是用来规范非存款性货币服务机构的行为，并对其起到监督管理的作用。根据《货币服务法案》的规定，美国的第三方支付管理权归属于各州，同时绝大部分州都有着牌照的要求。第三方支付企业想要从事第三方支付业务必须先取得相应的牌照才能开展，否则很有可能会被叫停。

第二，电子转账规则。电子转账规则主要由《电子转账法案》（Electronic Fund Transfer

Act，EFTA）及《监管指令 E》（Regulation E）等法律法规构成。电子转账规则系列法案主要适用范围包括从消费者的账户进行的支付，即从贷记卡或者信用卡进行的支付行为。根据电子转账规则的要求，第三方支付企业在支付之前就明确地向消费者揭示其拥有的权利和承担的相应义务，并且建立起争议解决机制。尤其对于那些未经授权的交易，第三方支付企业必须让消费者知晓其需承担的最大损失额度。

第三，消费信用规则。消费信用规则主要由《诚实借贷法案》（Truth in Lending Act，TILA）和《监管指令 Z》（Regulation Z）等法案构成，其适用范围主要包括第三方支付业务消费者的信用支付类业务。和电子转账规则相类似，消费信用规则同样要求企业主动向消费者揭示其面临的信贷成本，并且建立起争议解决机制。

第四，账单信息规则。账单信息规则主要由《诚实账单规则》（Truth-in-Billing）等法案构成，其适用范围包括各种无线网络运营商，其具体要求是无线网络运营商应当提供准确、清晰并且详尽的单据。账单信息规则的监管方一般来说是联邦通信委员会，而不是传统意义上的金融行业监管机构。

第五，公平贸易规则。公平贸易规则具体包括《反不公平、欺诈和滥用法案》（对金融机构）和《公平贸易法案》（对非金融机构）等法律法规，其适用范围包括所有涉及第三方支付的业务和行为。对于金融类机构的第三方支付业务，由消费者金融保护局监管；而非金融类机构的第三方支付业务，其监管方则是联邦贸易委员会。

第六，消费者隐私保护规则。消费者隐私保护规则主要由《格莱姆-利奇-比利法案》（Gramm-Leach-Bliley Act，GLBA）的隐私和数据安全条款等法案构成，其适用范围主要包括各类金融机构。根据消费者隐私保护规则，各类型的金融机构在与消费者签订合同的同时以及每个会计年度都必须向消费者表明对其的隐私保护规则，而且应当鼓励客户灵活地依据自己掌握的信息，自主地选择个人信息的分享范围。同时，消费者隐私保护规则还针对金融机构消费者的信息安全制定了明确的指引和规范。

第七，存款保险规则。存款保险规则主要由《联邦存款保险法案》（Federal Deposit Insurance）（适用于商业银行）和《全国信贷联盟份额保险法案》（NCUA Share Insurance）（适用于信贷联盟）等法案构成。存款保险规则的适用范围主要包括各大商业银行一定额度内的存款以及联邦存款保险公司（FDIC）和全国信贷联盟监理署（NCUA）共同确定的账户。进一步解释存款保险规则的适用范围：从被监管方的角度来看，主要看互联网金融企业是否被认定为存款性金融机构；从账户的角度来看，主要看互联网金融企业的资金是否在被联邦存款保险公司认可的"账户"中保存。

第八，反洗钱规则。美国政府一贯高度重视反洗钱，认为洗钱行为和贩毒、逃税、腐败和恐怖袭击等其他严重的犯罪行为密不可分，并为这些犯罪提供了大量的资金支持。所以，一旦个人违反了反洗钱法规，重者可能面临高达数十年的有期徒刑；而互联网金融企业如果违反了反洗钱法律法规，轻者遭受罚款，重者可能会被吊销企业的营业执照、没收与洗钱行为有关的资产等。具体而言反洗钱规则有以下几点要求：需要进行对客户身份的识别；对金额较大的交易主动提供可疑交易报告；交易的记录最少保存五年；企业应当拟定书面的合规方案，至少包括针对反洗钱的内部控制机制，同时对企业内部的员工开展持续的培训来培养企业员工的反洗钱意识；发现洗钱行为应当主动向有关部门举报和揭发。

10.3.2 P2P 平台监管

美国政府将 P2P 网络信贷纳入证券业监管，侧重于市场准入和信息披露方面的监管。美国联邦证券交易委员会（SEC）规定，P2P 信贷平台需要注册成为证券经纪商，因为 SEC 把 P2P 信贷平台出售的凭证认定为是一种证券。由于在 SEC 注册的成本非常高，其他的潜在 P2P 网络借贷市场参与者很多没有选择美国市场，因此美国 SEC 的规定在一定程度上阻止了潜在竞争者的加入。例如，全球网贷平台中规模最大的网贷平台英国 Zopa 平台放弃进入美国市场。SEC 监管所重点关注的则是网贷平台所披露的信息是否符合监管的规定。在这个前提之下，一旦 P2P 网贷平台出现了资金风险等问题，只要 P2P 的投资者能够证明在其平台发行说明书中的关键信息有遗漏、错误或者存在明显的欺诈行为，那么 P2P 的投资者就可以通过法律手段向问题平台追偿损失，这样很大程度上降低了 P2P 市场参与者面临的风险。

对于 P2P 网贷平台而言，除了在 SEC 登记并满足其监管要求之外，P2P 网贷平台还需要在相应的州证券监管部门再进行登记，州证券登记部门的要求与 SEC 的规定相类似。不过美国有些州对投资者也有一定的要求，比如在法律法规中加入了一些评价投资者个人财务的相关标准，包括个人最低收入门槛、个人证券投资占个人总资产的比重上限等。表 10.1 详细地罗列出和美国 P2P 网络借贷相关的联邦和州政府法案。

表 10.1　美国 P2P 网络借贷所适用的法案一览表

法案	相关法律规定及规范要求
《诚信信贷法案》	该法案要求债权人为信贷条款提供统一的便于理解的披露文件，对信贷广告进行监管，赋予借款人更新相关信息披露和信贷余额处理的相关权利
《平等信用机会法案》	该法案禁止债权人基于信贷申请人的下列信息而进行歧视对待：种族、肤色、宗教、国籍、性别、婚姻状况、年龄、申请人是否根据《联邦消费者信用保护法》或任何国家适用的法律真诚行使权利、申请人的收入是否来自公众援助计划等
《公平信用报告法案》	该法案要求在允许的情况下，消费者可以获得自己的信用报告，要求相关人士向信用局报告准确的借贷信息，要求债权人制定和实施身份盗用预防方案
《联邦贸易委员会法》第 5 条	该法案禁止了不公平或欺诈性的商业行为
《电子资金转账法案》	该法案为金融消费者提供从自己银行账户中划拨电子资金的权利
《金融服务现代化法案》	该法案限制金融机构向非关联第三方泄露消费者的非公开个人信息；要求金融机构通知客户信息共享的做法，并告知消费者如果他们不希望自己的信息被某些非关联第三方共享时，他们有权利拒绝
《全球及国内电子签名商业法案》	该法案授权建立使用电子记录和签名具有法律约束力及可强制执行的协议，该法案要求在消费交易中使用电子记录和签名的企业必须征得消费者的同意
《银行保密法案》	该法案授权建立使用电子记录和签名具有法律约束力及可强制执行的协议，该法案要求将那些禁止与其交易的国家与公司拉入黑名单
《公平债务催收法案》	该法案为第三方债务追讨的行为提供指引和限制规范，要求进行债务通知，禁止在债务追讨过程中实施威胁、骚扰等有违法律规范的行为

10.3.3　众筹融资平台监管

2008 年美国金融危机以来，刺激就业、创造新的就业岗位成为美国政府的首要目标。根据美国小企业管理局的测算，初创企业和小企业对美国的新增就业非常重要。在过去的十几年内，近 70% 的新增就业由小企业和初创企业创造，私人部门一半以上的就业岗位由小企业提供，近 64% 的净新增就业来自于小企业。可以说没有小企业和初创企业，就没有美国的新增就业。因此，帮助这些企业生存、发展、壮大就成为美国创造就业的重要来源。但金融危机以来，初创企业的就业创造乏力。为了减轻企业公开发行的成本，降低小公司和初创企业进入资本市场的门槛，使美国民众都可以参与到初创企业和小企业的融资支持中，2012 年 4 月 5 日，奥巴马总统签署了《创业企业扶助法》，简称"JOBS 法案"。该法案制定的目的在于，一方面使得美国的中小微企业满足美国证券法规的要求，另一方面让美国的中小微企业更方便地吸引投资者并获得投资，解决这些企业融资难、融资贵的问题，从而大幅缓解美国当时面临的严重的失业问题。JOBS 法案非常关键的一部分规定就是其通过法律的形式放开了众筹股权融资，而且在保护众筹投资者利益等方面做出了非常完整而细致的规定。具体而言，JOBS 法案在有关众筹的规定上有以下两点。

第一，适当放开众筹股权融资。JOBS 法案第三章要求 SEC 设计一种促进企业通过发售证券向公众融资的新的方法，叫作众筹。2013 年 10 月 SEC 发布了众筹建议稿，2014 年 SEC 决定将关于股权众筹法规的出台时间推迟至 2015 年 10 月。考虑到这些法规需要 60 天时间在联邦注册，因此最乐观的估计是相关法规在 2016 年 5 月正式生效。从 JOBS 法案和 SEC 对众筹的建议来看，未来美国股权众筹主要从小企业最高融资额、投资者的最高投资额、发行人信息披露、众筹融资中介的职责和投资者保护等几个方面促进对小企业的直接投资，以此来帮助小企业通过在线的方式，低成本地向广大个人投资者出售证券。根据法案，发行人 12 个月内通过众筹融资的总金额不得超过 100 万美元。为了避免投资者非理性投资，法案对单个投资者制定了投资额上限：如果投资者年收入或净资产少于 10 万美元，则 12 个月内向众筹投资的金额不得超过 2 000 美元或者年收入或净资产的 5%，两者取较大值；如果投资者年收入或净资产等于或大于 10 万美元，则 12 个月内向众筹投资的金额不得超过投资者年收入或净财产的 10%，同时最高不得超过 10 万美元。

第二，注重保护众筹投资者的利益。JOBS 法案对众筹的筹资者和提供众筹服务的众筹融资平台提出了相应的要求，以保护众筹市场各参与者的合法利益。在众筹筹资者方面，JOBS 法案明确以下四点要求：要求其在 SEC 实行备案，并向投资者及中介机构披露 SEC 要求披露的相关企业信息；不允许众筹筹资者通过广告的形式来促进众筹融资；对众筹筹资者如何回报投资者做出了规定；众筹筹资者必须向 SEC 和众筹的投资者出示有关其企业经营状况和财务运行状况的年度报告。此外，JOBS 法案还从众筹业务准入、众筹行业自律、平台资金转移、众筹风险提示、诈骗行为预警、消费者教育保护等方面对众筹融资平台进行了相应的规定，在大力促进众筹融资发展的同时也保证了众筹在法律法规的监督下健康发展，从而提升美国中小企业的活力并解决美国的就业问题。

随着 JOBS 法案的实施，美国的众筹业有了突飞猛进的发展。众筹资本顾问网站 2014 年

10 月发布了一项针对全球众筹的研究报告，发现无论是从成功的融资项目数还是从融资金额来看，美国是世界上众筹最为成功的国家。众筹的成功使得众筹平台获得了传统投资机构的认知，有些企业接到了天使投资集团的电话，而它们以前根本无法接触到这些投资者。过去天使和风投对股权众筹平台持敌视或怀疑态度，但随着过去两年来众筹平台的发展，这些天使和风投对平台的看法也发生了大转变。一些天使或风投直接将企业的项目放在众筹平台上融资，也直接参与平台上融资项目的投资活动。而在 JOBS 法案对于美国个体投资者的影响方面，过去在美国只有 870 万的高净值人群才可以进行投资，而随着众筹的出现，投资的门槛大大降低，现在大众也可以进行投资。当今世界的投资已经进入互联网时代，JOBS 法案第三章必然会打破曾经只是精英才能介入的投资领域，使得大部分人都可以通过众筹这一新兴的融资模式对创业型企业进行投资。JOBS 法案第三章的颁布将会改变投资行业的现有格局。

10.4 欧盟的互联网金融监管经验

10.4.1 第三方支付监管

和美国的做法不同，欧盟则将第三方支付机构归类于金融类企业进行监管，对第三方支付企业的监管按照分类属于机构监管，同时对第三方支付机构给出明确的定义。具体来说，欧盟的监管可以分为两个层次。第一是立法层面。欧盟规定第三方支付服务的供应商必须是银行，而非银行类金融机构如果想要开展第三方支付业务，就必须取得相关的牌照（完全银行业执照、有限银行业执照或电子货币机构执照）才可以。通过这样的立法行为，欧盟就从法律上严格地为第三方支付业务赋予了法律地位，也就是金融类企业。欧盟还明确规定了第三方支付机构应当满足的资本金要求，具体包括：第三方支付机构必须具备 100 万欧元以上的初始资本金；第三方支付机构在未来较长的时间内应当持续拥有自有资金；同时对资金的最低限额也做出了相应的规定。第二是沉淀资金管理层面。按照欧盟的相关规定，各国的第三方支付机构都必须在其所在国的中央银行开设一个专门的资金账户，专门用于存放第三方支付企业的沉淀资金。这些沉淀资金将受到各国监管部门的严格监管，以便对第三方支付企业进行风险管控，谨防第三方支付机构将这些资金挪作其他用途。

10.4.2 P2P 平台监管

英国是 P2P 网络信贷的发源地，世界上首个 P2P 网贷平台 Zopa 率先在英国成立。英国三大 P2P 网络借贷平台（Zopa、Funding Circle 及 RateSetter）自创立以来，累计共发放贷款金额接近六亿英镑。英国将 P2P 网络借贷纳入消费者信贷管理的范畴，并且主要通过行业自律的方式来引导 P2P 网贷行业的发展。英国的 P2P 网络信贷虽然在借贷规模和平台成长速度上逊色于美国的 P2P 行业，但是英国 P2P 行业的自律性非常高，主要表现为英国于 2011 年 8 月 5 日就正式成立了 P2P 行业的自律机构——英国 P2P 金融协会。英国 P2P 金融协会由英国影响力最大的三家 P2P 网贷公司构成，主要作用在于制定英国 P2P 行业的准则、规范 P2P 行业的发展、合理控制行业内各机构面临的风险以及维持英国 P2P 市场的稳定性。经过一年的精心策划，英国 P2P 金融协会于 2012 年 6 月正式出台了"P2P 融资平台操作指引"。该操作指引列举了 P2P 融资协会成员需要遵循的九项基本原则，很大程度上推动了英国整个 P2P 行业的规范发展，并且也非常重视对 P2P 中金融消费者的保护。

除了行业自律管理，英国的 P2P 同样采用了政府管理加以辅助。英国对 P2P 网络信贷的政府监管较为宽松，除了《消费者信贷法》之外并没有其他硬性的法律法规对 P2P 网贷加以约束。在英国 P2P 成立的初期，P2P 的监管由公平贸易管理局和金融服务管理局共同负责。经过一段时间的发展，目前英国的 P2P 监管机构则是金融服务管理局，由其全权负责对英国的 P2P 网络借贷的统一监管。在 P2P 业务准入方面，英国政府规定，成立 P2P 网贷公司需要向相关部门提出申请并获得相应的信贷牌照。但是和第三方支付的要求不同，P2P 网络借贷公司并没有最低资本金规模等方面的"门槛"限制。英国法律对于 P2P 制定了严格的信息披露制度，规定 P2P 的借贷双方在借贷过程中必须清晰地标明借贷利率、借贷期限等合同内容。此外，英国法律对于 P2P 合同的订立、履行、终止、债务追偿、行政裁决乃至司法干预等全过程都有着非常细致的规定。不过，这些法律规定主要是针对 P2P 中借贷双方之间信贷行为的约束，而不是对 P2P 借贷平台的制约。

在 P2P 网络借贷的监管方面，欧盟并没有出台专门法律法规对 P2P 借贷进行约束，取而代之的则是欧盟细化了互联网金融的监管要求，用以维护消费者的合法权益。欧盟制定的和 P2P 网络信贷有关联的法律条文主要包括消费者信贷、不公平的业务操作和不对等的交易条件等一系列指引性文件。这些指引性文件并没有硬性规定诸如 P2P 平台最低资本金规模等方面的"门槛"限制，而是对 P2P 网络信贷合同缔约之前借贷双方提供的信息以及交易双方必须承担的义务进行了约束。具体而言，欧盟的 P2P 网络借贷的监管可以概括为五个方面的内容：只有正式注册了的 P2P 信贷提供者才可以通过网络来发布其 P2P 信贷广告；通过网络发布的 P2P 信贷广告需要满足更多的披露要求；对 P2P 网络信贷制定了比其他信贷模式更严格的信息披露要求；P2P 网络借贷的消费者在和 P2P 平台签订 P2P 信贷合同之前，理应享有充分时间来进行考虑，有权利充分了解 P2P 合同的信息及相关的解释说明，同时也可以带走这些与合同相关的资料并与其他 P2P 平台提供的产品进行比较筛选；P2P 网络借贷的借款人在 14 天内享有无条件的合同撤销权。

10.4.3　众筹融资平台监管

欧盟各国在发布"众筹融资"说明书方面有所差别。以英国和意大利为例，两国的监管机构规定，期限在一年内且发行规模在 500 万欧元以下的众筹融资产品无须公布募资的说明书；而德国的规定则在金额上有很大的差别，德国的众筹监管机构规定，期限在一年内且发行规模在 10 万欧元以下的融资产品无须公示募资的说明书。具体在"众筹融资"监管的方面，英国和德国监管机构都认为，股权式的"众筹融资"是一种合法合规的众筹融资形式；西班牙则要求"众筹融资"必须受《工商行业监管法》的监管管理，满足该法律的具体条款。英国和意大利两国对"众筹融资"模式的监管则更加严格。例如，英国众筹监管部门规定"众筹融资"的借贷模式和股权模式都必须要受金融行为监管局的授权才可开展实际业务活动；意大利监管部门仅仅要求"众筹融资"的借贷模式必须受《综合银行法》及相关法律法规的监管，而对"众筹融资"的股权模式没有像英国那样的硬性规定。

尽管从整体上来看，欧盟还没有专门针对众筹的法律法规，但是欧盟不少成员国已经开展了对众筹融资的专项立法工作。目前从众筹市场份额上来看，英国、法国、意大利等欧洲国家众筹的市场份额位于整个欧盟的前列，并且这几个国家都已经出台了不同程度的法律法规，因此很有必要从这几个国家的众筹融资的立法情况入手来了解欧盟成员国的众筹立法总体情形，下文以英国和法国为例具体分析。

英国是欧盟各成员国中众筹市场份额最大的国家。在大多数欧盟成员国侧重于制定众筹融资成文法的大环境下，英国则更倾向于案例法的构建。对于众筹融资的监管，英国金融行为监管局（FCA）在 2013 年 10 月正式对外发布了《关于众筹及相似活动监管规则的征求意见》报告，提出了 FCA 在监管众筹融资方面的基本原则和途径，并公开向英国各界征求该报告的修改意见。《关于众筹及相似活动监管规则的征求意见》规定，英国的金融监管部门将重点对 P2P 网贷型众筹融资和投资型众筹融资进行监管。在经过一段时间的观察之后，英国将对 P2P 网贷型众筹融资的监管权限由原先的公平交易办公室转移给了 FCA，由 FCA 独立实施众筹融资的监管工作。同时，FCA 也得出结论，认为 P2P 网贷型众筹的风险要小于投资型众筹，因此 FCA 对投资型众筹的监管策略更加严格。通过对英国各界有关众筹监管反馈意见的研究分析，FCA 于 2014 年 3 月发布了《众筹监管规则》，该规则于 2014 年 4 月 1 日正式实施生效，并计划在未来几年内根据英国众筹融资行业的发展状况以及《众筹监管规则》的实施情况来综合考虑是否对该规则进行修订。

和英国的情况类似，法国是欧盟所有国家当中比较早进行相关众筹法律法规研究的国家。2013 年法国金融市场监管局（AMF）就对外颁布了一份咨询文件，名为《战略 2013—2016——使金融重获意义》。该咨询文件指出，法国应当充分利用众筹融资来为法国的众多中小企业融资提供帮助。在 2013 年 5 月，法国金融审慎监管局（ACPR）和 AMF 共同发布了两份关于指导众筹融资的意见，该意见的目标群体分别是众筹融资平台的提供者和众筹融资的投资者，同时对当前法国众筹融资的法律适用进行了详细的阐明。2013 年 9 月，在法国经济、财政和工业等部门的共同努力下，ACPR 和 AMF 再次颁布了一份关于众筹的咨询意见，此次意见专门针对众筹融资的特点，对法国现有的法律法规体系建设提出了修改建议。综上所述，法国对于众筹融资的专项法律法规一直在酝酿之中，主要途径是在现有法律体系的基础之上来规范新兴的众筹融资，并且各种类型的众筹融资大部分都要受到法国金融审慎监管局的监督管理。如果众筹融资平台想要开展投资服务以及证券的发售，那么其还必须受到 AMF 的监管。

10.5 对国外互联网金融监管的经验总结

10.5.1 国际上普遍将互联网金融纳入现有监管体系

互联网金融的监管问题一直是困扰全球各国的难题，因为它是一种新生的金融形态，不管是我国还是全球各国在监管方面都没有现成的经验。总结国际上各国对待互联网金融的态度和做法，我们可以看出各国普遍认为互联网金融是传统金融业务和互联网技术相结合的产物，重在金融渠道的优化升级，而不是严格意义上金融产品的创新。所以从本质上来看，互联网金融并没有改变金融的本质。从金融的功能意义上来看，互联网金融仍然包括了支付、销售、融资和投资等形式。作为一种金融业务，互联网金融就理应和其他金融业态一样接受监管。

同时，对于金融行业的监管体制而言，各国都有着较为健全和完善的监管体系，各种监管规则和法律法规的相互配合也基本能够涵盖当前互联网金融的各种形态，因此互联网金融的监管空白并不存在。国际上各国的通用做法是：将互联网金融直接纳入现有的监管体系，而不是改变当前的金融监管原则。举例来看，美国证监会在 P2P 的监管上，对 P2P 网络贷款公司实行注册制进行管理，借此对信用登记、额度实施评估和管控；英国在 2014 年 4 月将 P2P、众筹等主要的互联网金融业务纳入金融行为监管局（FCA）的监管范畴，统一进行监管；而德国、法国则实行牌照管理制度，在该制度下，从事信贷等业务的互联网金融机构必须获得传统信贷机构的牌照。

10.5.2　根据业务性质划分相应监管部门

互联网金融涵盖的内容十分繁杂，其业务交叉非常之广。国际上除了运用之前阐述的监管方法外，还针对不同类型的互联网金融业务，根据其业务模式的性质、功能和潜在影响力，将其划分为相应的监管部门以及其业务适用的监管规则。例如，美国、意大利、西班牙等国家将互联网融资划分为股权、借贷两种具体业务模式，分别对应金融市场监管机构和银行监管机构，由两者分别实施监管操作。

10.5.3　根据互联网金融发展适时调整监管政策

世界上各国的互联网金融监管并非只是简单地将它划入原有的监管体系中，而是在现有的监管体系上，根据互联网金融业态的发展不断动态地创新监管理念，继续延伸和扩宽现有的监管法律法规体系。从各国的实践经验来看，美国、澳大利亚、意大利等国通过立法给众筹融资确定了合法的地位，美国、法国已经拟定了众筹的管理操作细则；英国的金融行为监管局（FCA）在成为互联网金融监管机构的同时，配套推出了包括众筹融资、P2P 等产品在内的一系列监管操作细则。此外，目前全球多数的国家都已经认识到了虚拟货币的潜在影响，将虚拟货币纳入了反洗钱监管体系之中。

10.5.4　强调行业自律标准与企业内部控制

除了外在的监管法律法规之外，各国也非常重视互联网金融行业的自律监管组织的巨大作用。国际经验已经证明，诸多行业协会通过制定行业标准、促进同业监督和规范引导了行业的蓬勃发展。比如，英国的三大 P2P 网贷平台成立了全球第一家小额贷款行业协会，美、英、法等国积极推动成立众筹融资协会来制定该行业的自律标准。反观互联网金融企业本身，其也通过制定企业内部控制细则、规范交易流程、监控交易过程来实现自我监管，有效的内部控制体系是互联网金融企业得以持久发展的基础。例如，澳大利亚的众筹融资网站 ASSOB 平台非常注重筹资的流程管理和控制，保证了该企业的可持续发展。

10.5.5　结合征信体系，促进信息透明

互联网金融行业的征信体系一直是各大龙头企业追逐的目标。建立互联网金融征信体系，不仅能促进信息双向的沟通，增加市场上信息的透明度，更能实现互联网金融企业对风险的控制。美国和英国利用市场化的征信公司已经建立了相当完善的征信体系。该体系可提供市场参与者准确的信用记录，实现机构与客户间信息的对称、双向信息的获取，极大地增加了互联网金融市场上信息的透明度。美国著名的 P2P 网贷平台 Lending Club 与多家银行实现征信的数据共享，将客户的信用等级与征信系统中的信用评分相挂钩，借此作为评价客户信用的重要依据；而德国和法国则通过借助政府主导征信体系的力量，大大降低了互联网金融市场上潜在的违约风险。

10.6　我国互联网金融监管的现状与问题

从互联网金融在我国的发展历程来看，互联网金融实际上并非是一种完全新生的业务形态。自从 20 世纪 90 年代中期开始，国内大量涌现出以网上银行、网上证券、网上保险等"互联网+传统金融"的新型金融业态，这些"互联网+传统金融"的新型金融业态掀起了我国互联网金融的首次发展浪潮。在这一特殊的历史时期中，互联网金融主要表现为传统金融服务在互联网上的延伸和扩展。互联网作为一种低成本、高效率的宣传和营销渠道，极大地拓展了传统意义上金融服务的外延，促进了我国金融的发展。而到了 2010 年，伴随着以社交网络、移动支付、云计算、搜索引擎等为代表的次时代互联网技术的腾飞，我国的互联网金融产业迎来了第二次的飞速发展。在当下，我国互联网金融具有与传统金融业大相径庭的特征，包括重视客户体验、注重交互式营销、坚持平台开放等，强调互联网思维的互联网金融因这些新特点在其业务运作上强调结合互联网技术与金融核心业务，用以更好地服务于企业客户。互联网金融的蓬勃发展，有力地促进了我国金融业的改革以及利率市场化进程。但同时，互联网金融潜在的风险也比传统金融行业更加繁杂与隐蔽，因此我国互联网金融的监管比对传统金融的监管更具有挑战性。基于我国特殊的国情，互联网金融的监管涉及的层面非常广，监管主体也较多，既包括工业和信息化部、公安部等部委，同时也包括中国人民银行、银监会、证监会、保监会等"一行三会"。

10.6.1　我国互联网金融监管的发展现状

就我国当前的互联网金融监管状况来看，国内现有的民商法律法规所制定的诸如基础性规范、金融监管条例等一些法律条文可以适用于对当前互联网金融的监管工作，同时刑法中规定的有关金融犯罪的法律条文也对互联网金融企业开展互联网金融活动起到了一定程度的

威慑作用。虽然我国于 2015 年 7 月出台了互联网金融的顶层设计文件——《关于促进互联网金融健康发展的指导意见》，但是并没有严格意义上专门针对互联网金融制定的法律法规。不过这也不代表目前国内的互联网金融行业完全处于无法可依的状态，现行的法律法规体系针对的主要是传统金融模式下的传统金融业务，这些条款与规定在一定上程度也成为互联网金融行业运行的重要参考标准，为互联网金融的健康发展提供了一些法律基础和创新空间。本节将介绍目前国内法律法规中涉及第三方支付、P2P 网络借贷、众筹融资、网上银行、网上证券等互联网金融业务的法案，并重点介绍互联网金融的顶层设计文件——《关于促进互联网金融健康发展的指导意见》。

1．第三方支付监管

在对于第三方支付的监管上，早在 2005 年 10 月，我国为了规范国内迅速发展的电子支付业务，防范支付中存在的风险，确保消费者的资金安全，同时促进我国电子支付业务的良性发展，由中国人民银行研究并出台了《电子支付指引（第一号）》，这标志着中国人民银行开始将电子支付业务纳入其监管的目标。此外，于 2010 年 9 月 1 日正式生效的《非金融机构支付服务管理办法》则正式以法律的形式确定了我国第三方支付行业的合法性与合规性。该管理办法的第三条中指出："非金融机构提供支付服务，应当依据本办法规定取得《支付业务许可证》，成为支付机构。支付机构依法接受中国人民银行的监督管理。未经中国人民银行批准，任何非金融机构和个人不得从事或变相从事支付业务。"《非金融机构支付服务管理办法》的出台标志着我国互联网金融中份额占比最高的第三方支付业务不再无章可循，而是"有法可依"。

2．P2P 平台监管

P2P 借贷平台从本质上来看，是一种绕开传统银行等金融中介机构的民间直接融资信息平台。如果站在严格的借贷信息中介的角度，P2P 网络借贷平台并没有主体资格的合法性问题。但是，如果借款人通过 P2P 平台向投资者借款，这样的民间借贷行为是否会涉及合法性的问题呢？在没有触犯刑法中有关非法集资活动相关规定的条件下，民间的这种借贷行为即具有合法性。根据国内法律法规的精神，自然人之间、自然人与企业之间的民间借贷关系只要没有和法律的强制性规定相抵触，均可以被认定为属于合法行为。具体到法律条文来看，关于民间借贷在《民法通则》中有这样的表述："合法的借贷关系受到法律保护"；最高人民法院 1999 年在《关于如何确认公民与企业之间借贷行为效力问题的批复》的条文中有提到："公民与非金融企业之间的借贷属于民间借贷。只要双方当事人意思表示真实即可认定有效"。此外，在《合同法》第 12 章有关借款合同的规定也支持了民间借贷行为，确认了其存在的合理性以及合法性，并在第 211 条上指出："自然人之间的借款合同约定支付利息的，借款的利率不得违反国家有关限制借款利率的规定。"从我国这一系列现行的法律法规以及最高人民法院的司法解释可以看出，我国政府实际上是支持民间借贷行为的，并且通过法律法规的形式为民间借贷行为创造了合法的空间，这也为互联网金融中的 P2P 网络借贷业务提供了法律上的根基。

当下，在国内成立一家 P2P 网络借贷平台需要三个步骤：首先，申请企业必须获得由工商行政机关颁发的相关营业执照；其次，向有关负责管理通信的部门提交申请，并获得通过，取得《电信与信息服务业务经营许可证》；最后，P2P 网贷平台需要向工商行政管理机关申请扩大"互联网信息服务"的经营范围，并按照规定办理相应的手续。这一系列过程并不需要相关金融监管部门的介入。由于我国尚未出台专门监管民间借贷的法律法规，P2P网络借贷目前仍然处于相对的监管真空期。2011年8月，银监会对外颁布了《关于人人贷有关风险提示的通知》。该通知的主要作用是，提示银行业等传统金融机构要警惕P2P网络借贷平台带来的风险，严防民间借贷的风险向银行体系蔓延，构成系统性风险。而2015年7月18日，由中国人民银行联合十部委推出的《关于促进互联网金融健康发展的指导意见》则将我国的P2P网络借贷引入正轨。

3. 众筹融资平台监管

公司制度，是一种筹资的典型手段。从理论上来说，有限公司和股份公司需要完成公司的新设或扩股的时候，但是有一个首要前提，那就是在公司的新设或扩股的时候必须避免出现《证券法》定义的公开发行的现象。在《证券法》的约束之下，我国公司的众筹融资享有的自由法律范围仅仅局限于特定对象200人以内的众筹融资，并且不能够选择以广告、公开劝诱和变相公开的等形式进行，同时众筹公司还应当满足我国《公司法》第24条有关有限责任公司由50个以下股东出资设立的相关要求。只有满足了上述的一系列法律法规的要求，按照准则的规定进行公司的众筹活动，众筹融资的行为才具有合法性。一旦众筹行为超出了这些范畴，不仅会涉嫌违反《证券法》，甚至可能会触碰我国《刑法》中与非法集资相关的规定。根据以上对我国众筹法律法规的论述，很显然我国法律对于众筹融资的限制较多，众筹融资的生存空间受到了极大的压缩。这样的情形在很大程度上制约了众筹融资模式在我国的繁荣和推广。未来互联网金融的监管机构亟须推出和众筹融资直接相关的法案，在维持金融市场稳定的大前提下给予众筹融资更多自由发展的空间。

4. 网上银行监管

早在2001年6月，为规范和引导我国网上银行业务的健康发展，同时控制银行业务经营的风险，维护广大银行客户的合法权益，中国人民银行发布了《网上银行业务管理暂行办法》。该办法涉及网上银行的市场准入制度、网上银行的风险管理建设以及其中的法律责任等问题，成为了我国网上银行业务监管重要的参考法案。但是，由于此办法中原则性的要求偏多，同时也缺乏实际上的可操作性，《网上银行业务管理暂行办法》于2007年1月5日被废止。2005年11月，银监会总结了国内各大商业银行电子银行业务发展的实践经验，并且参考了全球各国电子银行的监管管理办法，对外颁布了《电子银行业务管理办法》，该办法更进一步地规定了我国电子银行业务的具体内容，包括：电子银行业务的申请与变更、电子银行内部的风险管理、银行间的数据交换与转移管理、部分业务的外包、电子银行的跨境业务活动、电子银行的监督管理原则及市场各参与主体的法律责任等。

5. 网上证券监管

从我国的证券发行来说，现行的法律体系并不允许网上证券直接进行发行。2012年5月18日，证监会通过了《关于修改证券发行与承销管理办法的决定》，此项规定主要要求首次公开发行股票的发行人及其主承销商，需要在网下配售和网上发行之间建立双向的回拨机制，依据网上发行的申购情况及时地调整网下配售和网上发行之间的比例。在证券委托的监管方面，证监会于2000年3月推出了《网上证券委托暂行管理办法》，该办法规定了证券网上委托的业务以及技术规范，同时还为网上证券的信息披露机制、网上证券的资格申请程序等业务树立了标准。《网上证券委托暂行管理办法》成为了我国网上证券委托的重要法律依据。

6.《关于促进互联网金融健康发展的指导意见》

2015 年 7 月 18 日，由中国人民银行联合十部委推出的《关于促进互联网金融健康发展的指导意见》（以下简称《指导意见》）正式出台。《指导意见》的正式推出是我国互联网金融监管的一个历史性事件。《指导意见》作为我国互联网金融行业发展的顶层设计文件，其必然会引领我国互联网金融发展的潮流，为互联网金融指明未来的方向，推动互联网金融行业不断创新化、合规化、健康化的发展。《指导意见》清晰地界定了互联网金融行业内的各细分领域，并针对不同的细分业务领域划分了对应的监管部门进行监管。其中，作为互联网金融行业中近两年最火爆的 P2P 网贷行业，其监管机构也已经正式诞生，我国的 P2P 网贷将由银监会负责监管。这也标志着我国的 P2P 网贷将朝着更规范化的方向发展。具体来说，《指导意见》的核心大致包括以下几个方面。

第一，其正式明确了互联网金融的概念、类型以及互联网金融的风险等特征。过去较长的一段时间之内，尽管互联网金融的概念在我国人尽皆知，但是互联网金融的真正内涵和范畴却没有得到权威性、系统性的阐述。正是因为这种定义上的模糊性，给一些互联网金融机构以可乘之机，它们借互联网金融之名义，从事一些违反法律法规的活动，整个互联网金融行业的潜在风险巨大。有鉴于此，《指导意见》给出了互联网金融的明确定义，即"互联网金融是传统金融机构与互联网企业利用互联网技术和信息通信技术实现资金融通、支付、投资和信息中介服务的新型金融业务模式。互联网金融的主要业态包括互联网支付、网络借贷、股权众筹融资、互联网基金销售、互联网保险、互联网信托和互联网消费金融等"。除此之外，《指导意见》还指出，"互联网金融本质仍属于金融，没有改变金融风险隐蔽性、传染性、广泛性和突发性的特点"。这一官方出台的政策意见，明确了互联网金融依然是以金融为其本质核心，互联网金融并没有彻底改变传统金融的本质及风险特征，同时《指导意见》也强调了适度监管的必要性。

第二，《指导意见》确定了互联网金融的参与主体。在之前有关互联网金融的一系列探讨中，业界和学术界倾向于把互联网金融视为是一种由高科技互联网企业参与和主导的金融创新，对以银行为代表的传统金融机构带来了严峻的考验。实际上，互联网金融作为一种新兴的金融业务模式，其范畴非常之广泛，并不局限于互联网企业、传统金融业等机构。由于传统金融机构所受到的政府监管更加严苛，制约这些传统金融机构在相关领域尤其是"互联网+"方面的创新与发展。在这方面，《指导意见》认为应当"鼓励银行、证券、保险、基金、信托和消费金融等金融机构依托互联网技术，实现传统金融业务与服务转型升级，积极开发基于互联网技术的新产品和新服务。支持有条件的金融机构建设创新型互联网平台开展网络银行、网络证券、网络保险、网络基金销售和网络消费金融等业务"。从《指导意见》的这种态度中可以明确地看出，我国已经从监管的角度认可并且鼓励银行等传统金融机构进行互联网金融的创新，为传统金融行业的"互联网+"发展计划提供了监管上的支持。

第三，其提出了分类监管的基本监管框架。虽然互联网金融并未改变金融的风险本质属性，但由于互联网金融涉及的相关业务种类繁多，包含的风险特征也大相径庭，因此，如果想对互联网金融实施切实有效的监管，首先必须要对其种类进行划分，其次针对不同的互联网金融业务模式实施开展相对应的监管操作。《指导意见》按照"依法监管、适度监管、分类监管、协同监管、创新监管"的总体监管原则，明确指出了互联网支付、网络借贷、股权众筹融资、互联网基金销售、互联网保险、互联网信托和互联网消费金融等互联网金融主要业务模式的监管职责归属与划分，为各监管部门的监管工作的开展打下了坚实的基础。具体到各个互联网金融模式的监管主体而言，第三方支付的监管权归属中国人民银行，P2P 网络借贷、互联网信托和互联网消费的金融监管由银监会负责，股权众筹和互联网基金销售等涉及证券业务的监管仍然由证监会负责，而互联网保险的监管则由保监会负责实施。总体而言，对互联网金融实行分类监管将有助于区分不同的类型业务，使金融监管更加专业化。但是需要注意的是，在目前互联网金融跨多个市场，包括众多行业并且互联网资金高速流动的背景下，这样的分类监管架构也可能因为监管规则的差异而出现一定程度的套利空间，这就要求各监管部门在实践中紧密跟踪并建立风险预警机制体制。

第四，其明确了互联网金融各种模式主要的发展方向。《指导意见》的重点在于，正式确定了各种互联网金融模式的主要发展方向和边界，此外也为各模式配套的监管细则打下了基础。《指导意见》中明确地提到，"互联网支付应始终坚持服务电子商务发展和为社会提供小额、快捷、便民小微支付服务的宗旨"。"个体网络借贷机构要明确信息中介性质，主要为借贷双方的直接借贷提供信息服务，不得提供增信服务，不得非法集资"。"从业机构应当选择符合条件的银行业金融机构作为资金存管机构，对客户资金进行管理和监督，实现客户资金与从业机构自身资金分账管理"。综合来看以上有关互联网金融模式发展方向的规定，我们即可发现，《指导意见》为我国互联网金融的发展奠定了一个基调，那就是——普惠金融，以小额支付、小额个人借贷以及服务于中小微企业融资作为我国互联网金融日后主要发展的方向。和传统金融机构的服务对象相比，互联网金融明显具有差异化的定位，这也为建设我国多层次资本市场做出巨大贡献。事实上，在近两年互联网金融发展当中，部分互联网金融企业已经偏离了上述《指导意见》对互联网金融的定位，有些偏离幅度大到甚至越过了法律的红线继而演变成为了非法集资，有些企业则将公众的资金投入到法律法规所不允许的领域（比如从事股市投资）。这些互联网金融机构的做法不但没有发挥互联网金融在普惠金融方面应当起到的作用，反而带来了潜在的系统性金融风险。在这样的背景下，《指导意见》上述规定的出台，可谓是一箭双雕：一方面可以有效地限制各类互联网金融业务所涉及的风险领域；另一方面能够引领互联网金融的良性发展，合理引导社会资金的走向，从而显著地降低互联网金融无序发展给整个金融体系造成的冲击和风险。

最后，《指导意见》系统地构建了支持我国互联网金融发展的制度体系。除了互联网金融行业的监管规章制度外，为了确保互联网金融的健康有序发展，《指导意见》更进一步地对相关的机制体制、政策导向做出了详尽的阐述，具体来说包括：拓宽互联网金融从业企业的融资渠道，优化其融资的环境；努力推动产业投资基金的成立，通过产业投资基金为符合条件的互联网金融企业上市扫清障碍，同时加大对互联网金融发展的投入；积极执行简政放权政策，为互联网金融的发展提供优质的服务；落实和完善有关的财税政策，加快财政和税收体系的改革，以适应互联网金融的发展要求。上述各种制度上、法律上、监管上以及政策体系上的综合建设，为互联网金融的健康发展创造了便利的社会大环境。这一系列政策上和制度上的改革创新，能够有效地降低在创业阶段互联网企业的经营成本，极大地促进了互联网金融行业的产品创新，同时也推动了社会信用体系基础设施的建设。互联网金融的发展离不开大数据、云计算等高新技术的支持，而社会信用体系的建设则是必不可少的一环。现如今我国的征信体制建设还处于起步阶段，缺乏公认的信用评价标准和评级机构，这就使得互联网金融企业难以和中国人民银行的征信系统相对接，征信方面的缺失严重限制了整个行业的发展。《指导意见》要求在大力推进大数据存储、网络信息安全维护等高新技术领域基础设施建设的同时，还应当鼓励符合条件的相关互联网金融企业与金融信用信息基础数据库对接，实现数据的共享和信息的一致性，也为今后我国征信体系的建设铺平了道路，同时这对于 P2P 网络借贷等互联网金融模式来说，亦是一个利好消息。

10.6.2　我国互联网金融监管的现存问题

1．缺乏明确监管主体

由于我国特殊的国情，目前现行的金融监管体制在监管互联网金融方面显得力不从心。鉴于互联网金融的本质依然是金融，对互联网金融的监管自然属于金融监管的一个分支，需要结合我国金融监管体制的改革来进行。现阶段，我国金融监管采用的依然是传统的分业经营、分业监管的金融监管制度，也就是所谓的"一行三会"（即中国人民银行、中国银监会、中国证监会以及中国保监会）是互联网金融监管的主体机构。"一行三会"凭借各金融机构的业务类型来明确具体的监管对象。但随着我国金融业的不断发展，传统的分业经营模式也逐渐发生变化。中信、光大、平安三大金融控股公司和各大商业银行都在加快自己的金融全牌照计划。按照这样的发展趋势，我国金融业迟早都将迎来综合化经营的模式，到那时分业监管的金融监管模式显然不再有利于银行业、证券业、保险业以及互联网金融业之间的业务交流和创新。其可能带来的后果是各行业的监管信息难以汇聚、监管资源的分散以及监管的缺位越位，从而严重影响金融监管的效率。

因此，我国金融监管未来的发展趋势是：从机构性监管转变为功能性监管。互联网金融由于其平等开放的特效大幅度地降低了各种金融模式的准入门槛，互联网金融的金融产品与银行业、证券业、保险业的原有产品形成了竞争的关系，有助于金融市场整体效率和福利的提高，并且加速了我国金融业的混业经营趋势。对于我国当前的分业监管体制来说，互联网金融的发展要求监管部门尽快制订相应的监管计划。可以这样认为，互联网金融业的兴起，加速了我国的金融监管体制由主体监管向行为监管、由分业监管向综合监管过渡的这一历史进程。目前我国现有的金融监管协调制度，并不能完全解决由互联网金融跨市场、跨业务、跨区域而产生的全新监管问题，因此有必要加强"一行三会"与其他各部门之间的监管协调，同时还应当重视建设互联网金融企业与监管机构之间的沟通渠道。

2．监管执法存在偏差

上述考虑了互联网金融的金融监管制度上的优化升级针对的是"有法可依"的问题，下面需要解决的就是"执法必严，违法必究"的难题。这就要求在明确了互联网金融监管主体的前提下，加强监管条例的执行力度，保证互联网金融监管准则能够得以一贯、有效的实施，不仅要做到"有法可依"，还必须实现"执法必严，违法必究"。这才是我国互联网金融监管的必经之路。

在互联网金融监管的执行上，当前我国互联网金融的监管机构不统一而且不明确，各监管部门的监管权责也有较大差别，导致现行互联网金融监管政策的实施效果不尽如人意，"执法必严，违法必究"所付出成本过高，和执法效益不成正比，带来了社会整体福利的净损失。同时，现有的互联网金融监管执法，在执法定位方面也有较大的缺陷。当前的互联网金融监管执法侧重于刑事制裁和给予违规者行政处罚，而在民事制裁补偿方面则关注不够。从法律的角度上来看，刑事制裁能够有效地打击严重的违法犯罪行为，行政处罚也可以对违法者产生一些威慑作用，但是，如果要综合考虑补偿违法犯罪受害者的实际损失以及惩戒违法犯罪的行为人，那么只有民事制裁才能够完美地兼顾这两者。因此，当前我国互联网金融监管执法的定位偏差，使得互联网金融行业内的违法犯罪成本极低，各种违法、违规甚至是犯罪行为屡见不鲜。非常典型的案例就是，近两年互联网金融行业内出现的大量 P2P 平台负责人携款跑路的事件，给 P2P 网贷平台的投资者带来了巨大的损失，受害人却又没有途径追偿自己的损失，导致了 P2P 网贷圈的怪象。

3．缺乏具体监管规则

鉴于互联网金融的开放性、普惠性以及其产品服务的专业性、复杂性，针对互联网金融制定的监管规则至少应当包括以下内容：维护市场正当竞争的市场监管规则、鼓励公平交易的市场监管规则、缓减互联网金融市场中信息不对称的市场监管规则、有关信息披露标准的审慎监管规则、防范互联网金融市场出现系统风险的稳定性监管规则等。而从我国目前已经颁布的法律法规以及出台的政策方针上来看，我国目前还缺乏比较完整的、系统性的互联网金融监管规章制度，互联网金融从本质上来看还处于一种相对无规则约束的发展状态。2015年 7 月由中国人民银行等十部委联合正式发布的《互联网金融指导意见》虽然是我国互联网金融监管的历史性事件，但是其也只是从宏观层面规划了我国互联网金融未来的发展以及监管走向，并没有涉及具体业务的监管层次。

从现有的金融法律法规来看，其针对的主要是传统金融模式下的传统金融业务，而这些传统的金融业务极少有涉及互联网金融的，即便和互联网金融监管有所相关，也需要对该法律法规进行修订以适应现代金融的变革。除此之外，互联网金融的健康发展必须伴随着对互联网金融消费者合法权益的保护，还应当有完善的社会征信体系，较为安全的通信网络建设以及互联网金融隐私权的保护措施。涉及这些领域的基础性法律法规在我国也非常匮乏，有些地方甚至存在着法律和监管上的真空区域。互联网金融立法上的相对滞后，使得我国互联网金融自 2010 年以来一直处于野蛮生长的状态。具体表现有：一些 P2P 网络借贷的业务模式游走于非法吸收公众存款和非法集资之间，需要监管部门制定相应的监管准则进行规范；诸如余额宝之类的货币市场基金由于监管的不到位存在着一定程度的兑付风险，监管机构应当在这类业务上强制加以规定，提升货币市场基金的风险准备金要求。更进一步来看我国的互联网金融监管，纵观已出台的互联网金融监管条例，大多数都是宣示性的条款。尤其是一些条款根本没有确定民事法律责任或者虽有规定但是民事责任过轻，违法违约的成本太低，使得一部分互联网金融机构铤而走险，这显然对我国互联网金融的监管造成了巨大的挑战。对互联网金融的监管最终必然会落实到法律责任的追究上，特别是有关具体民事责任追究的规定上。

10.7 我国互联网金融监管的发展趋势

合理有效的监管是我国互联网金融健康发展的必备条件。当前国内互联网金融监管的前瞻性研究较为匮乏，也不存在严格意义上的应急机制和监管体系。同时，鉴于金融是互联网金融的本质属性，这就意味着互联网金融这个新兴产业和传统金融行业一样，存在着一定的风险。在互联网金融行业日新月异发展的同时，我国需要把合理有效的风险控制作为监管的重中之重。

总体而言，为了保证我国互联网金融的可持续发展，中国人民银行和有关部门将按照"鼓励创新、防范风险、趋利避害、健康发展"的十六字总体方针进一步探索和完善我国互联网金融的监管方针和政策。未来我国的互联网金融行业将发展得更加迅猛，针对互联网金融的监管也必须与时俱进，跟上互联网金融创新的步伐。一方面，从互联网金融企业的角度出发，各大企业需要不懈地探索挖掘企业的内部控制机制，整个互联网金融行业也急需建立起一套完善的行业自律体系，用以规范行业内企业的行为并将整体风险控制在合理的范围之内；另一方面，从政府的角度出发，也需要尽快出台相应的法律法规加上监管机构的规范引导来促进我国互联网金融行业的健康发展。对于互联网金融这个充满活力与创新性的新兴产业，对其的金融监管总体上应当体现出开放性、包容性与适应性，鼓励互联网金融的健康发展，规范其行业行为准则，保证行业内良性的竞争秩序，促进互联网金融企业间的公平竞争。

从整体监管框架来看，我国应该构建包括市场自律、司法干预和外部监管三位一体的多层次监管体系，维护互联网金融市场的健康运行，积极防范可能存在的系统性风险。基于这样的监管思想和框架，本教材概述了我国互联网金融监管未来的发展趋势和政策建议，对互联网金融今后的发展和监管提供了一种思路和概念性框架。

10.7.1 互联网金融监管应具备风险容忍度

与传统意义上的金融衍生品创新不同，互联网金融从本质上来看还是一种适应供给变化的金融创新。正是由于现代互联网技术的飞速发展，带来了互联网金融这个新兴产业。我国互联网金融可以更好地服务于实体经济和为数众多的中小企业。对于这样一种新兴的金融业态，国家在金融监管方面需要保留一定程度的容错空间。如果过早、过严地对互联网金融加以强行监管必然会抑制互联网金融行业的创新和发展，妨碍金融市场整体效率的提高。任何一种社会制度安排都需要权衡"无序"和"专制"这两种社会成本的利弊，新兴的互联网金融也不例外。"无序"是指社会中的个体侵害他人的利益从而带来的整体社会成本增加，而"专制"是指政府损害社会中独立个体的利益而带来的整体社会成本增加。

从互联网金融具体业务模式上来看，如果 P2P 网络借贷和众筹融资的业务模式能够保证单笔金额较小、参与人数较少，那么就可以采用个体企业秩序、行业整体自律加上司法手段来加以规范监管。我国 P2P 市场上各网贷平台系统性地自然进入和退出，是一种典型的市场自我淘汰和约束机制，这种机制可以保证整个互联网金融产业长期可持续的发展。但是，对互联网金融的风险容忍并不代表可以完全的自由放任。互联网金融市场的整体风险必须要在可控范围之内，整个行业在不断地摸索中寻找发展和创新，但是基本原则是这种创新不能引发系统性的金融风险，犯致命性的错误。因此总体来看，互联网金融监管的最佳模式应当是：鼓励创新，适当引导，避免过度性监管，防范系统性风险。

10.7.2　原则性监管与规则性监管结合

原则性监管模式是指，监管机构对监管对象以引导为主，主要为实现最终监管的目标，一般不对被监管对象加以过多过细的约束，较少地干预被监管方的具体业务流程。反观规则性监管模式，监管机构则主要依据现有的成文法律法规，对行业内企业的各项业务内容和流程做出具体的规定，强制要求每个被监管方严格依据规定来执行。由此可见，规则性监管属于过程控制式监管，要求监管方针对不同类型的企业、企业经营的不同阶段、不同的最终产品以及差异化的细分市场依次制定相应的差异化监管规则。原则性监管与规则性监管在监管实践中各有利弊：原则性监管可以促进行业发展和创新，但是容易导致自由放任；而规则性监管能够严格控制总体风险，但很大程度上限制了企业的创新动力。

在我国互联网金融监管的实践中，应当做到原则性监管与规则性监管的紧密结合，两者互为补充，相得益彰。互联网金融监管首先明确监管的具体目标，实现"原则"先行。监管的原则需要充分反映互联网金融这个新兴产业运行的特点，为互联网金融行业提供广阔的创新空间和动力。此外，监管方还需要指导和约束市场参与主体承担必要的责任和义务，保护消费者的合法权益，积极防范系统性风险。同时，在防范互联网金融风险的问题上，监管方要对互联网金融中风险高发的部门业务制定相应的监管规则，重点进行监督管理。原则性监管与规则性监管的结合，可以有效地保证我国互联网金融市场的活力，实现良好的风险控制，在收益和风险之间达到良好的平衡，促进我国互联网金融产业的可持续发展。

10.7.3　积极防范系统性风险

互联网金融的发展对于金融市场系统性风险的影响包含了两个方面，既有积极的影响，也有消极的作用。因此，金融监管机构需要对互联网金融对系统性风险的作用给予高度的关注和重视。

具体而言，从积极的角度来看，互联网金融的发展有助于降低系统性金融风险：互联网金融可以通过增加金融市场上服务的供给，减少实体经济尤其是大量的中小企业对传统以银行为主导的金融体系的融资依赖；在互联网金融中资金供需双方可以直接交易，传统意义上的金融交易和组织形式会发生改变。互联网金融本质上是一种新型的金融模式，凭借其较低的交易成本可以减轻金融市场信息不对称的程度。金融交易与组织形式的变化和金融市场信息不对称的降低带来的是交易可能性集合的拓展，金融的去中介化可能会在交易可能性集合拓展到一定程度时得以实现。互联网金融通过采用和推广先进的互联网技术与计算机技术，立足于大数据分析，能够显著地提高风险管理的整体有效性；互联网金融可以提高资源配置效率，推进实体经济的可持续发展。

从消极的方面来看，互联网金融的出现降低了金融业务的准入门槛，可能会使市场中的非金融机构在短时间内大量从事其不擅长的金融业务，这样就降低了传统金融机构的特许权价值，提升了传统金融机构进行冒险经营的动机，也激发了部分金融机构进行高风险投资，其中的潜在风险巨大。互联网金融的信息安全风险不容忽视。网络安全是互联网金融企业得以长久运营的关键和核心因素，但是信息技术漏洞、企业管理缺陷、人为的操作风险等因素都可能危及网络及数据的安全性和完整性。互联网金融依附于互联网技术，拥有远快于传统金融机构的数据加工和处理能力，在为消费者提供方便快捷的金融服务的同时，也潜移默化地增加了相关风险积聚的速度，极易带来系统性风险。互联网金融风险具有显著的传染性，可能蔓延至传统金融机构。此外，我国互联网金融企业的风控制度建设尚不完善，有待于进一步优化升级。

10.7.4　促进监管一致，维护公平竞争

从互联网金融具体的业务模式来看，互联网金融企业提供的支付、借贷等金融服务和以银行为代表的传统金融机构十分类似。假设监管当局采取差异化的监管策略，将互联网金融区别对待，对互联网金融的服务和产品执行与传统金融业不同的监管标准，那么监管套利和不公平竞争的现象难以避免。从我国互联网金融监管的实际操作来看，以阿里巴巴为代表的互联网金融企业为市场上的消费者提供支付服务或贷款服务，但是实际上并没有受到传统金融业那样严格的金融监管，以银行为首的金融机构已经表示出对这种监管不一致的不满。为了确保监管有效性，维护金融市场的公平竞争，国家在制定互联网金融产业监管条例时，应注意以下两点：互联网金融企业和传统的持牌金融机构应当一视同仁，只要其从事的金融业务类型相同，就应该适用于同样的监管政策；对互联网金融企业的线上、线下业务的监管同样应当具有一致性。一旦发生监管不一致，市场秩序将会受到破坏，进而导致金融监管的无效。互联网金融企业间接从事支付清算、资金融通等与传统金融相类似的金融服务时，监管部门需要按照统一的监管标准来进行监管，避免出现监管套利和不公平竞争等妨碍金融市场有效性和稳定性的因素。

10.7.5　建立行业自律

行业自律是指，处于同一行业的从业人员，为了保护和提升全行业的共同利益，在完全自愿基础上依法的组织起来，共同制定行业的准则和规范，依据公认的规则来约束自身的经营业务并实现行业内部的自我管理。行业自律的基本特点包括：行业自律源于共同的行业利益，行业规则的制定者同时也是规则遵守实践者。和政府的监管相比较，行业自律作用的范围和影响更大、实践效果更加明显、行业内企业的自觉性更强。

对互联网金融这一新兴的金融业态来说，尽快建立起行业自律非常关键。行业自律的程度与实际效果、互联网金融行业未来的发展在很大程度上左右着监管部门的态度。有鉴于此，行业内的龙头企业需要发挥其主动性，在制定自律标准上起到带头和表率效应，积极推进行业自律标准的出台，并随着互联网金融的发展不断修订行业规范，同时还应建立起行业内部投诉机制，从行业内部入手防微杜渐，而不是由政府出面进行强制性干预。近期相继成

立的互联网金融协会已经在积极地制定互联网金融行业发展的规则和标准，引导整个行业的平稳发展。互联网金融协会尤其要注重在全行业内推广合法合规的经营意识，增强整个行业对各类风险的控制、防范能力。从国际上各国互联网金融建设的经验来看，行业自律对于规范互联网金融发展发挥着不容忽视的作用。因此，我国的互联网金融企业也在行业自律方面进行多项尝试，包括推进"中国互联网金融协会"的建立。互联网金融协会有利于统一的行业标准和行业规则的构建，继而保证互联网金融企业规范化、合法化的发展。

10.7.6　加强监管协调

由于我国互联网金融包含的范围非常广泛，互联网金融横跨诸多行业和细分市场，其交易方式广泛、市场参与者众多，有效的监管协调必不可少。鉴于互联网金融行业具有跨行业经营的特点，而我国在较长的时间内依然是采用分业监管，因此监管部门间的沟通协调至关重要，亟需在各个监管部门之间建立起常态化的监管协调机制，形成信息共享和监管共享机制体制。具体而言，一是可以通过已有的金融监管协调机制，加强跨部门的互联网金融运营、风险等方面的信息共享，沟通和协调监管立场；二是以打击互联网金融违法犯罪为重点，加强司法部门与金融监管部门之间的协调合作；三是以维护金融稳定，守住不发生区域性、系统性金融风险底线为目标，加强金融监管部门与地方政府之间的协调与合作。当前，加大信息共享力度和立场协调是加强上述各层次监管协调机制的重要内容。

对监管机构而言，"一行三会"等金融监管部门需加强与其他各部门之间的监管协调，保证监管信息的一致性和共享性；而工信部、公安部、地方政府等其他监管部门应当利用大数据等高新技术对互联网金融企业经营情况和网络安全性保持实时的监测，并将监测的数据和信息上报至"一行三会"，保证信息沟通渠道的畅通无阻。此外，互联网金融企业与监管机构之间同样需要建立起良好、顺畅的沟通渠道，这样可以增进监管方和被监管方之间的相互理解，促进双方达成监管共识，从而推动行业整体的发展。通过和互联网金融企业的充分交流，监管当局可以清晰地认识到互联网金融企业在日常运营和内部风险控制等方面的独特性，从而提高监管规则制定的针对性和有效性，极大程度上降低互联网金融企业合规所需的成本。

10.7.7　加强消费者教育和消费者保护

普惠性是互联网金融的内在要求和本质属性，虽然互联网金融能够缓解金融市场的信息不对称，但是其并没有也不可能完全消除信息不对称的问题。例如，P2P 网贷平台上信息的真实性和完整性无法得到保障，众筹领域同样存在着信息不透明的现象。金融监管的本质要求是要充分保护金融市场参与者的合法权益，监管当局必须要求互联网金融服务平台充分披露产品和服务的信息，严格审核市场参与者的信誉状况，增加交易双方信息的透明度。注重对金融市场参与者的保护是我国互联网金融行业能够持续发展的必备条件。金融消费者保护的重点是，加强对消费者的信息安全保护，依法加大对侵害互联网金融消费者各类权益行为的打击力度。具体而言，在第三方支付方面，互联网金融消费者普遍会面临交易欺诈、资金被挪用和被盗、个人信息泄露等安全问题，监管机构应有针对性地加强对第三方支付的风险提示，对资金的托管方需要采取强制性监管措施，保证市场参与者资金的安全和使用的透明。

重视对消费者的保护是现代金融监管的重要目标，世界各国都已经把对消费者保护作为互联网金融监管的重中之重。在保护互联网金融消费者的同时，监管当局还应该加强对互联网金融消费者的宣传和教育，这样有利于广大群众深入了解互联网金融产品的特效和风险，提升消费者的互联网金融风险意识，并且能够增强国内消费者对互联网金融这个新兴产业的信心，保证互联网金融的长期稳定发展。针对我国特殊的国情和金融市场发展的相对滞后，当前我国互联网金融行业消费者教育的首要目标应当是尽快提升互联网金融消费者加强对互联网金融行业和产品的理解，使消费者清晰地认识到互联网金融与传统金融的区别与联系，深入地了解互联网金融产品独有的性质和风险。在完成了这些对消费者的教育工作的基础上，监管当局还要更进一步切实维护消费者在购买互联网金融产品和业务办理中的合法权益。

10.7.8　打击互联网金融违法犯罪行为

互联网金融的创新精神及其普惠金融的特性都表明互联网金融代表着一种先进的金融业态，必然是未来我国金融业发展的大趋势。在互联网金融发展的浪潮中，国家必须严厉打击各类互联网金融违法犯罪行为，以维护我国金融的稳定。从近几年互联网金融市场的发展状况来看，我国互联网金融的发展良莠不齐，有一些互联网企业打着互联网金融的幌子，在其运营中并没有建立数据采集和分析机制，也没有有效的风控体系，甚至有些网贷平台挑战了法律的底线。例如，一部分 P2P 平台以平台的名义获取资金，随后再进行资金的支配甚至挪作他用。由于贷款人与借款人并不直接进行接触，所以 P2P 平台的这种行为难以被发现，这显然已经不是传统意义上的 P2P 网络借贷，而是非法集资。因此，监管方一方面必须不断跟踪互联网金融模式的演变，划清合法的互联网金融模式与非法集资、非法吸收公众存款以及网络诈骗等违法犯罪行为的界限，明确法律和监管的底线，依法坚决打击披着互联网金融外衣的金融违法犯罪行为，保证我国互联网金融健康、可持续的发展；另一方面，监管机构也应当考虑与时俱进地修改现有的法律法规，以实现动态监管。

本章小结

互联网金融是互联网技术与金融服务功能深度融合形成的新型金融业态。在市场内生力量驱动和政府积极引导下，互联网金融在我国得以快速发展。互联网企业借助网络平台客户流量的先发优势，在第三方支付、互联网基金、P2P、网络众筹等领域占据主导地位。虽然互联网金融有着如此明显的优势，但是互联网金融要真正地实现健康成熟发展，并最终服务实体经济发展，必须要保证发展的合理合法、合乎经济发展规律和社会大众福祉。无论何时，互联网金融的监管是必须给予足够的关注和重视。结合我国互联网金融发展现状以及国外互联网金融监管的教训和经验，探索并形成一套符合我国互联网金融发展路径的监管体系是今后互联网金融研究不可或缺的一部分。创新和监管适度、适宜的结合，自由创造与合规合法的关联，伴随互联网金融发展。

思考与练习

1．选择题

（1）我国第三方支付的监管机构是（　　）。

  A．中国人民银行　　　　B．银监会　　　　　C．证监会　　　　　D．保监会

（2）我国 P2P 网络借贷的监管机构是（　　）。

  A．中国人民银行　　　　B．银监会　　　　　C．证监会　　　　　D．保监会

（3）我国股权众筹的监管机构是（　　）。

  A．中国人民银行　　　　B．银监会　　　　　C．证监会　　　　　D．保监会

（4）我国互联网保险的监管机构是（　　）。

  A．中国人民银行　　　　B．银监会　　　　　C．证监会　　　　　D．保监会

（5）2015 年 7 月 18 日，由中国人民银行联合十部委推出的条例是（　　）。

  A.《关于促进互联网金融健康发展的指导意见》

  B.《非金融机构支付服务管理办法》

  C.《关于修改证券发行与承销管理办法的决定》

  D.《关于人人贷有关风险提示的通知》

（6）美国 JOBS 法案第三章的内容是关于（　　）的。

  A．第三方支付　　　　B．P2P 网贷　　　　C．众筹　　　　　D．电子银行

（7）互联网金融独有的来自大量不被传统金融覆盖人群的风险称为（　　）。

  A．法律风险　　　　　　　　　　B．流动性风险

  C．技术风险　　　　　　　　　　D．"长尾"风险

（8）除了法律监管之外，各国非常重视建设互联网金融的（　　）。

  A．技术监管　　　　　　　　　　B．流动性管理

  C．行业自律　　　　　　　　　　D．企业内部控制

（9）（多选题）我国互联网金融监管的总体方针包括（　　）。

  A．鼓励创新　　　　B．防范风险　　　　C．趋利避害　　　　D．健康发展

（10）（多选题）《关于促进互联网金融健康发展的指导意见》的核心内容有（　　）。

  A．明确了互联网金融的概念

  B．确定了互联网金融的参与主体

  C．提出了分类监管的基本监管框架

  D．制定了互联网金融各种模式主要的发展方向

2．论述题

（1）试论述美国互联网金融监管发展的历程和现状。

（2）国外互联网金融监管对我国的互联网金融监管有哪些启示？

（3）试阐述我国互联网金融监管的发展进程。

（4）你认为我国互联网金融未来监管的发展方向是什么？

附录 A　关于促进互联网金融健康发展的指导意见

近年来，互联网技术、信息通信技术不断取得突破，推动互联网与金融快速融合，促进了金融创新，提高了金融资源配置效率，但也存在一些问题和风险隐患。为全面贯彻落实党的十八大和十八届二中、三中、四中全会精神，按照党中央、国务院决策部署，遵循"鼓励创新、防范风险、趋利避害、健康发展"的总体要求，从金融业健康发展全局出发，进一步推进金融改革创新和对外开放，促进互联网金融健康发展，经党中央、国务院同意，现提出以下意见。

一、鼓励创新，支持互联网金融稳步发展

互联网金融是传统金融机构与互联网企业（以下统称从业机构）利用互联网技术和信息通信技术实现资金融通、支付、投资和信息中介服务的新型金融业务模式。互联网与金融深度融合是大势所趋，将对金融产品、业务、组织和服务等方面产生更加深刻的影响。互联网金融对促进小微企业发展和扩大就业发挥了现有金融机构难以替代的积极作用，为大众创业、万众创新打开了大门。促进互联网金融健康发展，有利于提升金融服务质量和效率，深化金融改革，促进金融创新发展，扩大金融业对内对外开放，构建多层次金融体系。

（一）积极鼓励互联网金融平台、产品和服务创新，激发市场活力。鼓励银行、证券、保险、基金、信托和消费金融等金融机构依托互联网技术，实现传统金融业务与服务转型升级，积极开发基于互联网技术的新产品和新服务。支持有条件的金融机构建设创新型互联网平台开展网络银行、网络证券、网络保险、网络基金销售和网络消费金融等业务。支持互联网企业依法合规设立互联网支付机构、网络借贷平台、股权众筹融资平台、网络金融产品销售平台，建立服务实体经济的多层次金融服务体系，更好地满足中小微企业和个人投融资需求，进一步拓展普惠金融的广度和深度。鼓励电子商务企业在符合金融法律法规规定的条件下自建和完善线上金融服务体系，有效拓展电商供应链业务。鼓励从业机构积极开展产品、服务、技术和管理创新，提升从业机构核心竞争力。

（二）鼓励从业机构相互合作，实现优势互补。支持各类金融机构与互联网企业开展合作，建立良好的互联网金融生态环境和产业链。鼓励银行业金融机构开展业务创新，为第三方支付机构和网络贷款平台等提供资金存管、支付清算等配套服务。支持小微金融服务机构与互联网企业开展业务合作，实现商业模式创新。支持证券、基金、信托、消费金融、期货机构与互联网企业开展合作，拓宽金融产品销售渠道，创新财富管理模式。鼓励保险公司与互联网企业合作，提升互联网金融企业风险抵御能力。

（三）拓宽从业机构融资渠道，改善融资环境。支持社会资本发起设立互联网金融产业投

资基金，推动从业机构与创业投资机构、产业投资基金深度合作。鼓励符合条件的优质从业机构在主板、创业板等境内资本市场上市融资。鼓励银行业金融机构按照支持小微企业发展的各项金融政策，对处于初创期的从业机构予以支持。针对互联网企业特点，创新金融产品和服务。

（四）坚持简政放权，提供优质服务。各金融监管部门要积极支持金融机构开展互联网金融业务。按照法律法规规定，对符合条件的互联网企业开展相关金融业务实施高效管理。工商行政管理部门要支持互联网企业依法办理工商注册登记。电信主管部门、国家互联网信息管理部门要积极支持互联网金融业务，电信主管部门对互联网金融业务涉及的电信业务进行监管，国家互联网信息管理部门负责对金融信息服务、互联网信息内容等业务进行监管。积极开展互联网金融领域立法研究，适时出台相关管理规章，营造有利于互联网金融发展的良好制度环境。加大对从业机构专利、商标等知识产权的保护力度。鼓励省级人民政府加大对互联网金融的政策支持。支持设立专业化互联网金融研究机构，鼓励建设互联网金融信息交流平台，积极开展互联网金融研究。

（五）落实和完善有关财税政策。按照税收公平原则，对于业务规模较小、处于初创期的从业机构，符合我国现行对中小企业特别是小微企业税收政策条件的，可按规定享受税收优惠政策。结合金融业营业税改征增值税改革，统筹完善互联网金融税收政策。落实从业机构新技术、新产品研发费用税前加计扣除政策。

（六）推动信用基础设施建设，培育互联网金融配套服务体系。支持大数据存储、网络与信息安全维护等技术领域基础设施建设。鼓励从业机构依法建立信用信息共享平台。推动符合条件的相关从业机构接入金融信用信息基础数据库。允许有条件的从业机构依法申请征信业务许可。支持具备资质的信用中介组织开展互联网企业信用评级，增强市场信息透明度。鼓励会计、审计、法律、咨询等中介服务机构为互联网企业提供相关专业服务。

二、分类指导，明确互联网金融监管责任

互联网金融本质仍属于金融，没有改变金融风险隐蔽性、传染性、广泛性和突发性的特点。加强互联网金融监管，是促进互联网金融健康发展的内在要求。同时，互联网金融是新生事物和新兴业态，要制定适度宽松的监管政策，为互联网金融创新留有余地和空间。通过鼓励创新和加强监管相互支撑，促进互联网金融健康发展，更好地服务实体经济。互联网金融监管应遵循"依法监管、适度监管、分类监管、协同监管、创新监管"的原则，科学合理界定各业态的业务边界及准入条件，落实监管责任，明确风险底线，保护合法经营，坚决打击违法和违规行为。

（七）互联网支付。互联网支付是指通过计算机、手机等设备，依托互联网发起支付指令、转移货币资金的服务。互联网支付应始终坚持服务电子商务发展和为社会提供小额、快捷、便民小微支付服务的宗旨。银行业金融机构和第三方支付机构从事互联网支付，应遵守现行法律法规和监管规定。第三方支付机构与其他机构开展合作的，应清晰界定各方的权利义务关系，建立有效的风险隔离机制和客户权益保障机制。要向客户充分披露服务信息，清晰地提示业务风险，不得夸大支付服务中介的性质和职能。互联网支付业务由人民银行负责监管。

（八）网络借贷。网络借贷包括个体网络借贷（即 P2P 网络借贷）和网络小额贷款。个体网络借贷是指个体和个体之间通过互联网平台实现的直接借贷。在个体网络借贷平台上发生的直接借贷行为属于民间借贷范畴，受《合同法》《民法通则》等法律法规及最高人民法院相关司法解释规范。个体网络借贷要坚持平台功能，为投资方和融资方提供信息交互、撮合、资信评估等中介服务。个体网络借贷机构要明确信息中介性质，主要为借贷双方的直接借贷提供信息服务，不得提供增信服务，不得非法集资。网络小额贷款是指互联网企业通过其控制的小额贷款公司，利用互联网向客户提供的小额贷款。网络小额贷款应遵守现有小额贷款公司监管规定，发挥网络贷款优势，努力降低客户融资成本。网络借贷业务由银监会负责监管。

（九）股权众筹融资。股权众筹融资主要是指通过互联网形式进行公开小额股权融资的活动。股权众筹融资必须通过股权众筹融资中介机构平台（互联网网站或其他类似的电子媒介）进行。股权众筹融资中介机构可以在符合法律法规规定前提下，对业务模式进行创新探索，发挥股权众筹融资作为多层次资本市场有机组成部分的作用，更好服务创新创业企业。股权众筹融资方应为小微企业，应通过股权众筹融资中介机构向投资者如实披露企业的商业模式、经营管理、财务、资金使用等关键信息，不得误导或欺诈投资者。投资者应当充分了解股权众筹融资活动风险，具备相应风险承受能力，进行小额投资。股权众筹融资业务由证监会负责监管。

（十）互联网基金销售。基金销售机构与其他机构通过互联网合作销售基金等理财产品的，要切实履行风险披露义务，不得通过违规承诺收益方式吸引客户；基金管理人应当采取有效措施防范资产配置中的期限错配和流动性风险；基金销售机构及其合作机构通过其他活动为投资者提供收益的，应当对收益构成、先决条件、适用情形等进行全面、真实、准确表述和列示，不得与基金产品收益混同。第三方支付机构在开展基金互联网销售支付服务过程中，应当遵守人民银行、证监会关于客户备付金及基金销售结算资金的相关监管要求。第三方支付机构的客户备付金只能用于办理客户委托的支付业务，不得用于垫付基金和其他理财产品的资金赎回。互联网基金销售业务由证监会负责监管。

（十一）互联网保险。保险公司开展互联网保险业务，应遵循安全性、保密性和稳定性原则，加强风险管理，完善内控系统，确保交易安全、信息安全和资金安全。专业互联网保险公司应当坚持服务互联网经济活动的基本定位，提供有针对性的保险服务。保险公司应建立对所属电子商务公司等非保险类子公司的管理制度，建立必要的防火墙。保险公司通过互联网销售保险产品，不得进行不实陈述、片面或夸大宣传过往业绩、违规承诺收益或者承担损失等误导性描述。互联网保险业务由保监会负责监管。

（十二）互联网信托和互联网消费金融。信托公司、消费金融公司通过互联网开展业务的，要严格遵循监管规定，加强风险管理，确保交易合法合规，并保守客户信息。信托公司通过互联网进行产品销售及开展其他信托业务的，要遵守合格投资者等监管规定，审慎甄别客户身份和评估客户风险承受能力，不能将产品销售给与风险承受能力不相匹配的客户。信托公司与消费金融公司要制定完善产品文件签署制度，保证交易过程合法合规，安全规范。

互联网信托业务、互联网消费金融业务由银监会负责监管。

三、健全制度，规范互联网金融市场秩序

发展互联网金融要以市场为导向，遵循服务实体经济、服从宏观调控和维护金融稳定的总体目标，切实保障消费者合法权益，维护公平竞争的市场秩序。要细化管理制度，为互联网金融健康发展营造良好环境。

（十三）互联网行业管理。任何组织和个人开设网站从事互联网金融业务的，除应按规定履行相关金融监管程序外，还应依法向电信主管部门履行网站备案手续，否则不得开展互联网金融业务。工业和信息化部负责对互联网金融业务涉及的电信业务进行监管，国家互联网信息办公室负责对金融信息服务、互联网信息内容等业务进行监管，两部门按职责制定相关监管细则。

（十四）客户资金第三方存管制度。除另有规定外，从业机构应当选择符合条件的银行业金融机构作为资金存管机构，对客户资金进行管理和监督，实现客户资金与从业机构自身资金分账管理。客户资金存管账户应接受独立审计并向客户公开审计结果。人民银行会同金融监管部门按照职责分工实施监管，并制定相关监管细则。

（十五）信息披露、风险提示和合格投资者制度。从业机构应当对客户进行充分的信息披露，及时向投资者公布其经营活动和财务状况的相关信息，以便投资者充分了解从业机构运作状况，促使从业机构稳健经营和控制风险。从业机构应当向各参与方详细说明交易模式、参与方的权利和义务，并进行充分的风险提示。要研究建立互联网金融的合格投资者制度，提升投资者保护水平。有关部门按照职责分工负责监管。

（十六）消费者权益保护。研究制定互联网金融消费者教育规划，及时发布维权提示。加强互联网金融产品合同内容、免责条款规定等与消费者利益相关的信息披露工作，依法监督处理经营者利用合同格式条款侵害消费者合法权益的违法、违规行为。构建在线争议解决、现场接待受理、监管部门受理投诉、第三方调解以及仲裁、诉讼等多元化纠纷解决机制。细化完善互联网金融个人信息保护的原则、标准和操作流程。严禁网络销售金融产品过程中的不实宣传、强制捆绑销售。人民银行、银监会、证监会、保监会会同有关行政执法部门，根据职责分工依法开展互联网金融领域消费者和投资者权益保护工作。

（十七）网络与信息安全。从业机构应当切实提升技术安全水平，妥善保管客户资料和交易信息，不得非法买卖、泄露客户个人信息。人民银行、银监会、证监会、保监会、工业和信息化部、公安部、国家互联网信息办公室分别负责对相关从业机构的网络与信息安全保障进行监管，并制定相关监管细则和技术安全标准。

（十八）反洗钱和防范金融犯罪。从业机构应当采取有效措施识别客户身份，主动监测并报告可疑交易，妥善保存客户资料和交易记录。从业机构有义务按照有关规定，建立健全有关协助查询、冻结的规章制度，协助公安机关和司法机关依法、及时查询、冻结涉案财产，配合公安机关和司法机关做好取证和执行工作。坚决打击涉及非法集资等互联网金融犯罪，防范金融风险，维护金融秩序。金融机构在和互联网企业开展合作、代理时应根据有关法律和规定签订包括反洗钱和防范金融犯罪要求的合作、代理协议，并确保不因合作、代理关系

而降低反洗钱和金融犯罪执行标准。人民银行牵头负责对从业机构履行反洗钱义务进行监管，并制定相关监管细则。打击互联网金融犯罪工作由公安部牵头负责。

（十九）加强互联网金融行业自律。充分发挥行业自律机制在规范从业机构市场行为和保护行业合法权益等方面的积极作用。人民银行会同有关部门，组建中国互联网金融协会。协会要按业务类型，制订经营管理规则和行业标准，推动机构之间的业务交流和信息共享。协会要明确自律惩戒机制，提高行业规则和标准的约束力。强化守法、诚信、自律意识，树立从业机构服务经济社会发展的正面形象，营造诚信规范发展的良好氛围。

（二十）监管协调与数据统计监测。各监管部门要相互协作、形成合力，充分发挥金融监管协调部际联席会议制度的作用。人民银行、银监会、证监会、保监会应当密切关注互联网金融业务发展及相关风险，对监管政策进行跟踪评估，适时提出调整建议，不断总结监管经验。财政部负责互联网金融从业机构财务监管政策。人民银行会同有关部门，负责建立和完善互联网金融数据统计监测体系，相关部门按照监管职责分工负责相关互联网金融数据统计和监测工作，并实现统计数据和信息共享。

附录 B　美国 JOBS
法案有关众筹的条款

思考与练习答案

参考文献

[1]　Allen F，Gale D. Comparing financial systems[M]．MIT press，2000.

[2]　芮晓武，刘烈宏．中国互联网金融发展报告（2013）[M]．北京：社会科学文献出版社，2013.

[3]　芮晓武，刘烈宏．中国互联网金融发展报告（2014）[M]．北京：社会科学文献出版社，2014.

[4]　李东荣，朱烨东．中国互联网金融发展报告（2015）[M]．北京：社会科学文献出版社，2015.

[5]　霍学文．新金融，新生态：互联网金融的框架分析与创新思考[M]．北京：中信出版社，2015.

[6]　2014年中国金融大数据应用白皮书[J]．国际融资，2014，（11）：22—26.

[7]　杜征征．互联网金融营销的兴起与发展[J]．银行家，2012，（11）：17—20.

[8]　黄小强．P2P借贷服务业市场发展国际比较及借鉴[J]．金融与经济，2013，（12）：34—37.

[9]　贾康，刘勇．平台制胜：对话互联网金融领军人物[M]．北京：中国财政经济出版社，2014.

[10]　阚光军．互联网货币基金的前世今生[J]．财经界，2014，（12）：19—19.

[11]　兰彦．众筹网络融资模式在中国发展的可行性分析[D]．广西大学，2014.

[12]　厉以宁，陈岱孙．国际金融学说史[M]．北京：中国金融出版社，1991.

[13]　刘劲强．大数据时代征信业发展探讨[J]．金融科技时代，2015，（3）：55.

[14]　罗明雄，唐颖，刘勇．互联网金融[M]．北京：中国财政经济出版社，2014.

[15]　缪灿莹，胡高福．浅谈我国互联网金融的健康发展[J]．北方经济，2014，（7）：86—88.

[16]　莫易娴．国内P2P网络借贷平台发展模式比较分析[J]．开发研究，2014，（3）：126—130.

[17]　邵传林．西方金融创新理论演变综述[J]．山东工商学院学报，2007，21（5）：80—84.

[18]　肖本华．美国众筹融资模式的发展及其对我国的启示[J]．南方金融，2013，（1）．

[19]　严圣阳．互联网货币基金隐忧与前景分析[J]．中国商贸，2014，（8）．

[20]　张军．我国互联网金融发展及监管研究[J]．西部金融，2014，（8）：8—12.